QUÍMICA 1
na formação do Universo e nas atividades humanas

Caro leitor:

Visite o site **harbradigital.com.br** e tenha acesso aos **gabaritos e resoluções** especialmente desenvolvidos para esta obra, além de informação sobre o livro digital. Para isso, siga os passos abaixo:

⏩ acesse o endereço eletrônico **www.harbradigital.com.br**
⏩ clique em **Cadastre-se** e preencha os **dados** solicitados
⏩ inclua seu **código de acesso**:

F55F2482A592BB673097

Pronto! Seu cadastro já está feito! Agora, você poderá desfrutar dos conteúdos especialmente desenvolvidos para tornar seu estudo ainda mais agradável.

Requisitos do sistema
- O Portal é multiplataforma e foi desenvolvido para ser acessível em *tablets*, celulares, *laptops* e PCs.
- Resolução de vídeo mais adequada: 1024 x 768.
- É necessário ter acesso à internet, bem como saídas de áudio.
- Navegadores: Google Chrome, Mozilla Firefox, Safari ou Edge.

Acesso
Seu código de acesso é válido por 1 ano a partir da data de seu cadastro no portal HARBRADIGITAL.

QUÍMICA 1
na formação do Universo e nas atividades humanas

José Ricardo L. Almeida
Nelson Bergmann
Franco A. L. Ramunno

Direção Geral:
Julio E. Emöd

Supervisão Editorial:
Maria Pia Castiglia

Leitura Técnica:
Elizabeth Loureiro Zink

Programação Visual e Capa:
Mônica Roberta Suguiyama

Editoração Eletrônica:
Neusa Sayuri Shinya

Fotografias da Capa:
Shutterstock

Impressão e Acabamento:
Gráfica Forma Certa

CIP-BRASIL. CATALOGAÇÃO NA PUBLICAÇÃO
SINDICATO NACIONAL DOS EDITORES DE LIVROS, RJ

A448q
v.1

    Almeida, José Ricardo L.
        Química na formação do universo e nas atividades humanas, volume 1 / José Ricardo L. Almeida, Nelson Bergmann, Franco A. L. Ramunno. - 1. ed. - São Paulo : HARBRA, 2020.
        472 p. : il. ; 28 cm.

    Gabarito digital
    ISBN 978-85-294-0540-7

    1. Química - Estudo e ensino (Ensino médio). I. Bergmann, Nelson. II. Ramunno, Franco A. L. III. Título.

19-61978   CDD: 540.712
                                            CDU: 373.5.016:54

Leandra Felix da Cruz - Bibliotecária CRB-7/6135

QUÍMICA na formação do Universo e nas atividades humanas – volume 1
Copyright © 2020 por editora HARBRA ltda.
Av. Lins de Vasconcelos, 2334
04112-001 – São Paulo – SP
Tel.: (0.xx.11) 5084-2482. Site: www.harbra.com.br

Todos os direitos reservados. Nenhuma parte desta edição pode ser utilizada ou reproduzida – em qualquer meio ou forma, seja mecânico ou eletrônico, fotocópia, gravação etc. – nem apropriada ou estocada em sistema de banco de dados, sem a expressa autorização da editora.

ISBN 978-85-294-0540-7

Impresso no Brasil   *Printed in Brazil*

APRESENTAÇÃO

> "A ciência é mais do que um corpo de conhecimento.
> É uma maneira de pensar; uma maneira de interrogar ceticamente o Universo
> com um bom entendimento da falibilidade humana."
>
> *Carl Sagan* (1934-1996)
> astrônomo estadunidense
> e um dos autores da série televisiva "Cosmos"

Prezado estudante:

De onde viemos? Para onde vamos?

Desde os primórdios da Humanidade, sempre nos instigamos e nos estimulamos a procurar as respostas para essas e outras perguntas. Desenvolvemos e organizamos os conhecimentos acumulados pela Humanidade em diversas ciências, entre elas a Química.

Se, antigamente, os egípcios afirmavam que o significado de Kēme (chem), a Química, era "terra" e, ao longo de nossa História, o conjunto de conhecimentos que hoje associamos à Química já chegou a ser visto como um tipo de "mágica", atualmente, a ciência Química se relaciona tanto com aspectos do nosso cotidiano quanto com questionamentos acerca do nosso papel no Universo.

Para que não nos amedrontemos ou sejamos paralisados pela amplitude e abrangência dessa ciência Química, precisamos conhecê-la. Não apenas o que foi ou o que ela é, mas também as potencialidades do que ela pode vir a ser.

Assim, sabendo que Química é transformação e conexão, desejamos (de forma nada modesta) que todos que nos acompanharem no estudo da Química transformem a visão que possuem dessa Ciência e a insiram em um mundo que faça jus às particularidades contemporâneas, sem, contudo, esvaziar a sua grandeza. Almejamos, com essa coleção, apresentar de forma descontraída, precisa e integrada não só os preceitos básicos, mas também as discussões mais aprofundadas sobre a Química.

Os livros da coleção "Química na Formação do Universo e nas Atividades Humanas" buscam aproximar e relacionar os conhecimentos da Química com o desenvolvimento do Universo, a partir do Big Bang, a formação do Sistema Solar e do planeta Terra, e da própria Humanidade, desde as primeiras interações do ser humano com o ambiente ao seu redor até os desdobramentos mais modernos e atuais, como a síntese de novos materiais e a procura por processos mais sustentáveis.

Nos três volumes desta coleção, a aproximação dos conceitos químicos discutidos à linha temporal do desenvolvimento do Universo e da Humanidade é apresentada na seção "Ligando os pontos!". Os conteúdos da seção "Fique por dentro!" trazem aprofundamentos ou conexões da temática, por exemplo, com aplicações no nosso cotidiano. Cada capítulo apresenta exercícios agrupados em séries em ordem crescente de dificuldade (Séries Bronze, Prata, Ouro e Platina), de modo a guiar os estudantes nessa escala de conhecimento. A presença de Exercícios Resolvidos também auxilia o estudante no processo de aprendizagem.

Desde já, deixamos nosso agradecimento especial aos estudantes por nos acompanharem no desenvolvimento de uma visão integrada e transformadora da Química, ressaltando sua importância no século XXI, de forma responsável e sustentável. E, esperamos que, nessa jornada, nunca deixemos de procurar as respostas às muitas perguntas que continuam a estimular nossos estudos.

Um abraço,

Os autores.

CONTEÚDO

UNIDADE 1 — A origem do Universo 9

CAPÍTULO 1 – Estrutura Atômica Básica .. 10
1.1 A Formação dos Elementos Químicos: os Átomos 10
1.2 Os Símbolos dos Elementos Químicos 14
1.3 Número Atômico (Z) e Número de Massa (A) 15
1.4 Isótopos e outros Conceitos Relacionados à Estrutura Atômica 16
Série Bronze 17
Série Prata 19
Série Ouro 21
Série Platina 23

CAPÍTULO 2 – As Propriedades Físicas e Químicas na Organização dos Elementos .. 25
2.1 O Gênio Russo: Dmitri Mendeleev 26
2.2 Propriedades Físicas 28
    2.2.1 Estado físico ou de agregação: a matéria é particulada 28
    2.2.2 Ponto de fusão (PF) e ponto de ebulição (PE) 30
    2.2.3 Densidade (d) 31
2.3 Propriedades Químicas 34
    2.3.1 Transformação química ou fenômeno químico ou reação química 35
Série Bronze 37
Série Prata 40
Série Ouro 44
Série Platina 49

CAPÍTULO 3 – Modelo Atômico de Dalton 53
3.1 Teoria Atômica de Dalton 53
3.2 As Substâncias que Participam de uma Reação Química 55
    3.2.1 Substâncias simples e compostas 56
3.3 Modelo Atômico de Dalton Explicando uma Reação 57

3.4 Equação Química: uma Forma Elegante de Representar uma Reação Química 59
    3.4.1 Nomes particulares de algumas reações químicas 60
    3.4.2 Balanceamento de uma equação química 61
Série Bronze 62
Série Prata 65
Série Ouro 67
Série Platina 69

CAPÍTULO 4 – Tabela Periódica Atual 73
4.1 Moseley e a Ordenação Correta dos Elementos na Tabela Periódica 73
4.2 Formato Atual da Tabela Periódica 74
    4.2.1 Sete períodos (linhas horizontais) 74
    4.2.2 Dezoito grupos (linhas verticais) 75
    4.2.3 Estado físico 77
    4.2.4 Classificação dos elementos segundo a IUPAC 77
Série Bronze 79
Série Prata 80
Série Ouro 81
Série Platina 82

CAPÍTULO 5 – Distribuição Eletrônica 84
5.1 Modelos Atômicos de Thomson e de Rutherford 84
    5.1.1 Modelo atômico de Thomson ("pudim de passas") 84
    5.2.1 Modelo atômico de Rutherford – modelo planetário 85
5.2 Modelo Atômico de Bohr 86
    5.2.1 Teste da cor da chama 87
5.3 Níveis e Subníveis de Energia na Eletrosfera .. 88
    5.3.1 Número máximo de elétrons em cada subnível 89
5.4 Diagrama dos Subníveis 90

5.4.1 Distribuição dos elétrons nos subníveis . 90
5.4.2 Elementos representativos – blocos s e p 91
5.4.3 Elementos de transição – bloco d 92
5.4.4 Elementos de transição interna – bloco f 93
5.5 Tabela Periódica e Distribuição Eletrônica . 93
Série Bronze 94
Série Prata 96
Série Ouro.. 98
Série Platina 102

▶ **CAPÍTULO 6 – Propriedades Periódicas na Explicação da Formação das Substâncias**. 107
6.1 Conceito de Propriedades Periódicas........... 107
6.2 Previsão do Tamanho do Raio Atômico para os Elementos Representativos 108
   6.2.1 Fatores que alteram o raio atômico ... 108
   6.2.2 Variação do raio atômico na Tabela Periódica..................... 109
6.3 Energia de Ionização (EI) 110
   6.3.1 As várias energias de ionização em um átomo.......................... 110
   6.3.2 Variação da primeira energia de ionização na Tabela Periódica... 112

6.3.3 Carga dos cátions 114
6.3.4 Comparação entre o raio atômico e o raio do cátion 114
6.4 Afinidade Eletrônica (AE) ou Eletroafinidade............................ 116
   6.4.1 Variação da afinidade eletrônica na Tabela Periódica 116
   6.4.2 Comparação do raio atômico e do raio do ânion 117
   6.4.3 Espécies isoeletrônicas 118
6.5 Eletronegatividade 119
   6.5.1 Escala de eletronegatividade desenvolvida por Linus Pauling 119
   6.5.2 Variação da eletronegatividade na Tabela Periódica 119
6.6 Reatividade.. 120
   6.6.1 Reatividade dos metais 120
   6.6.2 Reatividade dos não metais............... 121
   6.6.3 Variação da reatividade na Tabela Periódica 123
Série Bronze 124
Série Prata 127
Série Ouro.. 131
Série Platina 136

UNIDADE 2 — A formação do planeta Terra 141

▶ **CAPÍTULO 7 – Ligações Químicas na Formação das Substâncias** 142
7.1 As Ligações Metálicas na Formação das Substâncias Metálicas............................. 142
   7.1.1 O primeiro contato do ser humano com os metais.................... 144
   7.1.2 A corrente elétrica como fundamentação da ligação metálica 145
   7.1.3 Cristais metálicos 147
   7.1.4 As propriedades das substâncias metálicas 148
   7.1.5 Ligas metálicas 149
7.2 A Baixa Reatividade dos Gases Nobres e a Teoria do Octeto 150
   7.2.1 Teoria do Octeto ou Regra do Octeto 151
   7.2.2 Notação de Lewis 151

7.3 Ligação Iônica na Formação das Substâncias Iônicas................................. 152
   7.3.1 Formação da ligação iônica: transferência de elétrons 152
   7.3.2 A fórmula de uma substância iônica 153
   7.3.3 Estrutura interna do cloreto de sódio (NaCl) 154
   7.3.4 Propriedades dos compostos iônicos . 155
7.4 Ligação Covalente na Formação das Substâncias Moleculares........................ 156
   7.4.1 Formação da ligação covalente: compartilhamento de um, dois ou três pares de elétrons................ 157
   7.4.2 Representação da ligação covalente... 158
   7.4.3 Propriedades das substâncias moleculares 163

Série Bronze 165
Série Prata 168
Série Ouro 171
Série Platina 176

■ **CAPÍTULO 8 – Fórmulas Estruturais e Nomenclatura dos Compostos Inorgânicos .** **180**
8.1 Ácidos de Arrhenius................................. 181
    8.1.1 Os ácidos e a teoria da dissociação eletrolítica de Arrhenius (1887).... 182
    8.1.2 Nomenclatura dos ácidos 183
    8.1.3 Fórmulas estruturais dos oxiácidos.... 185
    8.1.4 Hidrogênio ionizável 186
8.2 Bases de Arrhenius.................................. 188
    8.2.1 As bases e a teoria da dissociação eletrolítica de Arrhenius (1887).... 190
    8.2.2 Amônia (NH_3) é uma base de Arrhenius diferente 192
    8.2.3 Nomenclatura das bases.................. 192
    8.2.4 Fórmula estrutural das bases de metais 193
8.3 Sais 195
    8.3.1 Nomenclatura dos sais 197
    8.3.2 Dissociação dos sais em água 199
    8.3.3 Fórmula estrutural dos sais 199
8.4 Óxidos.. 201
    8.4.1 Nomenclatura dos óxidos 201
Série Bronze 204
Série Prata 212
Série Ouro 216
Série Platina 222

■ **CAPÍTULO 9 – Estudo Inicial das Substâncias Orgânicas** **225**
9.1 Nomenclatura dos Compostos Orgânicos.. 228
9.2 Hidrocarbonetos....................................... 228
9.3 Álcoois 231
9.4 Aldeídos 231
9.5 Cetonas 232
9.6 Ácidos Carboxílicos 233
9.7 Fórmulas Estruturais dos Compostos Orgânicos 233
Série Bronze 237
Série Prata 238
Série Ouro 240
Série Platina 242

■ **CAPÍTULO 10 – Geometria Molecular e Polaridade de Moléculas** **245**
10.1 Geometria Molecular.............................. 245
    10.1.1 Moléculas sem pares de elétrons isolados no átomo central 246
    10.1.2 Moléculas com pares de elétrons isolados no átomo central 250
10.2 Polaridade... 252
    10.2.1 Verificação experimental da polaridade de moléculas 252
    10.2.2 Polaridade de moléculas diatômicas 253
    10.2.3 Polaridade de moléculas poliatômicas................................. 255
    10.2.4 Polaridade das moléculas orgânicas 257
10.3 Solubilidade 258
Série Bronze 262
Série Prata 265
Série Ouro 269
Série Platina 274

■ **CAPÍTULO 11 – Forças ou Interações Intermoleculares** **278**
11.1 Ligações Químicas *versus* Forças Intermoleculares 279
11.2 Tipos de Forças Intermoleculares............ 280
    11.2.1 Forças do tipo dipolo-dipolo......... 280
    11.2.2 Ligações de hidrogênio 281
    11.2.3 Forças do tipo dipolo instantâneo--dipolo induzido 285
11.3 Interação Íon-dipolo................................ 286
11.4 Solubilidade *versus* Forças Intermoleculares 287
11.5 Ponto de Ebulição *versus* Forças Intermoleculares 290
11.6 Intensidade das Forças Intermoleculares .. 290
    11.6.1 Substâncias com o mesmo tipo de força intermolecular 291
    11.6.2 Substâncias com diferentes tipos de forças intermoleculares 293
11.7 Forças Intermoleculares e Propriedades de Líquidos 295
    11.7.1 Viscosidade................................... 295
    11.7.2 Tensão superficial 296
11.8 Cristais Covalentes e o Fenômeno da Alotropia.. 297
    11.8.1 A alotropia do elemento carbono .. 299
    11.8.2 A alotropia do elemento oxigênio... 300
    11.8.3 A alotropia do elemento enxofre ... 300
    11.8.4 A alotropia do elemento fósforo.... 301
Série Bronze 303
Série Prata 308
Série Ouro 312
Série Platina 323

UNIDADE 3 — Primeiras interações entre ser humano e ambiente 329

CAPÍTULO 12 – Reações Inorgânicas.......... 330
12.1 Reações de neutralização........................... 330
    12.1.1 Reação de neutralização total 332
    12.1.2 Reação de neutralização parcial do ácido.. 332
    12.1.3 Reação de neutralização parcial da base 333
12.2 Reações Envolvendo Óxidos..................... 333
    12.2.1 Óxidos básicos comuns................. 333
    12.2.2 Óxidos ácidos ou anidridos........... 334
    12.2.3 Óxidos neutros ou indiferentes 337
12.3 Reações de Deslocamento......................... 337
    12.3.1 Reação de deslocamento ou simples troca 337
    12.3.2 Reação de deslocamento entre metais 338
    12.3.3 Reação de deslocamento entre não metais 339
    12.3.4 Reação de metais com ácidos diluídos 340
    12.3.5 Reação de metais com água........... 341
12.4 Reações de Oxirredução............................ 342
    12.4.1 Número de oxidação (Nox) 342
    12.4.2 Nox e conceitos de oxidação, redução, agente oxidante e agente redutor 344
    12.4.3 Balanceamento de reações de oxirredução 346
12.5 Reações de Precipitação 347
12.6 Reações que Liberam Gases (Substâncias Voláteis)............................... 349
12.7 Reações que Formam um Ácido Fraco ou Base Fraca 350
    12.7.1 Força dos ácidos............................. 350
    12.7.2 Força das bases.............................. 351
    12.7.3 Exemplos de reações..................... 352
Série Bronze 353
Série Prata 360
Série Ouro.. 366
Série Platina 379

CAPÍTULO 13 – As Bases Experimentais dos Cálculos Químicos 383
13.1 Lei da Conservação da Massa ou Lei de Lavoisier....................... 384
13.2 Lei das Proporções Constantes ou Lei de Proust....................... 386
13.3 Lei Volumétrica de Gay-Lussac................ 388
    13.3.1 As contribuições de Avogadro 389
Série Bronze 392
Série Prata 393
Série Ouro.. 396
Série Platina 400

CAPÍTULO 14 – Mol e Determinação de Fórmulas Químicas 404
14.1 Unidade Unificada de Massa Atômica (u) 404
    14.1.1 Massa atômica média de um elemento que apresenta isótopos 405
    14.1.2 Massa molecular (MM) 406
14.2 Mol e Massa Molar.................................... 408
14.3 Determinação de Fórmulas........................ 412
    14.3.1 Fórmula percentual ou centesimal 412
    14.3.2 Fórmula mínima ou empírica 413
    14.3.3 Fórmula molecular......................... 415
Série Bronze 418
Série Prata 421
Série Ouro.. 424
Série Platina 429

CAPÍTULO 15 – Estequiometria 433
15.1 Relação entre Quantidade em Mols e Massa em uma Equação Química 434
15.2 Proporção em Volume 435
15.3 Pureza de uma Amostra............................ 437
15.4 Rendimento de uma Reação 438
15.5 Excesso de Reagente em uma Reação 439
    15.5.1 Regra prática para descobrir o reagente em excesso............... 440
15.6 Reações Consecutivas 442
    15.6.1 Produção de ácido sulfúrico.......... 442
    15.6.2 Produção de ácido nítrico 445
    15.6.3 Estequiometria de reações consecutivas 446
Série Bronze 447
Série Prata 452
Série Ouro.. 456
Série Platina 463

UNIDADE 1

COMO TUDO COMEÇOU?

A busca por entender "nossas origens" é antiga e complexa, tanto que o ser humano já chegou a tecer explicações com base em seres místicos e forças superiores. Entretanto, no campo das Ciências, à medida que novas descobertas científicas surgem e novas tecnologias são desenvolvidas, torna-se mais claro que essas origens não podem ser consideradas meramente humanas ou terrestres, mas estão necessariamente relacionadas a causas mais amplas, de natureza cósmica.

Atualmente, os conhecimentos mais atualizados em áreas não só da Química, mas também da Geologia, da Biologia, da Física e da Cosmologia, sustentam que o **Big Bang** é a teoria mais adequada para explicar como tudo começou. Segunda essa teoria, toda matéria e toda energia existentes no Universo foram geradas em uma "grande explosão", ocorrida em um único ponto há cerca de 14 bilhões de anos.

Essa "explosão" deu origem a tudo o que conhecemos e desde esse instante o Universo continua a se expandir em todas as direções.

A **Unidade 1** tem como objetivos entender como o Big Bang deu origem aos principais constituintes da matéria e como o ser humano passou a agrupar esses constituintes de forma organizada e que pudesse auxiliar justamente no estudo das origens dos materiais que nos cercam.

A origem do
UNIVERSO

Foto panorâmica da Via Láctea, galáxia que contém o Sistema Solar, em que está localizada a Terra.

Estrutura Atômica Básica

1.1 A Formação dos Elementos Químicos: os Átomos

A teoria do Big Bang é atualmente a mais aceita para explicar a origem do Universo. Essa teoria afirma que há aproximadamente 14 bilhões de anos o Universo principiou em um estado mínimo (do diâmetro de um próton), denso e quente, que começou a se expandir de forma violenta, espalhando os produtos desse processo.

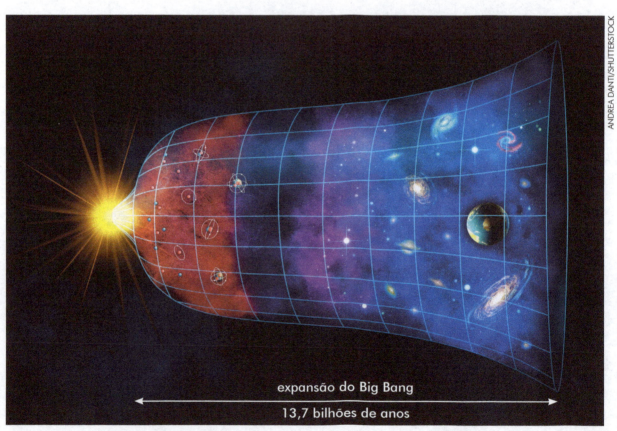

O Big Bang e a expansão do Universo.

Após cerca de um segundo dessa explosão, o Universo já estava preenchido com as partículas que vamos estudar nesse capítulo: os prótons (p), os elétrons (e) e os nêutrons (n). Essas três partículas são chamadas de partículas fundamentais. Atualmente, essas partículas podem ser caracterizadas por suas cargas elétricas e suas massas, de acordo com a tabela a seguir.

Algumas características das partículas fundamentais.

PARTÍCULA	CARGA ELÉTRICA		MASSA RELATIVA
	Natureza	Valor relativo	
próton	positiva	+1	1
nêutron	não possui	0	1
elétron	negativa	−1	1/1.840

Observe que a massa de um próton é 1.840 vezes maior do que a massa de um elétron e praticamente igual à massa de um nêutron.

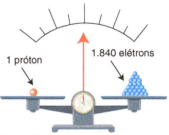

Considerando que:

- m_p = massa de 1 próton
- m_n = massa de 1 nêutron
- m_e = massa de 1 elétron

podemos resumir as relações entre as massas de prótons, nêutrons e elétrons por:

$$m_p = m_n$$
$$m_p = 1.840 \cdot m_e$$

Se pudéssemos pesar as massas de prótons e elétrons em uma balança, veríamos que seriam necessários 1.840 elétrons para equivaler à massa de um único próton.

Cerca de um segundo após o Big Bang, a temperatura do Universo era de aproximadamente 10 bilhões de graus, o que impedia que essas partículas fundamentais interagissem entre si. Somente 380.000 anos depois é que a temperatura do Universo diminuiu o suficiente para que as partículas fundamentais pudessem se unir formando os primeiros elementos químicos: hidrogênio e hélio.

FIQUE POR DENTRO!

Você deve estar se perguntando em que escala termométrica foi estimada a temperatura do Universo logo após o Big Bang.

Com essa temperatura (10 bilhões) não faz muita diferença a medida entre escala Celsius ou escala Kelvin (escala absoluta). Mas saiba que esse valor é medido na escala absoluta (Kelvin): aquela que considera a menor temperatura possível igual ao valor zero (0).

Na conversão entre escalas Celsius e Kelvin, temos 0 K = −273,15 °C.

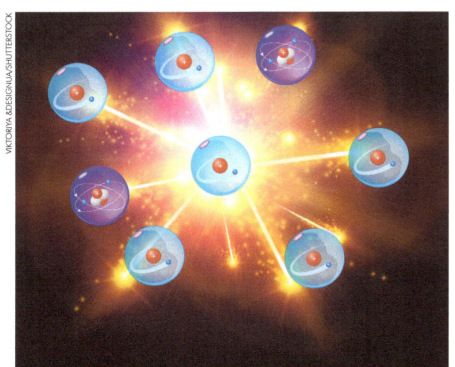

Hidrogênio (1p) e hélio (2p) foram os primeiros elementos químicos formados no Universo.

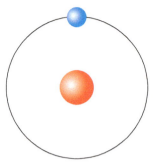

Representação de um átomo de hidrogênio, formado por um próton (vermelho) no núcleo e um elétron (azul) na eletrosfera.

O elemento químico hidrogênio é o mais simples de todos os elementos, sendo formado por *um próton* que fica localizado em uma região central pequena e densa chamada de **núcleo** e *um elétron* em movimento que fica localizado em uma região em volta do núcleo, chamada **eletrosfera**. Essa partícula formada pelo núcleo e pela eletrosfera foi chamada de átomo (do grego **átomos**, que significa "indivisível", pois, na Grécia Antiga, acreditava-se que os átomos seriam os menores constituintes da matéria).

Em menor quantidade formaram-se também:

- átomos de hidrogênio chamados de deutério, contendo no núcleo um próton e um nêutron e na eletrosfera um elétron; e
- átomos de hidrogênio chamados de trítio, contendo no núcleo um próton e dois nêutrons e na eletrosfera um elétron.

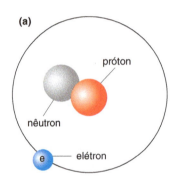 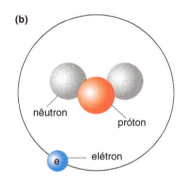

Representação de um átomo (a) de deutério, composto por um próton, um nêutron e um elétron, e (b) de trítio, composto por um próton, dois nêutrons e um elétron.

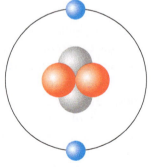

Representação de um átomo de hélio, formado por dois prótons (vermelhos) e dois nêutrons (cinzas) no núcleo e dois elétrons (azuis) na eletrosfera.

Além dessas três variações para o átomo de hidrogênio, o Big Bang também deu origem ao elemento químico hélio, nos quais há no núcleo a presença de dois prótons.

Como decorrência exclusiva do Big Bang, o Universo inicial era composto por um quarto de hélio e três quartos de hidrogênio. Com o passar do tempo, essa nuvem cósmica de hidrogênio e hélio foi se resfriando, o que possibilitou, cerca de 400 milhões de anos após o Big Bang, a formação de regiões com alta densidade de partículas: as primeiras estrelas.

A grande concentração de matéria presente nesses corpos celestes favorecia a ocorrência de processos de **fusão nuclear**, nos quais átomos mais leves começaram a se unir, formando elementos mais pesados: primeiro o carbono (composto por 6 prótons no núcleo), depois o oxigênio (com 8 prótons) e depois o neônio (10 prótons), o magnésio (12 prótons), o silício (14 prótons), o fósforo (15 prótons) e o argônio (18 prótons).

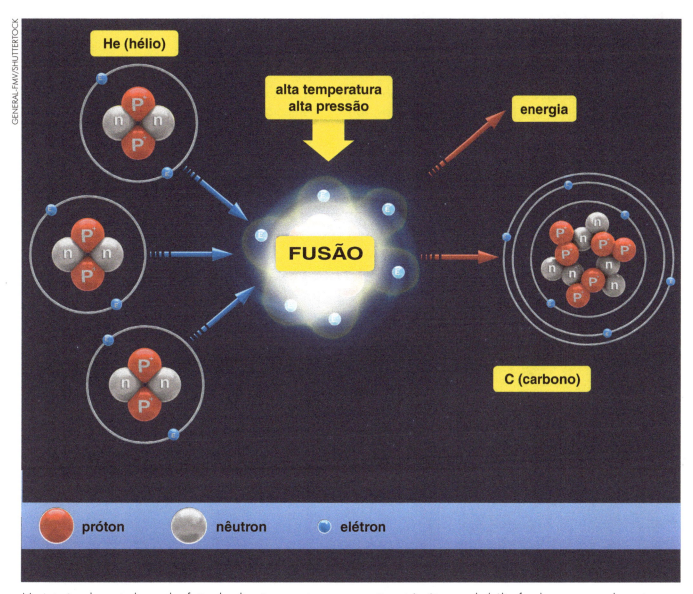

No interior das estrelas, sob efeito de altas temperaturas e pressões, três átomos de hélio fundem-se para dar origem a um átomo de carbono, formado por 6 prótons e 6 nêutrons no núcleo e 6 elétrons na eletrosfera.

CONCLUSÕES IMPORTANTES

- Os **elementos químicos** são formados por partículas chamadas átomos, compostos por núcleo e eletrosfera.
- O **núcleo** é uma região central, pequena e densa, onde ficam localizados os prótons e os nêutrons.
- A **eletrosfera** é uma região bem mais ampla que envolve o núcleo, em que ficam localizados os elétrons em movimento.
- Um átomo é **eletricamente neutro**, isto é, apresenta carga elétrica nula, pois o número de prótons é igual ao número de elétrons.
- A massa do átomo está praticamente toda concentrada no núcleo.
- Cada elemento químico possui um número fixo de prótons. Todo átomo de hidrogênio, por exemplo, sempre apresenta um próton; todo átomo de hélio, sempre tem dois prótons.

LIGANDO OS PONTOS!

A formação no Universo de elementos químicos mais pesados

Cerca de 500 milhões de anos após o Big Bang, estrelas e gás formaram galáxias, também pela ação da gravidade. A morte de forma explosiva das primeiras estrelas (as chamadas supernovas) disseminou pelo espaço novos elementos mais pesados (C, N e O), que formaram novas estrelas e também outros corpos celestes, com destaque para os planetas.

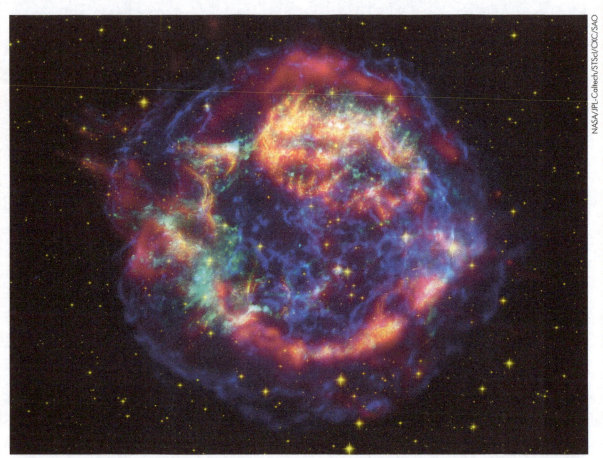

A imagem acima, artificialmente colorida, mostra o remanescente da supernova Cassiopeia A. Obtida a partir de três telescópios, os dados infravermelhos do Telescópio Espacial Spitzer são de cor vermelha; os dados visíveis do Telescópio Espacial Hubble são amarelos; e os dados de raios X do Chandra X-ray Observatory são verdes e azuis.
Localizada a 10.000 anos-luz de distância, Cassiopeia A é uma supernova, ou seja, é o restante de uma estrela que morreu em uma violenta explosão 325 anos atrás.

1.2 Os Símbolos dos Elementos Químicos

O químico sueco Berzelius, no início do século XIX, para facilitar a escrita dos elementos químicos, propôs a utilização de símbolos químicos para identificá-los. De acordo com a proposta de Berzelius, os símbolos são abreviações do nome do elemento químico, compostos por uma letra maiúscula ou duas letras, sendo a primeira sempre maiúscula e a segunda minúscula. Observe os exemplos a seguir:

ELEMENTO QUÍMICO	SÍMBOLO*
hidrogênio	H
hélio	He
carbono	C
oxigênio	O
neônio	Ne
magnésio	Mg
silício	Si
fósforo	P
argônio	Ar

* A Tabela Periódica, presente na contracapa deste Caderno de Atividades, apresenta os símbolos de todos os elementos químicos conhecidos pelo ser humano até 2019.

1.3 Número Atômico (Z) e Número de Massa (A)

Para caracterizar e diferenciar os átomos dos elementos químicos são utilizadas principalmente duas informações: o número atômico e o número de massa.

O **número atômico (Z)** corresponde ao número de prótons (p) existentes no núcleo de um átomo. Exemplos:

- elemento químico hidrogênio: $Z = 1$;
- elemento químico hélio: $Z = 2$.

Assim, podemos concluir que:

> Elemento químico é um conjunto de átomos de mesmo número atômico.

O **número de massa (A)** de um átomo é o seu número de prótons (p ou Z) somado ao número de nêutrons (N).

$$A = p + N \quad \text{ou} \quad A = Z + N$$

Exemplos:

- átomo de carbono ($p = 6$; $N = 6$): $A = 6 + 6 = 12$;
- átomo de sódio ($p = 11$; $N = 12$): $A = 11 + 12 = 23$.

O número de massa é um indicativo da massa do átomo. Assim, comparando esses exemplos, observamos que o átomo de sódio ($A = 23$) apresenta maior massa que o átomo de carbono ($A = 12$).

Essas duas informações (Z e A) são agrupadas, juntamente ao símbolo químico, no **nuclídeo**.

$${}^{A}_{Z}\text{Símbolo}$$

A: índice superior à esquerda; Z: índice inferior à esquerda.

Observe os exemplos a seguir:

${}^{23}_{11}\text{N}$	${}^{4}_{2}\text{He}$	${}^{56}_{23}\text{Fe}$
A = 23	A = 4	A = 56
Z = 11	Z = 2	Z = 26
p = 11	p = 2	p = 26
e = 11	e = 2	e = 26
N = 12	N = 2	N = 30

1.4 Isótopos e outros Conceitos Relacionados à Estrutura Atômica

Na formação dos elementos químicos, seja no Big Bang, seja na fusão nuclear nas estrelas, o processo de união das partículas fundamentais deu origem a átomos que apresentam, no núcleo, o mesmo número de prótons (Z) e diferentes números de massa (A), pois possuem diferentes número de nêutrons (N). Esses átomos são chamados de **isótopos**.

> **Isótopos** são átomos de mesmo número de prótons (Z) e diferentes números de massa (A).

A maioria dos elementos químicos é constituída por dois ou mais isótopos que ocorrem em diferentes porcentagens (determinadas experimentalmente) na natureza.

O hidrogênio, por exemplo, é constituído pelos isótopos hidrogênio (${}^{1}_{1}\text{H}$: único átomo que não apresenta nêutrons), deutério (${}^{2}_{1}\text{H}$) e trítio (${}^{3}_{1}\text{H}$).

Já o cloro (Z = 17) apresenta dois isótopos: 75% de todos os átomos de cloro são do isótopo cloro-35 (${}^{35}_{17}\text{Cl}$) e os 25% restantes são do isótopo cloro-37 (${}^{35}_{17}\text{Cl}$).

Além dos isótopos, também temos na natureza os chamados **isóbaros**.

> **Isóbaros** são átomos que possuem mesmo número de massa (A) e diferentes números atômicos (Z).

${}^{1}_{1}\text{H}$: hidrogênio
99,99%

${}^{2}_{1}\text{H}$: deutério
0,01%

${}^{3}_{1}\text{H}$: trítio
traços

Isótopos do hidrogênio.

Por exemplo, são isóbaros:

$^{14}_{6}$C: 6 prótons, 8 nêutrons e 6 elétrons

$^{14}_{7}$N: 7 prótons, 7 nêutrons e 7 elétrons

Diferentemente dos isótopos, que possuem mesmo número de prótons, e dos isóbaros, que possuem mesmo número de massa, também há elementos com o mesmo número de nêutrons, os chamados **isótonos**.

> **Isótonos** são átomos que possuem mesmo número de nêutrons (N) e diferentes números atômico (Z) e de massa (A).

Por exemplo, são isótonos:

$^{37}_{17}$Cl: 17 prótons, 20 nêutrons e 17 elétrons.

$^{40}_{20}$Ca: 20 prótons, 20 nêutrons e 20 elétrons.

Resumo das características de átomos isótopos, isóbaros e isótonos.

ÁTOMOS	Z	A	N
isótopos	igual	diferente	diferente
isóbaros	diferente	igual	diferente
isótonos	diferente	diferente	igual

SÉRIE BRONZE

1. Complete a tabela abaixo com as informações sobre as partículas fundamentais.

PARTÍCULA	CARGA ELÉTRICA		MASSA RELATIVA	POSIÇÃO NO ÁTOMO
	Natureza	Valor relativo		
próton				
		0		
			1/1.840	

2. Na página 12 deste capítulo, foram pontuadas conclusões importantes sobre a formação dos elementos químicos. Julgue as frases abaixo em verdadeiro (V) ou falso (F).

  I. ( ) Todo átomo possui um núlceo e uma eletrosfera.
  II. ( ) Se um elemento químico possui átomos com 12 prótons, ele possui também, 12 elétrons.
  III. ( ) Se um elemento químico possui átomos com 10 prótons no núcleo, ele terá, também, 10 nêutrons.
  IV. ( ) Os elétrons são partículas com natureza elétrica negativa e estão localizados na eletrosfera dos átomos.
  V. ( ) Cada elemento químico possui um número fixo de prótons.

3. Complete com os símbolos dos elementos.

1. sódio: _____
2. prata: _____
3. cálcio: _____
4. carbono: _____
5. magnésio: _____
6. ouro: _____
7. ferro: _____
8. bário: _____
9. potássio: _____
10. silício: _____
11. alumínio: _____
12. oxigênio: _____
13. zinco: _____
14. fósforo: _____
15. enxofre _____
16. cobre: _____
17. urânio: _____
18. flúor: _____
19. cloro: _____
20. lítio: _____

4. Complete o esquema a seguir com as informações necessárias:

[Esquema: $^{23}_{11}$Na representa → (caixa) que informa → (caixa); representa → (caixa); representa → (caixa) que informa → (caixa)]

5. (UFPB) Em relação a esses átomos, é **incorreto** afirmar:
a) O número de massa do $^{99}_{43}$Tc é 99.
b) O número atômico do $^{59}_{26}$Fe é 26.
c) O número de prótons do $^{131}_{53}$I é 53.
d) O número de elétrons do $^{24}_{11}$Na é 11.
e) O número de nêutrons do $^{32}_{15}$P é 15.

6. (UFV — MG) Os átomos do elemento químico índio (In), com número atômico igual a 49 e número de massa igual a 115, possuem:
a) 98 nêutrons.   d) 164 nêutrons.
b) 49 nêutrons.   e) 66 nêutrons.
c) 115 nêutrons.

7. (PUC – MG) Considere os seguintes dados:

ÁTOMO	PRÓTONS	NÊUTRONS	ELÉTRONS
I	40	40	40
II	42	38	42

Os átomos I e II:
a) são isótopos.
b) são do mesmo elemento.
c) são isóbaros.
d) são isótonos.
e) têm o mesmo número atômico.

8. (UFF – RJ) A tabela seguinte fornece o número de prótons e o número de nêutrons existentes no núcleo de vários átomos.

ÁTOMO	Nº DE PRÓTONS	Nº DE NÊUTRONS
a	34	45
b	35	44
c	33	42
d	34	44

Considerando os dados da tabela, o átomo isótopo de *a* e o átomo que tem o mesmo número de massa do átomo *a* são, respectivamente:

a) *d* e *b*
b) *c* e *d*
c) *b* e *c*
d) *b* e *d*
e) *c* e *b*

10. (CEFET — AM) Sabendo que os elementos $^{5x+4}_{x+5}M$ e $^{6x+2}_{x+4}Q$ são isóbaros, podemos concluir que seus números atômicos são, respectivamente:

a) 7 e 6.
b) 14 e 6.
c) 14 e 7.
d) 2 e 2.
e) 28 e 14.

9. Um átomo possui 19 prótons, 20 nêutrons e 19 elétrons. Qual dos seguintes átomos é seu isótono?

a) $^{21}_{19}A$
b) $^{20}_{19}B$
c) $^{38}_{18}C$
d) $^{58}_{39}D$
e) $^{39}_{20}E$

11. Complete a frase abaixo:

O elemento químico hidrogênio é constituído pelos _____ de hidrogênio, deutério e trítio. Todos pertencem ao mesmo elemento químico, pois possuem o mesmo número de _____ no núcleo.

SÉRIE PRATA

1. (UPF – RS) – A palavra átomo, segundo os filósofos gregos, seria a menor partícula da matéria que não poderia ser mais dividida.

Atualmente, essa ideia não é mais aceita. A respeito dos átomos, é verdadeiro afirmar que

I. são formados por, pelo menos, três partículas fundamentais.
II. apresentam duas regiões distintas, o núcleo e a eletrosfera.
III. apresentam elétrons, cuja carga é negativa.
IV. contêm partículas sem carga elétrica, os nêutrons.

Considerando-se as afirmações acima, estão **corretas**

a) I e II, apenas.
b) I e III, apenas.
c) II e IV, apenas.
d) I, III e IV, apenas.
e) todas.

2. (ACAFE – SC) Fertilizantes são substâncias ou misturas que repõem no solo os nutrientes removidos pelas plantas ou adicionam nutrientes indispensáveis ao solo para que se torne produtivo.

Entre os principais fertilizantes está o NPK, em cuja constituição são encontrados, entre outros, os elementos químicos constantes na alternativa:

a) sódio – potássio – cloro.
b) sódio – potássio – lítio.
c) nitrogênio – potássio – cloro.
d) nitrogênio – fósforo – potássio.
e) nitrogênio – ferro – manganês.

3. O ganhador do Nobel de Química de 1960, Willard Frank Libby, descobriu em 1947 que, com a passagem do tempo, o carbono 14, um isótopo radioativo instável existente em resíduos orgânicos em decomposição, se desintegra segundo uma velocidade determinada que pode ser cuidadosamente medida. Utilizando um contador Geiger altamente sensível, conseguiu determinar a idade de artefatos orgânicos muito antigos, tendo testado inicialmente pedaços de madeira encontrados em tumbas egípcias.

A datação utilizando $^{14}_{6}C$ só é confiável para datar objetos de até 60 mil anos, entretanto, quando a datação exige uma idade superior, os cientistas utilizam os átomos de $^{40}_{19}K$, $^{135}_{92}U$, $^{232}_{90}Th$ e $^{87}_{37}Rb$.

Disponível em: <http://blog.brasilacademico.com>.

A alternativa que apresenta, respectivamente, o número de prótons e elétrons do $^{14}_{6}C$ e o átomo que possui o maior número de nêutrons entre os demais átomos citados é:

a) 14, 14 e K
b) 6, 8 e U
c) 6, 6 e U
d) 6, 6 e Th
e) 6, 14 e Rb

4. (FGV) O isótopo de urânio $^{238}_{92}U$ apresenta:
a) 92 prótons, 92 elétrons, 146 nêutrons.
b) 146 prótons, 92 elétrons, número de massa = 238.
c) 92 prótons, número atômico = 238, número de nêutrons = 146.
d) 92 prótons, 92 elétrons, 92 nêutrons, número de massa = 238.
e) 92 nêutrons, número atômico = 92, número de massa = 238.

5. (ITA – SP) Assinale a opção que apresenta o elemento químico com o número **correto** de nêutrons.
a) $^{19}_{9}F$ tem zero nêutrons.
b) $^{24}_{12}Mg$ tem 24 nêutrons.
c) $^{197}_{79}Au$ tem 79 nêutrons.
d) $^{75}_{33}As$ tem 108 nêutrons.
e) $^{238}_{92}U$ tem 146 nêutrons.

6. (UNESP) Com a frase "Grupo concebe átomo 'mágico' de silício", a edição de 18.06.2005 da "Folha de S.Paulo" chama a atenção para a notícia da produção de átomos estáveis de silício com duas vezes mais nêutrons do que prótons por cientistas da Universidade Estadual da Flórida, nos Estados Unidos da América. Na natureza, os átomos estáveis deste elemento químico são: $^{28}_{14}Si$, $^{29}_{14}Si$ e $^{30}_{14}Si$. Quantos nêutrons há em cada átomo "mágico" de silício produzido pelos cientistas da Flórida?

a) 14   b) 16   c) 28   d) 30   e) 44

7. (FATEC — SP) Cinco amigos estavam estudando para a prova de Química e decidiram fazer um jogo com os elementos da Tabela Periódica:
- cada participante selecionou um isótopo dos elementos da Tabela Periódica e anotou sua escolha em um cartão de papel;
- os jogadores Fernanda, Gabriela, Júlia, Paulo e Pedro decidiram que o vencedor seria aquele que apresentasse o cartão contendo o isótopo com o maior número de nêutrons.

Os cartões foram, então, mostrados pelos jogadores.

Fernanda Gabriela Júlia Paulo Pedro

Observando os cartões, é **correto** afirmar que o(a) vencedor(a) foi

a) Júlia.
b) Paulo.
c) Pedro.
d) Gabriela.
e) Fernanda.

9. (MACKENZIE – SP) Sabendo-se que dois elementos químicos $_{3x+3}^{6x+8}A$ e $_{2x+8}^{3x+20}B$ são isóbaros, é **correto** afirmar que o número de nêutrons de A e o número atômico de B são, respectivamente,

a) 15 e 32.
b) 32 e 16.
c) 15 e 17.
d) 20 e 18.
e) 17 e 16.

8. (FEI — SP) São dadas as seguintes informações relativas aos átomos X, Y e Z:

I. X é isóbaro de Y e isótono de Z.
II. Y tem número atômico 56, número de massa 137 e é isótopo de Z.
III. O número de massa de Z é 138.

O número atômico de X é:

a) 53 b) 54 c) 55 d) 56 e) 57

10. (MACKENZIE — SP) O número de prótons, de elétrons e de nêutrons do átomo $_{17}^{35}Cl$ é, respectivamente:

a) 17, 17, 18.
b) 35, 17, 18.
c) 17, 18, 18.
d) 17, 35, 35.
e) 52, 35, 17.

Resolução:

número de massa (A) → ③⑤Cl
número atômico (Z) → ⑰

- Z = 17 = número de prótons
- Como o átomo é eletricamente neutro, número de elétrons = Z = 17.
- A = Z + N ∴ 35 = 17 + N
  ∴ N = 18 = número de nêutrons.

Resposta: alternativa a.

SÉRIE OURO

1. (UCPel – RS) Os números atômico, de nêutrons e de massa de um átomo são expressos respectivamente por 3x, 4x – 5 e 6x + 3.

O número de prótons e de nêutrons desse átomo é, respectivamente,

a) 21 e 23 b) 15 e 10 c) 24 e 27 d) 3 e 9 e) 27 e 24

2. São dados três átomos distintos A, B e C. O átomo A tem número atômico 35 e número de massa 80. O átomo C tem 47 nêutrons, sendo isoeletrônico de A. Os átomos A e B têm o mesmo número de nêutrons e os átomos B e C têm o mesmo número de massa.

Determine o número de prótons do átomo B

a) 14 e 15
b) 13 e 15
c) 15 e 16
d) 12 e 15
e) 15 e 17

3. (FGV) O elemento hidrogênio, cujo número atômico é 1, possui 3 isótopos: ^1H (mais abundante), ^2H (deutério), ^3H (trítio). Estes 3 isótopos apresentam entre si:

a) diferente número de prótons, mesmo número de nêutrons e mesmo número de massa.
b) mesmo número de prótons, mesmo número de nêutrons e diferente número de elétrons (^1H = 1 elétron, ^2H = 2 elétrons, ^3H = 3 elétrons).
c) mesmo número de prótons, mesmo número de nêutrons e diferente número de massa.
d) mesmo número de prótons, mesmo número de elétrons e diferente número de nêutrons (^1H = 1 nêutron, ^2H = 2 nêutrons, ^3H = 3 nêutrons).
e) mesmo número de prótons, mesmo número de elétrons e diferente número de nêutrons (^1H = 0 nêutron, ^2H = 1 nêutron, ^3H = 2 nêutrons).

4. (FEI — SP) Num exercício escolar, um professor pediu a seus alunos que imaginassem um átomo que tivesse o número atômico igual a seu número de chamada e o número de nêutrons 2 unidades a mais que o número de prótons. O aluno número 16 esqueceu-se de somar 2 para obter o número de nêutrons e, consequentemente, dois alunos imaginaram átomos isóbaros. Isso ocorreu com os alunos cujos números de chamada são:

5. (UERJ) A maioria dos elementos químicos é constituída por um conjunto de átomos quimicamente idênticos, denominados isótopos.

Observe, a seguir, os isótopos de dois elementos químicos:

— hidrogênio – ^1H, ^2H e ^3H;
— oxigênio – ^{16}O, ^{17}O e ^{18}O.

Combinando-se os isótopos do hidrogênio com os do oxigênio em condições adequadas, obtêm-se diferentes tipos de moléculas de água num total de:

a) 6
b) 9
c) 12
d) 18

6. (UNESP) O elemento químico B possui 20 nêutrons, é isótopo do elemento químico A, que possui 18 prótons, e isóbaro do elemento químico C, que tem 10 nêutrons. Com base nessas informações, pode-se afirmar que os elementos químicos A, B e C apresentam, respectivamente, números atômicos iguais a

a) 16, 16 e 20.
b) 16, 18 e 20.
c) 16, 20 e 21.
d) 18, 16 e 22.
e) 18, 18 e 22.

SÉRIE PLATINA

1. (ENEM) Os núcleos dos átomos são constituídos de prótons e nêutrons, sendo ambos os principais responsáveis pela sua massa. Nota-se que, na maioria dos núcleos, essas partículas não estão presentes na mesma proporção. O gráfico mostra a quantidade de nêutrons (N) em função da quantidade de prótons (Z) para os núcleos estáveis conhecidos.

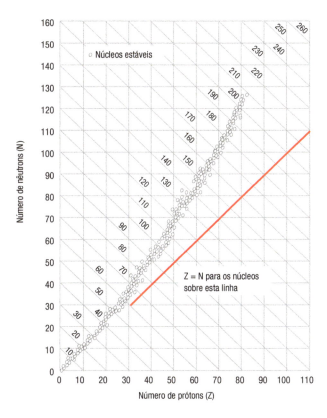

KAPLAN, I. **Física Nuclear**.
Rio de Janeiro: Guanabara Dois, 1978. Adaptado.

O antimônio é um elemento químico que possui 50 prótons e possui vários isótopos — átomos que só se diferem pelo número de nêutrons. De acordo com o gráfico, os isótopos estáveis do antimônio possuem

a) entre 12 e 24 nêutrons a menos que o número de prótons.
b) exatamente o mesmo número de prótons e nêutrons.
c) entre 0 e 12 nêutrons a mais que o número de prótons.
d) entre 12 e 24 nêutrons a mais que o número de prótons.
e) entre 0 e 12 nêutrons a menos que o número de prótons.

2. Do grego, a palavra "hidrogênio" é composta pelos termos *hydro* e *genes*, que significa gerador de água. Observe as duas ilustrações a seguir:

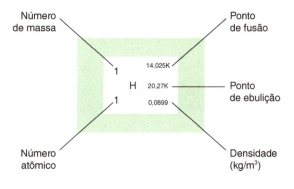

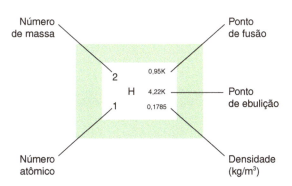

Essas duas variações do elemento hidrogênio são as mais estáveis, e o primeiro é muito mais abundante na natureza. Entre as opções abaixo é **correto** afirmar que

a) Apresentam as mesma propriedades físicas.
b) São isótopos denominados, respectivamente, prótio e deutério.

c) Possuem o mesmo número de nêutrons.
d) As duas variações formam água com a mesma massa molecular.
e) São isóbaros, pois apresentam o mesmo número de prótons.

DADO: $^{16}_{8}O$.

3. (PUC — SP) Dados três átomos A, B e C, notamos que: A e B são isótopos; A e C são isótonos; B e C são isóbaros. Sabemos ainda que:

— a soma dos números de prótons existentes em A, B e C é 79;

— a soma dos números de nêutrons existentes em A, B e C é 88;

— o número de massa de A é 55.

Consequentemente, podemos concluir que os átomos A, B e C têm, respectivamente:

	NÚMEROS ATÔMICOS	NÚMEROS DE MASSA
a)	26-26-27	55-56-56
b)	25-25-29	55-59-59
c)	24-24-31	55-62-62
d)	27-27-25	55-53-53
e)	28-28-23	55-50-50

As Propriedades Físicas e Químicas na Organização dos Elementos

CAPÍTULO 2

Nos primeiros milhares de anos após o Big Bang, o Universo era constituído apenas por dois elementos químicos: hidrogênio e hélio. Com a formação e morte das estrelas, esse número aumentou significativamente, chegando a mais de 90 elementos químicos naturais. Isso sem contar os mais de 25 elementos químicos sintetizados artificialmente pelo ser humano. Somados todos os elementos, hoje o ser humano tem conhecimento de 118 elementos químicos distintos.

Há mais de 8.000 anos, os primeiros desses elementos a serem isolados pelo ser humano foram justamente os metais cobre e ouro, sendo utilizados para produção de ornamentos, devido a propriedades de brilho e de durabilidade. Posteriormente, outros elementos foram sendo isolados e aplicados em diversos usos, como o estanho, que – misturado ao cobre – forma o bronze, material metálico de maior resistência e utilizado para produção de armamentos.

Com o passar do tempo, a quantidade de elementos identificados pelos seres humanos foi aumentando: se na Antiguidade apenas cerca de uma dezena de elementos era conhecida, a partir do século XVIII esse número aumentou substancialmente com o isolamento de elementos como fósforo, níquel, oxigênio, bário, lítio, potássio, entre outros. Em meados do século XIX, eram conhecidos cerca de 30 elementos distintos, o que levou diversos cientistas a procurarem formas de **agrupá-los** e **organizá-los**, facilitando o seu estudo.

São famosas as pirâmides do Egito construídas com grandes pedras sobrepostas. Mas os egípcios antigos já utilizavam ouro, cobre, chumbo e estanho, sendo que estudos apontam que consideravam o estanho e o chumbo como sendo o mesmo metal. Na imagem, trono em ouro de Tutankhamon ou Tutancamôn, faraó que governou o Egito de 1332 a.C. a 1323 a.C.

As primeiras classificações dos elementos em **grupos** foram propostas com base em similaridades entre esses elementos, isto é, baseadas em aspectos qualitativos (e não quantitativos). Por exemplo, os metais lítio, sódio e potássio compartilham diversas semelhanças, incluindo o fato de serem moles, de flutuarem sobre a água e de reagirem espontaneamente com ela, razão pela qual eles passaram a ser agrupados em *tríades*, isto é, conjuntos de três elementos químicos com características semelhantes.

A partir desses grupos de elementos, os estudiosos passaram a buscar, no século XIX, uma forma de expandi-los. Essa busca culminou com a proposição da **Tabela Periódica** dos elementos, que organiza todos os elementos químicos conhecidos pelos seres humanos e é baseada em seus aspectos quantitativos, sendo desenvolvida a partir de suas **propriedades físicas e químicas**.

2.1 O Gênio Russo: Dmitri Mendeleev

Em meados do século XIX, diversos cientistas estavam em busca de uma forma para organizar os elementos químicos conhecidos e a proposição mais bem-sucedida da época foi elaborada por Dmitri Ivanovich **Mendeleev**, provavelmente o cientista russo mais famoso da Idade Moderna. Ele não só foi responsável pela proposição do sistema periódico, como também previu a existência e as propriedades de diversos novos elementos.

O passo decisivo da classificação foi dado em fevereiro de 1869, quando Mendeleev colocou as propriedades dos 63 elementos conhecidos na época em cartões e depois pregou-os na parede, organizando-os.

Os cartões foram colocados em ordem crescente de massa atômica e Mendeleev notou que os cartões em um mesmo grupo vertical tinham propriedades semelhantes, o que levou o russo a chamar essa observação de **lei periódica**.

> As propriedades físicas e químicas dos elementos são funções periódicas de suas massas atômicas.*

* Massa atômica corresponde à massa de um átomo e será um assunto trabalhado posteriormente em nosso curso.

Monumento ao químico e físico russo Dmitri Ivanovich Mendeleev (1834-1907), na cidade de São Petersburgo, Rússia.

Em 1871, Mendeleev apresentou uma 2ª tabela que apresentava 8 colunas verticais, denominadas grupos, e 12 fileiras horizontais, denominadas séries. Cada grupo de I a VII ficou subdividido em 2 subgrupos: o da série par, abrangendo as séries 2, 4, 6, 8, 10 e 12 (pares), e o da série ímpar, abrangendo as séries 1, 3, 5, 7, 9 e 11 (ímpares).

Essa classificação foi preferida porque as propriedades químicas eram mais semelhantes entre os elementos do mesmo subgrupo par ou do mesmo subgrupo ímpar.

séries	grupo I	grupo II	grupo III	grupo IV	grupo V	grupo VI	grupo VII	grupo VIII
1	H 1							
2	Li 7	Be 9,4	B 11	C 12	N 14	O 16	F 19	
3	Na 23	Mg 24	Al 27,3	Si 28	P 31	S 32	Cl 35,5	
4	K 39	Ca 40	?* 44	Ti 48	V 51	Cr 52	Mn 55	Fe - 56 Co - 59 Ni - 59
5	Cu 63	Zn 65	?** 68	?*** 72	As 75	Se 78	Br 80	
6	Rb 85	Sr 87	? 88	Zr 90	Nb 94	Mo 96	? 100	Ru - 104 Rh - 104 Pd - 106
7	Ag 108	Cd 112	In 113	Sn 118	Sb 122	Te 128	I 127	
8	Cs 133	Ba 137	? 138	? 140				
9								
10		? 178	? 180	Ta 182	W 184			Os - 195 Ir - 197 Pt - 198
11	Au 199	Hg 200	Tl 204	Pb 207	Bi 208			
12				Th 231		U 240		

Segunda versão da Tabela Periódica proposta por Dmitri Mendeleev.

Particularmente brilhantes e ousadas foram duas ideias de Mendeleev:

1. deixou algumas lacunas na tabela para que fossem preenchidas por elementos futuramente descobertos, já antecipando suas massas atômicas e muitas de suas propriedades. Por exemplo, entre o cálcio e o titânio, deixou uma lacuna (*) para o elemento eka-boro (abaixo do boro). Mendeleev deixou essa lacuna porque o titânio não apresenta propriedades semelhantes às do boro. Observe na tabela acima as três celebres previsões de Mendeleev assinaladas com asteriscos (*, **, ***):

NOME DADO POR MENDELEEV	NOME ATUAL
* eka-boro	escândio (Sc)
** eka-alumínio	gálio (Ga)
*** eka-silício	germânio (Ge)

Em particular, destaca-se a proximidade entre as **propriedades** previstas por Mendeleev para o eka-silício e as propriedades do germânio, descoberto somente 15 anos depois, como pode ser visto na tabela abaixo:

PROPRIEDADE	EKA-SILÍCIO	GERMÂNIO
massa atômica	72	72,59
densidade	5,5 g/mL	5,32 g/mL
ponto de fusão	alto	973 °C
aparência	cinza escuro	cinza claro

2. desrespeitou a ordem de massas atômicas para as posições do telúrio (128) e do iodo (127), pois o telúrio é semelhante ao selênio e o iodo é semelhante ao bromo.

NOTA: na mesma época, o alemão Lothar Meyer, trabalhando independentemente, elaborou uma tabela semelhante à de Mendeleev, mas o trabalho deste último foi mais completo. Meyer focou sua classificação majoritariamente nas propriedades físicas dos elementos, enquanto Mendeleev também considerou as propriedades químicas.

2.2 Propriedades Físicas

As **propriedades físicas** são aquelas que podemos observar ou medir sem alterar a identidade da substância (que forma os materiais), isto é, a substância continua a mesma. As propriedades físicas que focaremos neste capítulo e que foram utilizadas na proposição da Tabela Periódica são: estado físico, pontos de fusão e de ebulição e densidade.

2.2.1 Estado físico ou de agregação: a matéria é particulada

Durante a formação do Universo, forças nucleares, gravidade e eletromagnetismo estiveram presentes.

As primeiras galáxias foram formadas pela ação da gravidade a partir de um grupo de estrelas e gás. Mais de 9 bilhões de anos depois do Big Bang, já tendo sido formada a nossa galáxia, a Via Láctea, nossa estrela, o Sol, foi formada dentro de uma nuvem de gás.

A formação dos planetas do Sistema Solar, no qual a Terra está inserida, se deu a partir de restos de partículas sólidas e gás, também sob ação da gravidade.

Estima-se que o planeta Terra tenha sido formado há 4,6 bilhões de anos, sendo que inicialmente sua temperatura era extremamente elevada. Foram necessários milhões de anos para que nosso planeta resfriasse e uma sucessão gradativa e constante de acontecimentos levasse à formação da atmosfera, de uma fina crosta terrestre, de chuvas e dos oceanos primitivos.

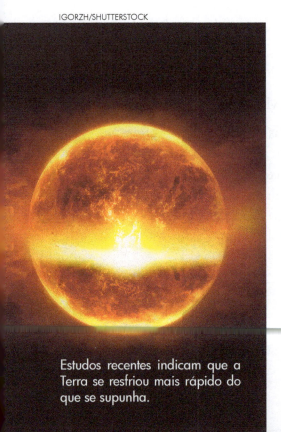

Estudos recentes indicam que a Terra se resfriou mais rápido do que se supunha.

Nessa longa trajetória, perceba que estiveram envolvidos os três estados físicos da matéria estudados pela Química: **sólido**, **líquido** e **gasoso**.

Estado sólido

No estado sólido, a matéria tem volume[1] constante e forma[2] constante. Exemplos de materiais sólidos (à temperatura ambiente) são alumínio, cobre, ouro, sal, aço, enxofre e açúcar.

Para explicar porque os sólidos têm volumes e formas constantes, cientistas como Newton, Boyle e Dalton admitiram que a matéria é formada de partículas,[3] que vamos representar por esferas maciças.

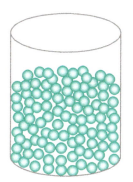

Sólidos apresentam forma constante e volume constante, porque a força de atração entre suas partículas é intensa e elas permanecem em posições praticamente "fixas", tendo pequeno movimento de vibração em relação à posição que ocupam.

Estado líquido

No estado líquido, a matéria tem volume constante e forma variável, isto é, adquire a forma do recipiente que o contém. Exemplos de materiais líquidos (à temperatura ambiente) são álcool, mercúrio, bromo, petróleo, vinagre.

Líquidos apresentam a forma do recipiente e volume constante, porque as partículas de um líquido, embora consigam movimentar-se umas em relação às outras, ainda se atraem, não se separando completamente umas das outras.

Estado gasoso

No estado gasoso, a matéria tem volume variável e forma variável. Exemplos de materiais gasosos (à temperatura ambiente) são ar, hélio, cloro, oxigênio, metano.

Vapores não possuem forma constante e ocupam o volume do recipiente porque a força de atração entre suas partículas é desprezível.

As partículas dos vapores movimentam-se em todas as direções, ocupando todo o espaço disponível.

FIQUE POR DENTRO!

É frequente o uso das palavras gás e vapor como sinônimos, porém elas não indicam materiais com exatamente as mesmas características. Por que será que falamos vapor-d'água e gás carbônico? A diferença está justamente no efeito da pressão sobre essas substâncias. Se aumentarmos a pressão sobre um recipiente contendo vapor-d'água, eventualmente o vapor condensará e obteremos água no estado líquido. Já o gás carbônico (também chamado de dióxido de carbono), na temperatura ambiente, independentemente da pressão a que estiver sujeito, nunca condensará, isto é, não é possível, apenas pelo aumento da pressão, obtermos dióxido de carbono líquido à temperatura ambiente.

---

[1] **Volume:** espaço ocupado por um material.
[2] **Forma:** configuração espacial de um material.
[3] Átomos ou conjunto de átomos.

2.2.2 Ponto de fusão (PF) e ponto de ebulição (PE)

> **Ponto de fusão** (PF) é a temperatura na qual a substância se encontra simultaneamente no **estado sólido** e no **estado líquido**.

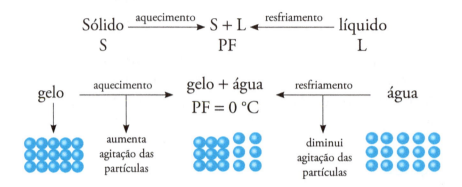

Ao aquecermos um sólido, a agitação das partículas aumenta. Ao atingir o ponto de fusão, as partículas começam a se distanciar, passando ao estado líquido. Ao resfriarmos um líquido, a agitação das partículas diminui. Ao atingir o ponto de fusão, as partículas começam a se aproximar, passando ao estado sólido.

> **Ponto de ebulição** (PE) é a temperatura na qual a substância se encontra simultaneamente no **estado líquido** e no **estado gasoso**.

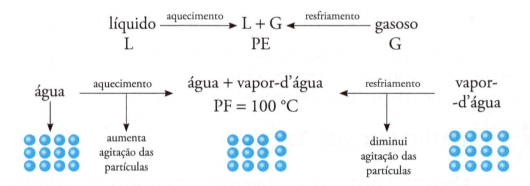

Ao aquecermos um líquido, a agitação das partículas aumenta. Ao atingir o ponto de ebulição, as partículas começam a se distanciar, passando ao estado gasoso. Ao resfriarmos um vapor, começa a diminuir a agitação das partículas. Ao atingir o ponto de ebulição, as partículas começam a se aproximar, passando ao estado líquido.

O ponto de fusão e o ponto de ebulição são **propriedades físicas intensivas**, isto é, não dependem da quantidade da substância. Exemplos:

- 10 g de água: PF = 0 °C;   PE = 100 °C
- 50 g de água: PF = 0 °C;   PE = 100 °C

SUBSTÂNCIA	PONTO DE FUSÃO (°C)	PONTO DE EBULIÇÃO (°C)
água	0	100
cálcio	850	1.240
benzeno	5,5	80
cobre	1.083	2.336
oxigênio	−218	−183

Conhecendo-se os PF e PE e a temperatura ambiente (Ta) em que se encontra a substância, podemos prever seu estado físico.

sólido   Ta   PF   PE   G
Ta < PF   S   S + L   L   L + G

líquido   PF   Ta   PE   G
PF < Ta < PE   S   S + L   L   L + G

gasoso   PF   PE   Ta   G
PE < Ta   S   S + L   L   L + G

2.2.3 Densidade (d)

A massa de um cubo de ferro de volume igual a 1 cm³ é 7,8 g. A massa de outro cubo de ferro de volume igual a 2 cm³ é 15,6 g.

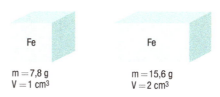

Dobrando-se o volume, dobra-se a massa. Portanto, massa e volume são grandezas diretamente proporcionais.

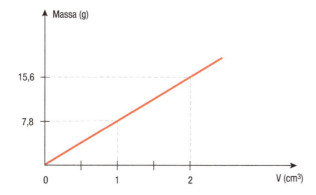

A razão entre massa (m) e volume (V) é chamada **densidade** (d) ou **massa específica**.

$$d = \frac{m}{V}$$

A densidade é diretamente proporcional à massa e inversamente proporcional ao volume. Para líquidos diferentes de mesma massa, o líquido de menor volume terá maior densidade.

maior densidade

menor densidade

A densidade também é uma **propriedade física intensiva**, isto é, não depende da quantidade da substância. Exemplo:

- 1 cm³ de ferro: d = 7,8 g/cm³
- 2 cm³ de ferro: d = 7,8 g/cm³

A densidade de alguns materiais é apresentada na tabela abaixo:

SUBSTÂNCIA	d (g/cm³)
água	1,0
gelo	0,9
álcool	0,8
ferro	7,8
mercúrio	13,6
chumbo	11,2
ouro	19,3

Densímetro

O densímetro é um aparelho utilizado para determinar a densidade de líquidos. São úteis, por exemplo, em indústrias de bebidas alcoólicas (de vinho, pinga, cerveja etc.).

É também utilizado em postos de gasolina para determinar a densidade dos combustíveis (álcool), indicando se estão de acordo com os padrões estabelecidos por lei.

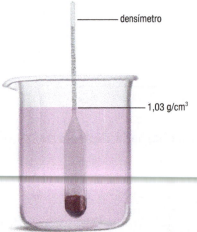

A densidade de um líquido pode ser medida pelo densímetro. O ponto em que a superfície do líquido atinge a coluna graduada do aparelho indica a densidade da substância. Observe na imagem ao lado a marca de 1,03 g/cm³, indicativa da densidade do líquido.

Determinação da densidade de um sólido com formato irregular

Para determinação da densidade de um sólido com formato irregular, pode-se utilizar o seguinte procedimento:

1. coloque água em um recipiente graduado, como uma proveta, até determinado volume;
2. mergulhe o sólido de formato irregular no recipiente contendo água e verifique o novo volume de água;
3. a diferença entre o volume final e o volume inicial corresponde ao volume desse sólido.

Agora, podemos determinar a densidade do sólido, utilizando a expressão $d = \dfrac{m}{V}$.

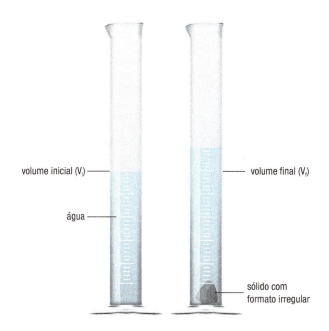

Densidade e flutuação

A comparação entre as densidades dos materiais permite prever se um corpo irá afundar ou flutuar em certo líquido.

$d_{líquido} > d_{●}$

$d_{●} > d_{líquido}$

$d_{●} = d_{líquido}$

Com líquidos imiscíveis, o mais denso fica abaixo do menos denso. Assim, na foto acima,

$d_{mel} > d_{leite} > d_{óleo}$

Densidade de uma mistura[4]

A densidade de uma mistura é a média ponderada das densidades dos seus componentes. Sendo a densidade do álcool (etanol) igual a 0,79 g/mL e a densidade da água igual a 1,0 g/mL, uma mistura de álcool e água deve apresentar densidade entre 0,79 g/mL e 1,0 g/mL. Exemplo: Qual é a densidade de uma mistura cuja porcentagem em massa é 60% de álcool e 40% de água?

$$d_{mistura} = \dfrac{60 \cdot 0,79 + 40 \cdot 1,0}{60 + 40} \text{ g/mL} = 0,874 \text{ g/mL}$$

---
[4] A maioria dos materiais são formados por duas ou mais substâncias; a esse tipo de material chamamos **mistura**.

Alguns fatores que afetam a densidade

A densidade depende, em primeiro lugar, do material considerado. Por exemplo, enquanto o ouro apresenta densidade de 19,3 g/cm^3, o ferro apresenta densidade de 7,8 g/cm^3. Em segundo lugar, a densidade de um mesmo material depende da temperatura. Um aquecimento, por exemplo, pode provocar a dilatação do material, levando a um aumento de volume, o que pode interferir no valor da densidade.

Mudanças de estado físico também provocam mudanças na densidade de uma substância. A água líquida, por exemplo, tem densidade 1 g/cm^3, e a água sólida (gelo) tem densidade 0,92 g/cm^3. Isso permite entender porque o gelo flutua na água.

NOTA: as propriedades físicas intensivas (ponto de fusão, ponto de ebulição e densidade) são utilizadas para identificar as substâncias, pois duas substâncias diferentes nunca terão um conjunto de propriedades físicas iguais. Por exemplo:

- a substância água é um líquido incolor, inodoro, insípido, com d = 1 g/mL, PF = 0 °C, PE = 100 °C (ao nível do mar);
- a substância cloreto de sódio é um sólido branco, salgado, com d = 2,17 g/mL, PF = 801 °C, PE = 1.465 °C.

2.3 Propriedades Químicas

O grande diferencial de Mendeleev na proposição de sua classificação periódica foi considerar também as **propriedades químicas** dos elementos químicos, isto é, a capacidade de uma substância se transformar em outras substâncias por meio de uma **reação química**.

Quando propôs a existência do eka-silício, por exemplo, Mendeleev indicou que esse elemento seria capaz de reagir com gás oxigênio e formar uma substância na qual haveria para cada átomo de eka-silício dois átomos de oxigênio. Anos mais tarde, quando o germânio (Ge) foi descoberto, foi identificado que ele realmente reagia com o oxigênio para formar o óxido de germânio, GeO_2 – uma substância em que temos um átomo de germânio para cada dois átomos de oxigênio. Conheça, agora, outros exemplos:

- uma propriedade química do gás hidrogênio, por exemplo, é que ele reage com oxigênio (queima) para produzir água;
- uma propriedade química do metal zinco é que ele reage com ácidos para produzir o gás hidrogênio.

Assim, podemos concluir que:

> - as propriedades **físicas** são aquelas que não mudam a identidade de uma substância;
> - as propriedades **químicas** são aquelas que mudam a identidade de uma substância.

2.3.1 Transformação química ou fenômeno químico ou reação química

Transformação química é toda transformação em que ocorre formação de uma ou mais novas substâncias, o que leva à alteração das propriedades físicas.

No estado inicial, as substâncias são chamadas de **reagentes**. No estado final, as substâncias são chamadas de **produtos**.

A primeira reação descoberta pelo homem foi a **combustão** (queima de materiais). A substância que sofre combustão é chamada de **combustível** (madeira, papel, álcool, gasolina, gás hidrogênio). A substância que alimenta a combustão é chamada de comburente (geralmente é o gás oxigênio).

Na combustão do gás hidrogênio, ao produzir uma faísca elétrica dentro do sistema inicial, ocorrerá uma reação química entre o gás hidrogênio e o gás oxigênio, levando à formação de água. Nesse caso, vemos que a reação resultou em um produto (água) que apresenta propriedades físicas completamente distintas das dos reagentes (gás hidrogênio e gás oxigênio).

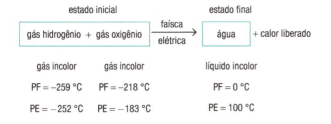

A queima de materiais, como pedaços de madeira, é uma reação de combustão.

A formação da ferrugem é um exemplo de reação química: ferro + gás oxigênio + água → ferrugem

Outros exemplos de reações químicas são:

- fotossíntese: gás carbônico + água → glicose + oxigênio
- combustão do álcool: álcool + gás oxigênio → gás carbônico + água

NOTA: transformação física (ou **fenômeno físico**) é toda transformação em que não ocorre *formação de novas substâncias*, isto é, as propriedades físicas não se alteram.

Nesses fenômenos, a forma, o tamanho, a aparência e o estado físico podem mudar, porém, a constituição da substância não sofre alterações. Alguns exemplos de transformações físicas são:

- *mudanças de forma:* barra de cobre → fio de cobre
- *mudanças de tamanho:* lata → lata amassada
- *mudanças de aparência:* ferro → ferro aquecido
- *mudanças de estado físico:* ao fornecer ou retirar energia de uma amostra de um material à pressão constante, poderá ocorrer a mudança de estado físico.

LIGANDO OS PONTOS!

Mudanças de estado físico

Acompanhe pelo esquema abaixo a denominação das diferentes mudanças de estado físico, segundo o aumento ou a diminuição da temperatura.

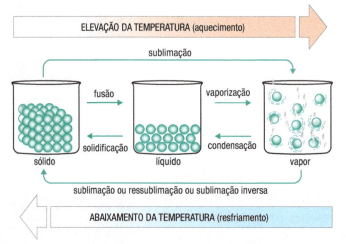

Observações:

- A solidificação é também chamada de **congelação** e a condensação é também chamada de **liquefação**.
- A **vaporização** pode receber outros nomes, dependendo das condições em que o líquido se transforme em vapor.
  - **Evaporação**: passagem lenta do estado líquido para o estado de vapor, que ocorre predominantemente na superfície do líquido, sem causar agitação ou surgimento de bolhas no seu interior. Exemplo: vaporização da água dos rios, lagos, mares.
  - **Ebulição**: passagem rápida do estado líquido para o estado de vapor, geralmente obtida pelo aquecimento do líquido e percebida devido à formação de bolhas. Exemplo: água fervendo.
  - **Calefação**: passagem muito rápida do estado líquido para o estado de vapor quando o líquido entra em contato com uma superfície muito quente. Exemplo: gotículas de água em contato com uma chapa quente.

SÉRIE BRONZE

1. Com base nas informações presentes no item 2.1 deste capítulo, complete as lacunas sobre a Tabela Periódica de Mendeleev.

	I	II	III	IV	V	VI	VII	VIII
1	H 1							
2	Li 7	Be 9,4	B 11	C 12	N 14	O 16	F 19	
3		Na 23	Mg 24	Al 27,3	Si 28	P 31	S 32	Cl 35,5
4	K 39	Ca 40	?* 44	Ti 48	V 51	Cr 52	Mn 55	Fe - 56 Co - 59 Ni - 59
5		Cu 63	Zn 65	?** 68	?*** 72	As 75	Se 78	Br 80
6	Rb 85	Sr 87	? 88	Zr 90	Nb 94	Mo 96	? 100	Ru - 104 Rh - 104 Pd - 106
7		Ag 108	Cd 112	In 113	Sn 118	Sb 122	Te 128	I 127
8	Cs 133	Ba 137	? 138	? 140				
9								
10		? 178	? 180	Ta 182	W 184			Os - 195 Ir - 197 Pt - 198
11		Au 199	Hg 200	Tl 204	Pb 207	Bi 208		
12				Th 231		U 240		

elementos no mesmo grupo

as lacunas deveriam

2. Sobre os estados físicos ou de agregação e as mudanças de estado, complete os diagramas a seguir.

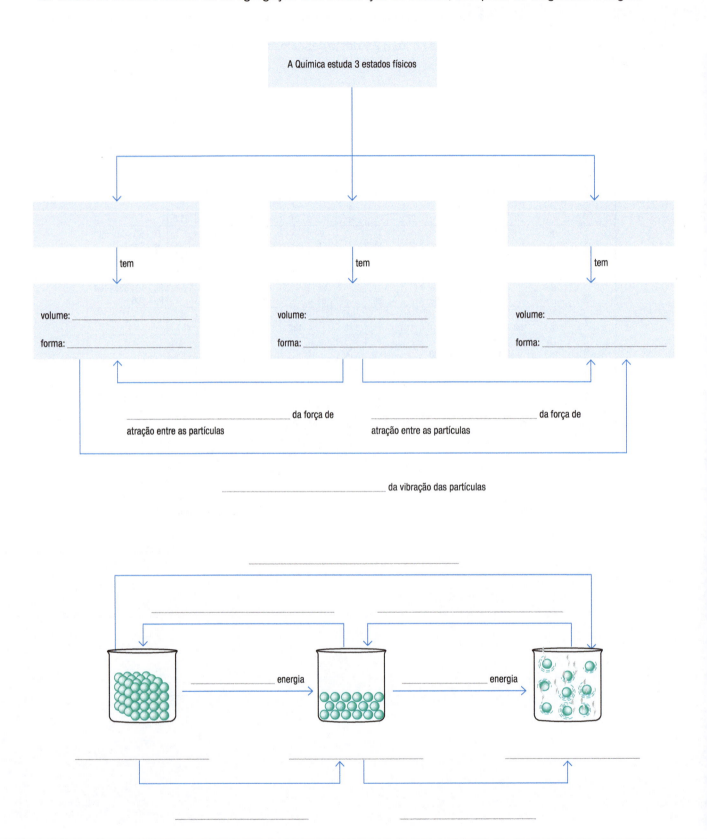

3. Sobre a propriedade densidade, complete os diagramas a seguir.

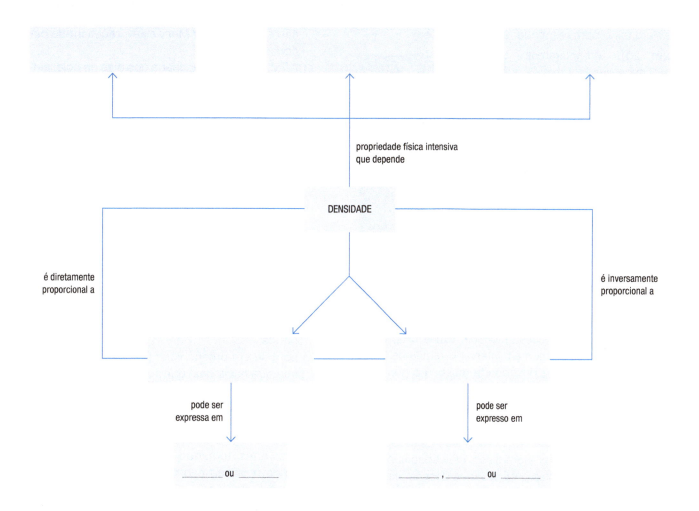

Complete com >, < ou =

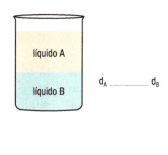

Relacione as curvas abaixo com os líquidos A e B:

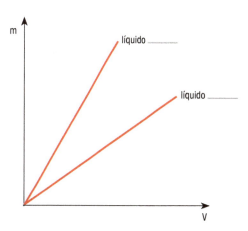

SÉRIE PRATA

Leia o texto para responder à(s) questão(ões):

Em 2019 completamos 150 anos desde a primeira tabela de Dmitri Mendeleev. Ele, na tentativa de organizar os elementos químicos conhecidos na época, inspirou-se em cartas do baralho que usava para jogar paciência e fez algo parecido com os elementos. Ao tentar organizá-las, foi vencido pela exaustão e adormeceu, tendo um sonho em que via uma tabela na qual os elementos se encaixavam exatamente como pretendia. Ele compreendeu que, quando os elementos eram escritos numa ordem crescente de massa atômica, várias propriedades químicas se repetiam em intervalos regulares (periódicos), por isso a sua descoberta recebeu o nome de Tabela Periódica dos Elementos.

Mendeleev debruçado sobre sua mesa de estudos.

O mais impressionante foi que ele deixou alguns espaços vagos, dizendo que nenhum elemento se encaixava ali porque eles ainda não haviam sido descobertos, mas que ainda seriam. Além disso, ele especificou até mesmo quais seriam as propriedades desses elementos químicos ainda não descobertos. E, impressionantemente, foi o que realmente aconteceu.

Atualmente, a Tabela Periódica dos Elementos Químicos está organizada em ordem crescente de número atômico (Z), porque, na realidade, não são as massas atômicas que definem as propriedades de cada elemento, mas sim o número atômico. Apesar de terem sofrido vários ajustes ao longo dos anos, as Tabelas Periódicas modernas continuam baseadas sobre a estrutura essencial criada por Mendeleev.

Disponível em: <https://tinyurl.com/y9pwfcuw>
Acesso em: 21 out. 2018. Adaptado.

1. (CEETEPS – SP) De acordo com o texto, assinale a alternativa **correta**.
   a) Mendeleev construía seus baralhos para jogar paciência.
   b) O baralho de Mendeleev continha os elementos químicos conhecidos na época.
   c) Na Tabela de Mendeleev, os elementos estão organizados em ordem crescente de número atômico.
   d) A Tabela Periódica recebeu esse nome porque as propriedades dos elementos, na organização elaborada por Mendeleev, repetiam-se periodicamente.
   e) A Tabela Periódica, usada nos dias de hoje, ainda é igual à primeira tabela de Mendeleev com os elementos em ordem crescente de massas atômicas.

2. Mendeleev deixou, em sua Tabela, espaços vazios,
   a) pois havia sonhado com novos elementos químicos e passou a pesquisá-los.
   b) porque previa a descoberta de novos elementos químicos, o que realmente ocorreu posteriormente.
   c) que foram preenchidos por novos elementos, com características diferentes das previstas por ele.
   d) porque não existiam elementos que apresentassem as massas atômicas que deveriam ocupá-los.
   e) para serem preenchidos por elementos químicos que havia descoberto, pouco antes de sonhar com a tabela.

3. (CPS – SP) Mendeleev (1834-1907), sob a influência da sua segunda esposa, voltou-se para o mundo das artes, tornando-se colecionador e crítico. Essa nova paixão não deve ter sido considerada nenhuma surpresa, afinal, Mendeleev fez arte com a Química, desenhando e manejando cartas que representavam os elementos, para ajudar na construção da Tabela Periódica. Sua visão da ciência já era um indício de que existia uma veia artística dentro dele. Certa vez, disse: "Conceber, compreender e aprender a simetria total do edifício, incluindo suas porções inacabadas, é equivalente a experimentar aquele prazer só transmitido pelas formas mais elevadas de beleza e verdade".

Dmitri Mendeleev.

Na Química, as ideias ousadas e o gênio audacioso de Mendeleev renderam-lhe um merecido reconhecimento. Mas ele não se dedicou exclusivamente à Tabela Periódica. Já havia estudado a temperatura crítica dos gases e prosseguiu sua vida acadêmica pesquisando a expansão de líquidos e a origem do petróleo. Em 1955, o elemento de número atômico 101 (Z = 101) da Tabela Periódica recebeu o nome mendelévio em sua homenagem.

Disponível em: <http://tinyurl.com/oadx3qe>
Acesso em: 31 jul. 2014. Adaptado.

De acordo com o texto, é **correto** afirmar que Mendeleev foi

a) opositor à construção da Tabela Periódica.
b) introduzido ao mundo das artes pela primeira esposa.
c) quem descobriu o elemento químico de número atômico 101.
d) merecidamente reconhecido graças à sua audácia e ideias ousadas.
e) o nome dado a um composto químico para homenagear esse grande cientista.

4. (FUVEST – SP) Uma postagem de humor na internet trazia como título "Provas de que gatos são líquidos" e usava, como essas provas, fotos reais de gatos, como as reproduzidas aqui.

Bored Panda. Disponível em: <https://www.boredpanda.com>. Adaptado.

O efeito de humor causado na associação do título com as fotos baseia-se no fato de que líquidos

NOTE E ADOTE: Considere temperatura e pressão ambientes.

a) metálicos, em repouso, formam uma superfície refletora de luz, como os pelos dos gatos.
b) têm volume constante e forma variável, propriedade que os gatos aparentam ter.
c) moleculares são muito viscosos, como aparentam ser os gatos em repouso.
d) são muito compressíveis, mantendo forma mas ajustando o volume ao do recipiente, como os gatos aparentam ser.
e) moleculares são voláteis, necessitando estocagem em recipientes fechados, como os gatos aparentam ser.

5. (FUVEST – SP) O conhecimento do ponto de fusão e do ponto de ebulição de uma substância indica seu estado físico, a uma determinada temperatura. Considere a tabela abaixo, que apresenta essas informações para alguns halogênios:

SUBSTÂNCIA	PONTO DE FUSÃO (°C)	PONTO DE EBULIÇÃO (°C)
cloro	–101,4	–33,9
bromo	–7,2	59,0
iodo	113,9	184,4

A 25 °C, cloro, bromo e iodo encontram-se, respectivamente, nos estados

a) sólido, líquido e gasoso.
b) sólido, líquido e líquido.
c) líquido, líquido e gasoso.
d) gasoso, líquido e líquido.
e) gasoso, líquido e sólido.

Resolução:

Para identificar o estado físico das substâncias acima, é necessário comparar a temperatura de 25 °C com os pontos de fusão e ebulição fornecidos na tabela:

Resposta: alternativa e.

6. (FGV – SP) O conhecimento das propriedades físico-químicas das substâncias é muito útil para avaliar condições adequadas para a sua armazenagem e transporte. Considere os dados das três substâncias seguintes:

	SUBSTÂNCIA	PONTO DE FUSÃO (°C)	PONTO DE EBULIÇÃO (°C)
I	estanho	232	2.720
II	flúor	–220	–188
III	césio	28	678

ATKINS, P. W. **Princípios de Química**. 3. ed. Porto Alegre: Bookman, 2006.

É **correto** afirmar que em um ambiente a 35 °C, sob pressão atmosférica, as substâncias I, II e III apresentam-se, respectivamente, nos estados físicos

a) sólido, gasoso e líquido.
b) sólido, gasoso e gasoso.
c) sólido, líquido e líquido.
d) líquido, gasoso e líquido.
e) líquido, líquido e gasoso.

7. Um cubo de cobre tem aresta igual a 2,5 cm. Sua massa é igual a 140 g. Qual é a densidade do cobre?

DADO: $V = a^3$.

8. Observe a tabela:

SUBSTÂNCIA	DENSIDADE
água	1,0 g/cm³
benzeno	0,90 g/cm³
clorofórmio	1,53 g/cm³

Esses três materiais foram colocados em uma proveta, originando um sistema com o seguinte aspecto:

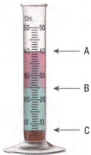

Relacione as substâncias A, B, C com aquelas mencionadas na tabela. Justifique.

9. (FUVEST – SP)

MATERIAL	DENSIDADE (g/cm³) À TEMPERATURA AMBIENTE
alumínio	2,7
bambu	0,31-0,40
carvão	0,57
osso	1,7-1,18

Ao adicionar à água pura, à temperatura ambiente, pedaços de cada um desses materiais, observa-se flutuação apenas de:

a) alumínio.
b) alumínio e osso.
c) bambu.
d) bambu e carvão.
e) carvão e osso.

10. (FATEC – SP) Uma barra de certo metal, de massa igual a 37,8 g, foi introduzida num cilindro graduado contendo água. O nível da água contida no cilindro, antes (1) e após (2) a imersão da barra metálica, é mostrado na figura.

Analisando-se a figura, pode-se afirmar que o metal da barra metálica é provavelmente o

a) Ag, d = 10,50 g/cm³.
b) Al, d = 2,70 g/cm³.
c) Fe, d = 7,87 g/cm³.
d) Mg, d = 1,74 g/cm³.
e) Pb, d = 11,30 g/cm³.

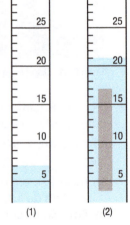

11. (FMU/FIAM – SP) O esquema representa três tubos de ensaio de mesmo diâmetro, contendo cada um a mesma massa dos seguintes líquidos incolores: água, acetona e clorofórmio.

São dadas as densidades: d (H_2O) = 1,00 g/cm^3; d (acetona) = 0,80 g/cm^3; d (clorofórmio) = 1,5 g/cm^3.

Podemos afirmar que os tubos I, II e III contêm, respectivamente:

a) acetona, água e clorofórmio.
b) acetona, clorofórmio e água.
c) água, clorofórmio e acetona.
d) clorofórmio, água e acetona.
e) clorofórmio, acetona e água.

12. Um estudante construiu um densímetro, esquematizado na figura, utilizando um canudinho e massa de modelar. O instrumento foi calibrado com duas marcas de flutuação, utilizando água (marca A) e etanol (marca B) como referências.

Em seguida, o densímetro foi usado para avaliar cinco amostras: vinagre, leite integral, gasolina (sem álcool anidro), soro fisiológico e álcool comercial (92,8 °GL).

Que amostra apresentará marca de flutuação entre os limites A e B?

a) Vinagre.
b) Gasolina.
c) Leite Integral.
d) Soro fisiológico.
e) Álcool comercial.

13. Um recipiente contém um líquido A de densidade 0,60 g/cm^3 em volume V. Outro recipiente contém um líquido B de densidade 0,70 g/cm^3 e volume 3V. Os dois líquidos são miscíveis. Qual é a densidade da mistura?

Resolução:

líquido A
d = 0,60 g/cm^3
V = 25% da mistura

líquido B
d = 0,70 g/cm^3
3V = 75% da mistura

$$d = \frac{0,60 \cdot 25\% + 0,70 \cdot 75\%}{25 + 75}$$

d = 0,675 g/cm^3

14. (FESP) O volume de álcool etílico que devemos misturar com 80 cm^3 de água destilada para obtermos uma solução alcoólica de densidade 0,93 g/cm^3 é (despreze a contração de volume que acompanha a mistura de álcool com água):

a) 4 cm^3.
b) 40 cm^3.
c) 60 cm^3.
d) 70 cm^3.
e) 65 cm^3.

DADO: d_{H_2O} = 1 g/cm^3; $d_{C_2H_5OH}$ = 0,79 g/cm^3.

15. Classifique as transformações em físicas ou químicas:

a) queima de um palito de fósforo _____
b) produção de vinho _____
c) secagem da roupa pendurada no varal _____
d) queima da gasolina _____
e) dissolução do açúcar em água _____
f) decomposição da luz solar por um prisma _____
g) enferrujamento de um prego _____
h) desaparecimento de bolinhas de naftalina colocadas em armário _____
i) fotossíntese _____
j) gelo derretendo _____

16. (FUVEST – SP) Quais das propriedades a seguir são as mais indicadas para verificar se é pura uma certa amostra sólida de uma substância conhecida?

a) cor e densidade.
b) cor e dureza.
c) ponto de fusão e densidade.
d) cor e ponto de fusão.
e) densidade e dureza.

SÉRIE OURO

1. (UNESP) Os compostos orgânicos possuem interações fracas e tendem a apresentar temperaturas de ebulição e fusão menores do que as dos compostos inorgânicos. A tabela apresenta dados sobre as temperaturas de ebulição e fusão de alguns hidrocarbonetos.

SUBSTÂNCIA	TE (°C)	TF (°C)
metano	–162	–182
propano	–42	–188
eteno	–104	–169
propino	–23	–101

Na temperatura de –114 °C é **correto** afirmar que os estados físicos em que se encontram os compostos, metano, propano, eteno e propino, são, respectivamente,

a) sólido, gasoso, gasoso e líquido.
b) líquido, sólido, líquido e sólido.
c) líquido, gasoso, sólido e líquido.
d) gasoso, líquido, sólido e gasoso.
e) gasoso, líquido, líquido e sólido.

2. (FATEC – SP) Considere o gráfico seguinte, que relaciona massas e volumes de diferentes amostras de titânio puro.

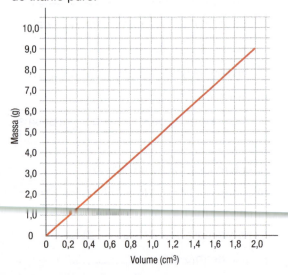

Analisando-se esse gráfico, conclui-se que a densidade do metal em questão é, em g/cm³, igual a aproximadamente

a) 1,5.
b) 2,5.
c) 3,0.
d) 4,5.
e) 6,0.

3. (UNICAMP – SP) Dois frascos idênticos estão esquematizados abaixo. Um deles contém uma certa massa de água (H_2O) e o outro, a mesma massa de álcool (CH_3CH_2OH).

DADO: usando-se uma bolinha de densidade adequada fez-se o experimento ao lado:

Qual das substâncias está no frasco A e qual está no frasco B? Justifique.

4. (MACKENZIE – SP) Num recipiente calibrado contendo 485 mL de água (d = 1,00 g/cm³) colocou-se um objeto (feito de um único material) de massa igual a 117 g. Observou-se que o objeto imerge e que o nível da água no recipiente passa a ser de 500 mL. Com esses dados e consultando a tabela abaixo, pode-se afirmar que o objeto pode ser feito de:

MATERIAL	DENSIDADE (g/cm³)
chumbo	11,3
ferro	7,8
osso	2,0
cortiça	0,3
pedra	5,0

a) chumbo.
b) ferro.
c) osso.
d) cortiça.
e) pedra.

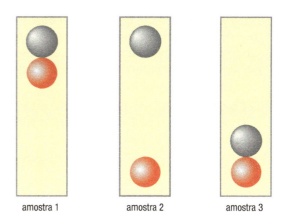

amostra 1   amostra 2   amostra 3

A respeito das amostras ou do densímetro, pode-se afirmar que

a) A densidade da bola escura deve ser igual a 0,811 g/cm³.
b) a amostra 1 possui densidade menor do que a permitida.
c) a bola clara tem densidade igual à densidade da bola escura.
d) a amostra que está dentro do padrão estabelecido é a de número 2.
e) o sistema poderia ser feito com uma única bola de densidade entre 0,805 g/cm³ e 0,811 g/cm³.

5. (ENEM) O controle de qualidade é uma exigência da sociedade moderna na qual os bens de consumo são produzidos em escala industrial. Nesse controle de qualidade são determinados parâmetros que permitem checar a qualidade de cada produto. O álcool combustível é um produto de amplo consumo muito adulterado, pois recebe adição de outros materiais para aumentar a margem de lucro de quem o comercializa. De acordo com a Agência Nacional de Petróleo (ANP), o álcool combustível deve ter densidade entre 0,805 g/cm³ e 0,811 g/cm³.

Em algumas bombas de combustível, a densidade do álcool pode ser verificada por meio de um densímetro similar ao desenhado a seguir, que consiste em duas bolas com valores de densidade diferentes e verifica quando o álcool está fora da faixa permitida. Na imagem, são apresentadas situações distintas para três amostras de álcool combustível.

6. (UFG – GO) Um químico elaborou uma nova formulação para um refrigerante, nas versões normal e *diet*, conforme a tabela abaixo, para um volume final de 1,0 L.

COMPONENTES	QUANTIDADES (g)	
	REFRIGERANTE NORMAL	REFRIGERANTE DIET
açúcar	109,7	0,0
aromatizante	10,1	11,1
conservante	20,0	5,2
espessante	10,2	24,0
água	900,0	960,0
adoçante artificial	0,0	1,4

Após a mistura, o químico colocou os refrigerantes em duas garrafas idênticas (massa, volume e forma iguais). Acidentalmente, ele as deixou cair em um tanque contendo uma solução de NaCl com densidade igual a 1,03 g/mL.

a) Calcule as densidades dos refrigerantes.
b) Descreva e explique o comportamento das garrafas ao caírem no tanque.

7. (ETEC – SP) Uma história muito conhecida relata a genial solução dada por Arquimedes ao problema da coroa do rei Hieron. O rei queria uma coroa de ouro e entregou certa massa desse metal a um ourives, para que este confeccionasse o objeto. Quando o ourives entregou a encomenda, com massa igual ao do ouro que Hieron havia fornecido, levantou-se a suspeita de que certa porção de ouro teria sido substituída por prata, e Arquimedes foi encarregado pelo rei de investigar a veracidade dos fatos.

Para resolver esse problema, Arquimedes pegou um vasilhame com água e mergulhou nele um pedaço de ouro, de mesma massa dada ao ourives, registrando o quanto da água transbordara. Depois, fez o mesmo com um pedaço de prata, efetuando o registro e comparando-o com o anterior.

Esses experimentos de Arquimedes podem ser representados pelos esquemas a seguir:

pote de referência

pote com ouro

pote com prata

Diante dos resultados, Arquimedes chegou à conclusão de que a coroa foi confeccionada com uma liga de ouro e prata, pois, ao mergulhá-la no pote de referência, observou o resultado como o indicado na alternativa:

a)  b)

c)  e)

d)

8. (FATEC – SP) A Agência Nacional de Petróleo (ANP) estabelece que a gasolina vendida no Brasil deve conter entre 22% e 26% de etanol em volume. Esse teor pode ser medido facilmente: de um dado volume de gasolina é possível extrair todo o etanol utilizando-se um volume de água idêntico ao da gasolina inicial. Assim, o teor de etanol no extrato aquoso será igual ao teor de etanol na amostra inicial de gasolina. Sabe-se que a densidade da mistura etanol-água é proporcional a seu teor de etanol, conforme mostra a tabela abaixo:

DENSIDADE DA MISTURA ETANOL-ÁGUA (g/mL)	TEOR DE ETANOL NA MISTURA (%)
0,969	15,8
0,954	23,7
0,935	31,6

Cinco diferentes amostras de gasolina foram analisadas, extraindo-se o etanol em fase aquosa. Mediu-se a densidade (d) desses extratos aquosos e os resultados são dados a seguir.

Assinale a alternativa em que a gasolina analisada encontra-se dentro das especificações da ANP.

a) Amostra 1: d = 0,959 g/mL.
b) Amostra 2: d = 0,969 g/mL.
c) Amostra 3: d = 0,954 g/mL.
d) Amostra 4: d = 0,935 g/mL.
e) Amostra 5: d = 0,925 g/mL.

9. (FUVEST – SP) O gráfico abaixo relaciona a densidade do álcool hidratado com a sua porcentagem de água. Pede-se:

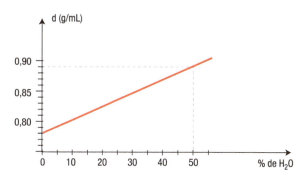

a) a porcentagem de álcool em uma solução de densidade 0,82 g/mL;
b) a massa, em gramas, de 1 litro de álcool com 30% de água.

10. (UFSCar – SP) Considere as seguintes situações cotidianas:

1 – Vinagre, azeite de oliva e sal são misturados para temperar uma salada.
2 – Uma churrasqueira é "acesa" com o uso de pastilhas de álcool gel.
3 – O congelador de uma geladeira passa por um processo de degelo.
4 – Uma maçã, depois de cortada, escurece quando exposta ao ar.

É **correto** afirmar que há evidência de transformações químicas somente nas situações

a) 1 e 2.
b) 1 e 3.
c) 2 e 3.
d) 2 e 4.
e) 3 e 4.

11. (VUNESP) A elevação da temperatura de um sistema produz, geralmente, alterações que podem ser interpretadas como sendo devidas a processos físicos ou químicos.

Medicamentos, em especial na forma de soluções, devem ser mantidos em recipientes fechados e protegidos do calor para que se evite:

I. a evaporação de um ou mais de seus componentes;
II. a decomposição e consequente diminuição da quantidade do composto que constitui o princípio ativo;
III. a formação de compostos indesejáveis ou potencialmente prejudiciais à saúde.

A cada um desses processos — I, II e III — corresponde um tipo de transformação classificada, respectivamente, como:

a) física, física e química.
b) física, química e química.
c) química, física e física.
d) química, física e química.
e) química, química e física

12. (FATEC – SP) Leia o trecho do soneto "Como eu te amo", de Gonçalves Dias, para responder a questão.

Como se ama o silêncio, a luz, o aroma,	1
O orvalho numa flor, nos céus a estrela,	2
No largo mar a sombra de uma vela,	3
Que lá na extrema do horizonte assoma;	4
Como se ama o clarão da branca lua,	5
Da noite na mudez os sons da flauta,	6
As canções saudosíssimas do nauta,	7
Quando em mole vaivém a nau flutua,	8

Disponível em: <https://tinyurl.com/y6uoquu5>.
Acesso em: 17 mar. 2018. Adaptado.

A condensação, passagem de uma substância do estado gasoso para o estado líquido, pode ocorrer quando vapores de um material entram em contato com uma superfície fria.

O verso que cita um fenômeno resultante da condensação do vapor-d'água é o

a) 1   b) 2   c) 3   d) 4   e) 5

13. (ENEM) O ciclo da água é fundamental para a preservação da vida no planeta. As condições climáticas da Terra permitem que a água sofra mudanças de fase e a compreensão dessas transformações é fundamental para se entender o ciclo hidrológico. Numa dessas mudanças, a água ou a umidade da terra absorve o calor do sol e dos arredores. Quando já foi absorvido calor suficiente, algumas das moléculas do líquido podem ter energia necessária para começar a subir para a atmosfera.

Disponível em: <http://www.keroagua.blogspot.com>.
Acesso em: 30 mar. 2009. Adaptado.

A transformação mencionada no texto é a

a) fusão.
b) liquefação.
c) evaporação.
d) solidificação.
e) condensação.

14. (UNICAMP – SP) Em algumas extrações de ouro, sedimentos de fundo de rio e água são colocados em uma bateia, recipiente cônico que se assemelha a um funil sem o buraco. Movimentos circulares da bateia permitem que o ouro metálico se **deposite sob o material sólido** ali presente. Esse depósito, que contém principalmente ouro, é posto em contato com mercúrio metálico; o amálgama formado é separado e **aquecido com um maçarico, separando-se o ouro líquido do mercúrio gasoso**. Numa região próxima dali, o **mercúrio gasoso se transforma em líquido** e acaba indo para o leito dos rios. Os três segmentos anteriormente grifados se referem, respectivamente, às seguintes propriedades:

a) peso, temperatura de gaseificação e temperatura de liquefação.
b) densidade, temperatura de sublimação e temperatura de fusão.
c) peso, temperatura de ebulição e temperatura de fusão.
d) densidade, temperatura de ebulição e temperatura de liquefação.

15. (ENEM) Produtos de limpeza, indevidamente guardados ou manipulados, estão entre as principais causas de acidentes domésticos. Leia o relato de uma pessoa que perdeu o olfato por ter misturado água sanitária, amoníaco e sabão em pó para limpar um banheiro:

"**A mistura ferveu e começou a sair uma fumaça asfixiante.** Não conseguia respirar e meus olhos, nariz e garganta começaram a arder de maneira insuportável. Saí correndo à procura de uma janela aberta para poder voltar a respirar".

O trecho destacado no texto poderia ser reescrito, em linguagem científica, da seguinte forma:

a) As substâncias químicas presentes nos produtos de limpeza evaporaram.
b) Com a mistura química, houve produção de uma solução aquosa asfixiante.
c) As substâncias sofreram transformações pelo contato com o oxigênio do ar.
d) Com a mistura, houve transformação química que produziu rapidamente gases tóxicos.
e) Com a mistura, houve transformação química, evidenciada pela dissolução de um sólido.

Capítulo 2 – As Propriedades Físicas e Químicas na Organização dos Elementos   49

SÉRIE PLATINA

1. (FUVEST – SP) Uma amostra sólida, sem cavidades ou poros, poderia ser constituída por um dos seguintes materiais metálico: alumínio, bronze, chumbo, ferro ou titânio. Para identificá-la, utilizou-se uma balança, um recipiente de volume constante e água. Efetuaram-se as seguintes operações: 1) pesou-se a amostra; 2) pesou-se o recipiente completamente cheio de água; 3) colocou-se a amostra no recipiente vazio, completando seu volume com água e determinou-se a massa desse conjunto. Os resultados obtidos foram os seguintes:

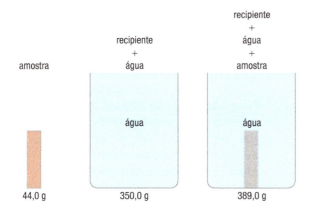

Dadas as densidades da água e dos metais, pode-se concluir que a amostra desconhecida é constituída de

a) alumínio.
b) bronze.
c) chumbo.
d) ferro.
e) titânio.

NOTE E ADOTE: densidades (g/cm³):
água = 1,0; alumínio = 2,7; bronze = 8,8; chumbo = 11,3; ferro = 7,9; titânio = 4,5.

2. (UNIFESP – adaptada) O nióbio é um metal utilizado na fabricação de ligas metálicas especiais e em aplicações de alta tecnologia. O processo básico de obtenção do nióbio metálico envolve a reação do óxido de nióbio (Nb_2O_5) com alumínio metálico (Al), conforme a equação química representada abaixo:

$$3\ Nb_2O_5 + 10\ Al \longrightarrow 6\ Nb + 5\ Al_2O_3$$

a) Com a finalidade de verificar se o sólido obtido era realmente nióbio metálico, o material produzido em um experimento foi colocado numa proveta com água sobre uma balança, alterando o nível da água e a indicação da proveta, como mostra a figura abaixo.

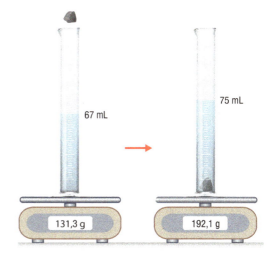

Determine a densidade do material obtido, em g/mL, de acordo com o experimento realizado. Apresente os cálculos efetuados.

b) Sabe-se que a densidade do nióbio puro é de aproximadamente 8,6 g/mL. O que se pode afirmar sobre a pureza do material obtido (em relação ao teor de nióbio), cuja densidade foi determinada no item a? Foi obtido nióbio puro ou não? Justifique.

3. (UEL – PR – adaptada) A massa e o volume dos materiais A, B e C foram determinados a 30 °C (Figura 1); amostras sólidas dos três materiais foram aquecidas, mantendo a temperatura controlada a partir de 0 °C durante todo este processo de aquecimento (Figura 2). Os gráficos abaixo representam os resultados obtidos.

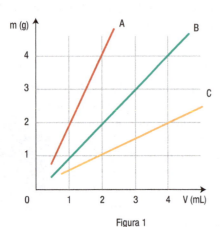

Figura 1

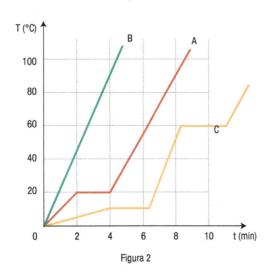

Figura 2

a) Calcule a densidade, em g/mL, do material A, a 30 °C.

b) Identifique o estado físico do material B, a 30 °C.

c) Água (d = 1,0 g/mL) e óleo (d = 0,8 g/mL) são dois líquidos imiscíveis (que não se misturam) a 30 °C. O arranjo desses materiais em um recipiente pode ser representado por:

Se a este recipiente for adicionado um sólido X, de densidade igual a 0,9 g/mL, o esquema ficaria:

Com base nas informações dos gráficos 1 e 2 e sabendo que os materiais A, B e C não interagem entre si, desenhe um esquema que represente uma mistura desses três materiais a 30 °C, identificando-os no desenho.

4. (A. EINSTEIN – SP – adaptada) O náilon 6,6 e o poliestireno são polímeros (plásticos) que apresentam diversas aplicações na indústria: o primeiro é utilizado na indústria têxtil e também em impressoras 3D; já o segundo é usado, na forma expandida, desde a década de 1960 na indústria de embalagens (isopor).

Em um laboratório, um técnico misturou inadvertidamente amostras desses dois polímeros.

DADOS: a 20 °C.
- densidade do náilon 6,6 = 1,14 g · cm⁻³;
- densidade do poliestireno = 1,05 g · cm⁻³;
- densidade da água pura = 1,00 g · cm⁻³.

Conhecendo a densidade desses materiais, ele decidiu preparar uma solução aquosa de cloreto de sódio (NaCl) para separar as amostras. Para tanto, ele utilizou um balão volumétrico de 5,0 L.

O técnico também dispunha do gráfico abaixo, que relaciona a quantidade de NaCl presente na solução, expressa na forma de

$$\% \text{ em massa de NaCl} = \frac{m_{NaCl}}{m_{NaCl} + m_{água}} \cdot 100\%$$

com a densidade, em g · cm⁻³, da solução, medida a 20 °C.

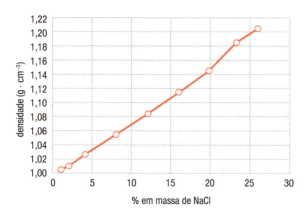

a) Para promover a separação dos dois polímeros, o técnico precisou preparar uma solução aquosa de NaCl com uma densidade específica. Com base no gráfico anterior, escolha um valor possível para a densidade que seja eficaz em separar os dois polímeros.

b) Represente o aspecto final do sistema após a adição da solução aquosa de NaCl, cuja densidade apresenta o valor escolhido no item *a*. Para isso, adote a legenda:

• náilon 6,6 = ●   • poliestireno = ▬

c) Calcule a massa de NaCl, em gramas, necessária para preparar 5 L de solução aquosa de NaCl de densidade igual à escolhida no item a.

5. (FUVEST – SP) Água e etanol misturam-se completamente, em quaisquer proporções. Observa-se que o volume final da mistura é menor do que a soma dos volumes de etanol e de água empregados para prepará-la. O gráfico a seguir mostra como a densidade varia em função da porcentagem de etanol (em volume) empregado para preparar a mistura (densidades medidas a 20 °C).

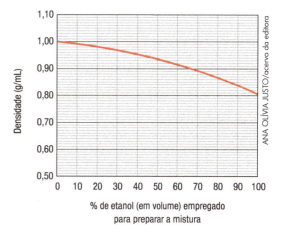

Se 50 mL de etanol forem misturados a 50 mL de água, a 20 °C, o volume da mistura resultante, a essa mesma temperatura, será de, aproximadamente,

a) 76 mL.   c) 86 mL.   e) 96 mL.
b) 79 mL.   d) 89 mL.

6. (UNICAMP – adaptada) Com a crise hídrica de 2015 no Brasil, foi necessário ligar as usinas termoelétricas para a geração de eletricidade, medida que fez elevar o custo da energia para os brasileiros. O governo passou então a adotar bandeiras de cores diferentes na conta de luz para alertar a população. A bandeira vermelha indicaria que a energia estaria mais cara. O esquema a seguir representa um determinado tipo de usina termoelétrica.

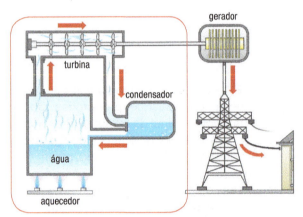

Adaptado de BITESIZE. Thermal power stations. *Disponível em:* <http://www.bbc.co.uk/bitesize/standard/physics/energy_matters/generation_of_electricity/revision/1/>. *Acesso em:* 26 jul. 2017.

Conforme o esquema apresentado, na região destacada acima há
a) duas transformações químicas e uma transformação física.
b) uma transformação química e uma transformação física.
c) duas transformações químicas e duas transformações físicas.
d) uma transformação química e duas transformações físicas.

7. (UNICAMP – SP) *Icebergs* flutuam na água do mar, assim como o gelo em um copo com água potável. Imagine a situação inicial de um copo com água e gelo, em equilíbrio térmico à temperatura de 0 °C. Com o passar do tempo o gelo vai derretendo. Enquanto houver gelo, a temperatura do sistema
a) permanece constante, mas o volume do sistema aumenta.
b) permanece constante, mas o volume do sistema diminui.
c) diminui e o volume do sistema aumenta.
d) diminui, assim como o volume do sistema.

8. (UNICAMP – SP) A figura abaixo representa o ciclo da água na Terra. Nela estão representados processos naturais que a água sofre em seu ciclo.

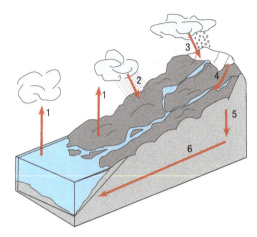

Com base no desenho, faça o que se pede:
a) Considerando que as nuvens são formadas por minúsculas gotículas de água, que mudança(s) de estado físico ocorre(m) no processo 1?
b) Cite pelo menos um desses processos (de 1 a 6) que, apesar de ser de pequena intensidade, ocorre no sul do Brasil. Qual é o nome da mudança de estado físico envolvida nesse processo?

Modelo Atômico de Dalton

3.1 Teoria Atômica de Dalton

O estudo sistemático das transformações químicas utilizadas por Mendeleev para organizar e agrupar os elementos químicos na sua Tabela Periódica iniciou-se no final do século XVIII com as pesquisas dos franceses Antoine Lavoisier e Joseph Louis Proust, que estudaram, com base em experimentos quantitativos, a conservação e a proporcionalidade das massas em uma reação química.

Para explicar os resultados de Lavoisier e Proust, o professor inglês John **Dalton** (1766-1844) propôs, no início do século XIX, que as substâncias seriam formadas de elementos e que esses elementos seriam formados de partículas esféricas, maciças e indivisíveis, às quais deu o nome de **átomos**.

Representação do átomo, segundo modelo de Dalton.

A palavra modelo tem várias acepções. Pode significar, por exemplo, um molde, um formulário, um manequim, um padrão. Algo a ser copiado, como pessoas que se posicionam para que artistas as retratem. Mas para a Ciência, **modelo** é uma representação que usa algo conhecido para explicar algo desconhecido. Um exemplo é o modelo de Dalton, que compara o átomo com uma bolinha. Faz-se uso de algo que se conhece (bolinha) para entender aquilo que não se enxerga ou não se conhece (átomo).

O modelo atômico de Dalton, publicado em 1808, continha as seguintes afirmações:

- toda matéria é feita de átomos;
- os átomos são partículas esféricas, maciças e indivisíveis;
- todos os átomos de um dado elemento químico são idênticos, não só quanto à massa, mas também quanto às outras propriedades. Átomos de elementos diferentes têm massas diferentes e propriedades diferentes;
- os compostos se formam pela combinação de duas ou mais espécies diferentes de átomos. Os átomos se combinam na razão de números inteiros pequenos, por exemplo, um átomo de A com um átomo B, dois átomos de A com um de B.

Para representar os diferentes elementos químicos, Dalton utilizava uma simbologia na qual cada elemento era representado por um círculo com detalhes diferenciadores, conforme apresentado abaixo para alguns elementos.

John Dalton. Gravura de C. Cook, publicada em 1895 na obra *John Dalton and the Rise of Modern Chemistry*, de Henry E. Roscoe.

⊙ → representa o átomo do elemento hidrogênio

⊕ → representa o átomo do elemento nitrogênio

● → representa o átomo do elemento carbono

○ → representa o átomo do elemento oxigênio

⊛ → representa o átomo do elemento fósforo

⊕ → representa o átomo do elemento enxofre

Ⓘ → representa o átomo do elemento ferro (*iron*)

Ⓩ → representa o átomo do elemento zinco

Ⓒ → representa o átomo do elemento cobre

Ⓛ → representa o átomo do elemento chumbo (*lead*)

Ⓢ → representa o átomo do elemento prata (*silver*)

Ⓖ → representa o átomo do elemento ouro (*gold*)

Ⓟ → representa o átomo do elemento platina

⊕ → representa o átomo do elemento mercúrio

Símbolos de Dalton para o átomo de alguns elementos químicos.

Em 1811, três anos após a publicação da teoria atômica de Dalton, o físico italiano Amedeo **Avogadro** (1776-1856) introduziu o conceito de molécula, ampliando a aplicação do modelo de Dalton.

> **Molécula** é uma partícula formada de átomos ligados entre si.

Hoje utilizamos letras para representar os elementos químicos e sabemos que a proposição sugerida por Dalton de que os átomos seriam esferas indivisíveis é incorreta e que existem partículas subatômicas, como os prótons, os nêutrons e os elétrons.

Entretanto, a teoria atômica proposta por Dalton no início do século XIX tinha como objetivo explicar os resultados experimentais obtidos por Lavoisier e Proust e, na época, ela foi capaz de explicar, de maneira satisfatória, a conservação e a proporcionalidade das massas em uma reação química, pois considerava que os átomos seriam as unidades das transformações químicas.

Uma reação química envolve apenas combinação, separação e rearranjo de átomos. Em um fenômeno químico, os átomos não são criados, destruídos, divididos nem convertidos em outros átomos.

Assim, apesar de hoje sabermos que os átomos não são indivisíveis, as ideias propostas por Dalton e ampliadas por Avogadro continuam sendo empregadas atualmente para explicar a formação de novas substâncias em reações químicas. Isso significa que o modelo (ou a teoria) empregado depende do fenômeno que desejamos analisar e explicar; nem sempre o modelo mais novo e completo é necessário ou é o mais adequado!

Amedeo Avogadro. Litogravura sobre desenho de C. Sentier, 1856. Coleção Edgar Fahs Smith, Biblioteca da Universidade da Pensilvânia, EUA.

3.2 As Substâncias que Participam de uma Reação Química

Os materiais que nos rodeiam e participam de uma reação química são constituídos de **substâncias químicas** ou **substâncias puras** ou, simplesmente, **substâncias**. Por exemplo, palavras como água, álcool, gás carbônico, metano, oxigênio, amônia, cloreto de sódio e glicose indicam as substâncias que formam determinado material.

Entretanto, a maioria dos materiais com os quais estamos em contato (água potável, álcool hidratado, ar, água do mar) é formada de duas ou mais substâncias. Esses materiais formados de duas ou mais substâncias são chamados de **misturas**.

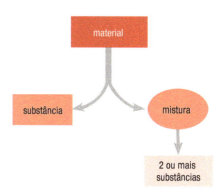

Alguns exemplos de substâncias e misturas são:

- água destilada: material contendo apenas a substância água;
- água potável: material contendo a substância água e outras substâncias dissolvidas (misturadas) nela;
- ar: material contendo principalmente as substâncias nitrogênio e oxigênio;
- álcool anidro: material contendo apenas a substância álcool;
- álcool hidratado: material contendo as substâncias álcool e água.

3.2.1 Substâncias simples e compostas

Com base no entendimento que as substâncias seriam formadas por combinações de átomos, passamos a classificá-las em dois tipos: **simples** ou **compostas**.

As **substâncias simples** são formadas por apenas um elemento químico, isto é, por apenas um tipo de átomo. Exemplos de substâncias simples são:

- gás hidrogênio: H_2
- gás nitrogênio: N_2
- gás oxigênio: O_2
- gás ozônio: O_3
- grafita: C
- enxofre: S
- flúor: F_2
- cloro: Cl_2
- iodo: I_2
- bromo: Br_2
- fósforo branco: P_4

Se utilizarmos a simbologia proposta por Dalton para o átomo de hidrogênio, um recipiente contendo gás hidrogênio poderia ser representado por:

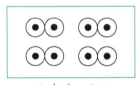

gás hidrogênio

Já as **substâncias compostas** são aquelas formadas por dois ou mais elementos químicos diferentes. Exemplos de substâncias compostas são:

- água: H_2O
- gás carbônico: CO_2
- cloreto de sódio: NaCl
- carbonato de cálcio: $CaCO_3$
- glicose: $C_6H_{12}O_6$
- cloreto de hidrogênio: HCl
- metano: CH_4
- amônia: NH_3

Novamente, utilizando a simbologia proposta por Dalton, um frasco contendo vapor-d'água poderia ser representado por:

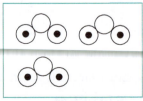

água

Concluímos, portanto, que:

> Um grande número de substâncias é formado por moléculas.[1]

NOTA: misturas são materiais formados por *moléculas diferentes*, isto é, apresentam duas ou mais substâncias diferentes. Uma mistura de gás hidrogênio, gás oxigênio e vapor-d'água seria representada, de acordo com a simbologia de Dalton, por:

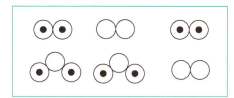

hidrogênio + oxigênio + vapor-d'água

Algumas misturas principais são:

- ar: mistura em que predominam as substâncias nitrogênio (N_2) e oxigênio (O_2);
- água do mar: mistura aquosa (H_2O) em que há presença de cloreto de sódio (NaCl);
- petróleo: mistura em que predominam hidrocarbonetos, substâncias formadas por átomos de carbono (C) e hidrogênio (H);
- água potável: mistura aquosa (H_2O) contendo pequena quantidade de sais dissolvidos;
- aço: mistura contendo ferro (Fe) e um pouco de carbono (C).

3.3 Modelo Atômico de Dalton Explicando uma Reação

Vamos analisar agora uma reação bastante importante na Química: a síntese (produção) de água a partir dos gases hidrogênio e oxigênio. Hoje, sabemos que:

- gás hidrogênio é formado por moléculas de H_2 (●●);
- gás oxigênio é formado por moléculas de O_2 (○○);
- água é formada por moléculas de H_2O (●○●).

ATENÇÃO!

As misturas podem ser classificadas como **homogêneas**, isto é, apresentam as mesmas propriedades em toda a extensão da mistura, como o ar e a água potável. Também podem ser classificadas como **heterogêneas**, isto é, apresentam propriedades que variam ao longo delas, como uma mistura de água e areia ou uma amostra de granito (foto abaixo).

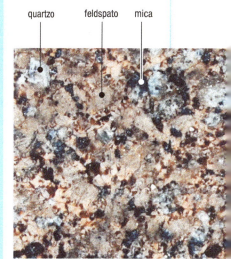

quartzo   feldspato   mica

ARTKIO/SHUTTERSTOCK

---
[1] Existem substâncias que são formadas por agrupamentos de **íons** (estruturas químicas que apresentam cargas elétricas) ou de átomos, como veremos na Unidade 2.

Dalton sabia que a massa inicial era igual à massa final em uma reação química feita em sistema fechado. Para explicar essa observação experimental, ele se baseou no fato de que:

> Os átomos dos elementos permanecem inalterados nas reações químicas; nestas, há apenas um rearranjo dos átomos.

Se utilizarmos a simbologia de Dalton para representar essa reação, observamos que são necessárias duas moléculas de H_2 e uma molécula de O_2 para formar duas moléculas de H_2O.

$$2\ H_2 + 1\ O_2 \longrightarrow 2\ H_2O$$

FIQUE POR DENTRO!

Daltonismo

Você já ouviu falar ou conhece alguém que tenha daltonismo?

Essa é uma deficiência de visão em que o indivíduo tem dificuldade ou até mesmo é incapaz de distinguir uma ou mais das cores primárias: verde, vermelho e azul.

A incapacidade de reconhecer a cor azul, chamada tritanopia, não é uma herança ligada ao sexo, ou seja, não é determinada pelos genes do cromossomo X do indivíduo, como as deficiências de visão do verde (deuteranopia) e do vermelho (protanopia).

Daltonismo recebeu esse nome por ter sido estudado de modo científico por John Dalton, que tinha essa deficiência de visão. Reza a lenda que ele só teria percebido sua dificuldade quando deu de presente para sua mãe meias que ela jamais poderia usar: é que ele as enxergou como sendo cor de pele quando, na verdade, eram vermelhas. Na época, sua mãe era membro da Sociedade dos Amigos, protestantes ingleses para os quais, sendo todos iguais, uma pessoa não poderia sobressair à outra. Consequentemente, a cor vermelha ficava fora do vestuário.

Teste Ishihara para daltonismo (verde e vermelho). Você consegue ler os números que estão dentro dos círculos ou só vê um monte de pontos?

De cima para baixo e da esquerda para direita: 23, 4, 36, 48, 9 e 15.

3.4 Equação Química: uma Forma Elegante de Representar uma Reação Química

Atualmente, em vez de utilizarmos a simbologia proposta por Dalton (bolinhas), utilizamos os símbolos químicos propostos pelo químico sueco Jöns Jacob **Berzelius** (1779-1848) para escrever uma **equação química**, que consiste em uma representação gráfica de uma reação química. De forma genérica, temos:

$$aA + bB \longrightarrow cC + dD$$

- A e B representam os **reagentes**, isto é, as substâncias iniciais envolvidas em uma reação química;
- C e D representam os **produtos**, isto é, as substâncias formadas após a reação;
- a, b, c, d: coeficientes (indicam as quantidades das substâncias que reagem).

Jöns Jacob Berzelius. Gravura de C. W. Sharpe, originalmente publicada no Reino Unido, em 1860, na obra *Chemistry, Theoretical, Practical & Analytical*.

Para a síntese da água, temos:

$$2\ H_2 + 1\ O_2 \longrightarrow 2\ H_2O$$

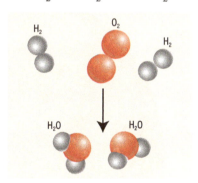

É importante destacar que tanto antes da reação (nos reagentes), quanto depois da reação (nos produtos), o número de átomos (6) é o mesmo.

NOTA: símbolos mais comuns usados nas equações químicas:

SÍMBOLOS	SIGNIFICADO
$\longrightarrow$	produz (aponta para os produtos)
+	colocado entre as substâncias
Δ	calor (escrito sobre a seta)
(s)	sólido (escrito após a substância)
(l)	líquido (escrito após a substância)
(g)	gasoso (escrito após a substância)
(aq)	substância dissolvida em água (escrito após a substância)
λ	luz
i	corrente elétrica

3.4.1 Nomes particulares de algumas reações químicas

Reação de síntese ou adição ocorre quando dois ou mais reagentes formam um único produto. Exemplos:

- síntese da amônia: $N_2 + 3\ H_2 \longrightarrow 2\ NH_3$
- síntese de água: $2\ H_2 + O_2 \longrightarrow 2\ H_2O$

Reação de decomposição ou **análise** ocorre quando um único reagente produz dois ou mais produtos. Exemplos:

- $2\ KClO_3 \longrightarrow 2\ KCl + 3\ O_2$
- Pirólise ou calcinação (decomposição pelo calor):

  $CaCO_3 \xrightarrow{\Delta} CaO + CO_2$

- Fotólise (decomposição pela luz):

  $2\ H_2O \xrightarrow{\lambda} 2\ H_2O + O_2$

- Eletrólise (decomposição pela eletricidade):

  $2\ H_2O \xrightarrow{i} 2\ H_2 + O_2$

LIGANDO OS PONTOS!

A formação de água no Universo

A substância água (H_2O), essencial para nossas vidas, não é encontrada apenas no planeta Terra: também é encontrada no corpo de cometas e asteroides, no interior de planetas como Júpiter, Saturno, Urano e Netuno, e em oceanos subterrâneos de luas de Júpiter, Europa, Calisto e Ganimedes, apenas para citar corpos celestes no nosso Sistema Solar.

Mas, quando e como essa substância foi formada no Universo?

Sua formação não seria possível logo após o Big Bang, uma vez que moléculas de água contêm oxigênio e esse elemento somente foi formado nas primeiras estrelas. Então, o oxigênio teria de se dispersar pelo Universo e se unir com hidrogênio em quantidades significativas.

Apesar dessas dificuldades, estudos teóricos recentes desenvolvidos pelas Universidades de Tel Aviv (Israel) e de Harvard (Estados Unidos) estimam que vapor-d'água poderia ser abundante em bolsões no espaço apenas 1 bilhão de anos depois do Big Bang.

Após as explosões das primeiras estrelas, teriam sido formadas "ilhas" de gás ricas em elementos como o oxigênio, onde seria possível a reação com hidrogênio para formar vapor-d'água.

Imagem renderizada de Europa, lua de Júpiter, onde se acredita que haja água líquida abaixo da superfície, em contato com rochas minerais, formando um oceano subterrâneo.

3.4.2 Balanceamento de uma equação química

Quando a equação é relativamente simples, ela pode ser balanceada **pelo método das tentativas**, que se baseia na igualdade entre o número de átomos nos reagentes e nos produtos.

Iniciamos o balanceamento dando, arbitrariamente, o coeficiente 1 (um) para a fórmula de maior número de átomos e continuamos considerando a conservação dos átomos. No balanceamento de uma equação, geralmente damos preferência por números inteiros e os menores possíveis.

Observações:

- No momento de acertar os coeficientes, não altere as fórmulas das substâncias nem modifique os índices.
- Em certas ocasiões, podemos usar coeficientes fracionários.

Acompanhe os exemplos a seguir:

1º exemplo: balancear a equação $Al + O_2 \longrightarrow Al_2O_3$

1. Dar o coeficiente 1 para Al_2O_3: $Al + O_2 \longrightarrow \mathbf{1}\ Al_2O_3$
2. Igualar os átomos de Al: $\mathbf{2}\ Al + O_2 \longrightarrow 1\ Al_2O_3$
3. Igualar os átomos de O: $2\ Al + \dfrac{\mathbf{3}}{\mathbf{2}}\ O_2 \longrightarrow 1\ Al_2O_3$
4. Podemos também multiplicar a equação por 2 para eliminar o coeficiente fracionário $\left(\dfrac{3}{2}\right)$: $\mathbf{4}\ Al + \mathbf{3}\ O_2 \longrightarrow \mathbf{2}\ Al_2O_3$

2º exemplo: balancear a equação $H_2SO_4 + Al(OH)_3 \longrightarrow Al_2(SO_4)_3 + H_2O$

1. Dar o coeficiente 1 para $Al_2(SO_4)_3$: $H_2SO_4 + Al(OH)_3 \longrightarrow \mathbf{1}\ Al_2(SO_4)_3 + H_2O$
2. Igualar os átomos de Al: $H_2SO_4 + \mathbf{2}\ Al(OH)_3 \longrightarrow 1 Al_2(SO_4)_3 + H_2O$
3. Igualar os átomos de S: $\mathbf{3}\ H_2SO_4 + 2\ Al(OH)_3 \longrightarrow 1\ Al_2(SO_4)_3 + H_2O$
4. Igualar os átomos de H: $3\ H_2SO_4 + 2\ Al(OH)_3 \longrightarrow 1\ Al_2(SO_4)_3 + \mathbf{6}\ H_2O$

3º exemplo: balancear a equação $FeS_2 + O_2 \longrightarrow Fe_2O_3 + SO_2$

1. Dar o coeficiente 1 para Fe_2O_3: $FeS_2 + O_2 \longrightarrow \mathbf{1}\ Fe_2O_3 + SO_2$
2. Igualar os átomos de Fe: $\mathbf{2}\ FeS_2 + O_2 \longrightarrow 1\ Fe_2O_3 + SO_2$
3. Igualar os átomos de S: $2\ FeS_2 + O_2 \longrightarrow 1\ Fe_2O_3 + \mathbf{4}\ SO_2$
4. Igualar os átomos de O: $2\ FeS_2 + \dfrac{\mathbf{11}}{\mathbf{2}}\ O_2 \longrightarrow 1\ Fe_2O_3 + 4\ SO_2$
5. Podemos também multiplicar a equação por 2 para eliminar o coeficiente fracionário $\left(\dfrac{11}{2}\right)$: $4\ FeS_2 + \mathbf{11}\ O_2 \longrightarrow \mathbf{2}\ Fe_2O_3 + \mathbf{8}\ SO_2$

SÉRIE BRONZE

1. Complete o esquema abaixo seguindo o padrão já preenchido:

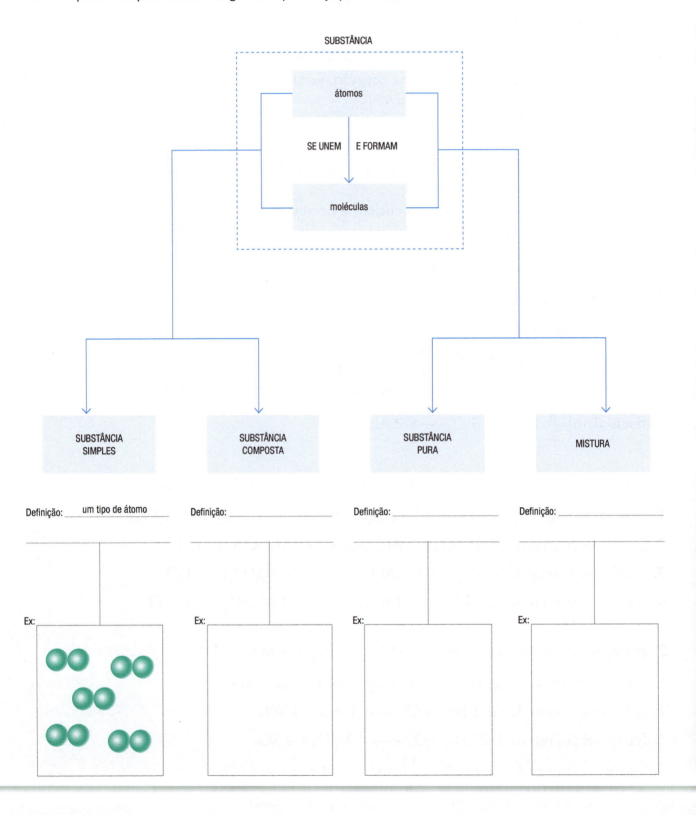

No esquema a seguir, estão representados sistemas (I a IV) formados por moléculas constituídas por três tipos de átomos (🔵, 🟢 e 🟠) X, Y e Z, respectivamente.

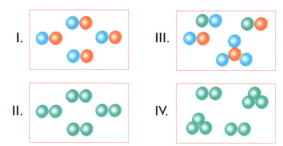

Responda sobre os sistemas:

a) Qual(is) é(são) substância(s) simples?

b) Qual(is) é(são) substância(s) compostas?

c) Qual(is) é(são) misturas?

d) Qual(is) é(são) substância(s) puras?

e) Qual o número total de moléculas no sistema IV?

f) Qual o número total de átomos no sistema III?

2. Em uma reação química, ocorre a formação de novas substâncias, em decorrência do rearranjo dos átomos. Analise as reações a seguir e complete os esquemas conforme o modelo proposto.

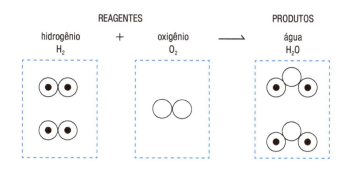

a) _____ (número) átomos (reagentes)

b) _____ (número) átomos (produtos)

c) _____ (número) moléculas (reagentes)

d) _____ (número) moléculas (produtos)

e) _____ H_2 + _____ O_2 ⟶ _____ H_2O

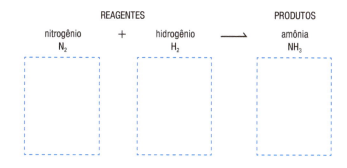

utilize:
- ⊕ nitrogênio
- ⊙ hidrogênio

a) _____ (número) átomos (reagentes)

b) _____ (número) átomos (produtos)

c) _____ (número) moléculas (reagentes)

d) _____ (número) moléculas (produtos)

e) _____ N_2 + _____ H_2 ⟶ _____ NH_3

3. Balancear as equações químicas abaixo pelo método das tentativas, usando os menores números inteiros possíveis.

a) ____N_2 + ____H_2 ⟶ ____NH_3

b) ____N_2 + ____O_2 ⟶ ____NO

c) ____Fe + ____O_2 ⟶ ____Fe_2O_3

d) ____H_2O_2 ⟶ ____H_2O + ____O_2

e) ____$KClO_3$ ⟶ ____KCl + ____O_2

f) ____Fe + ____H_2SO_4 ⟶ ____$Fe_2(SO_4)_3$ + ____H_2

g) ____$C_{12}H_{22}O_{11}$ ⟶ ____C + ____H_2O

h) ____CH_4 + ____O_2 ⟶ ____CO_2 + ____H_2O

i) ____C_2H_6O + ____O_2 ⟶ ____CO_2 + ____H_2O

j) ____C_8H_{18} + ____O_2 ⟶ ____CO_2 + ____H_2O

k) ____$Ca(OH)_2$ + ____H_3PO_4 ⟶ ____$Ca_3(PO_4)_2$ + ____H_2O

l) ____H_2SO_4 + ____NaOH ⟶ ____Na_2SO_4 + ____H_2O

m) ____$NaHCO_3$ ⟶ ____Na_2CO_3 + ____CO_2 + ____H_2O

n) ____FeS_2 + ____O_2 ⟶ ____Fe_2O_3 + ____SO_2

o) ____$(NH_4)_2Cr_2O_7$ ⟶ ____N_2 + ____Cr_2O_3 + ____H_2O

4. Classifique em síntese (**S**) ou análise (**A**).

a) NH_3 + HCl ⟶ NH_4Cl ____

b) 2 HgO $\xrightarrow{\Delta}$ 2 Hg + O_2 ____

c) N_2 + 3 H_2 ⟶ 2 NH_3 ____

d) $CaCO_3$ $\xrightarrow{\Delta}$ CaO + CO_2 ____

5. Complete com **luz**, corrente elétrica ou calor.

a) Pirólise ou calcinação: a decomposição é devida ao _____ .

$$CaCO_3 \xrightarrow{\Delta} CaO + CO_2$$

b) Eletrólise: a decomposição é devida à _____ .

$$2\ H_2 \xrightarrow{i} 2\ H_2 + O_2$$

c) Fotólise: a decomposição é devida a _____ .

$$2\ H_2O_2 \xrightarrow{\lambda} 2\ H_2O + O_2$$

SÉRIE PRATA

1. (PAS – UnB – DF) Dalton (1766-1844) propôs um modelo atômico que considerava que os elementos químicos são formados por partículas indivisíveis, denominadas átomos. Assinale o item **incorreto**.

1) Segundo o modelo proposto por Dalton, em uma reação nenhum átomo de qualquer elemento desaparece ou é transformado em átomo de outro elemento.

2) Para Dalton, os átomos de iodo, hidrogênio, carbono e oxigênio poderiam ser reconhecidos por possuírem partículas subatômicas diferentes.

3) Utilizando-se o modelo de Dalton para simbolizar uma das moléculas de ácido iodídrico (HI), obtém-se, por exemplo, o desenho abaixo.

— I
— II

4) Numa reação química, ocorre conservação da massa.

2. (ITA – SP) Em 1803, John Dalton propôs um modelo de teoria atômica. Considere que sobre a base conceitual desse modelo sejam feitas as seguintes afirmações:

I. O átomo apresenta a configuração de uma esfera rígida.
II. Os átomos caracterizam os elementos químicos e somente os átomos de um mesmo elemento são idênticos em todos os aspectos.
III. As transformações químicas consistem de combinação, separação e/ou rearranjo de átomos.
IV. Compostos químicos são formados de átomos de dois ou mais elementos unidos em uma razão fixa.

Qual das opções a seguir se refere a todas as afirmações **corretas**?

a) I e IV.
b) II e III.
c) II e IV.
d) II, III e IV.
e) I, II, III e IV.

3. (UNESP) Alguns historiadores da Ciência atribuem ao filósofo pré-socrático Empédocles a Teoria dos Quatro Elementos. Segundo essa teoria, a constituição de tudo o que existe no mundo e sua transformação se dariam a partir de quatro elementos básicos: fogo, ar, água e terra. Hoje, a química tem outra definição para elemento: o conjunto de átomos que possuem o mesmo número atômico. Portanto, definir a água como elemento está quimicamente **incorreto**, porque trata-se de

a) uma mistura de três elementos.
b) uma substância simples com dois elementos.
c) uma substância composta com três elementos.
d) uma mistura de dois elementos.
e) uma substância composta com dois elementos.

4. (UNESP) Uma amostra de água do rio Tietê, que apresentava partículas em suspensão, foi submetida a processos de purificação obtendo-se, ao final do tratamento, uma solução límpida e cristalina. Em relação às amostras de água antes e após o tratamento, podemos afirmar que correspondem, respectivamente, a:

a) substâncias composta e simples.
b) substâncias simples e composta.
c) misturas homogênea e heterogênea.
d) misturas heterogênea e homogênea.
e) mistura heterogênea e substância simples.

5. (ETEC – SP) Para Dalton, o símbolo do hidrogênio era ⊙; na notação moderna isto significa H, ou seja, para ele, o átomo de hidrogênio confundia-se com a molécula. A água, ele representava por ⊙○ (quer dizer, HO). Já o álcool era representado por ●●● (quer dizer, um átomo de hidrogênio e três átomos de carbono).

THUILLIER, P. **De Arquimedes a Einstein**.
Rio de Janeiro: Jorge Zahar, 1994. Adaptado.

Admitindo-se que os símbolos atômicos de Dalton fossem usados, atualmente, para representar moléculas, a molécula de gás carbônico estaria corretamente representada por:

a) ⊙●○   c) ○●○   e) ⊙○
b) ●●○   d) ⊙●⊙

6. Usando os símbolos de Dalton para representar, atualmente, algumas moléculas como CH_4, H_2 e O_2, é **correta** a relação que se estabelece em:

a) 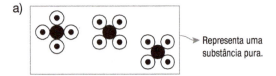 Representa uma substância pura.

b) 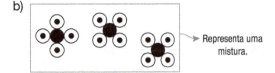 Representa uma mistura.

c)  Representa uma substância pura simples.

d) 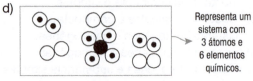 Representa um sistema com 3 átomos e 6 elementos químicos.

e) 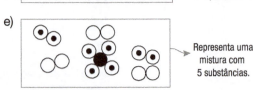 Representa uma mistura com 5 substâncias.

7. (FUVEST – SP) Considere as figuras pelas quais são representados diferentes sistemas contendo determinadas substâncias químicas. Nas figuras, cada círculo representa um átomo, e círculos de tamanhos diferentes representam elementos químicos diferentes.

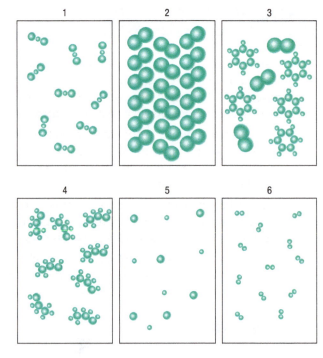

A respeito dessas representações, é **correto** afirmar que os sistemas

a) 3, 4 e 5 representam misturas.
b) 1, 2 e 5 representam substâncias puras.
c) 2 e 5 representam, respectivamente, uma substância molecular e uma mistura de gases nobres.
d) 6 e 4 representam, respectivamente, uma substância molecular gasosa e uma substância simples.
e) 1 e 5 representam substâncias simples puras.

8. (FUVEST – SP) Hidrogênio reage com nitrogênio formando amônia. A equação não balanceada que representa essa transformação é:

$$H_2(g) + N_2(g) \longrightarrow NH_3(g)$$

Outra maneira de escrever essa equação química, mas agora balanceando-a e representando as moléculas dos três gases, é:

Observação: ● e ● representam átomos.

SÉRIE OURO

1. (UNESP) Consideram-se arte rupestre as representações feitas sobre rochas pelo homem da Pré-história, em que se incluem gravuras e pinturas. Acredita-se que essas pinturas, em que os materiais mais usados são sangue, saliva, argila e excrementos de morcegos (cujo hábitat natural são as cavernas), têm cunho ritualístico.

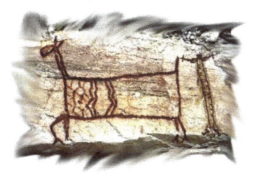

Disponível em: <www.portaldarte.com.br>. Adaptado.

Todos os materiais utilizados para as pinturas, citados no texto, são

a) substâncias compostas puras.
b) de origem animal.
c) misturas de substâncias compostas.
d) de origem vegetal.
e) misturas de substâncias simples.

2. (UNESP) A Lei da Conservação da Massa, enunciada por Lavoisier em 1774, é uma das leis mais importantes das transformações químicas. Ela estabelece que, durante uma transformação química, a soma das massas dos reagentes é igual à soma das massas dos produtos. Esta lei pôde ser explicada, alguns anos mais tarde, pelo modelo atômico de Dalton. Entre as ideias de Dalton, a que oferece a explicação mais apropriada para a lei da conservação da massa de Lavoisier é a de que:

a) Os átomos não são criados, destruídos ou convertidos em outros átomos durante uma transformação química.
b) Os átomos são constituídos por 3 partículas fundamentais: prótons, nêutrons e elétrons.
c) Todos os átomos de um mesmo elemento são idênticos em todos os aspectos de caracterização.
d) Um elétron em um átomo pode ter somente certas quantidades específicas de energia.
e) Toda a matéria é composta por átomos.

3. (FGV – SP – adaptada) A Química é responsável pela melhora em nossa qualidade de vida e está inserida em nosso cotidiano de muitas formas em substâncias e misturas que constituem diversos materiais. Assinale a alternativa que apresenta, respectivamente, substância simples, substância composta, mistura homogênea e mistura heterogênea.

a) Água, granito, alumínio, álcool hidratado.
b) Água, álcool hidratado, alumínio, granito.
c) Alumínio, álcool hidratado, água, granito.
d) Alumínio, água, álcool hidratado, granito.
e) Alumínio, água, granito, álcool hidratado.

4. (FUVEST – SP) Na obra *O poço do Visconde*, de Monteiro Lobato, há o seguinte diálogo entre o Visconde de Sabugosa e a boneca Emília:

— *Senhora Emília, explique-me o que é hidrocarboneto.*

A atrapalhadeira não se atrapalhou e respondeu:

— *São misturinhas de uma coisa chamada hidrogênio com outra coisa chamada carbono. Os carocinhos de um se ligam aos carocinhos de outro.*

Nesse trecho, a personagem Emília usa o vocabulário informal que a caracteriza. Buscando-se uma terminologia mais adequada ao vocabulário utilizado em Química, devem-se substituir as expressões "misturinhas", "coisa" e "carocinhos", respectivamente, por:

a) compostos, elemento, átomos.
b) misturas, substância, moléculas.
c) substâncias compostas, molécula, elementos.
d) misturas, substância, átomos.
e) compostos, misturas, moléculas.

5. (FUVEST – SP – modificada) Considere as figuras a seguir, em que cada esfera representa um átomo.

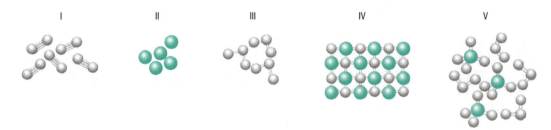

As figuras mais adequadas para representar, respectivamente, uma mistura de compostos moleculares e uma amostra da substância nitrogênio N_2 são

a) III e II.　　　　b) IV e III.　　　　c) IV e I.　　　　d) V e II.　　　　e) V e I.

6. (FUVEST – SP) Em um artigo publicado em 1808, Gay-Lussac relatou que dois volumes de hidrogênio reagem com um volume de oxigênio, produzindo dois volumes de vapor-d'água (volumes medidos nas mesmas condições de pressão e temperatura).

Em outro artigo, publicado em 1811, Avogadro afirmou que volumes iguais, de quaisquer gases, sob as mesmas condições de pressão e temperatura, contêm o mesmo número de moléculas. Entre as representações a seguir, a que está de acordo com o exposto e com as fórmulas moleculares atuais do hidrogênio e do oxigênio é

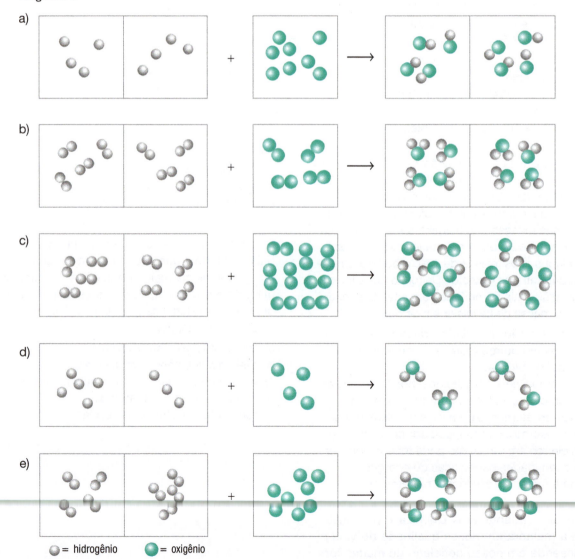

○ = hidrogênio　　● = oxigênio

7. (UNICAMP – SP) Sob condições adequadas, uma mistura de nitrogênio gasoso, $N_2(g)$, e de oxigênio gasoso, $O_2(g)$, reage para formar diferentes óxidos de nitrogênio. Se representarmos o elemento nitrogênio por ● e o elemento oxigênio por ○, duas dessas reações químicas podem ser esquematizadas como:

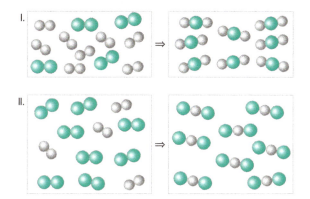

a) Dê a fórmula química do composto formado na reação esquematizada em I.
b) Escreva a equação química balanceada representada no esquema II.

8. (UFPI) A reação de X com Y é representada abaixo. Indique qual das equações melhor representa a equação química balanceada.

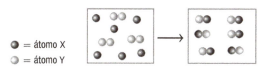

● = átomo X
○ = átomo Y

a) $2\,X + Y_2 \longrightarrow 2\,XY$
b) $6\,X + 8\,Y \longrightarrow 6\,XY + 2\,Y$
c) $3\,X + Y_2 \longrightarrow 3\,XY + Y$
d) $X + Y \longrightarrow XY$
e) $3\,X = 2\,Y_2 \longrightarrow 3\,XY + Y_2$

9. (FGV) Assim como o ferro, o alumínio também pode sofrer corrosão. Devido à sua aplicação cada vez maior em nosso cotidiano, o estudo deste processo e métodos de como evitá-lo são importantes economicamente. A adição de uma solução "limpa piso" — contendo HCl — em uma latinha de alumínio pode iniciar este processo, de acordo com a equação:

$$x\,Al(s) + y\,HCl(aq) \longrightarrow w\,AlCl_3(aq) + 3\,H_2(g)$$

Para que a equação esteja corretamente balanceada, os valores de x, y e w são, respectivamente,

a) 1, 6 e 1.   c) 2, 2 e 6.   e) 2, 6 e 2.
b) 1, 3 e 1.   d) 2, 6 e 1.

SÉRIE PLATINA

1. "Os fabulosos fréons
... A molécula refrigerante ideal precisa atender a requisitos práticos especiais. Deve vaporizar-se dentro da faixa de temperatura correta; liquefazer-se por compressão – também dentro da faixa de temperatura requerida; e absorver quantidades relativamente grandes de calor à medida que evapora. Amoníaco, cloreto de metila, dióxido de enxofre e moléculas similares satisfaziam essas exigências técnicas, qualificando-se como bons refrigerantes. Mas elas se degradavam, representam risco de incêndio, eram ve-

nenosas ou tinham péssimo cheiro – e às vezes tudo isso junto. ..."

Livro "Os Botões de Napoleão –
as 17 moléculas que mudaram o mundo", página 284.

O texto acima cita o dióxido de enxofre (SO_2) como um dos gases utilizados como refrigerantes antes dos fréons (CFCs).

O dióxido de enxofre é um gás incolor, denso, tóxico, não-inflamável, com um odor sufocante. Em condições naturais ele é expelido do solo principalmente pelos vulcões. Também se forma quando compostos voláteis de enxofre produzidos pela decomposição de matéria animal e vegetal são oxidados no ar.

A principal fonte de emissão desse gás para a atmosfera é a combustão de materiais que contenham enxofre na sua composição. Dentre os quais, destacam-se os combustíveis fósseis.

ATKINS, P. W. **Moléculas**. São Paulo: Editora da USP, 2002.
CARDOSO, A. A., FRANCO, A. **Enxofre de Importância Ambiental**.

a) Utilizando o símbolo bolinha branca (○) para os átomos de oxigênio, represente no espaço abaixo duas moléculas da substância gás oxigênio, utilizando o modelo atômico de Dalton.

DADO: o gás oxigênio é uma substância pura formada por 2 átomos do mesmo elemento químico.

b) Quando o enxofre reage com o gás oxigênio do ar forma-se o dióxido de enxofre (SO_2). Sabe-se que nessa molécula os átomos de oxigênio não estão unidos entre si.
Utilizando seus conhecimentos de Química sobre o tamanho dos átomos, represente na figura abaixo uma molécula do dióxido de enxofre, utilizando o modelo atômico de Dalton. Use bolinha preta (●) para os átomos de enxofre.

c) O dióxido de enxofre reage com o gás oxigênio formando o trióxido de enxofre (SO_3). Represente esta reação utilizando o modelo de Dalton.

DADO: na molécula de SO_3, os oxigênios não estão ligados entre si.

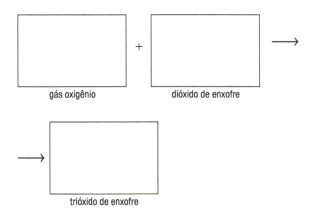

2. Gás nitrogênio reage com gás hidrogênio, produzindo gás amônia, de acordo com a equação:

nitrogênio (g) + hidrogênio (g) ⟶ amônia (g)

A partir desta informação e dos desenhos que representam as quantidades dos gases nitrogênio e hidrogênio, respectivamente, responda:

a) Represente a equação descrita utilizando as fórmulas químicas.

b) Utilizando as informações disponibilizadas no enunciado, represente as moléculas formadas, proporcionalmente, no espaço a seguir, de acordo com o modelo de Dalton.

c) Na reação descrita e nas proporções apresentadas em cada frasco, verifique se há excesso de reagente. Se houver, indique o composto em excesso.

3. O metano (CH$_4$), um dos principais compostos presentes no gás natural, reage com o gás oxigênio (O$_2$), formando gás carbônico (CO$_2$) e vapor-d'água (H$_2$O). Em volume, para cada parte de metano que reage, são necessárias 2 partes de igual volume de oxigênio, formando uma parte de gás carbônico e 2 partes de vapor-d'água.

Considere que ● representa H (hidrogênio), ⊗ representa C (carbono) e ○ representa O (oxigênio).

a) Retrate, utilizando a representação fornecida acima, a reação de queima do metano citada no enunciado, levando em consideração a proporção em volume mencionada e sabendo que essa proporção em volume está associada à proporção de moléculas que reagiram e se formaram na reação.

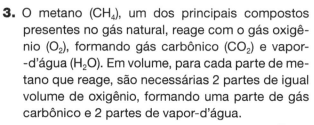

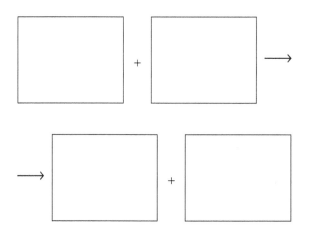

b) Considere que após a reação de combustão completa de determinada quantidade de metano (CH$_4$) em uma câmara de combustão hermeticamente fechada com gás oxigênio (O$_2$), é obtido o sistema final representado pela figura a seguir:

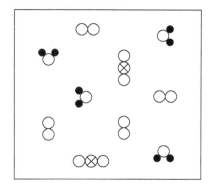

Em uma reação químca, nem sempre a proporção entre os reagentes é aquela determinada pela equação química. Quando temos uma quantidade de um reagente maior que a prevista pela equação, dizemos que esse reagente está em excesso. Já o outro reagente é chamado de limitante.

Identifique, a partir da figura acima, o reagente em excesso e o reagente limitante.

Reagente em excesso: _____

Reagente limitante: _____

c) Represente, no espaço abaixo, o sistema inicial que, após a reação completa, isto é, após o consumo total do reagente limitante, deu origem ao sistema final representado pela figura do item (b). Na sua representação, considere que apenas metano e gás oxigênio estavam presentes no sistema inicial e leve em consideração a proporção em volume entre os dois reagentes presentes.

4. De acordo com a teoria de Dalton, os átomos eram considerados maciços e indestrutíveis, sendo preservados intactos nas transformações químicas. Além disso, o que diferenciava um elemento químico de outro era o peso de seus átomos. Em sua teoria, Dalton não admitia a união entre átomos de um único elemento quí-

mico. Átomos de elementos químicos diferentes poderiam se unir, formando o que Dalton denominava "átomos compostos". A imagem mostra os símbolos criados por Dalton para representar os elementos químicos hidrogênio e nitrogênio e a substância amônia. Ao lado, há uma tabela com os pesos atômicos relativos estimados por Dalton para esses dois elementos.

ELEMENTO	PESO ATÔMICO
hidrogênio	1
nitrogênio	4,2

PARTINGTON, J. R. **A Short History of Chemistry**, 1957. Adaptado.

a) Escreva a equação da reação de formação da amônia a partir de hidrogênio e nitrogênio, de acordo com a teoria de Dalton.

b) Escreva a equação balanceada dessa reação de acordo com os símbolos e conhecimentos atuais.

c) Calcule a razão entre os pesos de nitrogênio e de hidrogênio na amônia, tal como considerada por Dalton, e compare esse resultado com a razão entre as massas desses elementos na molécula de amônia, tal como conhecemos hoje. Admitindo como correta a razão calculada com base nos conhecimentos atuais, indique a diferença percentual, aproximadamente, entre as duas razões calculadas.

DADOS:

ELEMENTO	MASSAS ATÔMICAS (ATUAIS)
hidrogênio	1
nitrogênio	14

Tabela Periódica Atual

4.1 Moseley e a Ordenação Correta dos Elementos na Tabela Periódica

Um dos problemas com a tabela de Mendeleev era que alguns elementos pareciam fora do lugar como, por exemplo, o telúrio e o iodo. Na época de Mendeleev, essa inversão foi creditada à genialidade do cientista russo, porém, posteriormente, essa e outras anomalias levaram os cientistas a questionar o uso das massas atômicas como base de organização dos elementos na Tabela Periódica.

Em 1913, o inglês Henry Gwyn Jeffreys **Moseley** (1887-1915) mediu experimentalmente o *número atômico* de 14 elementos químicos, 9 dos quais, do titânio ao zinco, formam uma sequência contínua na Tabela Periódica atual dos elementos. Com base nesses resultados, ele confirmou experimentalmente que os elementos têm organização uniformemente repetida na Tabela Periódica se forem organizados por *número atômico* e não pela massa atômica.

Na Tabela Periódica atual, existem algumas inversões de massas atômicas, representadas a seguir, mas os elementos químicos estão exatamente na ordem de seus *números atômicos*.

ELEMENTO	NÚMERO ATÔMICO	MASSA ATÔMICA
Ar	18	39,9
K	19	39,1
Co	27	58,9
Ni	28	58,7
Te	52	128
I	53	127

Por isso, hoje em dia, a lei periódica, apresentada por Mendeleev, como vista no Capítulo 2, foi renunciada e é reconhecida a Lei de Moseley.

> As propriedades físicas e químicas dos elementos são funções periódicas de seus números atômicos.

Como você organiza as suas coisas no quarto? Se você separar e colocar todas as calças compridas juntas e fizer o mesmo com as bermudas, as camisas e agrupar as meias por cor, será muito mais fácil localizar o que precisa na hora de se vestir. As meias você pode agrupar por cor, mas esse critério não serve, por exemplo, para organizar seus livros: não adianta colocar todos os de capa amarela juntos, nem todos do mesmo tamanho um ao lado do outro! A organização ficará mais adequada se você, nesse caso, organizar seus livros pelo assunto – por exemplo, livros de ficção, de suspense, de Química... Essa organização com critérios também ocorreu com os elementos químicos, como veremos neste capítulo.

4.2 Formato Atual da Tabela Periódica

Existem diversos formatos de apresentação para a Tabela Periódica, porém todos são equivalentes. Uma dessas formas é a **forma longa**, em que os elementos são colocados em ordem crescente de seus *números atômicos* e em linhas horizontais e verticais.

H																	He
Li	Be											B	C	N	O	F	Ne
Na	Mg											Al	Si	P	S	Cl	Ar
K	Ca		Sc	Ti	V	Cr	Mn	Fe	Co	Ni	Cu	Zn	Ga	Ge	As	Se	Br	Kr
Rb	Sr		Y	Zr	Nb	Mo	Tc	Ru	Rh	Pd	Ag	Cd	In	Sn	Sb	Te	I	Xe
Cs	Ba	La	Ce	Pr	Nd	Sm	Eu	Gd	Tb	Dy	Ho	Er	Tm	Yb	Lu	Hf	Ta	W	Re	Os	Ir	Pt	Au	Hg	Tl	Pb	Bi	Po	At	Rn
Fr	Ra	Ac	Th	Pa	U	Pu	Am	Cm	Bk	Cf	Es	Fm	Md	No	Lr	Rf	Db	Sg	Bh	Hs	Mt	Ds	Rg	Cn	Nh	Fl	Mc	Lv	Ts	Og

1																	2
3	4											5	6	7	8	9	10
11	12											13	14	15	16	17	18
19	20		21	22	23	24	25	26	27	28	29	30	31	32	33	34	35	36
37	38		39	40	41	42	43	44	45	46	47	48	49	50	51	52	53	54
55	56	57	58	59	60	61	62	63	64	65	66	67	68	69	70	71	72	73	74	75	76	77	78	79	80	81	82	83	84	85	86
87	88	89	90	91	92	93	94	95	96	97	98	99	100	101	102	103	104	105	106	107	108	109	110	111	112	113	114	115	116	117	118

Tabela Periódica atual, na sua forma longa. É comum mencionarmos a IUPAC (*International Union of Pure and Applied Chemistry* – União Internacional de Química Pura e Aplicada) quando nos referimos à Tabela Periódica; a IUPAC é uma organização internacional responsável pela padronização e normatização de nomenclaturas, simbologias e terminologias na área da Química.

4.2.1 Sete períodos (linhas horizontais)

Os elementos não semelhantes ficam reunidos nas linhas horizontais chamadas **períodos**. O número de elementos em cada período é variável:

- 1º período (muito curto): 2 elementos apenas (H e He);
- 2º período (curto): 8 elementos, com Z de 3 a 10: Li – Ne;
- 3º período (curto): 8 elementos, com Z de 11 a 18: Na – Ar;
- 4º período (longo): 18 elementos, com Z de 19 a 36: K – Kr;
- 5º período: (longo): 18 elementos, com Z de 37 a 54: Rb – Xe;
- 6º período (muito longo): 32 elementos, com Z de 55 a 86: Cs – Rn;
- 7º período (muito longo): 32 elementos, com Z de 87 a 118: Fr – Og.

4.2.2 Dezoito grupos (linhas verticais)

Os elementos semelhantes ficam reunidos nas linhas (colunas) verticais chamadas **grupos**.

Deve-se destacar o caso do hidrogênio, que apresenta apenas um próton e um elétron. Ele é alocado no grupo 1 da Tabela Periódica, porém não apresenta propriedades semelhantes aos demais elementos desse grupo.

Além disso, verificou-se que os elementos de números atômicos 57 a 71 eram muito semelhantes entre si. Esses 15 elementos poderiam ficar todos na 3ª quadrícula do 6º período. Por comodidade, para que a Tabela Periódica não ficasse muito extensa na horizontal, esses elementos também são escritos em uma linha fora da tabela. A esses elementos de números atômicos 57 a 71 foi dado o nome de **lantanoides**, também chamados **lantanídeos** ou **metais terras raras**.

| La | Ce | Pr | Nd | Pm | Sm | Eu | Gd | Tb | Dy | Ho | Er | Tm | Yb | Lu |

O mesmo fenômeno ocorre com os elementos de números atômicos 89 a 103. Esses 15 elementos poderiam ficar todos na 3ª quadrícula do 7º período. Por comodidade, foram escritos em uma linha fora da tabela. Esses elementos de números atômicos 89 a 103 são chamados **actinoides** ou **actinídeos**.

| Ac | Th | Pa | U | Np | Pu | Am | Cm | Bk | Cf | Es | Fm | Md | No | Lr |

Desde 1985, a IUPAC numera as colunas (ou grupos) de 1 a 18.

1																	2
3	4											5	6	7	8	9	10
11	12											13	14	15	16	17	18
19	20	21	22	23	24	25	26	27	28	29	30	31	32	33	34	35	36
37	38	39	40	41	42	43	44	45	46	47	48	49	50	51	52	53	54
55	56		72	73	74	75	76	77	78	79	80	81	82	83	84	85	86
87	88		104	105	106	107	108	109	110	111	112	113	114	115	116	117	118

| 57 | 58 | 59 | 60 | 61 | 62 | 63 | 64 | 65 | 66 | 67 | 68 | 69 | 70 | 71 |

| 89 | 90 | 91 | 92 | 93 | 94 | 95 | 96 | 97 | 98 | 99 | 100 | 101 | 102 | 103 |

> ### FIQUE POR DENTRO!
> **Terras-raras**
>
> O grupo de elementos conhecidos como "terras-raras" inclui os lantanídeos, além do escândio (Z = 21) e o ítrio (Z = 39). Na época em que foram descobertos, ao longo dos séculos XVIII e XIX, a palavra "terra" era uma designação usual para substâncias formadas por metais e oxigênio. Já a classificação como "rara" estava relacionada à dificuldade de encontrar e separar esses elementos. Atualmente, os usos e as aplicações desses elementos concentram-se em áreas de alta tecnologia, como a fabricação de turbinas eólicas e de baterias mais eficientes para veículos elétricos.

SOLEILC/SHUTTERSTOCK

TABELA PERIÓDICA DOS ELEMENTOS

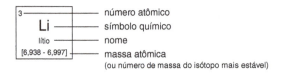

Tabela Periódica da IUPAC.

NOTA: do número atômico 93 em diante, os elementos são radioativos artificiais e são chamados de **elementos transurânicos**.

Alguns grupos recebem nomes especiais:

- *Grupo 1*: **metais alcalinos** (Li, Na, K, Rb, Cs, Fr) – alcalino é derivado do árabe *al-qalyi*, que significa cinza de plantas, em referência aos compostos de metais alcalinos encontrados nessas cinzas (K_2CO_3).
- *Grupo 2*: **metais alcalinoterrosos** (Be, Mg, Ca, Sr, Ba, Ra) – terroso é palavra usada pelos alquimistas para designar compostos que resistem bem ao calor.
- *Grupo 16*: **calcogênios** (O, S, Se, Te, Po) – calcogênio significa gerador de cobre (CuO, Cu_2S, CuS).
- *Grupo 17*: **halogênios** (F, Cl, Br, I, At) – halogênio significa gerador de sal (NaCl, KI).
- *Grupo 18*: **gases nobres** (He, Ne, Ar, Kr, Xe, Rn) – nobre em referência à pequena reatividade química dessas substâncias.

4.2.3 Estado físico

Na temperatura ambiente (25 °C), a maioria dos elementos são encontrados em substâncias no estado sólido, com exceção do:

- mercúrio (Hg) e bromo (Br_2), que são líquidos;
- hidrogênio (H_2), oxigênio (O_2), flúor (F_2), cloro (Cl_2), hélio (He), neônio (Ne), argônio (Ar), criptônio (Kr), xenônio (Xe) e radônio (Rn), que são gases.

4.2.4 Classificação dos elementos segundo a IUPAC

A IUPAC classifica os elementos em: **metais**, **não metais**, **gases nobres** e **hidrogênio**.

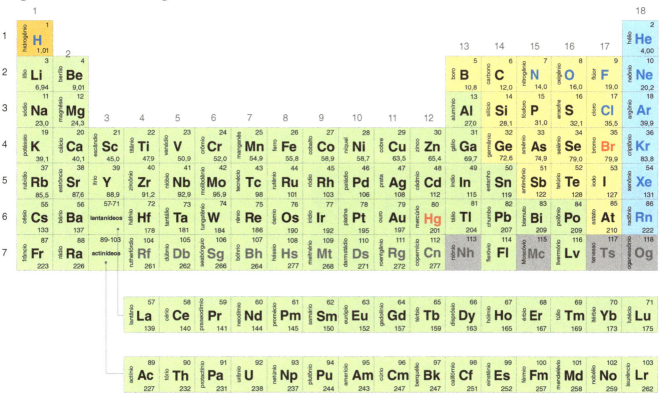

Principais grupos da Tabela Periódica: metais (verde), não metais (amarelo), gases nobres (azul) e hidrogênio (laranja).

NOTAS:

- Alguns autores consideram o hidrogênio e os gases nobres como não metais;
- os elementos $_{113}Nh$, $_{115}Mc$, $_{117}Ts$ e $_{118}Og$ foram os últimos inseridos na Tabela Periódica no final de 2015, razão pela qual sua classificação ainda não foi definida oficialmente.

Metais

A maioria dos elementos na Tabela Periódica são metais: os grupos 1 e 2, os metais de transição (grupos 3 a 12), os lantanoides (fora da tabela), os actinoides (fora da tabela), o grupo 13 (exceto B), o grupo 14 (exceto C e Si), o grupo 15 (exceto N, P e As) e o grupo 16 (somente Po).

Entre as principais propriedades dos metais destacam-se:

- são sólidos à temperatura ambiente (exceto o mercúrio);
- a maioria tem alto ponto de fusão;
- podem ser deformados, transformando-se em, por exemplo, fios e lâminas.

Não metais

Entre os não metais, destacam-se: B, C, Si, N, P, As, O, S, Se, Te, F, Cl, Br, I, At.

Entre as principais propriedades dos não metais destacam-se:

- apresentam-se, à temperatura ambiente, em diferentes estados físicos: podem ser sólidos (C), líquidos (Br_2) ou gases (O_2);
- a maioria tem baixo ponto de fusão.

> **FIQUE POR DENTRO!**
>
> ### Vidro
>
> O dióxido de silício é utilizado na fabricação do vidro. Conheça como é feito industrialmente essa substância assistindo ao vídeo no endereço eletrônico abaixo:
>
> <https://www.youtube.com/watch?v=hZ09jrXfEXY>. Acesso em: 16 set. 2019.
>
>

CONSTANTINE_PAPP/SHUTTERSTOCK

Gases nobres

Temos 6 gases nobres: He, Ne, Ar, Kr, Xe e Rn. São gases incolores, inodoros e de pequena radioatividade química. O Ar era o gás utilizado em lâmpadas incandescentes, enquanto o Ne é muito usado em letreiros luminosos.

Hidrogênio

O hidrogênio é um elemento muito especial. Não pertence a qualquer grupo, porém, na Tabela Periódica da IUPAC, fica localizado no grupo 1. Difere dos demais elementos, pois apresenta apenas um elétron.

NOTA: alguns autores norte-americanos chamam de **metaloides** (ou **semimetais**) alguns elementos que apresentam propriedades intermediárias entre as dos metais e as dos não metais. Dois metaloides são importantes, o *silício* e o *germânio*, empregados em componentes eletrônicos.

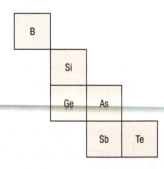

Capítulo 4 – Tabela Periódica Atual **79**

LIGANDO OS PONTOS!

Inclusão de novos elementos na Tabela Periódica

Na Terra, encontramos naturalmente elementos com até 92 prótons no núcleo, que correspondem a átomos de urânio. Entretanto, isso não significa que o ser humano não tenha tentado e conseguido sintetizar novos elementos, mais pesados, seguindo a mesma "receita" da formação dos elementos no Universo.

Vimos, no Capítulo 1, que a formação de elementos como hélio, carbono e oxigênio pode ocorrer, por exemplo, no interior das estrelas a partir da fusão de partículas nucleares.

Seguindo essa ideia, desde o final da década de 1930 cientistas promovem a colisão de núcleos atômicos em aceleradores de partículas com o objetivo de produzir novos elementos. O primeiro dos elementos artificiais sintetizados pelo ser humano foi o netúnio (Z = 93), em 1940, obtido a partir do bombardeamento de núcleos de urânio por nêutrons.

Devido à grande instabilidade dos seus núcleos, é bastante difícil a determinação das propriedades desses elementos, uma vez que eles, por emissão de radiações, rapidamente se transformam em núcleos menores e mais estáveis.

Glenn **Seaborg** (1912-1999) foi um químico estadunidense envolvido na síntese e na descoberta de dez elementos transurânicos, sendo laureado com o Prêmio Nobel de Química em 1951. O elemento de número atômico 106, indicado por ele na imagem, recebeu o nome de seabórguio (Sg) em sua homenagem.

SÉRIE BRONZE

1. Complete com número de massa ou número atômico: na Tabela Periódica, os elementos estão ordenados em ordem crescente de _____

2. Complete com 7 e 18:

a) _____ períodos   b) _____ grupos

3. Complete com os elementos de cada grupo.
a) Grupo 1:

b) Grupo 2:

c) Grupo 16:

d) Grupo 17:

e) Grupo 18:

4. Faça a associação seguinte:

I. Metais alcalinos
II. Metais alcalinoterrosos
III. Calcogênios
IV. Halogênios
V. Grupo do carbono
VI. Grupo do nitrogênio
VII. Gases nobres

A. P; As; Sb.
B. Si; Ge.
C. He; Ne; Ar; Kr; Xe.
D. Mg; Ca; Sr; Ba.
E. Li; Na; K; Rb; Cs.
F. O; S; Se; Te.
G. F; Cl; Br; I.

5. Estado físico:

a) A maioria dos elementos da Tabela Periódica são _____.

b) Br_2 e Hg são _____.

c) H_2, O_2, F_2, Cl_2, He, Ne, Ar, Kr, Xe, Rn são _____.

6. Complete:

De acordo com a IUPAC os elementos são classificados em _____

SÉRIE PRATA

Os exercícios de **1** a **3** referem-se aos elementos cujos símbolos estão destacados na seguinte Tabela Periódica.

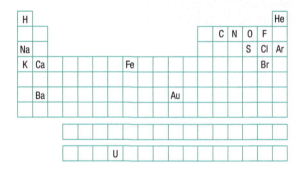

1. Qual(is) deles pertence(m) a um mesmo grupo?

2. Qual(is) deles pertence(m) a um mesmo período?

3. Dentre os elementos em questão, qual(is) é(são) classificado(s) como:

a) alcalinos?
b) alcalinoterrosos?
c) calcogênios?
d) halogênios?
e) gases nobres?

4. (UFV – MG) Associe a segunda coluna de acordo com a primeira e assinale a opção que contém a sequência **correta**:

I. metais alcalinos
II. metais alcalinoterrosos
III. halogênios
IV. metais de transição

• F, Br, I
• Na, K, Cs
• Ca, Sr, Ba
• Fe, Co, Ni

a) I, II, III, IV
b) III, I, II, IV
c) III, II, I, IV
d) IV, II, III, I
e) III, I, IV, II

SÉRIE OURO

1. (UERJ) Em uma das primeiras classificações periódicas, os elementos químicos eram organizados em grupos de três, denominados tríades. Os elementos de cada tríade apresentam propriedades químicas semelhantes, e a massa atômica do elemento central equivale aproximadamente à média aritmética das massas atômicas dos outros dois. Observe as tríades a seguir:

Li		Cl		S
Na		Br		X
K		I		Te

Com base nos critérios desta classificação, a letra X corresponde ao seguinte elemento químico:

a) O b) As c) Se d) Po

2. (FUVEST – SP) Um astronauta foi capturado por habitantes de um planeta hostil e aprisionado em uma cela, sem seu capacete espacial. Logo começou a sentir falta de ar. Ao mesmo tempo, notou um painel como o da figura, em que cada quadrado era uma tecla.

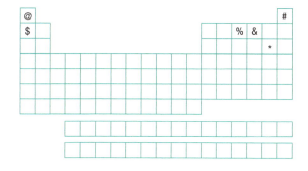

Apertou duas delas, voltando a respirar bem. As teclas apertas foram

a) @ e #
b) # e $
c) $ e %
d) % e &
e) & e *

3. (FUVEST – SP) Cinco amigos resolveram usar a Tabela Periódica como tabuleiro para um jogo. Regras do jogo: para todos os jogadores, sorteia-se o nome de um objeto, cujo constituinte principal é determinado elemento químico. Cada um joga quatro vezes um dado e, a cada jogada, move sua peça somente ao longo de um grupo ou um período, de acordo com o número de pontos obtidos no dado. O início da contagem é pelo elemento de número atômico 1. Numa partida, o objeto sorteado foi "latinha de refrigerante" e os pontos obtidos com os dados foram: Ana (3, 2, 6, 5), Bruno (5, 4, 3, 5), Célia (2, 3, 5, 5), Décio (3, 1, 5, 1) e Elza (4, 6, 6, 1).

H																	He
Li	Be											B	C	N	O	F	Ne
Na	Mg											Al	Si	P	S	Cl	Ar
K	Ca	Sc	Ti	V	Cr	Mn	Fe	Co	Ni	Cu	Zn	Ga	Ge	As	Se	Br	Kr
Rb	Sr	Y	Zr	Nb	Mo	Tc	Ru	Rh	Pd	Ag	Cd	In	Sn	Sb	Te	I	Xe
Cs	Ba	*	Hf	Ta	W	Re	Os	Ir	Pt	Au	Hg	Tl	Pb	Bi	Po	At	Rn
Fr	Ra	**	Rf	Db	Sg	Bh	Hs	Mt	Ds	Rg	Cn						

*	La	Ce	Pr	Nd	Pm	Sm	Eu	Gd	Tb	Dy	Ho	Er	Tm	Yb	Lu
**	Ac	Th	Pa	U	Np	Pu	Am	Cm	Bk	Cf	Es	Fm	Md	No	Lr

Assim, quem conseguiu alcançar o elemento procurado foi

a) Ana
b) Bruno
c) Célia
d) Décio
e) Elza

4. (FATEC – SP) Imagine que a Tabela Periódica seja o mapa de um continente, e que os elementos químicos constituem as diferentes regiões desse território.

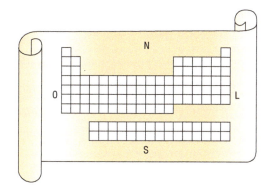

A respeito desse "mapa" são feitas as seguintes afirmações:

I. Os metais constituem a maior parte do território desse continente.
II. As substâncias simples gasosas, não metálicas, são encontradas no nordeste e na costa leste desse continente.
III. Percorrendo-se um meridiano (isto é, uma linha reta no sentido norte-sul), atravessam-se regiões cujos elementos químicos apresentam propriedades químicas semelhantes.

Dessas afirmações:

a) apenas I é a correta.
b) apenas I e II são corretas.
c) apenas I e III são corretas.
d) apenas II e III são corretas.
e) I, II e III são corretas.

5. (FUVEST – SP) Um aluno estava analisando a Tabela Periódica e encontrou vários conjuntos de três elementos químicos que apresentavam propriedades semelhantes.

Assinale a alternativa na qual os conjuntos de três elementos ou substâncias elementares estão corretamente associados às propriedades indicadas no quadro abaixo.

	NÚMEROS ATÔMICOS CONSECUTIVOS	REATIVIDADES SEMELHANTES	MESMO ESTADO FÍSICO À TEMPERATURA AMBIENTE
a)	Pt, Au, Hg	H_2, He, Li	Cl_2, Br_2, I_2
b)	Cl, Br, I	O_2, F_2, Ne	Ne, Ar, Kr
c)	Li, Na, K	O_2, F_2, Ne	Pt, Au, Hg
d)	Ne, Ar, Kr	Mg, Ca, Sr	Cl_2, Br_2, I_2
e)	Pt, Au, Hg	Li, Na, K	Ne, Ar, Kr

SÉRIE PLATINA

1. Um átomo X tem um próton a mais que um átomo Y. Com base nessa informação, determine a afirmativa **correta**.

a) Se Y for alcalinoterroso, X será metal alcalino.

b) Se Y for um gás nobre, X será um halogênio.

c) Se Y for um gás nobre, X será um metal alcalino.

d) Na Tabela Periódica, X está localizado no mesmo período antes do átomo Y.

2. (FUVEST – SP) Observe a posição do elemento químico ródio (Rh) na Tabela Periódica.

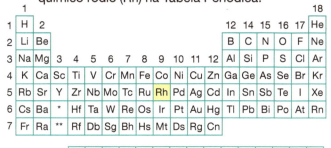

Assinale a alternativa **correta** a respeito do ródio.

a) Possui massa atômica menor que a do cobalto (Co).
b) Apresenta reatividade semelhante à do estrôncio (Sr), característica do 5º período.
c) É um elemento não metálico.
d) É uma substância gasosa à temperatura ambiente.
e) É uma substância boa condutora de eletricidade.

3. (FUVEST – SP – adaptada) O fleróvio (Fl) é um elemento químico artificial, de número atômico 114. Na Tabela Periódica, está situado imediatamente abaixo do elemento de número atômico 82, que é o chumbo (Pb), como é mostrado na figura a seguir:

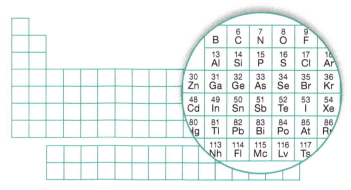

Até o momento, só foi possível sintetizar poucos átomos de fleróvio na forma dos isótopos 288 e 289, pela fusão dos elementos plutônio e cálcio em um acelerador de partículas. Para o fleróvio-289, o processo de síntese pode ser representado pela equação nuclear a seguir:

$$^{244}_{94}Pu + ^{48}_{20}Ca \longrightarrow ^{289}_{114}Fl + 3X$$

Pede-se:

a) Indique o grupo do novo elemento.
b) Qual é a diferença entre os átomos obtidos do elemento fleróvio?
c) A aparência macroscópica do fleróvio é desconhecida, mas, provavelmente, será semelhante ao elemento que está situado acima. Descreva sua provável aparência.
d) Sabendo-se que a soma dos números de massa iniciais é igual à soma dos números de massa finais e também que a soma dos números atômicos iniciais é igual à soma dos números atômicos finais, identifique as partículas **X**.

Capítulo 5 — Distribuição Eletrônica

Os fogos de artifício, tão presentes nos eventos esportivos importantes ou nas comemorações de Ano Novo, foram inventados pelos chineses. Esses artefatos utilizam a pólvora e sais de diversos elementos químicos. Mas o que ocasiona essa explosão de luzes coloridas?
Como veremos neste capítulo, os elétrons dos átomos possuem diferentes níveis de energia. Ao ser-lhes dada mais energia, esses elétrons ficam instáveis e sua tendência é voltar ao seu estado inicial. Para voltarem ao seu estado inicial, um estado de menor energia e mais estável, os elétrons liberam em forma de luz a energia absorvida.

5.1 Modelos Atômicos de Thomson e de Rutherford

Vimos, no Capítulo 3, que o químico John Dalton propôs em 1808 um modelo para o átomo. Nesse modelo, o átomo seria uma esfera indivisível. Entretanto, com o desenvolvimento das ciências e a aquisição de novos conhecimentos pelo ser humano ao longo do século XIX, o modelo atômico proposto por Dalton mostrou-se insuficiente para explicar fenômenos como a condutividade e a radioatividade. Assim, esses desdobramentos levaram, no início do século XX, a outros modelos atômicos, como o de Thomson e o de Rutherford.

5.1.1 Modelo atômico de Thomson ("pudim com passas")

Em 1903, o físico britânico Joseph John **Thomson** (1856-1940), apresentou o seu modelo atômico: uma esfera positiva na qual os elétrons estão distribuídos na sua superfície, neutralizando, assim, a carga do átomo. Para muitos, esse modelo pode ser comparado a um pudim com passas (ou ameixas, se preferir), em que o pudim é a parte positiva e as passas (ou ameixas) são os elementos negativos.

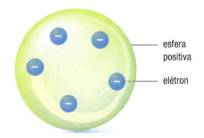

Esquema do modelo atômico de Thomson. Como a carga total é igual a zero, o átomo é neutro.

Naquela época, o modelo atômico de Thomson explicava satisfatoriamente vários fenômenos, como a:

- formação de partículas negativas ou positivas, conforme os átomos tivessem, respectivamente, excesso ou falta de elétrons;

- **corrente elétrica**, vista como um fluxo de elétrons;
- **descarga elétrica em gases**, quando os elétrons são arrancados de seus átomos (como na ampola de Crookes);
- **eletrização por atrito**, transferência de elétrons de um corpo para outro corpo (quando um tubo de vidro neutro é atritado com um pedaço de lã também neutro, o tubo de vidro fica positivo e a lã fica negativa).

FIQUE POR DENTRO!

William **Crookes** (1832-1919) foi um cientista britânico que estudou a condutividade elétrica de gases sob baixa pressão, utilizando um recipiente que hoje é conhecido como ampola de Crookes.

Em suas investigações, ele descobriu que, à medida que a pressão era reduzida, o eletrodo negativo, chamado de catodo, passava a emitir raios que provocavam a fluorescência das paredes de vidro das ampolas. Na época, Crookes nomeou essa emissão de "raios catódicos", porém, atualmente, sabe-se que esses raios eram, na realidade, um feixe de elétrons.

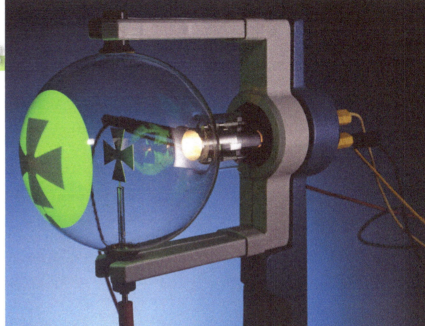

ANDREW LAMBERT PHOTOGRAPHY/ SCIENCE PHOTO LIBRARY

Ampola de Crookes, também conhecida como tubo de raios catódicos. Em pressões baixas, gases são condutores de eletricidade, o que permite a propagação das partículas (elétrons) emitidas no catodo.

5.1.2 Modelo atômico de Rutherford – modelo planetário

O modelo do físico e químico neozelandês, naturalizado britânico, Ernest **Rutherford** (1871-1937), publicado em 1911, é o **modelo planetário do átomo**, no qual os elétrons descrevem um movimento ao redor do núcleo positivo.

Esquema do modelo atômico de Rutherford. Nele, o movimento dos elétrons poderia se assemelhar ao movimento dos planetas ao redor do Sol, sempre lembrando que a trajetória de translação dos planetas é levemente elíptica.

Em 1919, Ernest Rutherford isolou o **próton** (partícula de carga positiva) por meio do bombardeamento entre partícula alfa (um núcleo de hélio) e gás nitrogênio.

FIQUE POR DENTRO!

Em 1932, o físico inglês James **Chadwick** (1891-1974). descobriu outra partícula subatômica de massa muito próxima à do próton, porém sem carga elétrica. Essa partícula, que passou a ser chamada de **nêutron**, localiza-se no núcleo do átomo, juntamente com os prótons.

Na época da proposição do modelo atômico de Rutherford já eram conhecidas as massas de diversos átomos e sabia-se, por exemplo, que um átomo de oxigênio apresentava uma massa aproximadamente 16 vezes maior que a massa de um átomo de hidrogênio. Entretanto, a carga nuclear do oxigênio era apenas 8 vezes maior que a do hidrogênio (o núcleo do átomo de oxigênio possui 8 prótons, enquanto o núcleo do átomo de hidrogênio, apenas um).

Nessa época, foi teorizada a existência de uma partícula eletricamente neutra que justificasse os valores conhecidos de massa atômica, porém essa partícula (o nêutron) somente foi identificada experimentalmente mais de 10 anos depois por James Chadwick, por meio do bombardeamento de átomos de berílio com partículas alfa, o que promovia a emissão dos nêutrons.

5.2 Modelo Atômico de Bohr

Niels **Bohr** (1885-1962) foi um cientista dinamarquês, especialista em física atômica. A partir do modelo atômico de Rutherford, Bohr propôs em 1913 um novo modelo em que os elétrons girariam em torno do núcleo em órbitas com raios determinados, sem perder energia.

Por suas contribuições a respeito da estrutura do átomo, Niels Bohr foi agraciado com o Prêmio Nobel de Física de 1922.

O modelo atômico de Bohr foi muito bem-sucedido quando aplicado ao átomo de hidrogênio (apenas 1 elétron). Para os demais átomos, esse modelo é aproximado, apresentando várias exceções como veremos nos tópicos seguintes.

Em seu modelo, Bohr incluiu uma série de postulados (afirmações aceitas como verdadeiras, sem demonstração):

- os elétrons movem-se em órbitas circulares em torno do núcleo, chamadas de **camadas eletrônicas** ou **níveis de energia**;

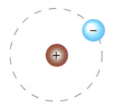

Representação do único elétron do átomo de hidrogênio na camada eletrônica em torno do núcleo.

- cada uma dessas camadas possui **um** valor determinado de energia (ou seja, a energia é *quantizada*);
- os elétrons não permanecem entre duas dessas camadas eletrônicas;

- um elétron pode passar de uma camada para outra mais afastada, desde que **absorva** energia externa (térmica, elétrica ou luminosa). Quando isso acontece, dizemos que o elétron foi *excitado*;

- o retorno do elétron para uma camada mais próxima do núcleo se faz acompanhado da liberação de energia na forma de luz visível (as sete cores) ou ultravioleta.

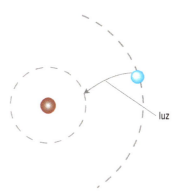

5.2.1 Teste da cor da chama

Observe a fotografia de chamas coloridas. Por que será que a queima de sais de metais forma chamas de diferentes cores, conforme o tipo de metal que é queimado?

Usando o modelo atômico de Bohr podemos explicar por que isso acontece. A alta temperatura da chama faz com que os elétrons do metal fiquem excitados, isto é, passem para camadas mais afastadas do núcleo. Ao voltarem para as camadas de origem, liberam energia na forma de luz. Como a energia das camadas eletrônicas varia de metal para metal, cada metal produzirá uma cor característica ao ser aquecido.

Cor da chama obtida pela queima de alguns sais de metais.

METAL	COR
sódio	amarelo
lítio	vermelho
potássio	violeta
bário	verde
estrôncio	vermelho-carmim
césio	azul-claro

LIGANDO OS PONTOS!

Como sabemos a composição das estrelas?

O céu intriga a Humanidade desde praticamente o início da História...

Atualmente, o espaço continua nos desafiando, porém, com técnicas, teorias e equipamentos mais precisos, somos capazes, cada vez mais, de descobrir informações sobre os diversos corpos celestes a nossa volta, para que possamos imaginar de onde viemos. Nessa investigação, é preciso saber de quais substâncias são constituídas, por exemplo, as estrelas, entre elas, o Sol.

Contudo, como podemos identificar a composição das estrelas se estão localizadas a enormes distâncias de nós? Felizmente, hoje, podemos realizar uma análise química à distância, por meio da decomposição da luz recebida por essas estrelas.

Não só os metais, mas todos os elementos químicos, quando aquecidos, emitem radiações eletromagnéticas com energias específicas, compondo um espectro atômico característico, uma espécie de assinatura, única para cada elemento.

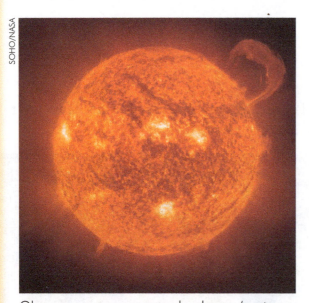

Observe a enorme nuvem de plasma (canto superior direito) escapando da atmosfera solar. As áreas mais claras são as mais quentes.

Espectros atômicos do hidrogênio (superior) e do hélio (inferior), os dois elementos mais abundantes no Sol.

É justamente sobre esses espectros atômicos que os astrônomos se debruçam para identificar os elementos presentes no Sol (e em outros astros do Universo), em um processo conhecido como *espectrografia* ou *análise por espectroscopia*, que permite identificar diferentes tipos de estrelas e determinar sua composição química. Esse trabalho não é fácil, pois existem muitas linhas espectrais no espectro de emissão solar na porção da luz visível.

5.3 Níveis e Subníveis de Energia na Eletrosfera

Nos átomos dos elementos químicos conhecidos, podem ocorrer **7 camadas eletrônicas** (contendo elétrons) ou **níveis de energia**, representadas, respectivamente, a partir do núcleo, pelas letras K, L, M, N, O, P e Q ou pelos números 1, 2, 3, 4, 5, 6 e 7.

A primeira camada próxima do núcleo é representada pela letra K, pois em dinamarquês núcleo é **kerne**. As demais letras seguiram a ordem alfabética.

Camadas eletrônicas a partir do núcleo do átomo. Quanto mais afastada do núcleo a camada, mais energia possuem os elétrons nela localizados.

Para os elementos químicos conhecidos, o número máximo de elétrons nas respectivas camadas eletrônicas é:

K	L	M	N	O	P	Q
2	8	18	32	32	18	8

Para átomos com mais de um elétron, verificou-se que, exceto na camada K, ou seja, nas camadas L, M, N, O, P e Q, os elétrons apresentavam energias diferentes. Essa subdivisão de energia foi chamada de **subnível de energia**, e é representada pelas letras s, p, d e f.

Número de subníveis de energia para cada camada eletrônica.

n	NÍVEL	SUBNÍVEL
1	K	1s
2	L	2s 2p
3	M	3s 3p 3d
4	N	4s 4p 4d 4f
5	O	5s 5p 5d 5f
6	P	6s 6p 6d
7	Q	7s 7p

5.3.1 Número máximo de elétrons em cada subnível

O número máximo de elétrons em cada camada eletrônica está relacionado com o número máximo de elétrons em cada subnível: na camada K, temos, no máximo, 2 elétrons e apenas um subnível (1s); portanto, o subnível 1s (e os demais subníveis s: 2s, 3s, 4s, e assim sucessivamente) possui, no máximo, também 2 elétrons. Já na camada L, temos, no máximo 8 elétrons: 2 elétrons estão no subnível 2s e os 6 elétrons restantes estão no subnível 2p. Aplicando-se esse raciocínio para outras camadas, é possível determinar o número máximo de elétrons em cada subnível:

K (2 elétrons) $1s^2$
L (8 elétrons) $2s^2$ $2p^6$
M (18 elétrons) $3s^2$ $3p^6$ $3d^{10}$
N (32 elétrons) $4s^2$ $4p^6$ $4d^{10}$ $4f^{14}$

SUBNÍVEL	s	p	d	f
NÚMERO MÁXIMO DE ELÉTRONS	2	6	10	14

Nessa representação, observe o que os elementos significam:

$3p^6$ ⟶ elétrons
camada ou nível ⟵ ⟶ subnível

5.4 Diagrama dos Subníveis

Um dispositivo prático, que coloca todos os subníveis conhecidos em ordem crescente de energia, é o diagrama que utiliza diagonais, conhecido como **diagrama da distribuição eletrônica**, conforme se vê a seguir:

> **FIQUE POR DENTRO!**
> Alguns autores chamam esse diagrama de **diagrama de Linus Pauling** em homenagem ao cientista estadunidense.

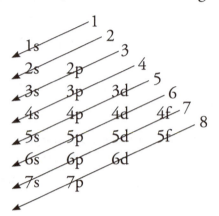

Seguindo as diagonais, temos:

1s 2s 2p 3s 3p 4s 3d 4p 5s 4d 5p 6s 4f 5d 6p 7s 5f 6d 7p
→ energia crescente

5.4.1 Distribuição dos elétrons nos subníveis

Diz-se que um átomo está no **estado fundamental** quando seus elétrons estão nos subníveis de menor energia possível. Lembre-se que os subníveis são preenchidos com elétrons em ordem crescente de energia (seguindo as diagonais).

Para determinar a distribuição dos elétrons em subníveis de um átomo, deve-se seguir os passos descritos abaixo:

a) descobrir o número de elétrons: $Z = p; p = e$;

b) construir o diagrama das diagonais: os subníveis são preenchidos em ordem crescente de energia (seguir as diagonais);

c) uma vez preenchido o diagrama das diagonais, a distribuição dos elétrons pode ser apresentada de três formas:

- **ordem energética**, na qual os subníveis são apresentados em ordem crescente de energia (na mesma sequência em que foram preenchidos no diagrama das diagonais);

- **ordem geométrica**, na qual os subníveis são apresentados em ordem crescente de distância, isto é, os subníveis nas respectivas camadas. Essa forma de apresentação da distribuição de elétrons é a mais utilizada, pois mostra os elétrons da camada de valência (isto é, os elétrons da camada mais distante do núcleo), que participarão das ligações químicas;

- **ordem de camadas**, na qual os elétrons presentes nos subníveis são agrupados por camadas eletrônicas.

Vamos seguir os passos acima para apresentar as três formas de distribuição eletrônica do $_{26}$Fe:

a) $Z = 26$, $p = 26$, $e = 26$

b)
K	$1s^2$			
L	$2s^2$	$2p^6$		
M	$3s^2$	$3p^6$	$3d^6$	
N	$4s^2$	$4p$	$4d$	$4f$
O	$5s$	$5p$	$5d$	$5f$
P	$6s$	$6p$	$6d$	
Q	$7s$	$7p$		

c) **Ordem energética:**

$1s^2 \quad 2s^2 \quad 2p^6 \quad 3s^2 \quad 3p^6 \quad 4s^2 \quad 3d^6$

Subnível mais energético:

$3d^6$

Ordem geométrica:

$1s^2 \quad 2s^2 \quad 2p^6 \quad 3s^2 \quad 3p^6 \quad 3d^6 \quad 4s^2$

Ordem de camadas:

K	L	M	N
2	8	14	2

A **camada de valência** (última camada) do Fe é a camada N, contendo dois elétrons.

NOTA: para certos átomos, a ordem energética coincide com a ordem geométrica:

$$_{11}Na \quad 1s^2 \quad 2s^2 \quad 2p^6 \quad 3s^1$$
(ordem energética, ordem geométrica)

5.4.2 Elementos representativos – blocos s e p

Os elementos da Tabela Periódica podem ser agrupados em blocos segundo a distribuição eletrônica. Os blocos s e p agrupam, respectivamente, os elementos cujas distribuições eletrônicas terminam, respectivamente, nos subníveis s e p. Ou seja, no bloco s, o *subnível* mais energético é o *subnível* s; já no bloco p, o *subnível* mais energético é o *subnível* p. Esses blocos contêm os principais grupos da Tabela Periódica estudados na Educação Básica. As distribuições eletrônicas semelhantes dos elementos do mesmo grupo são a causa das propriedades semelhantes desses elementos.

1	H 1s^1								He 1s^2
2	Li 2s^1	Be 2s^2		B 2p^1	C 2p^2	N 2p^3	O 2p^4	F 2p^5	Ne 2p^6
3	Na 3s^1	Mg 3s^2		Al 3p^1	Si 3p^2	P 3p^3	S 3p^4	Cl 3p^5	Ar 3p^6
4	K 4s^1	Ca 4s^2		Ga 4p^1	Ge 4p^2	As 4p^3	Se 4p^4	Br 4p^5	Kr 4p^6
5	Rb 5s^1	Sr 5s^2		In 5p^1	Sn 5p^2	Sb 5p^3	Te 5p^4	I 5p^5	Xe 5p^6
6	Cs 6s^1	Ba 6s^2		Tl 6p^1	Pb 6p^2	Bi 6p^3	Po 6p^4	At 6p^5	Rn 6p^6
7	Fr 7s^1	Ra 7s^2							

Apesar de o hélio apresentar distribuição eletrônica 1s^2, esse elemento é mostrado no bloco p, pois se trata de um gás cujas propriedades são semelhantes às dos gases nobres do grupo 18, e não às dos metais reativos do grupo 2.

5.4.3 Elementos de transição – bloco d

A partir do 4º período da Tabela Periódica aparecem os elementos de transição. Suas propriedades são intermediárias entre os elementos do bloco s e os do bloco p, o que explica seu nome: *elementos de transição*. Como os elementos de transição de um mesmo período diferem principalmente no número de *elétrons d*, e estes elétrons estão em camadas internas, suas propriedades são muito semelhantes. Esses elementos têm o *subnível d mais energético*.

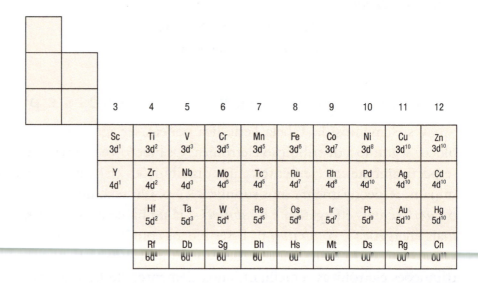

5.4.4 Elementos de transição interna – bloco f

Os elementos do bloco f têm propriedades químicas muito semelhantes, porque sua distribuição eletrônica difere somente na quantidade de elétrons nos *subníveis f internos* e estes elétrons participam pouco no estabelecimento de ligações químicas.

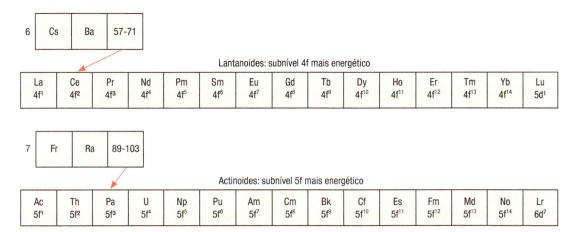

5.5 Tabela Periódica e Distribuição Eletrônica

Por meio da distribuição eletrônica apresentada na **ordem geométrica** (com os subníveis apresentados nas respectivas camadas) podemos localizar os elementos na Tabela Periódica. Vejamos alguns exemplos.

- Para os elementos do bloco s, o número do grupo corresponde à quantidade de elétrons na camada de valência:

  1) $_{11}Na$ $1s^2 \mid 2s^2\ 2p^6 \mid 3s^1$

  $3s^1$ corresponde ao 3º período e ao grupo 1

  2) $_{12}Mg$ $1s^2 \mid 2s^2\ 2p^6 \mid 3s^2$

  $3s^2$ corresponde ao 3º período e ao grupo 2

- Para os elementos do bloco p, o número do grupo corresponde à quantidade de elétrons na camada de valência acrescido de 10 unidades:

  3) $_{17}Cl$ $1s^2 \mid 2s^2\ 2p^6 \mid \underline{3s^2\ 3p^5}$

                                           7 elétrons na camada de valência

  3º período: grupo 17 (7 + 10)

  4) $_{32}Ge$ $1s^2 \mid 2s^2\ 2p^6 \mid 3s^2\ 3p^6\ 3d^{10} \mid \underline{4s^2\ 4p^2}$

                                                                  4 elétrons na camada de valência

  4º período: grupo 14 (4 + 10)

- Para os elementos do bloco d, o número do grupo corresponde à soma dos números de elétrons do subnível d da penúltima camada e do subnível s da última camada:

5) $_{26}$Fe $1s^2 \mid 2s^2\,2p^6 \mid 3s^2\,3p^6\,3d^6 \mid 4s^2$

4º período: grupo 8 (6 + 2)

$3d^6\ 4s^2$

> Em geral, os elementos situados no mesmo grupo têm propriedades químicas semelhantes, pois possuem o mesmo número de elétrons na camada mais externa.

SÉRIE BRONZE

1. Complete.

O modelo de Thomson propôs que o átomo seria formado por uma esfera de carga _____ _____, contendo na sua superfície _____ possuidores de carga elétrica _____.

2. Complete com **bola de bilhar** ou **pudim com ameixas**.

a) Modelo de Dalton: _____

b) Modelo de Thomson: _____

3. Complete com **próton** ou **elétron**.

A primeira partícula subatômica descoberta foi o _____.

4. (ESPM — SP) O átomo de Rutherford (1911) foi comparado ao sistema planetário.

núcleo – Sol
eletrosfera – planetas

Eletrosfera é a região do átomo que:

a) contém as partículas de carga elétrica negativa.
b) contém as partículas de carga elétrica positiva.
c) contém nêutrons.
d) concentra praticamente toda a massa do átomo.
e) contém prótons e nêutrons.

5. (PUC – MG) O modelo atômico de Rutherford NÃO inclui especificamente:

a) nêutrons.   c) próton.
b) núcleo.   d) elétron.

6. (PUC – MG) Considere os nomes dos cientistas (coluna da esquerda) e os modelos atômicos (coluna da direita).

1. Dalton   A. Descoberta do núcleo e seu tamanho relativo.
2. Rutherford   B. Átomos esféricos, maciços, indivisíveis.
3. Niels Bohr   C. Modelo semelhante a um "pudim com passas" com cargas positivas e negativas em igual número.
4. J. J. Thomson   D. Os elétrons giram em torno do núcleo em determinadas órbitas com energia constante.

Quais das sequências faz a associação **correta**?
a) 1A, 2B, 4C, 3D
b) 1A, 4B, 3C, 2D
c) 2A, 1B, 4C, 3D
d) 3A, 4B, 2C, 1D
e) 4A, 1B, 2C, 3D

7. Complete com **absorva** ou **liberação**.

a) Um elétron pode passar de uma camada para outra mais afastada, desde que _____ energia externa (térmica, elétrica ou luminosa).

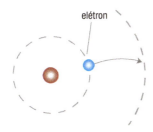

b) O retorno do elétron para uma camada mais próxima do núcleo se faz acompanhado da _____ de energia na forma de luz visível ou ultravioleta.

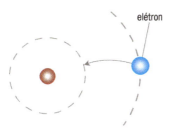

8. (PUC – MG) "As diferentes cores produzidas por distintos elementos são resultado de transições eletrônicas. Ao mudar de camadas, em torno do núcleo atômico, os elétrons emitem energia nos diferentes comprimentos de ondas, as cores."

Fonte: **O Estado de S. Paulo.**
São Paulo, 26 dez. 1992.
Caderno de Ciência e Tecnologia.

O texto anterior está baseado no modelo atômico proposto por:
a) Niels Bohr
b) Rutherford
c) Heisenberg
d) John Dalton
e) J. J. Thomson

9. Para os elementos químicos conhecidos, preencha cada camada com o número máximo de elétrons.

K	L	M	N	O	P	Q

10. Para cada subnível fornecido, indique o número máximo de elétrons.

s	p	d	f

11. Construa o diagrama das diagonais.

K

L

M

N

O

P

Q

12. Observe o diagrama abaixo, no qual foi feita a distribuição eletrônica de um átomo, e responda aos itens a seguir:

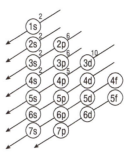

a) Escreva a distribuição eletrônica em ordem crescente de energia dos subníveis.
b) Escreva a distribuição eletrônica ordenando os subníveis em ordem geométrica.
c) Quantos prótons apresenta o átomo?
d) Indique o número de elétrons por nível.

14. Indique o grupo e o período dos seguintes elementos:
a) $_{12}X$
b) $_{16}Y$
c) $_{35}W$

13. (USF – SP) Um elemento cujo átomo possui 20 nêutrons e apresenta distribuição eletrônica no estado fundamental

$$1s^2 \quad 2s^2 \quad 2p^6 \quad 3s^2 \quad 3p^6 \quad 4s^1$$

tem:
a) nº atômico 20 e nº de massa 39.
b) nº atômico 39 e nº de massa 20.
c) nº atômico 19 e nº de massa 20.
d) nº atômico 19 e nº de massa 39.
e) nº atômico 39 e nº de massa 19.

15. (FFCL – SP) Um elemento químico está colocado no quarto período e na coluna 13 da Tabela Periódica. Na camada de valência de seus átomos, encontra-se a seguinte distribuição eletrônica:
a) $4s^2\ 4p^1$
b) $3s^2\ 3p^1$
c) $3p^3$
d) $4p^3$
e) $4p^4$

SÉRIE PRATA

1. (ENCCEJA – MEC – BR) As figuras I e II representam duas diferentes ideias ou modelos para os átomos, constituintes da matéria, surgidos há cerca de um século.

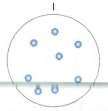
modelo atômico de Thomson

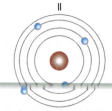
modelo atômico de Rutherford

A representação hoje aceita para o átomo se parece mais com
a) o modelo I, sendo constituído por uma massa positiva na qual estão dispersas cargas pontuais negativas.
b) o modelo I, sendo constituído por um núcleo neutro denso, no qual circulam cargas negativas e positivas.
c) o modelo II, sendo constituído por um núcleo neutro, com cargas positivas e negativas orbitando a sua volta.
d) o modelo II, sendo constituído por um núcleo positivo denso, com cargas negativas orbitando à sua volta.

2. (UFRGS – RS) Uma moda atual entre as crianças é colecionar figurinhas que brilham no escuro. Essas figuras apresentam em sua constituição a substância sulfeto de zinco. O fenômeno ocorre porque alguns elétrons que compõem os átomos dessa substância absorvem energia luminosa e saltam para níveis de energia mais externos. No escuro, esses elétrons retornam aos seus níveis de origem, liberando energia luminosa e fazendo a figurinha brilhar. Essa característica pode ser explicada considerando o modelo atômico proposto por
a) Dalton.
b) Thomson.
c) Lavoisier.
d) Rutherford.
e) Bohr.

3. (UFPI) Luz fornecida por uma lâmpada de vapor de sódio utilizada em iluminação pública é resultado de:
a) transição de elétrons de um dado nível de energia para um outro de maior energia.
b) remoção de elétrons de um átomo para formar cátions.
c) transição de elétrons de um nível de energia mais alto para um mais baixo.
d) adição de elétrons e átomos para formação de ânions.
e) combinação de átomos para formar moléculas.

4. (ITA – SP) Historicamente, a teoria atômica recebeu várias contribuições de cientistas.
Assinale a opção que apresenta, na ordem cronológica **correta**, os nomes de cientistas que são apontados como autores de modelos atômicos.
a) Dalton, Thomson, Rutherford e Bohr.
b) Thomson, Millikan, Dalton e Rutherford.
c) Avogadro, Thomson, Bohr e Rutherford.
d) Lavoisier, Proust, Gay-Lussac e Thomson.
e) Rutherford, Dalton, Bohr e Avogadro.

5. (UFRN) Considere o seguinte diagrama de níveis de energia para o átomo de hidrogênio:

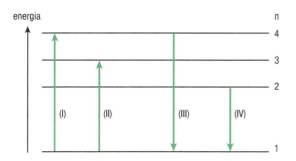

As transições em que ocorre **apenas** absorção de energia são:
a) I, II, III e IV.   c) I e II.
b) III e IV.   d) I e III.

6. (UNIUBE – MG) Um átomo cuja configuração eletrônica é $1s^2$, $2s^2$, $2p^6$, $3s^2$, $3p^6$, $4s^2$ tem como número atômico:
a) 10.   d) 2.
b) 20.   e) 8.
c) 18.

7. (PUC – RJ – adaptada) O subnível de maior energia de um átomo é 4p e nele existem 3 elétrons. Escreva a distribuição eletrônica em camadas para esse átomo.

8. (UNIRIO – RJ) "Os implantes dentários estão mais seguros no Brasil e já atendem às normas internacionais de qualidade. O grande salto de qualidade aconteceu no processo de confecção dos parafusos e pinos de titânio, que compõem as próteses. Feitas com ligas de titânio, essas próteses são usadas para fixar coroas dentárias, aparelhos ortodônticos e dentaduras, nos ossos da mandíbula e do maxilar."

Jornal do Brasil, out. 1996.

Considerando que o número atômico do titânio é 22, sua configuração eletrônica será:

a) $1s^2\, 2s^2\, 2p^6\, 3s^2\, 3p^3$
b) $1s^2\, 2s^2\, 2p^6\, 3s^2\, 3p^5$
c) $1s^2\, 2s^2\, 2p^6\, 3s^2\, 3p^6\, 4s^2$
d) $1s^2\, 2s^2\, 2p^6\, 3s^2\, 3p^6\, 4s^2\, 3d^2$
e) $1s^2\, 2s^2\, 2p^6\, 3s^2\, 3p^6\, 4s^2\, 3d^{10}\, 4p^6$

c) halogênio, halogênio e gás nobre.
d) halogênio, metal de transição e halogênio.
e) halogênio, halogênio e calcogênio.

9. (UDESC) Os elementos químicos A, B e C apresentam para seu átomo, no estado fundamental, a seguinte configuração eletrônica:

A → $1s^2\, 2s^2\, 2p^6\, 3s^2\, 3p^5$

B → $1s^2\, 2s^2\, 2p^6\, 3s^2\, 3p^6\, 4s^2\, 3d^5$

C → $1s^2\, 2s^2\, 2p^6\, 3s^2\, 3p^6$

De acordo com as configurações eletrônicas desses três elementos químicos, é **correto** classificá-los, respectivamente, como:

a) halogênio, metal de transição e gás nobre.
b) metal alcalinoterroso, metal de transição e gás nobre.

10. (PUC – PR) O subnível mais energético do átomo de um elemento no estado fundamental é $5p^4$. Portanto o seu número atômico e sua posição na Tabela Periódica será:

a) 40, 15 e 4º período.
b) 34, 14 e 4º período.
c) 52, 16 e 5º período.
d) 56, 16 e 5º período.
e) 55, 15 e 5º período.

SÉRIE OURO

1. (UNESP) A luz branca é composta por ondas eletromagnéticas de todas as frequências do espectro visível. O espectro de radiação emitido por um elemento, quando submetido a um arco elétrico ou a altas temperaturas, é descontínuo e apresenta uma de suas linhas com maior intensidade, o que fornece "uma impressão digital" desse elemento. Quando essas linhas estão situadas na região da radiação visível, é possível identificar diferentes elementos químicos por meio dos chamados testes de chama. A tabela apresenta as cores características emitidas por alguns elementos no teste de chama:

ELEMENTO	COR
sódio	amarelo
potássio	violeta
cálcio	vermelho-tijolo
cobre	azul-esverdeada

Em 1913, Niels Bohr (1885-1962) propôs um modelo que fornecia uma explicação para a origem dos espectros atômicos.

Nesse modelo, Bohr introduziu uma série de postulados, dentre os quais, a energia do elétron só pode assumir certos valores discretos, ocupando níveis de energia permitidos ao redor do núcleo atômico. Considerando o modelo de Bohr, os diferentes espectros atômicos podem ser explicados em função

a) do recebimento de elétrons por diferentes elementos.
b) da perda de elétrons por diferentes elementos.
c) das diferentes transições eletrônicas, que variam de elemento para elemento.
d) da promoção de diferentes elétrons para níveis mais energéticos.
e) da instabilidade nuclear de diferentes elementos.

2. (UNIFESP) Considere os modelos atômicos de Dalton, Thomson e Rutherford-Bohr e os fenômenos:

I. Conservação de massa nas transformações químicas.
II. Emissão de luz verde quando sais de bário são aquecidos por uma chama.

a) Quais desses modelos possuem partículas dotadas de carga elétrica?
b) Identifique os modelos atômicos que permitem interpretar cada um dos fenômenos.

3.

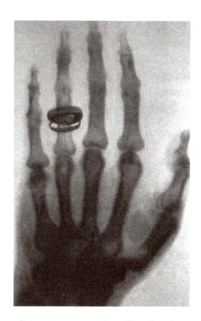

A radiografia acima se refere à mão da esposa de Röentgen (descobridor dos raios X), tirada em 22 de dezembro de 1895 e exibida ao professor Ludwig Zehnder, do Instituto de Física da Universidade de Freiburg, em 1º de janeiro de 1896. A radiação X é uma radiação eletromagnética semelhante à luz. Os raios X são produzidos em uma máquina com um par de eletrodos, um catodo e um anodo, que ficam dentro de um tubo de vidro a vácuo. O catodo é um filamento aquecido, enquanto o anodo é constituído de **tungstênio ($_{74}$W)**, pois este metal de transição pode suportar o calor gerado na máquina. Hoje os RX são amplamente usados, principalmente na área médica e odontológica, assim como as tomografias computadorizadas.

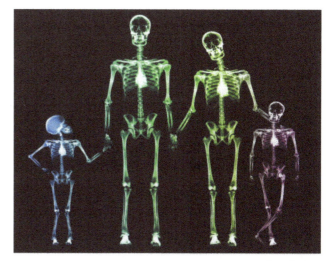

Disponível em:
<http://medicinaunp.blogspot.com.br/>.

O tungstênio é um metal quatro vezes mais duro que o titânio, além de exibir alto ponto de fusão, 2.780 °C, sendo utilizado pela indústria aeroespacial. Em relação ao elemento mencionado escreva:

a) a configuração eletrônica nos subníveis em ordem energética;
b) a configuração eletrônica nos subníveis em ordem geométrica;
c) a configuração eletrônica nos níveis;
d) o número de elétrons na camada de valência.

4. (UNESP) O ano de 2015 foi eleito o Ano Internacional da Luz, devido à importância da luz para o Universo e para a humanidade. A iluminação artificial, que permitiu a iluminação noturna, impactou diretamente a qualidade de vida do homem e o desenvolvimento da civilização. A geração de luz em uma lâmpada incandescente se deve ao aquecimento de seu filamento de tungstênio provocado pela passagem de corrente elétrica, envolvendo temperatura ao redor de 3.000 °C.

Algumas informações e propriedades do isótopo estável do tungstênio estão apresentadas na tabela.

SÍMBOLO	W
número atômico	74
número de massa	184
ponto de fusão	3.422 °C
eletronegatividade (Pauling)	2,36
densidade	19,3 g · cm^{-3}

A partir das informações contidas na tabela, é **correto** afirmar que o átomo neutro de tungstênio possui

a) 73 elétrons.
b) 2 elétrons na camada de valência.
c) 111 nêutrons.
d) 184 prótons.
e) 74 nêutrons.

5. Um átomo tem número de massa 62. O número de nêutrons no núcleo é igual a 1,21 vez o número de prótons. O número de elétrons do subnível mais energético é:

a) 8   b) 7   c) 6   d) 5   e) 4

Resolução:

$A = 62$; $N = 1,21p$
$A = N + Z$
$62 = 1,21p + p$ ∴ $p = 28$
$1s^2, 2s^2, 2p^6, 3s^2, 3p^6, 4s^2, 3d^8$
                                     subnível mais
                                     energético

Resposta: alternativa a.

6. Os átomos $^{7x+10}A$ e ^{3x+4}B são isótopos. O átomo A tem 66 nêutrons.

a) Determine o número de massa do átomo A.
b) Faça a distribuição eletrônica em ordem de subníveis do átomo A.

Estão correstos os itens:

a) I e IV somente.
b) II e III somente.
c) I, II e III somente.
d) II, III e IV somente.
e) I, II, III e IV.

7. O livro *O Reino Periódico*, de P. W. Atkins, conta algumas curiosidades:

"A atividade do arsênio como veneno origina-se de sua rigorosa semelhança com o fósforo, que lhe permite insinuar-se nas reações que o fósforo sofre, mas bloqueando o seu progresso, enquanto suas diferenças sutis conspiram para prejudicar o metabolismo celular.

Aparentemente, a natureza não tem nenhuma utilização para os lantanídeos em sua criação da vida, e a humanidade apenas recentemente descobriu certos usos esporádicos para esses elementos. Um deles é como um componente do fósforo que converte a energia de um feixe acelerado de elétrons em luz visível de uma variedade de cores em tubo de televisão.

Os gases nobres têm certas propriedades físicas que os tornam úteis. Uma é o ponto de ebulição notavelmente baixo do hélio, o que o transforma em um refrigerante útil quando buscamos atingir temperaturas excepcionalmente baixas. Uma outra é a exibição colorida obtida quando uma descarga elétrica passa através destes gases – um fenômeno observado sob a denominação genérica da luz néon.

Já foi estimado que na Terra toda, em qualquer instante, existem apenas cerca de 17 átomos de frâncio."

Julgue os itens:

I. A semelhança entre o arsênio (As) e o fósforo (P) é explicada pelo fato de estarem na mesma família ou grupo da Tabela Periódica.
II. Os lantanídeos também são chamados terras-raras, já que sua ocorrência no planeta (no caso dos naturais) é pequena.
III. Os gases nobres não são metais, mas têm utilidades nas indústrias.
IV. O elemento frâncio (Fr) é muitíssimo raro e, portanto, não possui utilidade no cotidiano.

8. (MACKENZIE – SP) Baseando-se nas configurações eletrônicas em ordem crescente de energia dos elementos a seguir, identifique a alternativa **correta**.

A: $1s^2, 2s^2, 2p^6, 3s^2, 3p^6, 4s^2$
B: $1s^2, 2s^2, 2p^6, 3s^2, 3p^6, 4s^2, 3d^2$
C: $1s^2, 2s^2, 2p^6, 3s^2, 3p^6, 4s^2, 3d^{10}, 4p^2$
D: $1s^2, 2s^2, 2p^6, 3s^2, 3p^6, 4s^2, 3d^{10}, 4p^6, 5s^2, 4d^{10}, 5p^6, 6s^2, 4f^2$

a) A e C pertencem ao mesmo grupo, mas estão em períodos diferentes.
b) B é elemento de transição.
c) C está no grupo 2.
d) A, B, C e D são todos metais alcalinoterrosos.

9. (ENEM) Na mitologia grega, Nióbia era filha de Tântalo, dois personagens conhecidos pelo sofrimento. O elemento químico de número atômico (Z) igual a 41 tem propriedades químicas e físicas tão parecidas com as do elemento de número atômico 73 que chegaram a ser confundidos. Por isso, em homenagem a esses dois personagens da mitologia grega, foi conferido a esses elementos os nomes de nióbio (Z = 41) e tântalo (Z = 73). Esses dois elementos químicos adquiriram grande importância econômica na metalurgia, na produção de supercondutores e em outras aplicações na indústria de ponta, exatamente pelas propriedades químicas e físicas comuns aos dois.

KEAN, S. **A Colher que Desaparece:** e outras histórias reais de loucura, amor e morte a partir dos elementos químicos. Rio de Janeiro: Zahar, 2011. Adaptado.

A importância econômica e tecnológica desses elementos, pela similaridade de suas propriedades químicas e físicas, deve-se a

a) terem elétrons no subnível f.
b) serem elementos de transição interna.
c) pertencerem ao mesmo grupo na Tabela Periódica.
d) terem seus elétrons mais externos nos níveis 4 e 5, respectivamente.
e) estarem localizados na família dos alcalinoterrosos e alcalinos, respectivamente.

SÉRIE PLATINA

1. A figura abaixo mostra o experimento de Rutherford com o uso de uma lâmina de ouro e partículas α.

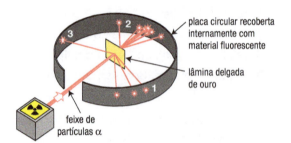

1 – a maioria das partículas α, sem sofrer algum desvio, atravessaram livremente a lâmina, produzindo cintilações na chapa fluorescente
2 – ocasionalmente, porém, algumas partículas α eram desviadas de sua trajetória, ao atravessarem a lâmina, produzindo cintilações em pontos afastados da região de incidência da grande maioria das demais partículas α
3 – muito raramente, algumas partículas α eram refletidas ao incidir sobre a lâmina de ouro

Sabendo que as partículas α são carregadas positivamente e de acordo com o contexto e as informações apresentadas na figura, comente como as observações colhidas no experimento contribuíram para Rutherford propor o seu modelo atômico.

2. (UNESP) As figuras representam dois modelos, 1 e 2, para o átomo de hidrogênio. No Modelo 1, o elétron move-se em trajetória espiral, aproximando-se do núcleo atômico e emitindo energia continuamente, com frequência cada vez maior, uma vez que cargas elétricas aceleradas irradiam energia.

Esse processo só termina quando o elétron se choca com o núcleo. No Modelo 2, o elétron move-se inicialmente em determinada órbita circular estável e em movimento uniforme em relação ao núcleo, sem emitir radiação eletromagnética, apesar de apresentar aceleração centrípeta. Nesse modelo, a emissão só ocorre de forma descontínua quando o elétron sofre transição de uma órbita mais distante do núcleo para outra mais próxima.

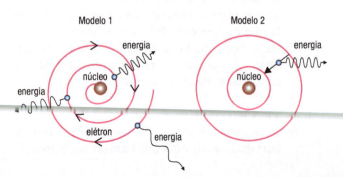

A respeito desses modelos atômicos, pode-se afirmar que

a) o modelo 1, proposto por Bohr em 1913, está de acordo com os trabalhos apresentados na época por Einstein, Planck e Rutherford.
b) o modelo 2 descreve as ideias de Thomson, em que um núcleo massivo no centro mantém os elétrons em órbita circular na eletrosfera por forças de atração coulombianas.
c) os dois estão em total desacordo com o modelo de Rutherford para o átomo, proposto em 1911, que não previa a existência do núcleo atômico.
d) o modelo 1, proposto por Bohr, descreve a emissão de fótons de várias cores enquanto o elétron se dirige ao núcleo atômico.
e) o modelo 2, proposto por Bohr, explica satisfatoriamente o fato de um átomo de hidrogênio não emitir radiação o tempo todo.

3. (ENEM) Um fato corriqueiro ao se cozinhar arroz é o derramamento de parte da água de cozimento sobre a chama azul do fogo, mudando-a para uma chama amarela. Essa mudança de cor pode suscitar interpretações diversas, relacionadas às substâncias presentes na água de cozimento. Além do sal de cozinha (NaCl), nela se encontram carboidratos, proteínas e sais minerais.

Cientificamente, sabe-se que essa mudança de cor da chama ocorre pela

a) reação do gás de cozinha com o sal, volatilizando gás cloro.
b) emissão de fótons pelo sódio, excitado por causa da chama.
c) produção de derivado amarelo, pela reação com o carboidrato.
d) reação do gás de cozinha com a água, formando gás hidrogênio.
e) excitação das moléculas de proteínas, com formação de luz amarela.

---

4. (UNICID – SP) Ao tratar da evolução das ideias sobre a natureza dos átomos, um professor, apresentou as seguintes informações e figuras:

Desenvolvimento histórico das principais ideias sobre a estrutura atômica.

400 a.C.	Demócrito	A matéria é indivisível e feita de átomos.
350 a.C.	Aristóteles	A matéria é constituída por quatro elementos: água, ar, terra, fogo.
1800	Dalton	Todo e qualquer tipo de matéria é formada por partículas indivisíveis, chamadas átomos
1900	Thomson	Os átomos dos elementos consistem em um número de corpúsculos eletricamente negativos englobados em uma esfera uniformemente positiva.
1910	Rutherford	O átomo é composto por um núcleo de carga elétrica positiva, equilibrado por elétrons (partículas negativas), que giram ao redor do núcleo, em uma região denominada eletrosfera.
1913	Bohr	A eletrosfera é dividida em órbitas circulares definidas; os elétrons só podem orbitar o núcleo em certas distâncias denominadas níveis.
1930	Schrödinger	O elétron é uma partícula-onda que se movimenta ao redor do núcleo em uma nuvem.
1932	Chadwick	O núcleo atômico é também integrado por partículas sem carga elétrica, chamadas nêutrons.

modelos atômicos

I II III IV V VI VII

Disponível em: <www.projectsharetexas.org>. Adaptado.

a) Complete o quadro abaixo indicando o número do modelo que mais se aproxima das ideias de Dalton, Thomson, Rutherford e Bohr.

DALTON	THOMSON	RUTHERFORD	BOHR

b) Considere a situação: uma solução aquosa de cloreto de bário e outra de cloreto de estrôncio são borrifadas em direção a uma chama, uma por vez, produzindo uma chama de coloração verde e outra de coloração vermelha, respectivamente. A partir de qual modelo atômico as ideias sobre estrutura atômica explicam o resultado da situação descrita? Como o modelo escolhido permite explicar esse fenômeno?

5. Um átomo tem um único nível contendo 32 elétrons e 3 elétrons na camada de valência (P). Qual é o número atômico desse átomo?

6. Considere uma espécie química com as seguintes características:

a) a camada de valência possui elétrons apenas nos subníveis 5s e 5p;

b) a porcentagem dos elétrons nos subníveis p é 43,4% do total de elétrons.

Faça a distribuição eletrônica em subníveis dessa espécie química.

7. (UFRN – adaptada) A Lei Periódica e sua representação gráfica, a Tabela Periódica, são dois conhecimentos essenciais para a Química e para os químicos. D. Mendeleev (1834-1907), em meados do século XIX, organizou os elementos conhecidos nessa época, aproximadamente 60, em ordem crescente de seus pesos atômicos, segundo as propriedades semelhantes, um abaixo do outro. Nessa organização, alguns espaços ficaram em branco, pois não eram conhecidos todos os elementos em questão, e Mendeleev previu a existência do elemento hoje conhecido como germânio, o qual chamou de eka-silício, por estar na mesma coluna do silício. Posteriormente, esse elemento foi descoberto e suas propriedades coincidiram com as previstas por Mendeleev. Hoje, a Tabela Periódica se organiza em função das estruturas atômicas dos átomos.

a) Como se explica o fato de Mendeleev poder prever as propriedades de um elemento desconhecido na sua época?

Conforme citado no texto acima, hoje sabemos que muitas propriedades químicas dos elementos dependem da sua configuração eletrônica. Sabemos também que a existência das regiões de energia ao redor dos núcleos atômicos pode ser confirmada experimentalmente com o estudo da energia de ionização.

b) Dada a constituição do germânio ($^{74}_{32}$Ge), o eka-silício previsto por Mendeleev, complete a tabela abaixo:

ELEMENTO	DISTRIBUIÇÃO ELETRÔNICA POR SUBNÍVEIS
germânio	

c) Indique posição do elemento germânico na Tabela Periódica, com base na sua distribuição eletrônica (obtida em "b").

ELEMENTO	Nº DO GRUPO	NOME DO GRUPO	PERÍODO
germânio			

8. Em 2010, foi sintetizado o elemento de número atômico 117 no *Instituto Central de Investigações Nucleares*, localizado em Dubna, na Rússia. Nomeado tenesso, em homenagem ao estado do Tennessee nos EUA, a síntese do $_{117}$Ts completou a 7ª linha da Tabela Periódica. O elemento de número atômico 118, pertencente ao grupo dos gases nobres, foi sintetizado anteriormente, em 2002, pois tem uma estrutura mais estável que a do elemento de número atômico 117. Assim, atualmente, a Tabela Periódica possui 118 elementos.

A síntese de elementos cada vez mais pesados tornou-se possível com a descoberta e estudos de reações nucleares, como a fusão, porém a descoberta de novos elementos químicos é um processo que se iniciou desde a Antiguidade. O gráfico abaixo mostra a evolução do número de elementos conhecidos pelo ser humano desde 1650.

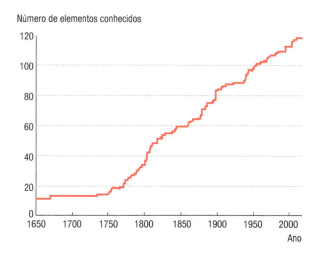

Entre os elementos produzidos pelo ser humano, o tecnécio (do grego *technetos*, que significa "artificial"), de número atômico 43, tornou-se, em 1937, o primeiro elemento químico predominantemente artificial.

a) Forneça a distribuição eletrônica, em subníveis, para o $_{43}$Tc.

A distribuição eletrônica de determinado elemento pode nos ajudar a encontrar a localização desses elementos na Tabela Periódica.

Tomemos o bromo (um elemento representativo), de número atômico 35, como exemplo. Sua distribuição eletrônica, em subníveis, é $1s^2\,2s^2\,2p^6\,3s^2\,3p^6\,4s^2\,3d^{10}\,4p^5$. Ele possui 4 camadas eletrônicas e, portanto, está localizado no 4º período. Como sua camada de valência possui configuração s^2p^5, ele está localizado no grupo 17 (dos halogênios).

Já para os metais de transição, que apresentam o subnível d como sendo o mais energético, a identificação do grupo apresenta uma pequena alteração: precisamos somar 2 ao número de elétrons no subnível d mais energético para identificar o grupo. Por exemplo, se determinado elemento termina sua distribuição eletrônica em $6d^3$, ele estará localizado no grupo 5 (3 + 2).

b) Considerando a distribuição eletrônica do tecnécio, localize esse elemento na Tabela Periódica.

Grupo: _____

Período: _____

c) Agora que os sete períodos estão completos na Tabela Periódica, inicia-se a busca pela síntese dos elementos do oitavo período. Qual seria o número atômico do primeiro elemento do oitavo período? Apresente duas propriedades desse elemento hipotético, com base no grupo desse elemento na Tabela Periódica.

Propriedades Periódicas na Explicação da Formação das Substâncias

6

Previsibilidade é importante, como veremos neste capítulo, e alguns eventos que ocorrem em função de determinada variável podem ser previstos. Por exemplo, pense nas pessoas que desejam subir o Monte Everest, situado no Nepal. Como será que a altitude influenciaria as condições da escalada? Sabemos que à medida que a altitude aumenta, a concentração de oxigênio atmosférico diminui, assim como a temperatura e a pressão atmosférica. Como a cada 1.000 m que subimos a temperatura cai aproximadamente 6,4 °C, ao escalar o Everest, com seus 8.848,43 m, o alpinista pode enfrentar temperaturas de −65 °C no topo, e deveria estar preparado com um suprimento de oxigênio em virtude do ar rarefeito.

6.1 Conceito de Propriedades Periódicas

São aquelas cujos valores **crescem** e **decrescem** sucessivamente, conforme aumenta o **número atômico** dos elementos. Um exemplo é a valência dos elementos representativos, que representa o número de ligações químicas que determinado elemento pode estabelecer.

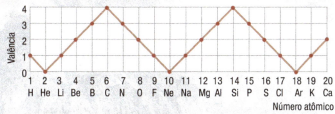

Os elementos de transição não exibem essa variação de forma constante, pois eles possuem valências variáveis. Portanto, as propriedades periódicas são mais estudadas para os **elementos representativos**. Nas próximas seções veremos as principais propriedades periódicas.

6.2 Previsão do Tamanho do Raio Atômico para os Elementos Representativos

O raio atômico do hidrogênio, ou seja, a distância de seu elétron até o núcleo, é igual a 37 pm (37 × 10⁻¹² m).

A medida do raio atômico depende do tipo de ligação química que ocorre entre os átomos, o que será estudado no próximo capítulo. Por ora, podemos considerar que **raio atômico** corresponde à distância do elétron mais externo até o núcleo, sendo medido em picômetro (pm). (Lembre-se: 1 pm = 10^{-12} m.)

6.2.1 Fatores que alteram o raio atômico

O raio atômico depende de dois fatores:

a) **número de camadas eletrônicas do átomo: fator relevante em um grupo** – quanto maior o número de camadas, maior o tamanho do raio;

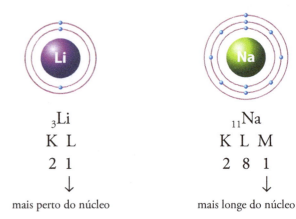

$_3$Li $_{11}$Na
K L   K L M
2 1   2 8 1
↓   ↓
mais perto do núcleo   mais longe do núcleo

b) **carga nuclear efetiva do elétron de valência: fator relevante em um período** – os elétrons das camadas mais internas exercem um **efeito isolante** (repulsão dos elétrons internos sobre os externos) entre o núcleo e os elétrons de valência. Com isso, o poder de atração do núcleo diminui muito e os elétrons de valência tendem a ficar mais afastados do núcleo. Vamos analisar, por exemplo, a distribuição dos elétrons do lítio em suas camadas eletrônicas:

$_3$Li   K   L
       2   1

Devido à blindagem dos 2 elétrons da camada K, o elétron da camada L não é atraído por 3 prótons do núcleo, mas por uma carga igual a +1,3. Essa carga – cujo cálculo é complicado – é chamada de **carga nuclear efetiva** ou **número atômico efetivo**. Então, para o $_3$Li, temos:

Z (número atômico ou carga nuclear) = 3
Z_{ef} (número atômico efetivo ou carga nuclear efetiva) = 1,3

Quanto maior a carga nuclear efetiva, menor o raio atômico, pois o elétron de valência é mais atraído pelo núcleo.

6.2.2 Variação do raio atômico na Tabela Periódica

- Em um **grupo** (elementos representativos), o raio atômico aumenta de **cima** para **baixo**, pois aumenta o **número de camadas eletrônicas do átomo**.

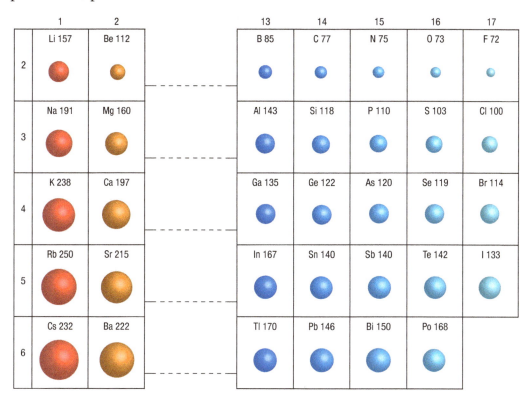

- Em um **período** (considerando apenas os elementos representativos), o raio atômico aumenta da direita para a esquerda, pois diminui o número atômico ou número atômico efetivo (carga nuclear efetiva), isto é, o elétron de valência é menos atraído pelo núcleo. Por exemplo,

2º período

	Li	Be	B	C	N	O	F
Z	3	4	5	6	7	8	9
Z_{ef}	1,3	1,95	2,60	3,25	3,90	4,55	5,20
raio atômico (pm)	157	112	88	77	75	66	64

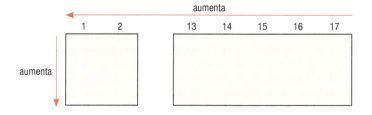

Os elementos Cs (265 pm) e Rb (248 pm), situados no canto inferior esquerdo da Tabela Periódica, apresentam os maiores raios atômicos.

6.3 Energia de Ionização (EI)

Niels Bohr verificou que para retirar o elétron do átomo de hidrogênio era necessário fornecer energia. A energia mínima necessária para remover o elétron de seu átomo foi chamada de **energia de ionização**, que pode ser expressa pela unidade **elétron-volt** (eV). No caso do hidrogênio, a energia de ionização, ou seja, a energia mínima para a retirada do elétron de seu átomo, é igual a 13,6 eV.

$$H(g) + 13{,}6 \text{ eV} \longrightarrow \underset{\text{cátion}}{H^{1+}(g)} + e^-$$

Perceba que ao se fornecer a energia de ionização ao átomo formou-se uma partícula positiva, que foi chamada **íon positivo** ou **cátion** (razão pela qual essa energia é chamada de energia de *ionização*).

A energia de ionização é uma grandeza que explica não só a formação de **íons positivos** ou **cátions**, mas também a distribuição eletrônica de alguns elementos e a reatividade alta dos metais alcalinos e a baixa, dos gases nobres. As energias de ionização são geralmente chamadas **potenciais de ionização**, porém não usaremos esse termo, uma vez que não o consideramos o mais adequado.

6.3.1 As várias energias de ionização em um átomo

Para um átomo com muitos elétrons, o primeiro elétron a sair é o mais externo, pois é o que está mais fracamente ligado ao núcleo. No caso do sódio ($_{11}$Na), o primeiro elétron a ser retirado é o elétron da camada M (a mais externa):

$$_{11}\text{Na} \quad \begin{array}{ccc} K & L & M \\ 2 & 8 & 1 \\ & & \uparrow \end{array}$$

primeiro a sair (mais longe do núcleo)

$$Na(g) + 5{,}1 \text{ eV} \longrightarrow \underset{\text{cátion}}{Na^{1+}(g)} + e^-$$

Um átomo que possui vários elétrons apresenta várias energias de ionização. Chamamos de **primeira energia de ionização** à energia necessária para remover um elétron do átomo no estado gasoso e de **segunda energia de ionização** à energia necessária para remover um elétron do cátion monovalente, isto é, um íon que apresenta uma única carga positiva, no estado gasoso, e assim sucessivamente.

Vamos analisar as energias de ionização envolvidas na retirada dos elétrons do lítio ($_3$Li), que apresenta distribuição eletrônica igual a:

$$_3\text{Li} \quad \begin{array}{cc} K & L \\ 2 & 1 \end{array}$$

Os valores abaixo mostram que a segunda energia de ionização é maior do que a primeira energia de ionização, pois mais energia precisa ser fornecida para retirar um elétron de um íon com carga positiva do que de um átomo neutro. Ainda no caso do lítio, a terceira energia de ionização é superior à segunda, pois o aumento da carga do íon torna ainda mais difícil retirar o elétron.

$$Li(g) + 5{,}4\ eV \longrightarrow Li^{1+}(g) + e^-$$ 1ª energia de ionização = 5,4 eV

$$Li^{1+}(g) + 75{,}6\ eV \longrightarrow Li^{2+}(g) + e^-$$ 2ª energia de ionização = 75,6 eV

$$Li^{2+}(g) + 122{,}4\ eV \longrightarrow Li^{3+}(g) + e^-$$ 3ª energia de ionização = 122,4 eV

O gráfico a seguir apresenta todas as energias de ionização para os cinco primeiros átomos da Tabela Periódica (H, He, Li, Be e B). Nesse gráfico, é possível perceber que, para os elementos lítio, berílio e boro, há uma diferença razoável entre os valores das energias de ionização. Para o lítio, a segunda energia de ionização é consideravelmente maior que a primeira; já para o berílio, essas duas energias apresentam valores próximos, porém a terceira energia de ionização é muito maior que a segunda.

As grandes variações nos valores de energias de ionização ocorrem quando há mudança na camada da qual o elétron está sendo retirado. Para o boro ($_5B\ 1s^2\ 2s^2\ 2p^1$), a quarta energia de ionização é muito maior que a terceira, pois os três primeiros elétrons são retirados da camada L (2ª camada), enquanto o quarto e o quinto elétrons são retirados da camada K (1ª camada), mais interna e, portanto, mais fortemente atraída pelo núcleo.

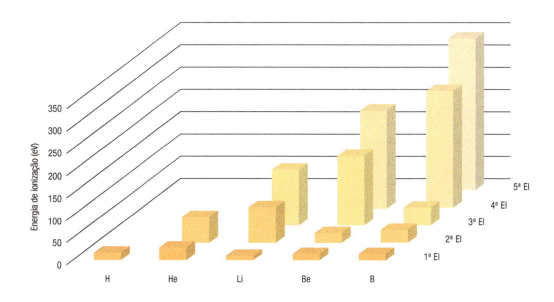

Energias de ionização para os átomos H, He, Li, Be e B.

FIQUE POR DENTRO!

Energia de ionização e número máximo de elétrons

As grandes variações nos valores de energia de ionização ajudaram a identificar a quantidade máxima de elétrons que cada camada eletrônica poderia comportar e a confirmar as distribuições eletrônicas dos átomos.

Tomemos o flúor como exemplo: cada átomo de flúor ($_9$F) possui 9 elétrons que estão distribuídos em $1s^2\ 2s^2\ 2p^5$. Ao medir as nove energias de ionização do flúor, obtemos os seguintes valores:

	1ª EI	2ª EI	3ª EI	4ª EI	5ª Ei	6ª EI	7ª EI	8ª EI	9ª EI
eV	17,4	35,0	62,6	87,2	114,2	157,1	185,1	953,6	1.100

grande diferença

A grande diferença ocorre entre a sétima (185,1 eV) e a oitava (953,6 eV) energias de ionização, confirmando que o flúor apresenta 7 elétrons na camada de valência.

6.3.2 Variação da primeira energia de ionização na Tabela Periódica

Analisando a Tabela Periódica dos elementos, verificou-se que o hélio é o elemento que apresenta a maior primeira energia de ionização, que é igual a 24,6 eV. Quanto aos **metais**, de modo geral, possuem baixas primeiras energias de ionização, isto é, têm facilidade para formar **cátions**, enquanto os **não metais**, também de modo geral, possuem altas primeiras energias de ionização, isto é, não têm facilidade para formar **cátions**.

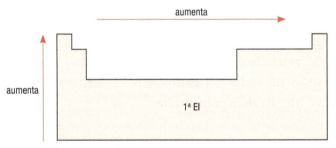

Variação da primeira energia de ionização na Tabela Periódica.

FIQUE POR DENTRO!

Condutividade elétrica

As relativas baixas energias de ionização dos metais, elementos na parte inferior esquerda da Tabela Periódica, ajudam a explicar algumas das propriedades dessas substâncias. A facilidade de perder elétrons, que pode ser explicada pela baixa energia de ionização, justifica porque os metais têm capacidade de conduzir eletricidade no estado sólido. Em um bloco metálico, os elétrons da camada de valência apresentam mobilidade, o que permite que conduzam corrente elétrica.

O cobre é o metal mais utilizado na produção de fios condutores de eletricidade.

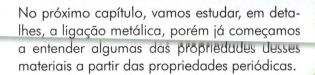

No próximo capítulo, vamos estudar, em detalhes, a ligação metálica, porém já começamos a entender algumas das propriedades desses materiais a partir das propriedades periódicas.

Agora, vamos analisar como ocorre a variação da primeira energia de ionização em um grupo e em um período da Tabela Periódica:

a) **variação da primeira energia de ionização em um grupo** – a primeira energia de ionização aumenta de **baixo** para **cima**, pois o raio atômico diminui e, portanto, quanto mais para cima no grupo, mais próximo o elétron estará do núcleo. Vejamos a comparação das primeiras energias de ionização para alguns metais alcalinos:

grupo 1

Li	Na	K	Rb	Cs
5,4 eV	5,1 eV	4,3 eV	4,2 eV	3,9 eV

b) **variação da primeira energia de ionização em um período** – a primeira energia de ionização aumenta da **esquerda** para a **direita**, pois o raio atômico diminui, uma vez que há aumento da carga nuclear efetiva. Para elementos do segundo período da Tabela Periódica, temos:

2º período

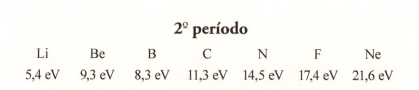

Li	Be	B	C	N	F	Ne
5,4 eV	9,3 eV	8,3 eV	11,3 eV	14,5 eV	17,4 eV	21,6 eV

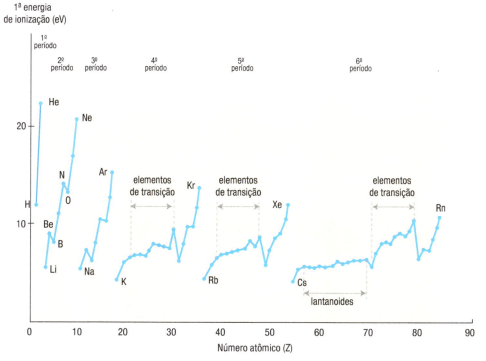

Fonte: Russel, J. B. **Química Geral.** 2. ed. São Paulo: Makron Books, 1994. p. 313.

Gráfico da primeira energia de ionização em função do número atômico (Z).

6.3.3 Carga dos cátions

- **Grupo 1:** como a 2ª EI é elevada, os metais alcalinos têm facilidade de perder apenas um elétron, razão pela qual os cátions desses metais têm carga +1. Por exemplo, para o elemento sódio (Na):

Na	1ª EI	2ª EI	
eV	5,1	47,3	→ difícil de remover o 2º elétron

O átomo de sódio tem tendência a perder apenas um elétron, formando o cátion Na^+. O mesmo comportamento é observado nos demais metais alcalinos, que também formam cátions monovalentes: Li^+, Na^+, K^+, Rb^+, Cs^+.

- **Grupo 2:** como a 3ª EI é elevada, os metais alcalinoterrosos têm facilidade de perder apenas 2 elétrons, razão pela qual os cátions desses metais têm carga +2. Por exemplo, para o elemento magnésio (Mg):

Mg	1ª EI	2ª EI	3ª EI	
eV	7,6	15,0	80,1	→ difícil de remover o 3º elétron

Dessa forma, a tendência do magnésio e dos demais metais alcalinoterrosos é formar cátions bivalentes (com duas cargas positivas): Mg^{2+}, Ca^{2+}, Sr^{2+}, Ba^{2+}.

6.3.4 Comparação entre o raio atômico e o raio do cátion

Para elementos representativos, o raio atômico é **maior** do que o raio do cátion, pois há diminuição no número de elétrons na eletrosfera, o que pode provocar diminuição do número de camadas eletrônicas.

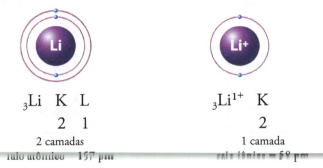

| $_3Li$ | K | L |
| | 2 | 1 |
| 2 camadas |
| raio atômico = 157 pm |

| $_3Li^{1+}$ | K |
| | 2 |
| 1 camada |
| raio iônico = 58 pm |

A remoção do elétron faz com que a carga nuclear (Z) atraia mais fortemente os elétrons remanescentes.

LIGANDO OS PONTOS!

A importância dos íons nos primórdios do Universo

No início da história do Universo, algumas centenas de milhares de anos após o Big Bang, o Universo havia resfriado o suficiente a uma temperatura de aproximadamente 4.000 K para que íons de He^{2+} e He^+ pudessem se combinar com elétrons livres no Universo, produzindo os primeiros átomos neutros. Os átomos de hélio, por sua vez, ligaram-se a íons H^+, formando o hidreto de hélio (HeH^+) e as primeiras ligações químicas. Foi a partir de reações envolvendo íons HeH^+ que formou-se o gás hidrogênio (H_2) e a química do Universo teve início!

Cientistas têm estudado versões sintéticas do íon HeH^+, produzidas em laboratório, por quase um século, porém traços de sua existência no Universo nunca haviam sido detectados – até agora! Recentemente, astrônomos identificaram a presença de HeH^+ em uma nuvem de gás ao redor de uma estrela a cerca de 3.000 anos-luz da Terra. De acordo com pesquisadores, esses íons foram gerados há mais de 13 bilhões de anos e os resultados mostram, de forma conclusiva, que esses íons se formavam naturalmente em condições similares às encontradas nos primórdios do Universo.

Fonte: GÜSTEN, R. *et al*. Astrophysical detection of the helium hydride ion HeH^+. **Nature**, London, v. 568 n. 7752, April 2019. p. 357-359.

Imagem obtida com o telescópio espacial Hubble, em que foi identificado HeH^+ nas nuvens de gás ao redor da nebulosa NGC 7027. Lembre-se que nebulosa já é um dos estádios finais da vida de uma estrela e a porção branca quase ao centro da foto, uma região densa e muita quente, já é a anã branca.

Ciclo de vida de uma estrela, desde sua formação nos gases das nebulosas. Seu tempo de vida depende de sua massa.

6.4 Afinidade Eletrônica (AE) ou Eletroafinidade

Afinidade eletrônica é a energia liberada quando um átomo no estado gasoso recebe um elétron. Essa grandeza explica a formação de **íons negativos** ou **ânions**. Por exemplo:

$$Cl(g) + e^- \longrightarrow \underset{\text{ânion}}{Cl^{1-}(g)} + 3{,}61 \text{ eV}$$

A afinidade eletrônica é menos importante do que a energia de ionização, pois as afinidades eletrônicas são difíceis de medir e não são conhecidos seus valores exatos para todos os elementos.

6.4.1 Variação da afinidade eletrônica na Tabela Periódica

Se o raio atômico for pequeno, o elétron adicionado ficará fortemente ligado ao núcleo, ocorrendo uma maior liberação de energia (AE). Observe os valores das afinidades eletrônicas para dois halogênios: cloro e bromo.

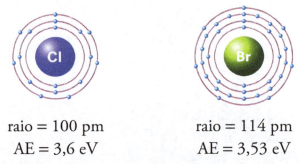

raio = 100 pm   raio = 114 pm
AE = 3,6 eV   AE = 3,53 eV

Afinidade eletrônica (AE) dos elementos cloro (17 elétrons) e bromo (35 elétrons).

Em um **grupo**, a afinidade eletrônica aumenta de baixo para cima. Já em um **período**, a afinidade eletrônica aumenta da esquerda para a direita. Isso pode ser explicado pela redução do tamanho do átomo, ou seja, a diminuição do raio atômico nesses sentidos.

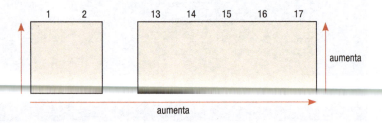

Variação da afinidade eletrônica na Tabela Periódica.

Os não metais, de modo geral, possuem altas afinidades eletrônicas, isto é, têm facilidade para formar **ânions**.

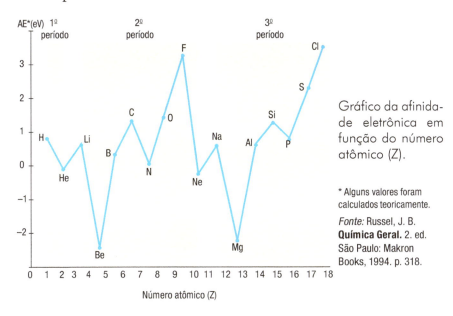

Gráfico da afinidade eletrônica em função do número atômico (Z).

* Alguns valores foram calculados teoricamente.

Fonte: Russel, J. B. **Química Geral.** 2. ed. São Paulo: Makron Books, 1994. p. 318.

6.4.2 Comparação do raio atômico e do raio do ânion

O raio do ânion é **maior** do que o raio do átomo, pois a entrada de elétrons aumenta a repulsão entre eles. Observe na representação a seguir que o aumento de um elétron no átomo de flúor aumenta consideravelmente seu raio:

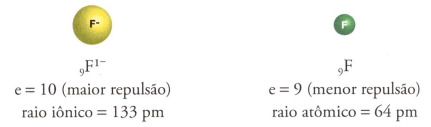

$_9F^{1-}$
e = 10 (maior repulsão)
raio iônico = 133 pm

$_9F$
e = 9 (menor repulsão)
raio atômico = 64 pm

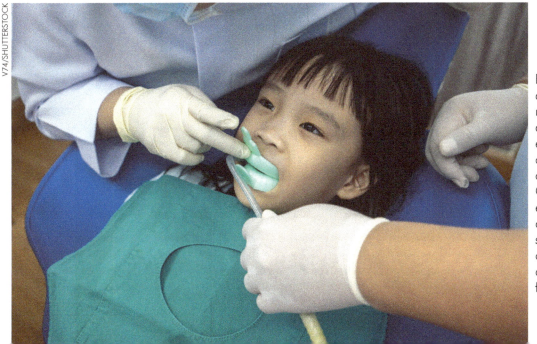

Entre as inúmeras aplicações do elemento flúor, uma das mais importantes é impedir o desgaste causado pela ação de microrganismos. O flúor, geralmente, é adicionado aos cremes dentais, mas sua aplicação tópica, por meio de moldeiras, só deve ser feita por dentistas.

6.4.3 Espécies isoeletrônicas

Os átomos e íons que têm o mesmo número de elétrons são chamados de **isoeletrônicos**. Por exemplo, são isoeletrônicos os íons Na^{1+}, F^{1-} e Mg^{2+}.

$$_{11}Na^{1+} \quad _{9}F^{1-} \quad _{12}Mg^{2+}$$
$$e = 10 \quad e = 10 \quad e = 10$$

O íon Mg^{2+} tem a maior carga nuclear (Z); logo, a atração do núcleo sobre os elétrons é maior e, portanto, ele tem o **menor raio** entre os elementos ao lado. Já o íon F^{1-} tem a menor carga nuclear (Z) entre os três íons isoeletrônicos e, como resultado, tem o **maior raio**.

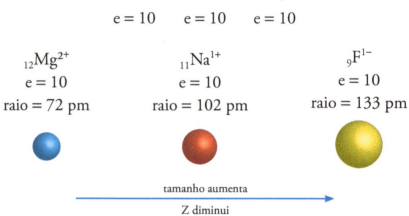

$_{12}Mg^{2+}$ — $e = 10$ — raio = 72 pm
$_{11}Na^{1+}$ — $e = 10$ — raio = 102 pm
$_{9}F^{1-}$ — $e = 10$ — raio = 133 pm

tamanho aumenta →
Z diminui

Grupo 1	Grupo 2	Grupo 13	Grupo 16	Grupo 17
Li^+ 90 / Li 134	Be^{2+} 59 / Be 90	B^{3+} 41 / B 82	O 73 / O^{2-} 126	F 71 / F^- 119
Na^+ 116 / Na 154	Mg^{2+} 86 / Mg 130	Al^{3+} 68 / Al 118	S 102 / S^{2-} 170	Cl 99 / Cl^- 167
K^+ 152 / K 196	Ca^{2+} 114 / Ca 174	Ga^{3+} 76 / Ga 126	Se 116 / Se^{2-} 184	Br 114 / Br^- 182
Rb^+ 166 / Rb 211	Sr^{2+} 132 / Sr 192	In^{3+} 94 / In 144	Te 135 / Te^{2-} 207	I 133 / I^- 206

Comparação entre o raio atômico e o raio iônico para diversos elementos. Enquanto o raio dos cátions é menor do que o raio do átomo correspondente, o raio do ânion apresenta maior valor que o raio do átomo (valores em picômetros).

6.5 Eletronegatividade

Em 1932, o químico estadunidense Linus **Pauling** (1901-1994) propôs uma medida quantitativa de distribuição dos elétrons de valência nas ligações químicas. O poder de atração dos elétrons exercido por um átomo que participa de uma ligação é chamado de **eletronegatividade**.

O átomo do elemento que tem eletronegatividade mais alta tem maior poder de atrair elétrons e, por isso, tende a afastá-los do átomo que tem menor eletronegatividade.

6.5.1 Escala de eletronegatividade desenvolvida por Linus Pauling

Pauling calculou a eletronegatividade de cada elemento com base em sua energia de ligação. Assim, por exemplo, temos as seguintes eletronegatividades:

F	O	N	Cl	Br	I	S	C	P	H
4,0	3,5	3,0	3,0	2,8	2,5	2,5	2,5	2,1	2,1

H 2,1																	He
Li 1,0	Be 1,6											B 2,0	C 2,5	N 3,0	O 3,5	F 4,0	Ne
Na 0,9	Mg 1,2											Al 1,5	Si 1,8	P 2,1	S 2,5	Cl 3,0	Ar
K 0,8	Ca 1,0	Sc 1,3	Ti 1,5	V 1,6	Cr 1,6	Mn 1,5	Fe 1,8	Co 1,9	Ni 1,9	Cu 1,9	Zn 1,6	Ga 1,6	Ge 1,8	As 2,0	Se 2,4	Br 2,8	Kr
Rb 0,8	Sr 1,0	Y 1,2	Zr 1,4	Nb 1,6	Mo 1,8	Tc 1,9	Ru 2,2	Rh 2,2	Pd 2,2	Ag 1,9	Cd 1,7	In 1,7	Sn 1,8	Sb 1,9	Te 2,1	I 2,5	Xe
Cs 0,7	Ba 0,9	La 1,0	Hf 1,3	Ta 1,5	W 1,7	Re 1,9	Os 2,2	Ir 2,2	Pt 2,2	Au 2,4	Hg 1,9	Tl 1,8	Pb 1,9	Bi 1,9	Po 2,0	At 2,1	Rn
Fr 0,7	Ra 0,9																

ELETRONEGATIVIDADE
baixa — média — alta

6.5.2 Variação da eletronegatividade na Tabela Periódica

- **Em um grupo** – aumenta de **baixo** para **cima**, pois átomos pequenos tendem a apresentar eletronegatividades maiores do que os átomos grandes.

Para o núcleo de F é mais **fácil** atrair o elétron.

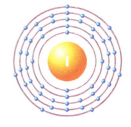

Para o núcleo de I é mais **difícil** atrair o elétron.

- **Em um período** – aumenta da **esquerda** para a **direita**, pois está aumentando a carga nuclear efetiva.

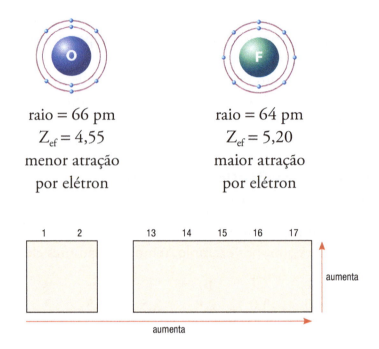

Observações:

- Elementos com baixas eletronegatividades (como os metais dos grupos 1 e 2) são frequentemente chamados de **eletropositivos**.
- A maioria dos **metais** apresenta **baixa** eletronegatividade.
- A maioria dos **não metais** apresenta **alta** eletronegatividade.

6.6 Reatividade

Com base em propriedades periódicas, como energia de ionização, afinidade eletrônica e eletronegatividade, podemos ordenar os elementos na Tabela Periódica em termos de reatividade, que também pode ser entendida como uma propriedade periódica. Entretanto, primeiro é necessário distinguir entre a reatividade dos metais e a reatividades dos não metais.

6.6.1 Reatividade dos metais

Os metais têm tendência para perder elétrons devido aos baixos valores de energia de ionização. Por esse motivo, os metais mais reativos são aqueles que apresentam maior facilidade em perder ou em doar elétrons. Experimentalmente, é possível ordenar os metais em uma fila de reatividade:

Li, K, Rb, Cs, Ba, Sr, Ca, Na, Mg, Al, Mn, Fe, Co, Ni, Pb, **H**, Cu, Ag, Pd, Pt, Au

reatividade decrescente

Na fila de reatividade da página anterior, deve-se destacar a presença do hidrogênio: apesar de não ser considerado um metal, como o hidrogênio também tem a capacidade de doar elétron (e formar o cátion H^+), ele também é inserido nessa fila.

A fila de reatividade dos metais ajuda a verificar se a reação entre uma substância metálica e uma substância composta (contendo um cátion metálico) irá ocorrer ou não. Para que a reação ocorra, é necessário que o metal presente na substância simples seja mais reativo que o cátion metálico. Vamos analisar os casos abaixo:

a) $Li + NaCl \longrightarrow Na + LiCl$

Como o lítio é mais reativo que o sódio, o átomo de lítio é capaz de doar um elétron para o cátion Na^+, formando o metal Na e o cátion Li^+. Nesse processo, o ânion Cl^- não participa efetivamente da reação química. Portanto, para simplificar a equação química, podemos escrevê-la na forma iônica, que apenas considera as espécies químicas que realmente participam da reação.

$$\text{Equação iônica: } Li + Na^+ \longrightarrow Na + Li^+$$

b) $Mg + FeCl_2 \longrightarrow Fe + MgCl_2$

O magnésio, mais reativo que o ferro, doa dois elétrons para o cátion Fe^{2+}.

$$\text{Equação iônica: } Mg + Fe^{2+} \longrightarrow Fe + Mg^{2+}$$

c) $Al + 3\ AgF \longrightarrow 3\ Ag + AlF_3$

O alumínio, mais reativo que a prata, doa elétrons para o cátion Ag^+. Como o alumínio possui três elétrons na camada de valência, a tendência é que ele doe os três elétrons. Por outro lado, cada cátion Ag^+ necessita receber apenas um elétron para formar Ag, razão pela qual são necessário três cátions Ag^+ para receber os elétrons doados por um átomo de Al.

$$\text{Equação iônica: } Ag + 3\ Ag^+ \longrightarrow 3\ Ag + Al^{3+}$$

d) $Ca + 2\ HCl \longrightarrow H_2 + CaCl_2$

O cálcio, mais reativo que o hidrogênio, doa elétrons para o H^+. Nesse caso, é importante destacar que a substância formada é o gás hidrogênio (H_2), o que ocorre quando dois cátions H^+ recebem, cada um, um elétron.

$$\text{Equação iônica: } Ca + 2\ H^+ \longrightarrow H_2 + Ca^{2+}$$

ATENÇÃO!

Nas equações iônicas, a carga total nos reagentes e nos produtos deve ser a mesma. No caso (a), temos a carga +1 tanto nos reagentes quanto nos produtos. Já no caso (c), a carga total dos reagentes e produtos é igual a +3.

e) $Fe + AlF_3 \longrightarrow$ não ocorre

O ferro, menos reativo que o alumínio, não consegue doar elétrons para o Al^{3+}.

f) $Au + HCl \longrightarrow$ não ocorre

O ouro, menos reativo que o hidrogênio, não consegue doar elétrons para o H^+.

Os metais que não conseguem doar elétrons para o cátion H^+ são classificados como metais nobres. Assim como nos gases nobres, a nobreza desses metais remete à sua baixa reatividade.

FIQUE POR DENTRO!

A descoberta brasileira do lítio

O lítio é um metal utilizado na produção de baterias, de aeronaves e também em medicamentos: o carbonato de lítio (Li_2CO_3) auxilia a estabilizar as alterações de humor características de quem sofre de transtorno bipolar.

A descoberta desse elemento é do brasileiro José Bonifácio de Andrade e Silva. Isso mesmo, o Patriarca da Independência do Brasil! Além de político, José Bonifácio era naturalista. Segundo a Royal Society of Chemistry (RSC), pelos idos de 1790 ele descobriu na ilha sueca de Utö o mineral petalita ($LiAlSi_4O_{10}$).

José Bonifácio de Andrade e Silva (1763-1838). Detalhe do quadro de Benedito Calixto (1853--1927). Óleo sobre tela, 140 cm (altura) × 100 cm, 1902. Museu Paulista, São Paulo, SP.

6.6.2 Reatividade dos não metais

Por outro lado, os não metais têm tendência para receber elétrons, em virtude dos altos valores de afinidade eletrônica. Assim, para esses elementos, ser mais reativo está relacionado com a maior facilidade em receber elétrons. Experimentalmente, é possível ordenar os não metais em uma fila de reatividade:

$$F_2, O_2, Cl_2, Br_2, I_2$$
<----- reatividade crescente

Para que uma reação ocorra entre uma substância simples acima e uma substância composta que contenha um dos não metais mencionados, é necessário que o não metal presente na substância simples seja mais reativo que o ânion não metálico. Vamos analisar os casos abaixo:

a) $F_2 + 2\ NaCl \longrightarrow Cl_2 + 2\ NaF$

O flúor, mais reativo que o cloro, recebe elétrons do Cl^-. Cada átomo de flúor recebe um elétron para formar o F^-.

$$\text{Equação iônica: } F_2 + 2\ Cl^- \longrightarrow Cl_2 + 2\ F^-$$

b) $Cl_2 + 2\ NaBr \rightarrow Br_2 + 2\ NaCl$

O cloro, mais reativo que o bromo, recebe elétrons do Br^-. Cada átomo de cloro recebe um elétron para formar o Cl^-.

$$\text{Equação iônica: } Cl_2 + 2\ Br^- \longrightarrow Br_2 + 2\ Cl^-$$

c) $I_2 + NaF \longrightarrow$ não ocorre

O iodo, menos reativo que o flúor, não consegue receber elétrons do F^-.

ATENÇÃO!

As substâncias simples dos não metais formam estruturas biatômicas, isto é, formadas por dois átomos. No próximo capítulo, vamos estudar como uma estrutura formada, por exemplo, por dois átomos de flúor confere estabilidade ao F_2.

6.6.3 Variação da reatividade na Tabela Periódica

Em linhas gerais, metais com menores energias de ionização apresentam maior facilidade em perder elétrons. Assim, os metais localizados no canto esquerdo inferior da Tabela Periódica, são, geralmente, os mais reativos. Já os não metais mais reativos são aqueles com maiores afinidades eletrônicas, razão pela qual os não metais localizados no canto direito superior são geralmente os não metais mais reativos da Tabela Periódica.

Apesar de haver algumas inversões, a fila de reatividade decrescente dos metais pode ser escrita, de forma simplificada como:

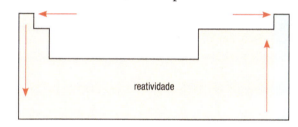

metais alcalinos, metais alcalinoterrosos, Al, metais comuns, **H**, metais nobres

FIQUE POR DENTRO!

Metais de transição são os mais densos

Raio atômico, energia de ionização, afinidade eletrônica, eletronegatividade e reatividade são apenas algumas das propriedades periódicas. Outras propriedades também podem ter sua variação associada à Tabela Periódica, como a densidade.

Os metais de transição localizados na região central inferior da Tabela Periódica são os mais densos, com destaque para o ósmio, o metal mais denso.

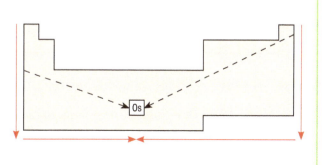

SÉRIE BRONZE

1. (CEUB — DF) Examine atentamente o gráfico que mostra a variação de determinada propriedade X com o número atômico Z.

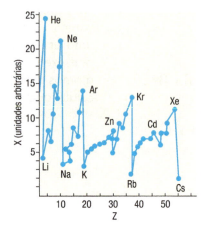

É **correto** afirmar que:

a) a propriedade X é uma propriedade periódica.
b) o valor de X aumenta proporcionalmente com Z.
c) X é uma propriedade aperiódica.
d) por meio da análise do gráfico, nada se pode dizer quanto à periodicidade de X.

2. Complete com setas no sentido do aumento do raio atômico.

3. Complete com **energia de ionização** ou **afinidade eletrônica**.

$$Na(g) + 5,1 \text{ eV} \longrightarrow Na^{1+}(g) + e^-$$

O processo equacionado é chamado de _____.

4. Complete com setas no sentido do aumento da primeira energia de ionização.

```
1                                    18
┌──────────────────────────────────────┐
│                                      │
│           primeira energia           │
│             de ionização             │
│                                      │
└──────────────────────────────────────┘
```

5. "Em um grupo ou período, quanto menor o átomo, mais ... será a retirada do elétron. Logo, devemos esperar um ... valor para a energia de ionização."

O texto será corretamente preenchido pela alternativa:

a) fácil; maior.
b) fácil; menor.
c) difícil; maior.
d) difícil; menor.
e) rápida; baixo.

6. (UEL — PR) Em qual das transformações a seguir, no sentido indicado, a energia envolvida mede o chamado "potencial de ionização"?

a) $Cl(g) + 1e^- \longrightarrow Cl^-(g)$
b) $2\ Cl(g) \longrightarrow Cl_2(g)$
c) $H^+(aq) + OH^-(aq) \longrightarrow H_2O(l)$
d) $Na(g) \longrightarrow Na^+(g) + 1e^-$
e) $H^+(aq) + 1e^- \longrightarrow \dfrac{1}{2} H_2(g)$

7. Complete com **energia de ionização** ou **afinidade eletrônica**.

$$Cl(g) + e^- \longrightarrow Cl^{1-}(g) + 3{,}75\ eV$$

O processo equacionado é chamado de _____

_____ .

8. A equação química que poderá ser associada à afinidade eletrônica do flúor será:

a) $F_2(g) + 2e^- \longrightarrow 2\ F^-(g)$
b) $F_2(l) \longrightarrow 2\ F^+(g) + 2e^-$
c) $F(g) \longrightarrow F^+(g) + e^-$
d) $F(g) + e^- \longrightarrow F^-(g)$
e) $F(s) + e^- \longrightarrow F^-(s)$

9. Complete com setas no sentido do aumento da afinidade eletrônica.

1		17
	afinidade eletrônica	

10. Complete com **maior** ou **menor**.

a) O raio do átomo é sempre _____ que o raio do cátion (íon positivo) correspondente.

b) O raio do átomo é sempre _____ que o raio do ânion (íon negativo) correspondente.

11. Determine o número de prótons, nêutrons e elétrons.

a) $^{27}_{13}Al^{3+}$ c) $^{40}_{20}Ca^{2+}$
b) $^{31}_{15}P^{3-}$ d) $^{35}_{17}Cl^{1-}$

12. Qual dos íons terá o maior raio?

a) $_{13}Al^{3+}$ c) $_{11}Na^{1+}$
b) $_{12}Mg^{2+}$ d) $_9F^{1-}$

13. Complete com setas no sentido do aumento da eletronegatividade.

1		17
	eletronegatividade	

14. Complete com **alta** ou **baixa**.

a) A maioria dos metais tem _____ eletronegatividade.

b) A maioria dos não metais tem _____ eletronegatividade.

15. (UFMG) A maioria dos elementos químicos são metais.
Comparando-se as características de metais e de não metais situados em um mesmo período da Tabela Periódica, é **correto** afirmar que os átomos de metais têm:
a) menores tamanhos.
b) maior eletronegatividade.
c) menor número de elétrons de valência.
d) maiores energias de ionização.

16. Complete as equações que ocorrem e também escreva-as na forma iônica, de acordo com a fila de reatividade dos metais. Se a reação não ocorrer, escreva, após a seta, "não ocorre".

a) $Na + CuCl_2 \longrightarrow$
   equação iônica:

b) $Mg + FeBr_2 \longrightarrow$
   equação iônica:

c) $Cu + NiCl_2 \longrightarrow$
   equação iônica:

d) $Al + CrCl_3 \longrightarrow$
   equação iônica:

e) $Al + AgF \longrightarrow$
   equação iônica:

17. Complete as equações que ocorrem e também escreve-as na forma iônica, de acordo com a fila de reatividade dos não metais. Se a reação não ocorrer, escreva, após a seta, "não ocorre".

a) $F_2 + NaCl \longrightarrow$
   equação iônica:

b) $Cl_2 + NaF \longrightarrow$
   equação iônica:

c) $Cl_2 + NaBr \longrightarrow$
   equação iônica:

d) $Br_2 + NaI \longrightarrow$
   equação iônica:

e) $I_2 + NaCl \longrightarrow$
   equação iônica:

SÉRIE PRATA

1. Considere as distribuições eletrônicas:
   A $1s^2\ 2s^2\ 2p^6\ 3s^2\ 3p^6\ 4s^2\ 3d^{10}\ 4p^6\ 5s^1$
   B $1s^2\ 2s^2\ 2p^6\ 3s^2\ 3p^5$
   C $1s^2\ 2s^2\ 2p^6\ 3s^1$
   Coloque esses elementos em ordem crescente de raio atômico.

2. (VUNESP) Nesta Tabela Periódica, os algarismos romanos substituem os símbolos dos elementos.

   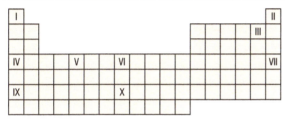

   Sobre tais elementos, é **correto** afirmar que:
   a) I e II são líquidos à temperatura ambiente.
   b) III é um gás nobre.
   c) VII é um halogênio.
   d) o raio atômico de IV é maior que o de V e menor que o de IX.
   e) VI e X apresentam o mesmo número de camadas eletrônicas.

3. (MACKENZIE – SP) Indique a alternativa na qual o átomo citado tem a maior energia de ionização.
   a) He (Z = 2)
   b) Be (Z = 4)
   c) C (Z = 6)
   d) O (Z = 8)
   e) F (Z = 9)

4. (UFRN) Energia de ionização é a energia mínima necessária para remover o elétron mais fracamente ligado de um átomo gasoso em seu estado fundamental. Indique a opção correspondente ao átomo que apresenta maior energia de ionização.
   a) $1s^2\ 2s^2\ 2p^6\ 3s^2\ 3p^6\ 4s^2\ 4p^1$
   b) $1s^2\ 2s^2\ 2p^6\ 3s^2\ 3p^6\ 4s^2\ 4p^2$
   c) $1s^2\ 2s^2\ 2p^6\ 3s^2\ 3p^6\ 4s^1$
   d) $1s^2\ 2s^2\ 2p^6\ 3s^2\ 3p^6\ 4s^2$

5. (UNIFOR – CE) "A 1ª energia de ionização é medida pela energia **X** quando 1 elétron é retirado de um **Y** isolado. Para um mesmo elemento, a 2ª energia de ionização é **Z** do que a 1ª."

   Completa-se corretamente o texto substituindo-se **X**, **Y** e **Z**, respectivamente, por:

	X	Y	Z
a)	liberada	átomo neutro	maior
b)	absorvida	átomo neutro	maior
c)	absorvida	íon positivo	menor
d)	liberada	íon positivo	menor
e)	absorvida	íon negativo	menor

6. (USF – SP) Qual é a afirmação **correta**?

Quanto menor é a energia de ionização de um elemento químico, maior é a sua tendência para

a) perder elétrons e formar ânion.
b) perder elétrons e formar cátion.
c) ganhar elétrons e formar ânion
d) ganhar elétrons e formar cátion.
e) nenhuma das alternativas está correta.

7. (ITA – SP) Qual dos gráficos representa melhor a variação da energia de ionização (EI) dos átomos em função do número atômico (Z)?

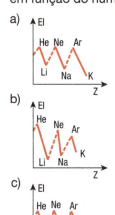

8. (UFSM – RS) Considerando as configurações eletrônicas no estado fundamental para os elementos químicos representados por:

$x = 1s^2\ 2s^2\ 2p^6$

$y = 1s^2\ 2s^2\ 2p^6\ 3s^2$

$z = 1s^2\ 2s^2\ 2p^6\ 3s^2\ 3p^3$,

analise as afirmativas:

I – **x** e **y** são gases nobres.

II – **z** é um elemento representativo metálico.

III – O 1º potencial de ionização de **y** é menor que o 1º potencial de ionização de **z**.

Está(ão) **correta(s)**:

a) apenas I.
b) apenas II.
c) apenas III.
d) apenas I e II.
e) I, II e III.

9. (FURRN) Considerando-se as espécies químicas:

$^{35}_{17}Cl^-$ $^{40}_{20}Ca$ $^{42}_{20}Ca^{2+}$

$^{59}_{27}Co^{2+}$ $^{59}_{28}Ni^{2+}$ $^{65}_{30}Zn$

podemos afirmar que as espécies que apresentam o mesmo número de elétrons são:

a) Ca e Ca^{2+}.
b) Ni^{2+} e Zn.
c) Cl^- e Ca^{2+}.
d) Ni^{2+} e Co^{2+}.
e) Co^{2+} e Zn.

10. (ITA – SP) Assinalar a alternativa **falsa** com relação ao tamanho das partículas:

a) F^- (Z = 9) > Na^+ (Z = 11)
b) Fe^{2+} (Z = 26) > Fe^{3+}
c) Na^0 > Na^+
d) Cl^- > Cl^0
e) Na^+ (Z = 11) > Cl^- (Z = 17)

11. (UFRGS – RS) Considere o desenho a seguir, referente à Tabela Periódica dos elementos.

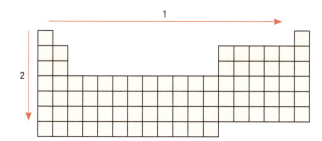

As setas 1 e 2 referem-se, respectivamente, ao aumento de valor das propriedades periódicas:

a) eletronegatividade e raio atômico.
b) raio atômico e eletroafinidade.
c) raio atômico e caráter metálico.
d) potencial de ionização e eletronegatividade.
e) potencial de ionização e potencial de ionização.

12. (PUC — MG) Consultando a Tabela Periódica, assinale a opção em que os átomos a seguir estejam apresentados em ordem crescente de eletronegatividade: B, C, N, O, Al.

a) $N < C < B < O < Al$.
b) $O < N < C < B < Al$.
c) $Al < B < C < N < O$.
d) $B < Al < C < O < N$.

13. (CFT – MG) O quadro a seguir apresenta a constituição de algumas espécies da Tabela Periódica.

ÁTOMO	NÚMERO ATÔMICO	NÚMERO DE NÊUTRONS	NÚMERO DE ELÉTRONS
A	17	18	17
B	17	20	17
C	9	10	10
D	19	21	18

Com base nesses dados, afirma-se:

I. O átomo D está carregado positivamente.
II. O átomo C está carregado negativamente.
III. Os átomos B e C são eletricamente neutros.
IV. Os átomos A e B são de um mesmo elemento químico.

São **corretas** apenas as afirmativas

a) I e III.
b) II e IV.
c) I, II e IV.
d) II, III e IV.

14. (FGV) A tabela seguinte apresenta dados referentes às espécies K, K^+, Ca^{2+} e S^{2-}.

ESPÉCIE	Z	NÊUTRONS
K	19	22
K^+	19	22
Ca^{2+}	20	22
S^{2-}	16	18

Em relação a essas espécies, são feitas as seguintes afirmações:

I. K^+ e Ca^{2+} são isótonos;
II. K e Ca^{2+} são isóbaros;
III. K^+ tem mais prótons que K;
IV. K^+ e S^{2-} têm o mesmo número de elétrons.

É **correto** apenas o que se afirma em:

a) I e II.
b) I e III.
c) I e IV.
d) II e III.
e) II e IV.

15. (ITA – SP) Qual das opções abaixo apresenta a comparação errada relativa aos raios de átomos e de íons?

a) raio do Na^+ < raio do Na
b) raio do Na^+ < raio do F^-
c) raio do Mg^{2+} < raio do O^{2-}
d) raio do F^- < raio do O^{2-}
e) raio do F^- < raio do Mg^{2+}

DADOS: $_8O$; $_9F$; $_{11}Na$; $_{12}Mg$.

16. (UECE) A fila de reatividade dos metais mais comuns é a seguinte:

K, Ba, Ca, Na, Mg, Al, Zn, Fe, Cu, Hg, Ag, Au
←——— reatividade crescente

Consultando essa fila, assinale a alternativa cuja reação química não ocorre:

a) $Mg + CuBr_2 \longrightarrow Cu + MgBr_2$
b) $Ca + FeSO_4 \longrightarrow Fe + CaSO_4$
c) $Hg + ZnCl_2 \longrightarrow Zn + HgCl_2$
d) $Cu + 2\ AgCl \longrightarrow 2\ Ag + CuCl_2$

17. (MACKENZIE – SP)

Cs, K, Ba, Ca, Mg, Al, Zn, Fe, H, Cu, Hg, Ag, Au
←——— reatividade crescente

Analisando a fila de reatividade dada acima, pode-se afirmar que a reação que *não* ocorrerá é:

a) $AgNO_3 + Cu \longrightarrow$
b) $HCl + Mg \longrightarrow$
c) $H_2SO_4 + Fe \longrightarrow$
d) $HCl + Zn \longrightarrow$
e) $ZnSO_4 + Cu \longrightarrow$

18. (MACKENZIE – SP) Na reação entre zinco e ácido clorídrico, há a formação de um gás altamente inflamável. Esse gás é o:

a) gás oxigênio.
b) gás carbônico.
c) gás hidrogênio.
d) gás cloro.
e) monóxido de carbono.

19. (MACKENZIE – SP) Dada a reatividade em ordem decrescente dos halogênios, F > Cl > Br > I, a equação **incorreta** é:

a) $2\ NaF + Cl_2 \longrightarrow NaCl + F_2$
b) $2\ NaI + F_2 \longrightarrow 2\ NaF + I_2$
c) $2\ NaBr + Cl_2 \longrightarrow 2\ NaCl + Br_2$
d) $2\ NaI + Br_2 \longrightarrow 2\ NaBr + I_2$
e) $2\ NaBr + F_2 \longrightarrow 2\ NaF + Br_2$

SÉRIE OURO

1. (UFRGS – RS) X, Y e Z representam três elementos da Tabela Periódica que têm raios X: 80 pm, Y: 123 pm e Z: 157 pm (1 pm = 10^{-12} m). Esses elementos podem ser, respectivamente:

a) Li, Be e Na.
b) Li, Na e Be.
c) Na, Be e Li.
d) Na, Li e Be.
e) Be, Li e Na.

2. (UDESC) De acordo com as propriedades periódicas dos elementos químicos, analise as proposições abaixo.

 I. O tamanho do raio atômico dos elementos químicos cresce da direita para a esquerda nos períodos e cresce de cima para baixo nos grupos.
 II. O tamanho do raio atômico dos elementos químicos cresce da esquerda para direita nos períodos.
 III. O iodo apresenta raio atômico menor do que o cloro.
 IV. O nitrogênio apresenta raio atômico maior do que o flúor.

Assinale a alternativa **correta**.

a) Somente a afirmativa I é verdadeira.
b) Somente as afirmativas II e III são verdadeiras.
c) Somente as afirmativas I e III são verdadeiras.
d) Somente as afirmativas I e IV são verdadeiras.
e) Somente as afirmativas II e IV são verdadeiras.

3. (FGV – SP) A figura apresenta uma parte da Tabela Periódica.

14	15	16	17
6 C		8 O	
	15 P		
32 Ge		34 Se	35 Br

Dentre os elementos considerados, aquele que apresenta átomo com maior raio atômico e aquele que apresenta a primeira energia de ionização, mais alta são, respectivamente:

a) Ge e O.
b) Ge e Br.
c) Br e Se.
d) P e C.
e) C e Se.

4. (UFOP – MG) O gráfico abaixo mostra a variação da primeira energia de ionização com o número atômico para diferentes átomos:

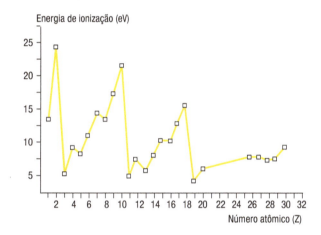

Com base nessa ilustração, assinale a afirmativa **correta**.

a) A primeira energia de ionização do sódio é igual a 7,5 eV.
b) Entre os átomos com maior dificuldade para formar cátions monovalentes, podemos destacar H, Li e Na.
c) No intervalo Z = 13 a Z = 18, observa-se que o aumento da carga nuclear tende a aumentar a força de atração dos elétrons pelo núcleo.
d) Entre os elementos representados, o cálcio é o metal que apresenta o menor potencial de ionização.

5. O quadro abaixo fornece dados sobre as quatro primeiras energias de ionização de quatro elementos químicos. Indique os grupos de cada um dos elementos e justifique sua resposta.

ELEMENTO	ENERGIAS DE IONIZAÇÃO			
	1ª	2ª	3ª	4ª
I	496	4.563	6.913	9.541
II	738	1.450	7.731	10.545
III	418	3.069	4.600	5.879
IV	681	3.375	6.045	8.418

Observe, no Gráfico 2, as afinidades eletrônicas de 48 elementos da Tabela de Classificação Periódica.

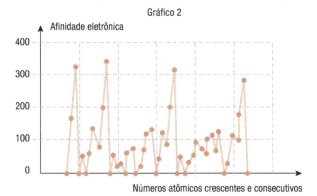

Adaptado de: <www.webelements.com>.

Nomeie o elemento que corresponde ao Gráfico 1, justificando sua resposta. Em seguida, identifique o grupo da tabela de classificação periódica ao qual pertencem os elementos do Gráfico 2 que apresentam as quatro maiores afinidades eletrônicas.

6. (UERJ) O comportamento químico e físico dos elementos tem relação direta com suas propriedades periódicas.

Observe, no Gráfico 1, parte das energias de ionização de um elemento representativo do terceiro período da Tabela de Classificação Periódica.

Considere que o elemento de menor número atômico representado pertence ao segundo período da tabela.

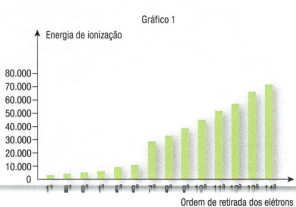

Adaptado de: RUSSEL, J. B. **Química Geral**. 2 ed. São Paulo: Makron Books, 1994.

7. (ITA – SP) Dadas as configurações eletrônicas dos seguintes átomos no seu estado fundamental:

I. $1s^2\ 2s^2\ 2p^6\ 3s^2\ 3p^6$ III. $1s^2\ 2s^2\ 2p^6\ 3s^2\ 3p^6\ 4s^1$
II. $1s^2\ 2s^2\ 2p^6\ 3s^2$ IV. $1s^2\ 2s^2\ 2p^6\ 3s^2\ 3p^5$

É **errado** afirmar que:

a) entre os átomos anteriores, o átomo I tem o maior potencial de ionização.
b) a perda de dois elétrons pelo átomo II leva à formação do cátion Mg^{2+}.
c) entre os átomos anteriores, o átomo III tem a maior afinidade eletrônica.
d) o ganho de um elétron pelo átomo IV ocorre com a liberação de energia.
e) o átomo IV é o mais eletronegativo.

8. (UNESP) Os átomos dos elementos X, Y e Z apresentam as seguintes configurações eletrônicas no seu estado fundamental:

X ⟶ $1s^2\ 2s^2\ 2p^5$

Y ⟶ $1s^2\ 2s^2\ 2p^6\ 3s^1$

Z ⟶ $1s^2\ 2s^2\ 2p^6\ 3s^2\ 3p^6\ 3d^{10}\ 4s^2\ 4p^5$

É **correto** afirmar que:

a) entre os citados, o átomo do elemento X tem o maior raio atômico.
b) o elemento Y é um metal alcalino e o elemento Z é um calcogênio.
c) entre os citados, o átomo do elemento Z tem a maior afinidade eletrônica.
d) a energia de ionização do elemento X é maior do que a do átomo do elemento Z.
e) o elemento Z pertence ao grupo 15 e está no quarto período da classificação periódica.

9. (UNIFESP) O gráfico apresenta as primeiras e segundas energias de ionização (1ª EI e 2ª EI) para os elementos sódio, magnésio e cálcio, indicados como I, II e III, não necessariamente nessa ordem.

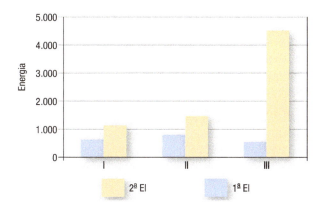

Dentre esses elementos, aqueles que apresentam os maiores valores para a primeira e para a segunda energia de ionização são, respectivamente:

a) cálcio e magnésio.
b) cálcio e sódio.
c) magnésio e cálcio.
d) magnésio e sódio.
e) sódio e magnésio.

DADOS: $_{11}$Na; $_{12}$Mg; $_{20}$Ca.

10. (UEL – PR) O gráfico a seguir mostra, em ordem aleatória de posição na Tabela Periódica, as primeiras energias de ionização (EI) dos oito elementos representativos do quinto período da Tabela Periódica. Os oito elementos estão denominados genericamente por A, B, C, D, E, G, J e M.

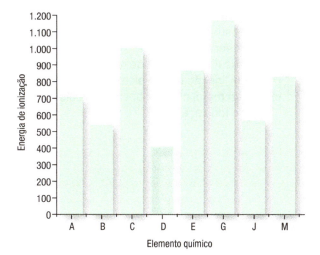

Com base nos dados apresentados no gráfico e nos conhecimentos sobre o tema, analise as afirmativas.

I. O elemento B possui dois elétrons na camada de valência.
II. O elemento D possui apenas 4 camadas eletrônicas.
III. O elemento G possui configuração de valência igual a $5s^2\ 5p^6$.
IV O elemento C se estabiliza quando perde 1 elétron da camada de valência.

Assinale a alternativa que contém todas as afirmativas **corretas**.

a) I e II.
b) I e III.
c) III e IV.
d) I, II e IV.
e) II, III e IV.

11. (MACKENZIE – SP) Na Tabela Periódica abaixo, alguns elementos químicos foram representados aleatoriamente por algarismos romanos I, II, III, IV e V. A respeito desses elementos químicos, é **correto** afirmar que:

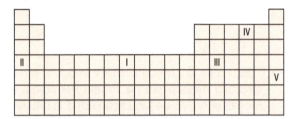

a) I é um elemento de transição e está no grupo 6 da Tabela Periódica.
b) II possui o maior raio atômico e é um exemplo de metal alcalinoterroso.
c) III possui a configuração eletrônica da camada de valência ns² np¹.
d) IV possui a tendência de receber elétrons quando faz ligação com o elemento II.
e) V é um metal nobre e possui uma elevada energia de ionização.

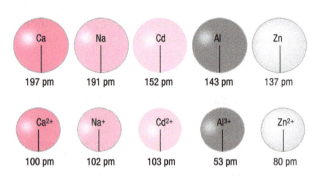

Raios atômicos e iônicos de alguns metais.

ATKINS, P.; JONES, L. **Princípios de Química**: Questionando a vida moderna e o meio ambiente. Porto Alegre: Bookman, 2001. Adaptado.

Com base no texto, a toxicidade do cádmio em sua forma iônica é consequência de esse elemento

a) apresentar baixa energia de ionização, o que favorece a formação do íon e facilita sua ligação a outros compostos.
b) possuir tendência de atuar em processos biológicos mediados por cátions metálicos com cargas que variam de +1 a +3.
c) possuir raio e carga relativamente próximos aos de íons metálicos que atuam nos processos biológicos, causando interferência nesses processos.
d) apresentar raio iônico grande, permitindo que ele cause interferência nos processos biológicos em que, normalmente, íons menores participam.
e) apresentar carga +2, o que permite que ele cause interferência nos processos biológicos em que, normalmente, íons com cargas menores participam.

12. (ENEM) O cádmio, presente nas baterias, pode chegar ao solo quando esses materiais são descartados de maneira irregular no meio ambiente ou quando são incinerados. Diferentemente da forma metálica, os íons Cd^{2+} são extremamente perigosos para o organismo, pois eles podem substituir íons Ca^{2+}, ocasionando uma doença degenerativa nos ossos, tornando-os muito porosos e causando dores intensas nas articulações. Podem ainda inibir enzimas ativadas pelo cátion Zn^{2+}, que são extremamente importantes para o funcionamento dos rins. A figura mostra a variação do raio de alguns metais e seus respectivos cátions.

13. (IME – RJ) Dados os íons: $_{16}S^{2-}$; $_{19}K^{+}$; $_{56}Ba^{2+}$, indique qual das relações abaixo apresenta os íons isoeletrônicos em ordem **correta** de raio iônico.

a) $K^+ > S^{2-}$
b) $Ba^{2+} = S^{2-}$
c) $Ba^{2+} > S^{2-}$
d) $K^+ < S^{2-}$
e) $Ba^{2+} < S^{2-}$

14. (FGV – adaptada) Uma nova e promissora classe de materiais supercondutores tem como base o composto diboreto de zircônio e vanádio. Esse composto é sintetizado a partir de um sal de zircônio (IV).

Revista **Pesquisa FAPESP**, junho 2013. Adaptado.

O número de prótons e de elétrons no íon Zr^{4+} e o número de elétrons na camada de valência do elemento boro no estado fundamental são, respectivamente:

a) 36; 40; 5.
b) 36; 40; 3.
c) 40; 44; 3.
d) 40; 36; 5.
e) 40; 36; 3.

DADOS: $_5B$; $_{40}Zr$.

15. DADO: 1 pm equivale a 10^{-12} m.

(PUC – SP) O raio iônico é a grandeza que mede o tamanho dos íons. Conhecer o raio dos íons auxilia na análise da energia reticular dos cristais iônicos, na compreensão da seletividade dos canais iônicos das membranas celulares e na interação dos íons em sítios específicos de enzimas. Considerando os íons Ca^{2+}, Cl^-, K^+ e Mg^{2+}, a alternativa que melhor associa esses íons aos valores de raios iônicos é

RAIO IÔNICO	86 pm	114 pm	152 pm	167 pm
a)	Cl^-	K^+	Mg^{2+}	Ca^{2+}
b)	Mg^{2+}	Cl^-	K^+	Ca^{2+}
c)	Ca^{2+}	K^+	Mg^{2+}	Cl^-
d)	Mg^{2+}	Ca^{2+}	K^+	Cl^-

16. (ENEM) No ar que respiramos existem os chamados "gases inertes". Trazem curiosos nomes gregos, que significam "o Novo", "o Oculto", "o Inativo". E de fato são de tal modo inertes, tão satisfeitos em sua condição, que não interferem em nenhuma reação química, não se combinam com nenhum outro elemento e justamente por esse motivo ficaram sem ser observados durante séculos: só em 1962 um químico, depois de longos e engenhosos esforços, conseguiu forçar "o Estrangeiro" (o xenônio) a combinar-se fugazmente com o flúor ávido e vivaz, a façanha pareceu tão extraordinária que lhe foi conferido o Prêmio Nobel.

LEVI, P. A **Tabela Periódica**. Rio de Janeiro: Relume-Dumará, 1994. Adaptado.

Qual propriedade do flúor justifica sua escolha como reagente para o processo mencionado?

a) Densidade.
b) Condutância.
c) Eletronegatividade.
d) Estabilidade nuclear.
e) Temperatura de ebulição.

17. (ESPCEX – AMAN – RJ) Abaixo são fornecidos os resultados das reações entre metais e sais.

$FeSO_4(aq) + Ag(s) \longrightarrow$ não ocorre a reação
$2\ AgNO_3(aq) + Fe(s) \longrightarrow Fe(NO_3)_2(aq) + 2\ Ag(s)$
$3\ FeSO_4(aq) + 2\ Al(s) \longrightarrow Al_2(SO_4)_3(aq) + 3\ Fe(s)$
$Al_2(SO_4)_3(aq) + Fe(s) \longrightarrow$ não ocorre a reação

De acordo com as reações acima equacionadas, a ordem decrescente de reatividade dos metais envolvidos em questão é:

a) Al, Fe e Ag.
b) Ag, Fe e Al.
c) Fe, Al e Ag.
d) Ag, Al e Fe.
e) Al, Ag e Fe

18. (UECE) O sistema a seguir mostra a ocorrência de reação química entre um ácido e um metal, com liberação do gás **X**.

O gás X, liberado nesse sistema, é o:
a) O_2
b) Cl_2
c) O_3
d) H_2

19. (UNIMEP – SP) São dados quatro metais: X, Y, Z e W. Dos quatro, apenas os metais X e Y reagem com ácido sulfúrico, produzindo sulfato e gás hidrogênio. Em reações de deslocamento, Z é capaz de deslocar W, e Y é capaz de deslocar X. Com base nas informações, pode-se afirmar que:

a) X é o mais reativo e Z, o mais nobre.
b) W é o mais reativo e X, o mais nobre.
c) Y é o mais reativo e W, o mais nobre.
d) Z é o mais reativo e Y, o mais nobre.
e) X é o mais reativo e W, o mais nobre.

SÉRIE PLATINA

1. Na série de televisão *Jornada nas Estrelas*, o Dr. Spock apresentou aos tripulantes da nave interestelar *Enterprise* uma figura com parte da Tabela Periódica de elementos químicos do planeta Vulcano com seus símbolos químicos. Ele revelou também que esses elementos são ordenados nesta tabela de acordo com a mesma periodicidade que os elementos da Terra.

grupo	1	14	16
		By	
	Em	Jr	Me

Sobre os elementos do planeta Vulcano são feitas as seguintes afirmações:

I. A energia de ionização do elemento **Me** é menor que a do elemento **Em**.
II. O cátion monovalente do elemento **Em** tem raio maior do que o do ânion bivalente do elemento **Me**.
III. O elemento **By** tem raio atômico menor que o do elemento **Jr**.
IV. A afinidade eletrônica do elemento **Me** é mais alta que a do elemento **Jr**.

É **correto** o que se afirma apenas em

a) I e II.
b) I e III.
c) I, II e IV.
d) II, III e IV.
e) III e IV.

2. A Tabela Periódica dos elementos permitiu a previsão de elementos até então desconhecidos. Mendeleev chegou a fazer previsões (posteriormente confirmadas) das propriedades físicas e químicas de alguns elementos que vieram a ser descobertos mais tarde. Acerca disso, considere a seguinte tabela:

	ELEMENTO A	ELEMENTO B
número atômico (Z)	5	14
raio atômico (pm)	83	117
energia de ionização	801	787
eletronegatividade de Pauling	2,04	1,90

Dadas as propriedades dos elementos A e B, na tabela acima, seguindo o raciocínio de Mendeleev, assinale a alternativa **correta** sobre o elemento de número atômico 13.

a) o seu raio atômico é maior que 117 pm.
b) a sua energia de ionização é maior que 801 kJ mol^{-1}.
c) a sua energia de ionização é maior que 787 kJ mol^{-1}, porém menor que 801 kJ mol^{-1}.
d) o seu raio atômico é maior que 83 pm, porém menor que 117 pm.
e) a sua eletronegatividade é maior que 2,04.

O gráfico a seguir representa os valores de energia de ionização para o primeiro elétron de diversos elementos da Tabela Periódica em função dos seus respectivos números atômicos.

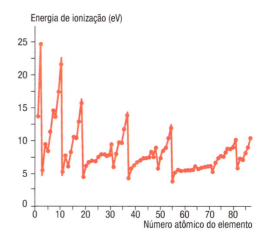

Sobre a energia de ionização, foram feitas algumas afirmações, das quais a **correta** é:

a) trata-se de uma propriedade aperiódica.
b) os gases nobres não apresentam energia de ionização, pois possuem a camada de valência preenchida.
c) a energia de ionização do enxofre (S) é menor do que a energia de ionização do oxigênio (O).
d) a energia de ionização do potássio (K) é maior do que a energia de ionização do bromo (Br).
e) os picos do gráfico são ocupados por metais alcalinos.

DADO: números atômicos: S = 16; O = 8; K = 19; Br = 35.

3. A energia de ionização (EI) pode ser definida como sendo a energia necessária para retirar um elétron de um átomo isolado no estado gasoso. O processo é representado pela equação:

$$E(g) \longrightarrow E^+(g) + e^-$$

4. Os gráficos abaixo indicam os valores das 10 primeiras energias necessárias para a retirada de elétrons dos átomos X e Y, pertencentes ao 3º período da Tabela Periódica.

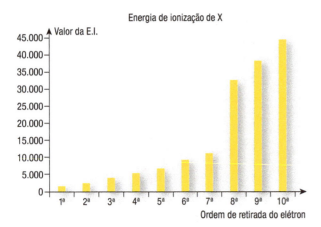

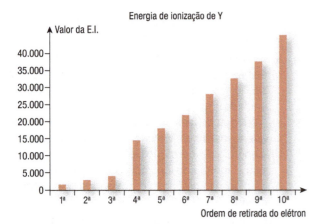

a) Preencha a tabela abaixo.

	GRUPO	NOME DO GRUPO
X		
Y		

b) Sabendo-se que Y possui 14 nêutrons, dê a sua representação, utilizando Y como se fosse seu símbolo na Tabela Periódica.

c) Faça a distribuição eletrônica por camadas do átomo X.

5. Um estudante resolveu realizar a experiência de Energia de Ionização (EI) para o átomo A. Ao conseguir os valores para a retirada de todos os elétrons de A, calculou a razão entre os valores das energias consecutivas e construiu o gráfico abaixo.
Nesse gráfico:
- eixo x indica quais são as energias de ionização sendo comparadas: exemplo: 1 $\longrightarrow$ E_2/E_1
- eixo y indica o valor calculado para cada razão.

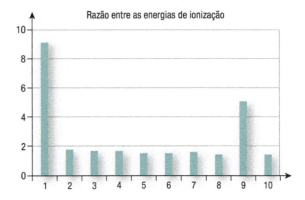

a) Quantas camadas possui esse átomo?

_____

b) A qual grupo e a qual período pertence A?

Grupo: _____   Período: _____

c) Complete corretamente os espaços nas afirmações abaixo:

I. Pode-se afirmar que a 5ª energia de ionização desse átomo é maior do que a 4ª energia de ionização, pois, sempre que se retira um elétron de um átomo ou íon, o seu tamanho _____.

II. Para retirar o 9º elétron é necessária menor energia de ionização do que para retirar o 10º elétron, pois a carga nuclear efetiva do 9º elétron é _____ do que a do 10 elétron.

b) No intervalo entre Z = 3 e Z = 10, observa-se aumento da energia de ionização. Justifique esse aumento no valor da energia de ionização com base nos conceitos de força de atração entre o núcleo e a eletrosfera e do tamanho dos átomos.

6. A Tabela Periódica pode ser utilizada para relacionar as propriedades dos elementos com suas estruturas atômicas; essas propriedades podem ser aperiódicas e periódicas. As propriedades periódicas são aquelas que, à medida que o número atômico aumenta, assumem valores semelhantes para intervalos regulares, isto é, repetem-se periodicamente. O gráfico abaixo mostra a variação de uma dessas propriedades: a **energia de ionização** do 1º elétron, em eV, para diferentes átomos.

c) Em qual grupo da Tabela Periódica estão localizados os elementos que, no gráfico acima, apresentam os menores valores de energia de ionização? Forneça o nome desse grupo.

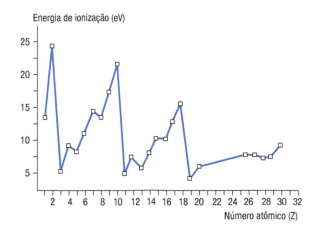

Com relação a essa propriedade periódica, responda às perguntas a seguir.

a) Justifique os elevados valores de energia de ionização para os elementos de número atômico 2, 10 e 18.

d) Dentre os elementos presentes no gráfico acima, identifique o elemento que apresenta menor primeira energia de ionização. Para esse elemento, esboce o gráfico do valor da energia de ionização em função do elétron retirado, para os 10 primeiros elétrons retirados de um átomo neutro desse elemento.

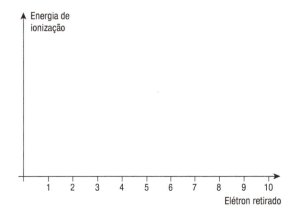

UNIDADE 2

Nosso planeta, a Terra, é o terceiro planeta mais próximo do Sol e o único local que conhecemos que é habitado por seres vivos. Entre os planetas do Sistema Solar, a Terra é o único que possui água líquida em sua superfície, um aspecto bastante importante tanto para a evolução do próprio planeta quanto para o aparecimento da vida.

Com base nos conhecimentos que possuímos sobre o Universo, estimamos que o planeta Terra se formou há aproximadamente 4,5 bilhões de anos, no mesmo período da formação dos demais planetas do Sistema Solar (como Mercúrio, Vênus, Marte, Júpiter, entre outros) e do próprio Sol, a partir do acúmulo de matéria de uma nuvem molecular por ação da gravidade.

Há cerca de 4,5 bilhões de anos, uma supernova liberou uma grande quantidade de energia e matéria que deu origem à nuvem molecular na qual ocorreu a formação do nosso Sol. A ação gravitacional dessa estrela, por sua vez, deu origem aos planetas do Sistema Solar, entre eles a Terra.

A Unidade 2 tem como objetivos entender como o planeta Terra foi formado, como evoluiu até os dias de hoje e relacionar as mudanças no nosso planeta com as interações estabelecidas entre os átomos e outras espécies químicas.

POPTIKA/SHUTTERSTOCK

A formação do PLANETA TERRA

Todos os planetas do Sistema Solar, com exceção da Terra, são nomeados a partir de deuses gregos e romanos. Entretanto, o nome Terra tem pelo menos 1.000 anos, deriva do alemão e significa, simplesmente, terra.

CAPÍTULO 7
Ligações Químicas na Formação das Substâncias

Quartzo rosa (Jequitinhonha, MG).
Os silicatos que apresentam um arranjo tetraédrico de sílica (SiO_2) são chamados de tectossilicatos, grupo ao qual pertencem diferentes tipos de quartzo e de feldspato, dois dos materiais mais presentes na crosta terrestre. Os trabalhadores em minas de quartzo e de outros silicatos, assim como profissionais que trabalham como jateadores de areia, fabricantes de vidro ou de cerâmica, frequentemente sofrem de uma doença denominada silicose, em virtude da inalação de partículas de sílica. Essa afecção pulmonar causa dificuldade respiratória que, nos casos mais graves, pode levar à necessidade de transplante pulmonar. A prevenção com o uso de equipamento de proteção adequado é o melhor caminho para se evitar a doença.

7.1 As Ligações Metálicas na Formação das Substâncias Metálicas

A supernova que deu origem à nuvem molecular na qual o Sol e os demais planetas do Sistema Solar se formaram liberou energia suficiente para que ocorresse a fusão de núcleos atômicos até elementos mais pesados, como os **metais** ferro, níquel e até mesmo urânio.

Esses elementos mais pesados (e densos) concentram-se mais próximos do Sol, razão pela qual os planetas Mercúrio, Vênus, Terra e Marte são classificados como planetas rochosos ou sólidos ou terrestres (em comparação aos planetas gasosos – Júpiter, Saturno, Urano e Netuno – mais afastados do Sol).

A Terra primitiva era, portanto, composta principalmente por metais como ferro e níquel e por silicatos. Nos primórdios da Terra, as temperaturas eram bastante elevadas, da ordem de 7.000 °C, em virtude da ação da gravidade, do decaimento radioativo e do impacto de meteoritos. Nessa temperatura, a Terra primitiva era provavelmente total ou parcialmente líquida.

Com o tempo, os metais mais densos, como ferro e níquel, afundaram para o centro do planeta, formando o **núcleo**, enquanto os silicatos menos densos subiram para a superfície, formando o **manto**, que, posteriormente, com o resfriamento do planeta, deu origem à **crosta terrestre** na camada mais externa.

Capítulo 7 – Ligações Químicas na Formação das Substâncias **143**

LIGANDO OS PONTOS!

Atmosfera terrestre primitiva e ventos solares

A maior parte da atmosfera da Terra primitiva foi retirada por fortes ventos solares que a empurraram para fora do planeta. Com o tempo, dois efeitos contribuíram para a possibilidade de formação e manutenção de uma atmosfera terrestre: a redução dos ventos solares e a separação, no núcleo, em núcleo interno sólido e núcleo externo líquido.

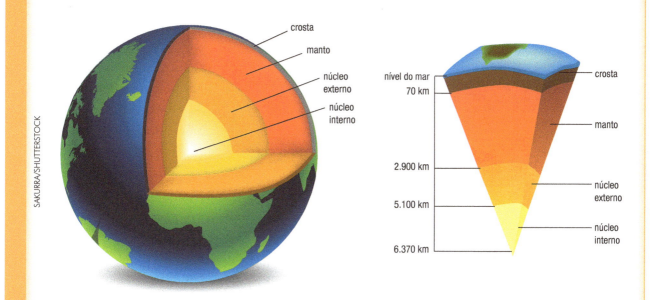

A perda de energia do núcleo interno promove a movimentação do metal líquido no núcleo externo, gerando um campo magnético. É esse campo magnético que deflete os ventos solares e possibilita que a atmosfera formada seja mantida próxima ao planeta.

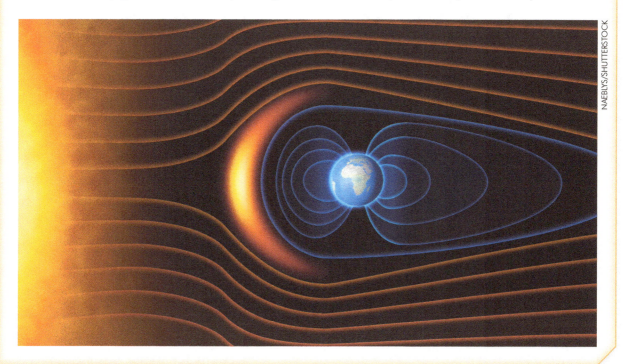

7.1.1 O primeiro contato do ser humano com os metais

Os metais presentes em maior quantidade na crosta terrestre são o **alumínio** e o **ferro**, porém os primeiros metais que o ser humano utilizou foram o **cobre** e o **ouro**, que podiam ser encontrados livres na superfície do solo (o alumínio e o ferro, por sua vez, são encontrados ligados a outros elementos químicos, como o Al_2O_3 e Fe_2O_3). O martelamento do ouro e do cobre os endurecia e lhes dava a forma desejada.

Entre 3000 e 2000 a.C., foi obtido o bronze (liga de cobre e estanho) pelo aquecimento de substâncias contendo **cobre** e **estanho** com carvão. O bronze é mais duro e mais facilmente manipulável do que o cobre, permitindo a fabricação de numerosos objetos.

É frequente o uso do metal bronze para a elaboração de estátuas, como em Os guerreiros ou Os candangos. Esculpida em bronze, por Bruno Giorgio, tem 8 m de altura e fica na Praça dos Três Poderes, em Brasília. Durante a construção da capital federal, dois operários morreram soterrados, o que deixou os outros operários muito emocionados. A estátua é uma homenagem àqueles que trabalharam na construção daquela cidade.

A descoberta do **ferro** ocorreu por volta de 1500 a.C. na Ásia Menor. Durante seu processo de extração, utilizava-se carvão para liberar o ferro de substâncias como o Fe_2O_3. A combinação entre ferro e carbono forma uma mistura (uma liga metálica), conhecida como **aço**, que apresenta melhor resistência e dureza, o que possibilitava a produção de armas superiores às que eram feitas de bronze.

Atualmente, os metais continuam a ter um papel importante na sociedade. Algumas de suas aplicações são:

- ferro: automóveis, construção civil;
- alumínio: aviões, latas de bebidas;
- chumbo: baterias;
- zinco: baterias;
- níquel: baterias, navios, moedas.

A carroceria dos automóveis é produzida a partir de diversas ligas metálicas de aço.

O alumínio é um metal pouco denso, utilizado na produção da fuselagem de aviões, como o Embraer E-195, que pode acomodar cerca de 110 passageiros.

7.1.2 A corrente elétrica como fundamentação da ligação metálica

Os físicos, por meio de várias experiências, definiram **corrente elétrica** como um **fluxo ordenado de cargas elétricas**. Se ocorrer em um fio metálico, teremos um **fluxo ordenado de elétrons**. Observe o esquema ao lado.

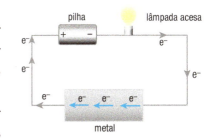

O acendimento da lâmpada evidencia que está havendo passagem de **corrente elétrica** através do circuito formado pelo metal, fios metálicos, a pilha e a lâmpada. Nesse circuito, a pilha tem a função de ordenar o fluxo de elétrons: o polo positivo retira os elétrons do metal e o polo negativo envia os elétrons de volta ao metal.

> Nos **metais**, temos elétrons frouxamente ligados ao átomo e que podem ser movimentados.

Modelo do "mar de elétrons"

A primeira ideia para a ligação metálica foi apresentada por Paul K. Ludwig **Drude** (1863-1906), físico alemão, e refinada posteriormente pelo físico holandês Hendril Antoon **Lorentz** (1853-1928). Segundo esse modelo, quando se agrupam muitos átomos de metal, os **elétrons de valência** libertam-se de seus átomos e adquirem uma grande liberdade de movimentação. Isso ocorre porque o elétron de valência é atraído por vários núcleos positivos que estão em sua volta.

> **ATENÇÃO!**
>
> Lembre-se que os metais apresentam baixa energia de ionização. Por esse motivo, os elétrons da camada de valência dos metais são fracamente atraídos pelos seus respectivos núcleos, o que possibilita a grande movimentação desses elétrons quando temos vários átomos de metais próximos entre si.

$_{11}$Na   K   L   M
         2   8   1

Configuração eletrônica do átomo de sódio. O elétron indicado encontra-se na camada de valência e, sendo atraído por vários núcleos positivos em sua volta, tem grande probabilidade de se libertar do átomo.

No átomo de sódio, o elétron da **camada M** se tornaria um **elétron livre** que poderia se locomover de um átomo para o outro com um mínimo de energia. Em um pedaço de sódio metálico, teríamos muitos íons Na$^+$ mergulhados em um **"mar de elétrons"**.

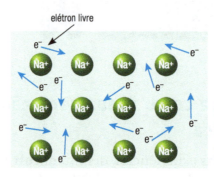

Representação ilustrativa de um mar de elétrons em um pedaço de sódio metálico, ligando um grande número de íons positivos de sódio.

> Os **metais** são formados por átomos na forma de cátions, unidos por um "mar de elétrons", de tal forma que o conjunto é eletricamente neutro.

Observações:

- Os cátions de um metal mantêm-se em posição pela interação com o "mar de elétrons" que os circunda.
- A ligação metálica deve-se aos elétrons de valência deslocalizados por todo o sólido.

7.1.3 Cristais metálicos

Observando certa porção de um metal ao microscópio, veremos um grande número de regiões, chamadas de grãos. Cada região é um **cristal**.

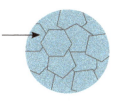

Quando se analisa um desses cristais por meio de raios X, verifica-se que ele é constituído de um "empilhamento" de átomos perfeitamente ordenados. Esse arranjo ordenado de átomos é chamado de **retículo cristalino**.

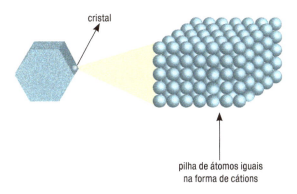

> Um pedaço de metal é constituído de **cristais** e cada cristal é um **agregado ordenado** de muitos e muitos átomos na forma de cátions.

A fórmula de uma substância metálica

Como vimos, um pedaço de metal é constituído por uma grande quantidade de átomos na forma de cátions e o "mar de elétrons", tornando o conjunto eletricamente neutro. Um modo de indicar a existência de uma grande quantidade de átomos na estrutura de uma substância metálica seria utilizar o **índice n**: Na_n e Fe_n, para, respectivamente, as substâncias sódio metálico e ferro metálico. Entretanto, por simplificação, o índice adotado para os metais é igual 1. Por exemplo:

- a substância sódio metálico é representada por Na (em vez de Na_n);
- a substância ferro metálico é representada por Fe (em lugar de Fe_n);
- a substância cobre metálico é representada por Cu (em vez de Cu_n);
- a substância alumínio metálico é representada por Al (em lugar de Al_n).

> **ATENÇÃO!**
>
> A fórmula Na pode indicar:
> - o elemento sódio,
> - um átomo de sódio ou
> - a substância sódio.
>
> Para sabermos a qual "tipo" de sódio a fórmula Na está se referindo, é preciso prestar atenção ao contexto em que o "Na" é utilizado!

7.1.4 As propriedades das substâncias metálicas

Condutividade elétrica

Os metais conduzem corrente elétrica no estado sólido e no estado líquido. No estado sólido, a condutividade é explicada pela mobilidade dos **elétrons livres** na estrutura dos metais. Quando são aquecidos e fundidos, os elétrons continuam livres para conduzir corrente elétrica no estado líquido.

Brilho metálico

O brilho característico dos metais deve-se à mobilidade de seus elétrons. Quando a luz atinge a superfície metálica, aumentam as oscilações dos elétrons livres, que, por sua vez, emitem luz.

Deformação de metais

Quando os cátions de um metal são deslocados, no retículo cristalino, por um golpe de martelo, por exemplo, os elétrons livres respondem imediatamente e se reorganizam para novas posições, mantendo a estrutura deformada estável.

A mobilidade dos elétrons livres explica a capacidade de os metais serem deformados antes de a estrutura romper sob a ação de um esforço externo. Por exemplo, para quebrarmos um clipe de papel, precisamos repetir o movimento de dobrar a haste metálica várias vezes.

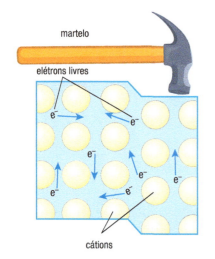

Você consegue amassar uma latinha de refrigerante facilmente com as próprias mãos.

Observação:

É comum o uso dos termos **maleabilidade** (capacidade de ser transformado em lâminas) e **ductilidade** (capacidade de ser transformado em fios) dos metais quando nos referimos à capacidade de os metais suportarem deformação antes de se romperem.

7.1.5 Ligas metálicas

São **misturas** em que predominam **metais**. Geralmente, uma liga é mais dura e resistente do que o metal puro, mas tem condutividade elétrica menor.

Uma liga metálica pode ser fabricada misturando-se os metais no estado fundido. Por resfriamento, os metais solidificam-se, formando a liga.

LIGA METÁLICA	COMPOSIÇÃO	USOS
latão	Cu + Zn	tubos, radiadores, armas, cartuchos, torneiras
bronze	Cu + Sn	sinos, estátuas, moedas
aço	Fe + C	peças metálicas, construção civil
aço inox	Fe + C + Cr + Ni	talheres, peças de carros, brocas
solda	Pb + Sn	usada por funileiros e eletricistas
ouro 18 K	Au + Cu + Ag	joias

Em geral, os instrumentos de sopro são produzidos em metal ou em liga metálica, como esse saxofone de latão.

7.2 A Baixa Reatividade dos Gases Nobres e a Teoria do Octeto

Vimos, na seção 7.1, como é estabelecida a ligação metálica e como ela explica as propriedades das substâncias metálicas. Agora, para entendermos como são estabelecidas as ligações químicas presentes em **substâncias iônicas** encontradas na crosta terrestre, como o Al_2O_3 ou o Fe_2O_3, e em **substâncias moleculares** encontradas na atmosfera, como o N_2 ou o O_2, precisamos primeiro estudar a **Teoria do Octeto**, que relaciona a participação dos átomos nas ligações químicas à obtenção de uma distribuição eletrônica estável.

Entre os elementos eletronicamente estáveis, destacam-se os elementos do grupo 18, os gases nobres, que recebem esse nome devido a sua reatividade muito baixa, razão pela qual são encontrados na forma de **gases monoatômicos**.

Por meio de distribuição eletrônica, os químicos, principalmente o estadunidense Gilbert Newton **Lewis** (1875-1946) e o físico alemão Walther L. Julius **Kossel** (1888-1956), puderam explicar a baixa reatividade química dos gases nobres. Observe as distribuições eletrônicas a seguir:

	K	L	M	N	O	P	Q
$_2$He	②						
$_{10}$Ne	2	⑧					
$_{18}$Ar	2	8	⑧				
$_{36}$Kr	2	8	18	⑧			
$_{54}$Xe	2	8	18	18	⑧		
$_{86}$Rn	2	8	18	32	18	⑧	

Os gases nobres apresentam a camada de valência completa, isto é, com 8 elétrons (exceto o hélio, que tem 2 elétrons na camada K); em consequência, os gases nobres só se ligarão com outros elementos em situação de elevada temperatura e pressão.

As ideias de Lewis e Kossel foram reforçadas com o estudo da afinidade eletrônica dos átomos. Usualmente, quando um átomo recebe um elétron ocorre a liberação de energia, chamada de afinidade eletrônica, como vimos no Capítulo 6. Já no caso dos gases nobres, para se adicionar elétrons ao átomo é **necessário fornecer também energia**, pois, com a camada de valência completa, o elétron adicionado deverá entrar na camada seguinte, formando uma nova camada eletrônica e desestabilizando a estrutura. Veja os exemplos a seguir:

7.2.1 Teoria do Octeto ou Regra do Octeto

Em 1916, Lewis e Kossel propuseram, independentemente, uma regra para explicar a ligação entre os átomos. Por essa regra, conhecida como *Regra* ou *Teoria do Octeto*, os átomos se ligam em busca de uma **distribuição eletrônica estável**, o que só é conseguido com 8 elétrons na camada de valência (ou 2 elétrons na camada K).

> Após a ligação química, os átomos participantes ficam com 8 elétrons na camada de valência (ou 2 elétrons na camada K).

Exemplos:

Na	+	Cl	$\longrightarrow$	NaCl
grupo 1		grupo 17		
1 elétron na camada de valência		7 elétrons na camada de valência		8 elétrons na camada de valência / 8 elétrons na camada de valência
distribuição eletrônica não estável				distribuição eletrônica estável

7.2.2 Notação de Lewis

Na representação das ligações químicas presentes nas substâncias iônicas e nas substâncias moleculares, utilizaremos, nas seções 7.3 e 7.4, a **notação de Lewis**, na qual o número de elétrons da camada de valência é representado por **pequenos pontos ao redor do símbolo do elemento químico**. Por exemplo:

Grupo 1: Li· Na· K· Rb· Cs·

Grupo 2: ·Be· ·Mg· ·Ca· ·Sr· ·Ba·

Grupo 13: ·Àl·

Grupo 14: ·C̈· ·S̈i·

Grupo 15: ·N̈·· ·P̈··

Grupo 16: ·Ö: ·S̈:

Grupo 17: ·F̈: ·C̈l: ·B̈r: ·Ï:

> **FIQUE POR DENTRO!**
>
> Existem substâncias que não obedecem à Regra do Octeto. Na época em que foi proposta a Teoria do Octeto, na década de 1920, não eram conhecidos compostos com gases nobres. Décadas mais tarde, a partir de 1962, começaram a ser sintetizados compostos de gases nobres, entre eles o KrF_4 e XeF_6. O hexafluoreto de xenônio (XeF_6), por exemplo, é um composto no qual o átomo de xenônio apresenta 12 elétrons na sua camada de valência. Apesar de vários compostos não seguirem a Teoria do Octeto, essa teoria ainda pode ser utilizada para explicar a estabilidade de diversas substâncias comuns no nosso cotidiano, como água, gás carbônico, cloreto de sódio, glicose, entre outras.

7.3 Ligação Iônica na Formação das Substâncias Iônicas

Nos compostos presentes na crosta terrestre, como o Al_2O_3 e o Fe_2O_3, temos a ligação entre um metal (Al ou F) e um não metal (O). Nessas substâncias, devido à grande diferença de eletronegatividade entre os elementos, ocorre a transferência de elétrons do metal (que tem facilidade em perder elétrons) para o não metal (que tem facilidade em receber elétrons).

Ao perder elétrons, o metal dá origem a um cátion (íon positivo); já o não metal, ao receber elétrons, dá origem a um ânion (íon negativo). A ligação que mantém unidos esses íons é chamada de **ligação iônica** e é consequência da atração eletrostática de íons de cargas opostas.

Safiras e rubis são compostos principalmente por óxido de alumínio. Suas cores devem-se a impurezas nas pedras.

7.3.1 Formação da ligação iônica: transferência de elétrons

Quando um **metal** participa de uma ligação iônica, ele perde um ou mais elétrons da camada de valência.

- **Metais representativos** (grupos 1, 2 e 13) ao perderem elétron(s) ficam com octeto completo. Por exemplo:

$$_{11}Na \quad 1s^2 \; 2s^2 \; 2p^6 \; 3s^1$$
$$K \quad L \quad M$$
$$2 \quad 8 \quad 1$$

$$_{11}Na^+ \quad 1s^2 \; 2s^2 \; 2p^6$$
$$K \quad L$$
$$2 \quad 8$$

$$_{20}Ca \quad 1s^2 \; 2s^2 \; 2p^6 \; 3s^2 \; 3p^6 \; 4s^2$$
$$K \quad L \quad M \quad N$$
$$2 \quad 8 \quad 8 \quad 2$$

$$_{20}Ca^{2+} \quad 1s^2 \; 2s^2 \; 2p^6 \; 3s^2 \; 3p^6$$
$$K \quad L \quad M$$
$$2 \quad 8 \quad 8$$

$$_{13}Al \quad 1s^2 \; 2s^2 \; 2p^6 \; 3s^2 \; 3p^1$$
$$K \quad L \quad M$$
$$2 \quad 8 \quad 3$$

$$_{13}Al^{3+} \quad 1s^2 \; 2s^2 \; 2p^6$$
$$K \quad L$$
$$2 \quad 8$$

Podemos, então, generalizar que os elementos dos grupos 1, 2 e 13, ao perderem elétrons, formam cátions tipo:

- grupo 1 – Li^+, Na^+, K^+, Rb^+, Cs^+, Fr^+
- grupo 2 – Mg^{2+}, Ca^{2+}, Sr^{2+}, Ba^{2+}
- grupo 13 – Al^{3+}

- **Metais de transição** (grupos 3 a 12) ao perderem elétron(s) não ficam com octeto completo. Por exemplo:

$_{26}$Fe $1s^2$ $2s^2$ $2p^6$ $3s^2$ $3p^6$ $3d^6$ $4s^2$
  K L   M   N
  2 8   14   2

$_{26}$Fe^{2+} $1s^2$ $2s^2$ $2p^6$ $3s^2$ $3p^6$ $3d^6$
   K L   M
   2 8   14

$_{26}$Fe^{3+} $1s^2$ $2s^2$ $2p^6$ $3s^2$ $3p^6$ $3d^5$
   K L   M
   2 8   13

Quando um **não metal** participa de uma ligação iônica, ele ganha um ou mais elétrons, ficando com o octeto completo, sem exceção.

$_7$N $1s^2$ $2s^2$ $2p^3$ $_7$N^{3-} $1s^2$ $2s^2$ $2p^6$
 K L   K L
 2 5   2 8

$_8$O $1s^2$ $2s^2$ $2p^4$ $_8$O^{2-} $1s^2$ $2s^2$ $2p^6$
 K L   K L
 2 6   2 8

$_9$F $1s^2$ $2s^2$ $2p^5$ $_9$F$^-$ $1s^2$ $2s^2$ $2p^6$
 K L   K L
 2 7   2 8

NOTA: o hidrogênio apresenta apenas 1 elétron. Em cada ligação iônica ele recebe 1 elétron, ficando com um *dublete* de elétrons (semelhante ao hélio).

$_1$H $1s^1$ $_1$H$^-$ $1s^2$
 K   K
 1   2

Assim, em uma ligação iônica, o hidrogênio apresenta carga negativa. Concluindo:

  metal → não metal   metal → H
     e^- e^-

7.3.2 A fórmula de uma substância iônica

A fórmula de uma substância iônica indica a proporção entre o cátion (íon positivo) e o ânion (íon negativo). Os seguintes procedimentos devem ser obedecidos:

- o cátion é escrito à esquerda e o ânion, à direita;
- os índices são o inverso das cargas, pois o número de elétrons cedidos é igual ao número de elétrons recebidos;
- na fórmula final, as cargas podem ser omitidas.

Acompanhe os exemplos a seguir:

1) Na (grupo 1)   e   Cl (grupo 17)
    ↓   ↓
   Na⁺   Cl⁻

Os íons Na^{1+} e Cl^{1-} possuem cargas elétricas opostas; portanto, atraem-se mutuamente. Essa atração mantém os íons ligados, formando uma substância iônica, representada pela fórmula Na^+Cl^- ou NaCl. Usando a notação de Lewis, temos:

$$Na\cdot + \cdot\ddot{\underset{\cdot\cdot}{Cl}}: \longrightarrow [Na^+][:\ddot{\underset{\cdot\cdot}{Cl}}:^-]$$

2) Mg (grupo 2)   e   F (grupo 17)
    ↓   ↓
   Mg^{2+} F^-

Como as cargas são diferentes (+2 e −1), a proporção entre os íons é 1 : 2 e a ligação iônica é representada por $Mg_1^{2+}F_2^-$ ou MgF_2. Usando a notação de Lewis, temos:

$$Mg: + \begin{array}{c}\cdot\ddot{F}: \\ \cdot\ddot{F}:\end{array} \longrightarrow [Mg^{2+}][:\ddot{F}:^-]_2$$

3) Al (grupo 13)   e   O (grupo 16)
    ↓   ↓
   Al^{3+} O^{2-}

Como as cargas são diferentes (+3 e −2), a proporção entre os íons é 2 : 3 e a ligação iônica é representada por $Al_2^{3+}O_3^{2-}$ ou Al_2O_3. Usando a notação de Lewis, temos:

$$\begin{array}{c}\cdot Al\cdot \\ \cdot Al\cdot\end{array} \begin{array}{c}\cdot\ddot{O}: \\ \cdot\ddot{O}: \\ \cdot\ddot{O}:\end{array} \longrightarrow [Al^{3+}]_2[:\ddot{O}:^{2-}]_3$$

7.3.3 Estrutura interna do cloreto de sódio (NaCl)

Nas condições ambiente, as substâncias iônicas são sólidos formados por **grãos**, chamados de **cristais**. Observando o cloreto de sódio (pó branco) ao microscópio, veremos que cada cristal é um cubo; portanto, o NaCl é um **sólido cristalino.**

O NaCl é formado por cristais com a forma de um cubo. Um cristal de NaCl é um aglomerado de grande número de cátions Na⁺ e ânions Cl⁻, alternando-se no espaço. No cristal de NaCl, cada íon é rodeado por íons com carga de sinal contrário.

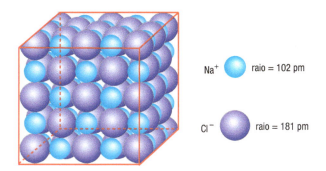

Esquema de cristal de NaCl.

> **FIQUE POR DENTRO!**
>
> O número de íons de carga oposta, que circundam imediatamente determinado íon, é chamado **número de coordenação** de um sólido iônico. Na estrutura no NaCl, os números de coordenação dos cátions e ânions são ambos 6, e a estrutura, no geral, é descrita como tendo coordenação (6,6). Nessa notação, o primeiro número é o número de coordenação do cátion e o segundo, o do ânion.
>
>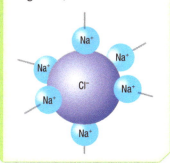

O cristal do NaCl contém um grande número de cátions Na⁺ e ânions Cl⁻ arranjados em determinada ordem no espaço: nele, os íons Na⁺ e Cl⁻ alternam-se. O arranjo de íons ordenados é chamado de **retículo**.

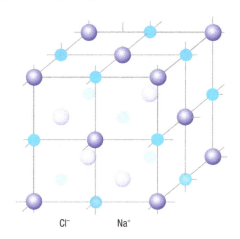

Observe, na figura ao lado, que os íons Na⁺ e Cl⁻ estão afastados (o que na realidade não ocorre) apenas para "enxergamos" melhor a sua disposição espacial.

7.3.4 Propriedades dos compostos iônicos

Os compostos iônicos são **sólidos cristalinos** e apresentam propriedades que os caracterizam. Entre elas, vamos analisar seus pontos de fusão e de ebulição, condutividade elétrica e comportamento quanto à deformação.

- **Pontos de fusão (PF) e de ebulição (PE)** – os compostos iônicos apresentam altos PF e PE, porque a atração entre íons de cargas opostas é elevada. Por exemplo: o PF do NaCl é de 801 °C e seu PE, 1.413 °C.

Cristais de cloreto de sódio (sal de cozinha).

- **Condutividade elétrica** – esses compostos conduzem a corrente elétrica tanto no estado líquido quanto dissolvidos em água, porque nesses casos os íons estão livres, propiciando a condução da corrente elétrica.

O calor separa os íons que estavam presos no retículo:

$$Na^+Cl^-(s) \xrightarrow{calor} Na^+(l) + Cl^-(l)$$

A dissolução em água também promove a liberação dos íons do retículo:

$$Na^+Cl^-(s) \xrightarrow{H_2O} Na^+(aq) + Cl^-(aq)$$

$Na^+(aq)$: Na^+ dissolvido na água.

$Cl^-(aq)$: Cl^- dissolvido na água.

> Os compostos **iônicos** não conduzem corrente elétrica no estado sólido, pois nesse estado os íons estão presos no retículo.

- **Comportamento quanto à deformação** – um golpe de martelo pode empurrar os íons para posições em que os cátions se aproximam de outros cátions e os ânions, de outros ânions. A proximidade de cargas de mesmo sinal provoca fortes forças repulsivas. Como resultado dessas forças repulsivas, o sólido quebra-se em fragmentos, razão pela qual os compostos iônicos são **quebradiços**.

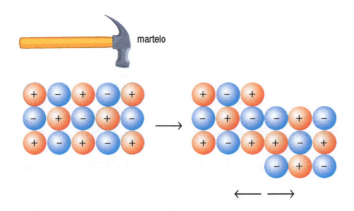

7.4 Ligação Covalente na Formação das Substâncias Moleculares

A atmosfera atual é composta principalmente dos gases N_2 e O_2. Já na Terra primitiva, em virtude da forte ação vulcânica, destacava-se também a presença de CO_2. Essas substâncias têm a propriedade de não conduzirem corrente elétrica no estado líquido, diferentemente das substâncias iônicas.

Assim, essas substâncias não poderiam ser aglomerados de íons; elas são formadas por **partículas neutras**, que foram chamadas de **moléculas** – são **substâncias moleculares**.

Os químicos verificaram que as substâncias moleculares eram uniões de **não metais** ou **não metais com hidrogênio**; portanto, não havia a presença de metais que caracterizaria uma ligação metálica ou uma ligação iônica.

7.4.1 Formação da ligação covalente: compartilhamento de um, dois ou três pares de elétrons

Em 1916, Lewis explicou as ligações nas moléculas, isto é, as ligações entre os **não metais** ou **não metais com hidrogênio**. Lewis propôs que:

- como a diferença de eletronegatividade é pequena entre esses elementos, não ocorre transferência de elétrons entre eles;
- uma ligação covalente é um par de elétrons compartilhados por dois átomos, isto é, os elétrons de valência interagem com os dois núcleos. Em outras palavras, os dois átomos ficam juntos porque ocorre atração entre os dois elétrons e os núcleos. Nenhum dos átomos perde totalmente um elétron;
- os átomos de **não metais** compartilham elétrons até que cada um deles complete o **octeto** e, no caso do hidrogênio, o **dublete**;
- **molécula** é uma partícula neutra cujos átomos estão ligados por compartilhamento de elétrons (ligação covalente). Por exemplo, molécula do gás hidrogênio (H_2) – quando dois átomos de hidrogênio estão próximos, o núcleo de um átomo também atrai o elétron do átomo de hidrogênio vizinho. Usando a notação de Lewis, temos:

$$H\cdot + H\cdot \longrightarrow H:H \quad \text{ou} \quad H\cdot\cdot H$$
fórmula eletrônica de Lewis

- o par de elétrons compartilhado pelos átomos pode ser representado por uma **linha**. Essa representação é denominada **fórmula estrutural de Lewis**. Por exemplo, no caso do hidrogênio, temos:

H_2	$H:H$	$H-H$
fórmula molecular	fórmula eletrônica	fórmula estrutural

FIQUE POR DENTRO!

O entendimento da ligação covalente foi aprofundado com a evolução dos modelos atômicos. Se considerarmos apenas a carga elétrica negativa dos elétrons, fica difícil explicar o porquê de cargas iguais (dois elétrons) se aproximarem para formar uma ligação covalente. Atualmente, sabe-se que a repulsão eletrostática entre os elétrons é compensada por uma atração magnética entre essas partículas atômicas.

ATENÇÃO!

O número de ligações covalentes (valência) que o átomo de um elemento pode fazer é igual ao número de elétrons isolados. Assim, por exemplo, são:

- monovalentes:

  :F̈· :C̈l· :B̈r· :Ï·

- bivalentes:

  :Ö· :S̈·

- trivalentes:

  ·N̈· ·P̈·

- tetravalente:

  ·C̈·

7.4.2 Representação da ligação covalente

Vamos, agora, verificar como se representa o compartilhamento de elétrons (ligação covalente) em algumas moléculas. Para isso, é necessário seguir alguns passos:

- **Passo 1** – inicialmente, deve-se escrever a notação de Lewis para cada átomo da molécula que ser quer representar;
- **Passo 2** – a seguir, deve-se unir os elétrons isolados de tal forma que cada átomo fique com o **octeto de elétrons** e, no caso do hidrogênio, o **dublete de elétrons**.

Vamos aplicar esses passos para representar a fórmula estrutural do HCl: representando um par de elétrons por ·· e um elétron isolado por ·. No caso do HCl teremos:

- **Passo 1:**

  notação de Lewis para os elementos:

  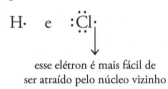

  esse elétron é mais fácil de ser atraído pelo núcleo vizinho

- **Passo 2:**
  - fórmula eletrônica   fórmula estrutural

    H :C̈l: H — C̈l:
    ↓ ↓   ↓
    2 8   ligação covalente simples

Observação: na fórmula estrutural, a representação dos elétrons não compartilhados é opcional. Assim, para o HCl, poderíamos escrever a fórmula estrutural como H — Cl. Entretanto, algumas propriedades das moléculas, que estudaremos nos próximos capítulos, são explicadas justamente pela existência ou não desses elétrons não compartilhados.

Acompanhe a seguir outros exemplos de representações de ligações covalentes.

1) molécula O₂

   - notação de Lewis para cada O com elétrons isolados: :Ö·
   - fórmula eletrônica   fórmula estrutural

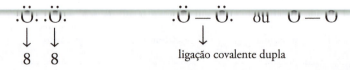

2) molécula N_2

- notação de Lewis para cada N com 3 elétrons isolados: $\cdot \ddot{N} \cdot$

- fórmula eletrônica   fórmula estrutural

  $\ddot{N}{:}{:}\ddot{N}$ $\ddot{N} \equiv \ddot{N}$ ou $N \equiv N$
  ↓ ↓   ↓
  8 8   ligação covalente tripla

3) molécula H_2O

- notação de Lewis para cada H e para cada O com 2 elétrons isolados: $H \cdot$ e $\cdot \ddot{O}{:}$

- fórmula eletrônica   fórmula estrutural

  $\ddot{O} - H$ ou $O - H$
  $\;\;|$ $|$
  $\;\;H$ H

4) molécula NH_3

- notação de Lewis para cada H e para cada N com 3 elétrons isolados: $H \cdot$ e $\cdot \ddot{N} \cdot$

- fórmula eletrônica   fórmula estrutural

  2 8 2
  ↑ ↑ ↑
  $H {:}\ddot{N}{:} H$ $H - \ddot{N} - H$ ou $H - N - H$
  $H \rightarrow 2$ $|$ $|$
                              H H

5) molécula CH_4

- notação de Lewis para cada H e para cada C com 4 elétrons isolados: $H \cdot$ e $\cdot \dot{C} \cdot$

- fórmula eletrônica   fórmula estrutural

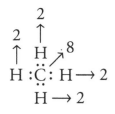   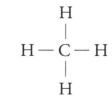

Em certas moléculas, todos os elétrons isolados já foram usados por um átomo e, mesmo assim, há átomos que ainda não estão com o octeto completo. Nessas moléculas, para representarmos a fórmula estrutural, é necessário adicionar um terceiro passo à sequência realizada nos exemplos acima.

▶ Passo 3:

Emprestar um par de elétrons do átomo que está com o octeto completo para o átomo que ainda não está com o octeto completo, formando uma ligação simples.

Veja os exemplos a seguir.

1) molécula CO

- **Passo 1:** notação de Lewis para cada elemento: $\cdot\dot{C}\cdot$ e $\cdot\ddot{O}:$

- **Passo 2:**

$$\cdot\dot{C}::\ddot{O}: \text{ (não tem mais elétrons isolados)}$$
$$\phantom{\cdot\dot{C}}\downarrow\downarrow$$
$$\phantom{\cdot\dot{C}}68$$

- **Passo 3:** oxigênio (que tem o octeto completo) empresta um par de elétrons para o carbono (que tinha o octeto incompleto).

- fórmula eletrônica   fórmula estrutural

$$:C::O: \qquad\qquad :C\equiv O:$$
$$\downarrow\downarrow$$
$$88$$

2) molécula O_3

- **Passo 1:** notação de Lewis para cada O com 2 elétrons isolados: $:\ddot{O}\cdot$

- **Passo 2:**

- **Passo 3:**

- fórmula eletrônica   fórmula estrutural

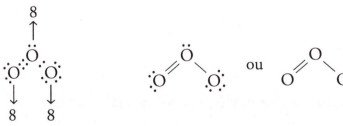

3) molécula SO_2

- **Passo 1:** notação de Lewis para cada O e para cada S com 2 elétrons isolados: $:\ddot{O}\cdot$ e $:\ddot{S}\cdot$

- **Passo 2:**

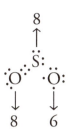

- **Passo 3:**

- fórmula eletrônica   fórmula estrutural

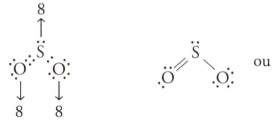

NOTA: fórmula estrutural para a molécula SO_3:

CONCLUSÃO
Quando não houver mais elétrons isolados, utilizar um par de elétrons para formar uma ligação simples.

Casos especiais de representação de ligações covalentes

Moléculas em que o átomo central tem menos de 8 elétrons de valência:

- cloreto de berílio ($BeCl_2$)

  $\cdot Be \cdot$ $:\ddot{C}l\cdot$ elétrons de valência = 16
  pares de elétrons = 8

  $:\ddot{C}l:Be:\ddot{C}l:$

O berílio é frequentemente encontrado nas moléculas com **quatro elétrons de valência**; portanto, não obedece à Regra do Octeto.

- trifluoreto de boro (BF_3)

  $\cdot \dot{B} \cdot$ $:\ddot{F}\cdot$ elétrons de valência = 24
  pares de elétrons = 12

  $:\ddot{F}:B:\ddot{F}:$
  $\quad\;\; :\ddot{F}:$

O boro é frequentemente encontrado nas moléculas com **seis elétrons de valência**; portanto, não obedece à Regra do Octeto.

- **Moléculas em que o átomo central tem mais de 8 elétrons de valência:**
  - pentacloreto de fósforo (PCl_5)

  elétrons de valência = 40
  pares de elétrons = 20

  O fósforo pode ser encontrado nas moléculas com **dez elétrons de valência**; portanto, não obedece à Regra do Octeto.

  - hexafluoreto de enxofre (SF_6)

  elétrons de valência = 48
  pares de elétrons = 24

  O enxofre pode ser encontrado nas moléculas com **doze elétrons de valência**; portanto, não obedece à Regra do Octeto.

- **Moléculas ímpares** – algumas moléculas (NO, NO_2, ClO_2) têm número ímpar de elétrons de valência, o que significa que pelo menos um de seus átomos não pode ter um octeto completo. As espécies que têm **elétrons isolados** são chamadas de **radicais livres**, e, em virtude do elétron isolado, apresentam alta reatividade. Nas moléculas abaixo, por exemplo, o N e o Cl, cada um, ficam com 7 elétrons.

  NO   ·N̈·   :Ö·   total de elétrons = 11

  :Ṅ::Ö:

  NO_2 ·N̈·   :Ö·   total de elétrons = 17

  :Ö:N::Ö:

  ClO_2 :C̈l·   :Ö·   total de elétrons = 19

  :Ö:C̈l:Ö:

FIQUE POR DENTRO

Radicais livres

Você já ouviu falar na relação entre radicais livres e envelhecimento? Em células eucarióticas, a redução completa de oxigênio leva à formação de água nas mitocôndrias. Mas a redução incompleta do oxigênio origina diversas espécies reativas, como os radicais livres hidroxila (OH) e superóxido (O_2^{1-}):

$$[:\ddot{O}\cdot\cdot H]^- \qquad [:\dot{O}\cdot\cdot\ddot{O}:]^-$$

Observe, nas duas estruturas, a presença de elétrons isolados, que as tornam bastante reativas.

Para manter a quantidade de radicais livres sob controle, as células produzem enzimas que os eliminam. Quando esse equilíbrio é rompido, a concentração excessiva desses radicais pode levar a lesões teciduais, provocando o envelhecimento.

Frutas cítricas contêm substâncias antioxidantes naturais, que transferem elétrons para estabilizar os radicais livres, ajudando a proteger o organismo.

7.4.3 Propriedades das substâncias moleculares

Entre as propriedades das substâncias moleculares, vamos analisar seus pontos de fusão e de ebulição, condutividade elétrica e estado físico.

- **Pontos de fusão (PF) e de ebulição (PE)** – as substâncias moleculares apresentam relativamente baixos PF e PE. Por exemplo: o PF da água é de 0 °C e seu PE, 100 °C.
- **Condutividade elétrica** – essas substâncias não conduzem a corrente elétrica nos estados líquido ou sólido, pois as moléculas são partículas neutras.
- **Estado físico** – algumas substâncias moleculares são gasosas (O_2, N_2, CH_4) nas condições ambientes. Outras são líquidas (H_2O, Br_2) e outras sólidas ($C_6H_{12}O_6$, I_2).
- Os sólidos moleculares são conjuntos de moléculas mantidas por forças intermoleculares, que serão apresentadas e estudas no Capítulo 12.

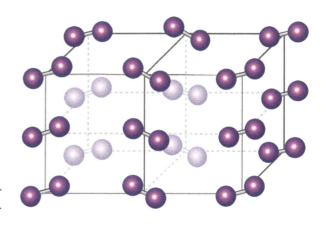

Cristal de iodo, no qual as moléculas de I_2 se organizam na forma de um retículo cristalino ordenado.

LIGANDO OS PONTOS!

Formado das estrelas

Cerca de 60% da crosta terrestre é feita de sílica (dióxido de silício, SiO_2), um dos componentes mais abundantes em nosso planeta. A partir de dados fornecidos pelo telescópio espacial Spitzer, da NASA, estudos indicam que esse composto é formado quando estrelas de grande magnitude explodem.

A ampla distribuição de sílica em nosso planeta não é de se estranhar, tendo em vista que poeira de sílica pode ser encontrada pelo Universo e em meteoritos anteriores à formação de nosso Sistema Solar.

Sendo um dos principais componentes das rochas da Terra, o dióxido de silício, cuja ligação entre os elementos é covalente, é utilizado na produção de concreto para rodovias e passeios públicos. O quartzo, uma forma cristalina de sílica, é o principal componente das areias das praias.

O silício é um dos elementos utilizados na fabricação de painéis solares.

Os vidros, como os da fachada do Museu de Arte de São Paulo, são produzidos a partir de sílica, carbonato de sódio e outros componentes, fundidos a 1.500 °C.

SÉRIE BRONZE

1. Complete com **elétrons** ou **prótons**.

Em um fio metálico, a corrente elétrica é um fluxo ordenado de _____ .

2. Complete com **fracamente** ou **fortemente**.

Nos metais, os elétrons de valência são _____ _____ ligados aos átomos e podem ser movimentados.

3. Complete com **prótons** ou **elétrons**.

O primeiro modelo da ligação metálica foi chamado de modelo do mar de _____ .

4. Complete com **metal** ou **não metal**

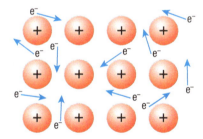

Temos cátions fixos envolvidos por um mar de elétrons da camada de valência que se movimentam constante e desordenadamente por todo o _____ .

5. Complete com **átomos** ou **moléculas**.

Cristal metálico é uma pilha de _____ _____ na forma de cátions perfeitamente ordenados (retículo cristalino) no espaço.

6. Complete com **negativo** ou **positivo**.

Quando um pedaço de metal é ligado aos dois polos de uma pilha, forma-se um fluxo de elétrons no sentido do polo _____ . Esse fluxo ordenado de elétrons é a corrente elétrica.

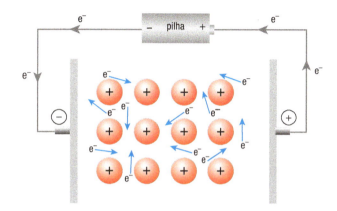

7. Complete com os elementos que formam as ligas mencionadas

a) bronze: _____

b) latão: _____

c) aço: _____

d) solda: _____

e) ouro 18 K: _____

8. Complete com **8** ou **18**.

A regra do octeto informa que os átomos unem-se com a tendência de adquirir _____ elétrons na última camada ou 2 elétrons na camada K.

9. Os elétrons da camada de valência são representados por pontinhos ao redor do símbolo do elemento (notação de Lewis). Coloque os elétrons ao redor dos seguintes símbolos

a)   H   b)   C

c) N d) O

e) F f) Ne

g) S h) Cl

10. Complete com **metal** ou **não metal**.

Quando um _____ participa de uma ligação iônica, ele perde um ou mais elétrons da camada de valência.

11. Complete com **+** ou **2⁺** ou **3⁺**.

a) Grupo 1: Li Na K Rb

b) Grupo 2: Mg Ca Sr Ba

c) Grupo 13: Al

12. Complete com **metal** e **não metal**.

Quando um _____ participa de uma ligação iônica, ele ganha um ou mais elétrons, ficando com o octeto completo, sem exceção.

13. Complete com **–** ou **2⁻** ou **3⁻**.

a) Grupo 15: N P

b) Grupo 16: O S

c) Grupo 17: F Cl Br I

14. Escreva a fórmula dos compostos iônicos formados pelos seguintes pares de elementos:

a) Li (grupo 1) e O (grupo 16)

b) Na (grupo 1) e Br (grupo 17)

c) Mg (grupo 2) e S (grupo 16)

d) K (grupo 1) e O (grupo 16)

e) Al (grupo 13) e O (grupo 16)

f) Ca (grupo 2) e N (grupo 15)

15. Complete com **íons** ou **moléculas**.

Um cristal de NaCl é um aglomerado grande de _____ Na⁺ e Cl⁻ alternando-se no espaço. No cristal de NaCl, cada íon é rodeado por íons com carga de sinal contrário.

16. Complete com as propriedades dos compostos iônicos

a) _____ ponto de fusão.

b) Conduzem a corrente elétrica no estado _____ e dissolvidos na _____ .

c) Nas condições ambientes são _____ .

17. Complete com **metálico** ou **iônico**.

a) A figura I representa um cristal _____ .

b) A figura II representa um cristal _____ .

18. Complete com **transferência de elétrons** ou **compartilhamento de par de elétrons**.

a) Quando a diferença de eletronegatividade é grande (metal com não metal) ocorre _____ _____ e temos ligação iônica.

b) Quando a diferença de eletronegatividade é pequena (não metal com não metal) ocorre _____ e temos ligação covalente ou molecular.

19. Use o código: substância iônica (**SI**) ou substância molecular (**SM**)

a) NaCl _____

b) O_2 _____

c) $CaCl_2$ _____

d) $C_6H_{12}O_6$ _____

e) H_2O _____

f) MgO _____

20. Complete com pontinhos ao redor do símbolo do elemento.

a) H

b) grupo 14:   C   Si

c) grupo 15:   N   P

d) grupo 16:   O   S

e) grupo 17:   F   Cl   Br   I

21. Complete com **monovalentes, bivalentes, trivalentes** e **tetravalentes**.

a) ·C̈· , ·S̈i· _____

b) ·N̈· , ·P̈· _____

c) ·Ö: , ·S̈: _____

d) H· , ·F̈: , ·C̈l: , ·B̈r: , ·Ï: _____

22. Complete a tabela abaixo.

Fórmula molecular	Notação de Lewis	Fórmula eletrônica	Fórmula estrutural
a) H_2	H·		
b) O_2	·Ö:		
c) N_2	·N̈·		

d) Cl_2 ·C̈l:

e) HF   ·F̈:

f) H_2O

g) NH_3

h) CH_4 ·C̈·

i) CO_2

23. Complete a tabela a seguir.

Fórmula molecular	Notação de Lewis	Fórmula eletrônica	Fórmula estrutural
a) CO	·C̈· ·Ö:		
b) SO_2	·S̈:		
c) SO_3			
d) O_3			

24. Complete com **iônico, molecular** e **metálico**.

a) aglomerado de átomos

cristal _____ .

b) aglomerado de íons

c) aglomerado de moléculas

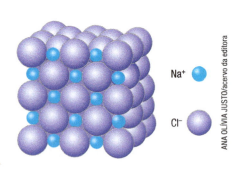

cristal _____ .

cristal _____ .

SÉRIE PRATA

1. (FATEC – SP) A condutibilidade elétrica dos metais é explicada admitindo-se:
   a) ruptura de ligações iônicas.
   b) ruptura de ligações covalentes.
   c) existência de prótons livres.
   d) existência de elétrons livres.
   e) existência de nêutrons livres.

2. (UFU – MG) Correlacione os elementos na coluna 1 com as respectivas aplicações listadas na coluna 2.

   Coluna 1
   I. Zinco
   II. Ferro
   III. Níquel
   IV. Prata
   V. Titânio

   Coluna 2
   • Pinos para fraturas ósseas e motores de avião
   • Papel fotográfico e fabricação de espelhos
   • Protetor de metais e pigmento branco
   • Confecção de moedas e baterias recarregáveis
   • Fabricação de aço e parafusos

   Marque a alternativa que apresenta a sequência **correta**.
   a) V, IV, I, III, II
   b) V, I, II, IV, III
   c) II, V, III, I, IV
   d) II, III, IV, I, V

3. Classifique as seguintes afirmativas em verdadeiras ou falsas.
   a) Um pedaço de metal sólido é constituído por moléculas.
   b) Quando átomos de metal se unem por ligação metálica, eles passam a ficar com o octeto completo.
   c) Em um retículo cristalino metálico, os átomos podem estar unidos por ligações iônicas ou covalentes.
   d) Metais são bons condutores de corrente elétrica, pois apresentam elétrons livres.
   e) Metais são bons condutores de calor, pois apresentam elétrons livres.
   f) O aço é uma liga que apresenta alta resistência à tração, daí ser usado em cabos de elevadores e em construção civil.

4. (UFPR – adaptada) A maioria dos elementos da Tabela Periódica apresenta-se como metais quando cristalizados na sua substância pura.

   Suas propriedades químicas são alvos tanto da pesquisa quanto da aplicação industrial. Por pertencerem a uma mesma classe, os metais possuem características similares. Sobre as características dos metais, considere as seguintes afirmativas:

   1. Metais apresentam alta condutividade térmica e elétrica.

2. Metais possuem altos valores de eletronegatividade.
3. Metais apresentam baixa energia de ionização.
4. Metais na sua estrutura apresentam elétrons livres.

Assinale a alternativa **correta**.

a) Somente a afirmativa 3 é verdadeira.
b) Somente as afirmativas 1 e 2 são verdadeiras.
c) Somente as afirmativas 2 e 4 são verdadeiras.
d) Somente as afirmativas 1, 3 e 4 são verdadeiras.
e) As afirmativas 1, 2, 3 e 4 são verdadeiras.

5. (FATEC – SP) Considere uma substância simples constituída por um dos elementos químicos situados na região indicada da Tabela Periódica:

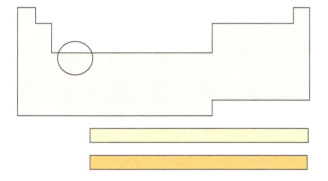

Essa substância simples deve apresentar, nas condições ambientes, a seguinte propriedade:

a) encontra-se no estado gasoso.
b) tem predomínio de ligações covalentes entre seus átomos.
c) é boa condutora de eletricidade.
d) reage vigorosamente com água e com sólido metálico.
e) tende a formar ânions quando reage com metais.

6. (UFRN) Na ligação química de um átomo X, alcalinoterroso (2), com um átomo Y, pertencente à família dos halogênios (17), deverá haver a formação de cátion e ânion, respectivamente:

a) X^+ e Y^-
b) X^+ e Y^{2-}
c) X^{2+} e Y^-
d) X^{2+} e Y^{7-}
e) X^{7+} e Y^{2-}

7. (FECOLINAS – TO/FUNDEG – MG) Sabendo que o número atômico do cálcio é 20 e o do cloro é 17, a fórmula de um provável composto entre esses dois elementos será:

a) $CaCl_3$
b) $CaCl$
c) Ca_2Cl_2
d) Ca_3Cl_2
e) $CaCl_2$

8. (UFLA – MG) A seguir são dadas as configurações eletrônicas dos átomos A e B.

A: $1s^2\ 2s^2\ 2p^6\ 3s^2\ 3p^6\ 4s^2$

B: $1s^2\ 2s^2\ 2p^6\ 3s^2\ 3p^5$

O cátion, o ânion e o composto formado por A e B são, respectivamente,

a) A^+, B^-, AB
b) B^+, A^{2-}, B_2A
c) B^{2+}, A^-, BA_2
d) A^{2+}, B^-, AB_2
e) B^{2+}, A^{2-}, AB

9. (CEFET – CE) Quando um elemento químico Aℓ (Z = 13) se combina quimicamente com o elemento S (Z = 16), a fórmula e a ligação são, respectivamente:

a) $Aℓ_3S_2$; iônica.
b) $Aℓ_2S_3$; iônica.
c) $AℓS$; covalente.
d) $AℓS_3$; metálica.
e) $Aℓ_2S$; covalente.

10. (UFMG) Nas figuras I e II, estão representados dois sólidos cristalinos, sem defeitos, que exibem dois tipos diferentes de ligação química.

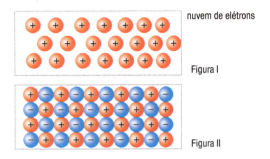

Considerando essas informações, é **correto** afirmar que:

a) a figura II corresponde a um sólido condutor de eletricidade.
b) a figura I corresponde a um sólido condutor de eletricidade.
c) a figura I corresponde a um material que, no estado líquido, é um isolante elétrico.
d) a figura II corresponde a um material que, no estado líquido, é um isolante elétrico.

11. (UERJ) Observe a estrutura genérica representada abaixo:

$$\begin{array}{c} H-O \\ \searrow \\ X=O \\ \nearrow \\ H-O \end{array}$$

Para que o composto esteja corretamente representado, de acordo com as ligações químicas indicadas na estrutura, X deverá ser substituído pelo seguinte elemento:

a) fósforo (Z = 15)   c) carbono (Z = 6)
b) enxofre (Z = 16)   d) nitrogênio (Z = 7)

12. (UNIRIO – RJ) O dióxido de carbono (CO_2) é um gás essencial no globo terrestre. Sem a presença desse gás, o globo seria gelado e vazio. Porém, quando ele é inalado em concentração superior a 10%, pode levar o indivíduo à morte por asfixia. Esse gás apresenta em sua molécula um número de ligações covalentes igual a:

a) 4.   b) 1.   c) 2.   d) 3.   e) 0.

13. (PUC – MG) O elemento flúor forma compostos com hidrogênio, carbono, potássio e magnésio, respectivamente. Os compostos moleculares ocorrem com:

a) H e Mg.   d) H e C.
b) H e K.   e) K e Mg.
c) C e Mg.

14. (UNICAMP – SP) Observe as seguintes fórmulas eletrônicas (fórmulas de Lewis):

$$H:\overset{H}{\underset{H}{\ddot{C}}}:H \quad H:\overset{H}{\underset{H}{\ddot{N}}}:H \quad :\overset{..}{\underset{H}{\ddot{O}}}:H \quad :\ddot{F}:H$$

Consulte a classificação periódica dos elementos e escreva as fórmulas eletrônicas das moléculas formadas pelos seguintes elementos:

a) fósforo e hidrogênio
b) enxofre e hidrogênio
c) flúor e carbono

15. (FUVEST – SP) Os desenhos são representações de moléculas em que se procura manter proporções corretas entre raios atômicos e distâncias internucleares.

I   II   III

Os desenhos podem representar, respectivamente, moléculas de

a) oxigênio, água e metano.
b) cloreto de hidrogênio, amônia e água.
c) monóxido de carbono, dióxido de carbono e ozônio.
d) cloreto de hidrogênio, dióxido de carbono e amônia.
e) monóxido de carbono, oxigênio e ozônio.

SÉRIE OURO

1. (UFLA – MG) O alumínio e o cobre são largamente empregados na produção de fios e cabos elétricos. A condutividade elétrica é uma propriedade comum dos metais. Este fenômeno deve-se:

a) à presença de impurezas de ametais que fazem a transferência de elétrons.
b) ao fato de os elétrons nos metais estarem fracamente atraídos pelo núcleo.
c) à alta afinidade eletrônica destes elementos.
d) à alta energia de ionização dos metais.
e) ao tamanho reduzido dos núcleos dos metais.

2. (ENEM) Na fabricação de qualquer objeto metálico, seja um parafuso, uma panela, uma joia, um carro ou um foguete, a metalurgia está presente na extração de metais a partir dos minérios correspondentes, na sua transformação e sua moldagem. Muitos dos processos metalúrgicos atuais têm em sua base conhecimentos desenvolvidos há milhares de anos, como mostra o quadro:

MILÊNIO ANTES DE CRISTO	MÉTODOS DE EXTRAÇÃO E OPERAÇÃO
quinto milênio a.C.	Conhecimento do ouro e do cobre nativos.
quarto milênio a.C	Conhecimento da prata e das ligas de ouro e prata. Obtenção do cobre e chumbo a partir de seus minérios. Técnicas de fundição.
terceiro milênio a.C.	Obtenção do estanho a partir do minério. Uso do bronze.
segundo milênio a.C.	Introdução do fole e aumento da temperatura de queima. Início do uso do ferro.
primeiro milênio a.C	Obtenção do mercúrio e dos amálgamas. Cunhagem de moedas.

Podemos observar que a extração e o uso de diferentes metais ocorreram a partir de diferentes épocas. Uma das razões para que a extração e o uso do ferro tenham ocorrido após a do cobre ou estanho é

a) a inexistência do uso de fogo que permitisse sua moldagem.
b) a necessidade de temperaturas mais elevadas para sua extração e moldagem.
c) o desconhecimento de técnicas para a extração de metais a partir de minérios.
d) a necessidade do uso do cobre na fabricação do ferro.
e) seu emprego na cunhagem de moedas, em substituição ao ouro.

3. (ETEC – SP) "Qual foi a causa da derrocada do maior exército que Napoleão comandou? Por mais surpreendente que pareça, a desintegração do exército napoleônico talvez possa ser atribuída a algo muito pequeno: o botão de estanho que fechava as roupas dos soldados.

Quando a temperatura cai, o reluzente estanho metálico começa a se transformar num pó cinza e não metálico. Será que, com falta de botões, durante aquele rigoroso inverno, os soldados passaram a ter de usar as mãos para prender e segurar as roupas e não mais para carregar as armas?"

LE COUTEUR, P., J. BURRESON; **Os Botões de Napoleão**: as 17 moléculas que mudaram a História. Rio de Janeiro: Jorge Zahar, 2006. Adaptado.

Essa transformação, por resfriamento, só ocorre quando o estanho apresenta elevado grau de pureza. Em latas (recipientes de aço), o estanho é usado como blindagem para a conservação de alimentos, ele também pode ser usado para soldar juntas de tubulações ou de circuitos elétricos e eletrônicos e, na forma de ligas, como o bronze (cobre + estanho), é usado para a fabricação de molas, fusíveis, tubos e peças de fundição.

Devido à grande maleabilidade do estanho, é possível produzir lâminas muito finas que são utilizadas para acondicionar vários produtos como, por exemplo, barras de chocolate.

Sobre os textos e os materiais mencionados, é **correto** afirmar que

a) o estanho é uma substância composta.
b) as ligas metálicas são substâncias puras.
c) a maleabilidade é propriedade que permite a confecção de lâminas.
d) o banho de estanho é feito nas latas, porque ele enferruja e causa contaminação nos alimentos.
e) as ligas metálicas com estanho, como o bronze, quando resfriadas tornam-se um pó cinza e não metálico.

4. (UFRRJ) As ligas metálicas são formadas pela união de dois ou mais metais ou, ainda, por uma união entre metais, ametais e semimetais. Relacionando, no quadro a seguir, cada tipo de liga com as composições dadas:

LIGA	COMPOSIÇÃO
(I) aço	(a) Cu 67%, Zn 33%
(II) ouro 18 quilates	(b) Cu 90%, Sn 10%
(III) bronze	(c) Fe 98,5%, C 0,5 a 1,5%, traços Si, S e P
(IV) latão	(d) Au 75%, Cu 12,5%, Ag 12,5%

pode-se afirmar que a única correlação **correta** entre liga e composição encontra-se na opção:

a) I b; II c; III a; IV d.
b) I c; II b; III d; IV a.
c) I a; II b; III c; IV d.
d) I c; II d; III b; IV a.
e) I d; II a; III c; IV b.

Considere os elementos químicos e seus respectivos números atômicos, representados na figura.

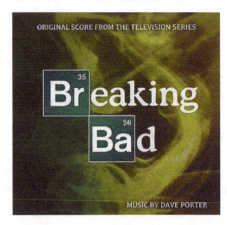

Esses elementos podem formar o composto
a) molecular, BaBr
b) molecular, $BaBr_2$
c) iônico, BaBr
d) iônico, $BaBr_2$
e) iônico, Ba_2Br

5. (MACKENZIE – SP) Em uma substância iônica, o número de elétrons cedidos e recebidos deve ser o mesmo. Assim, em uma fórmula de óxido de alumínio, esse número de elétrons é igual a:

DADO: grupo Al = 13; O = 16.

a) 2.   b) 3.   c) 4.   d) 5.   e) 6.

6. (FATEC – SP) A história do seriado *Breaking Bad* gira em torno de um professor de Química do ensino médio, com uma esposa grávida e um filho adolescente que sofre de paralisia cerebral. Quando é diagnosticado com câncer, ele abraça uma vida de crimes, produzindo e vendendo metanfetaminas.

Disponível em: <http://tinyurl.com/pffwfe6l>. Adaptado.

7. (FGV – SP) Um novo tipo de material especial, seleneto de bismuto, capaz de conduzir eletricidade em sua superfície, não em seu interior, quando em contato com um semicondutor, arseneto de gálio, resulta em um material que conduz eletricidade em várias direções e com níveis de energia diferentes. Esses compostos seguem a fórmula X_yY_x e suas ligações podem ser consideradas iônicas. Os íons negativos seguem a regra do octeto, enquanto que os íons positivos apresentam a mesma carga que o íon alumínio.

Revista **Pesquisa Fapesp**, 234, ago. 2015. Adaptado.

Os índices y e x nas fórmulas do material especial e do semicondutor são, respectivamente:

DADO: As (grupo 15); Se (grupo 16); Al (grupo 13).

a) 1 e 2; 1 e 1.
b) 1 e 2; 2 e 3.
c) 2 e 1; 1 e 2.
d) 2 e 3; 1 e 1.
e) 2 e 3; 3 e 2.

8. (UNIMONTES – MG – adaptada) O cloreto de chumbo (II), $PbCl_2$, constitui um sólido branco, ligeiramente solúvel em água a 25 °C. Considerando que uma amostra desse sólido é colocada em um béquer cheio de água e que as esferas representam o chumbo e o cloro, dos diagramas que seguem, aquele que melhor representa o resultado é:

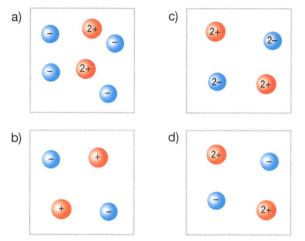

9. (ITA – SP) Uma determinada substância apresenta as seguintes propriedades físico-químicas:

I. O estado físico mais estável a 25 °C e 1 atm é o sólido.
II. No estado sólido apresenta estrutura cristalina.
III. A condutividade elétrica é praticamente nula no estado físico mais estável a 25 °C e 1 atm.
IV. A condutividade elétrica é alta no estado líquido.

A alternativa relativa à substância que apresenta todas as propriedades acima é:

a) poliacetileno – $(C_2H_2)_n$.
b) brometo de sódio – NaBr.
c) iodo – I_2.
d) silício – Si.
e) grafita – C.

10. (FUVEST – SP) As figuras abaixo representam, esquematicamente, estruturas de diferentes substâncias, a temperatura ambiente.

I II III

Sendo assim, as figuras I, II e III podem representar, respectivamente,

a) cloreto de sódio, dióxido de carbono e ferro.
b) cloreto de sódio, ferro e dióxido de carbono.
c) dióxido de carbono, ferro e cloreto de sódio.
d) ferro, cloreto de sódio e dióxido de carbono.
e) ferro, dióxido de carbono e cloreto de sódio.

11. (UNICAMP – SP) A fórmula estrutural da água oxigenada, H — Ö — Ö — H fornece as seguintes informações: a molécula possui dois átomos de oxigênio ligados entre si e cada um deles está ligado a um átomo de hidrogênio; há dois pares de elétrons isolados em cada átomo de oxigênio.

Com as informações dadas, a seguir escreva a fórmula estrutural de uma molécula com as seguintes características: possui dois átomos de nitrogênio ligados entre si e cada um deles está ligado a dois átomos de hidrogênio; há um par de elétrons isolado em cada átomo de nitrogênio.

12. (UNICAMP – SP) A ureia (CH_4N_2O) é o produto mais importante de excreção do nitrogênio pelo organismo humano.

Na molécula da ureia, formada por oito átomos, o carbono apresenta duas ligações simples e uma dupla; o oxigênio, uma ligação dupla; cada átomo de nitrogênio, três ligações simples, e cada átomo de hidrogênio, uma ligação simples. Átomos iguais não se ligam entre si. Baseando-se nessas informações, escreva a fórmula estrutural da ureia, representando ligações simples por um traço (—) e ligações duplas por dois traços (=).

13. (UNESP) No ano de 2014, o Estado de São Paulo viveu uma das maiores crises hídricas de sua história. A fim de elevar o nível de água de seus reservatórios, a Companhia de Saneamento Básico do Estado de São Paulo (Sabesp) contratou a empresa ModClima para promover a indução de chuvas artificiais. A técnica de indução adotada, chamada de bombardeamento de nuvens ou semeadura ou, ainda, nucleação artificial, consiste no lançamento em nuvens de substâncias aglutinadoras que ajudam a formar gotas de água.

Disponível em: <http://exame.abril.com.br>. Adaptado.

Além do iodeto de prata, outras substâncias podem ser utilizadas como agentes aglutinadores para a formação de gotas de água, tais como o cloreto de sódio, o gás carbônico e a própria água. Considerando o tipo de força interatômica que mantém unidas as espécies de cada agente aglutinador, é **correto** classificar como substância molecular:

a) o gás carbônico e o iodeto de prata.
b) apenas o gás carbônico.
c) o gás carbônico e a água.
d) apenas a água.
e) a água e o cloreto de sódio.

15. (FUVEST – SP) Considere as figuras a seguir, em que cada esfera representa um átomo.

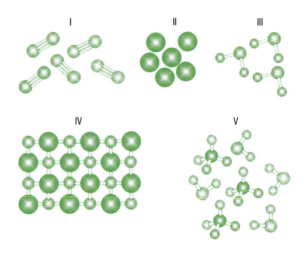

As figuras mais adequadas para representar, respectivamente, uma mistura de compostos moleculares e uma amostra da substância nitrogênio são

a) III e II.
b) IV e III.
c) IV e I.
d) V e II.
e) V e I.

14. (UNESP) O dióxido de carbono (CO_2) e o dióxido de nitrogênio (NO_2) são dois gases de propriedades bem diferentes. Por exemplo: no primeiro, as moléculas são sempre monoméricas; no segundo, em temperatura adequada, as moléculas combinam-se duas a duas, originando dímeros. Com base nas fórmulas de Lewis, explique esta diferença de comportamento entre o dióxido de carbono e o dióxido de nitrogênio.

DADOS: números atômicos: C = 6; N = 7; O = 8.

16. Existem vários modelos para explicar as diferentes propriedades das substâncias químicas, em termos de suas estruturas submicroscópicas. Considere os seguintes modelos:

I. moléculas se movendo livremente;
II. íons positivos imersos em um "mar" de elétrons deslocalizados;
III. íons positivos e negativos formando uma grande rede cristalina tridimensional.

Assinale a alternativa que apresenta substâncias que exemplificam, respectivamente, cada um desses modelos.

	I	II	III
a)	gás nitrogênio	ferro sólido	cloreto de sódio sólido
b)	água líquida	iodo sólido	cloreto de sódio sólido
c)	gás nitrogênio	cloreto de sódio sólido	iodo sólido
d)	água líquida	ferro sólido	diamante sólido
e)	gás metano	água líquida	diamante sólido

17. (PUC – MG) Para o estudo das relações entre o tipo de ligação química e as propriedades físicas das substâncias X e Y, sólidas à temperatura ambiente, foram realizados experimentos que permitiram concluir que:

– a substância X conduz corrente elétrica no estado líquido, mas não no estado sólido;
– a substância Y não conduz corrente elétrica em nenhum estado.

Considerando-se essas informações, é **correto** afirmar que:

a) a substância X é molecular e a substância Y é iônica.
b) a substância X é iônica e a substância Y é metálica.
c) a substância X é iônica e a substância Y é molecular.
d) as substâncias X e Y são moleculares.

18. (PUC – SP) Analise as propriedades físicas na tabela a seguir.

AMOSTRA	PF (°C)	PE (°C)	CONDUÇÃO DE CORRENTE ELÉTRICA	
			a 25 °C	a 1.000 °C
A	801	1413	isolante	condutor
B	43	182	isolante	–
C	1535	2760	condutor	condutor
D	1248	2250	isolante	isolante

Segundo os modelos de ligações químicas, A, B, C e D podem ser classificados, respectivamente, como:

a) composto iônico, metal, substância molecular, metal.
b) metal, composto iônico, composto iônico, substância molecular.
c) composto iônico, substância molecular, metal, metal.
d) substância molecular, composto iônico, composto iônico, metal.
e) composto iônico, substância molecular, metal, composto iônico.

SÉRIE PLATINA

1. (PUC – SP) A primeira energia de ionização de um elemento (1ª EI) informa a energia necessária para retirar um elétron do átomo no estado gasoso, conforme indica a equação:

$$X(g) \rightarrow X^+(g) + e^- \qquad EI = 7,6 \text{ eV}$$

A segunda energia de ionização de um elemento (2ª EI) informa a energia necessária para retirar um elétron do cátion de carga +1 no estado gasoso, conforme indica a equação:

$$X^+(g) \rightarrow X^{2+}(g) + e^- \qquad EI = 15,0 \text{ eV}$$

A tabela a seguir apresenta os valores das dez primeiras energias de ionização de dois elementos pertencentes ao 3º período da Tabela Periódica.

ELEMENTO	1ª EI (EV)	2ª EI (EV)	3ª EI (EV)	4ª EI (EV)	5ª EI (EV)	6ª EI (EV)	7ª EI (EV)	8ª EI (EV)	9ª EI (EV)	10ª EI (EV)
X	7,6	15,0	80,1	109,3	141,2	186,7	225,3	266,0	328,2	367,0
Z	13,0	23,8	39,9	53,5	67,8	96,7	114,3	348,3	398,8	453,0

Analisando os dados da tabela, é possível afirmar que o tipo de ligação que ocorre entre os elementos X e Z e a fórmula do composto binário formado por esses elementos são, respectivamente,

a) ligação covalente, $SiCl_4$.
b) ligação iônica, $MgCl_2$.
c) ligação metálica, Mg_3Al_2.
d) ligação covalente, SCl_2.
e) ligação iônica, Na_2S.

2. (UERJ) O diagrama 1 representa a variação do ponto de fusão de quatro sais em função da soma dos raios do cátion e do ânion de cada um dos sais. Note que um dos valores permanece incógnito (Y).

Os sais representados no diagrama são formados por íons isoeletrônicos. O valor do raio iônico (em ângstrons) de diferentes cátions e ânions é apresentado na tabela a seguir.

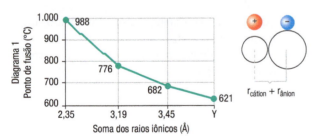

PERÍODO	2	3	4	5	6
CÁTION	Z = 3 Li⁺ 0,58	Z = 11 Na⁺ 1,02	Z = 19 K⁺ 1,38	Z = 37 Rb⁺ 1,49	Z = 55 Cs⁺ 1,70
ÂNION	Z = 9 F⁻ 1,33	Z = 17 Cl⁻ 1,81	Z = 35 Br⁻ 1,96	Z = 53 I⁻ 2,20	Z = 85 At⁻ 2,27

a) Escreva a fórmula do sal de maior ponto de fusão.
b) Escreva a fórmula do sal de menor ponto de fusão.

3. (A. EINSTEIN – SP) A temperatura de fusão de compostos iônicos está relacionada à energia reticular, ou seja, à intensidade da atração entre cátions e ânions na estrutura do retículo cristalino iônico. A força de atração entre cargas elétricas opostas depende do produto das cargas e da distância entre elas. De modo geral, quanto maior o produto entre os módulos das cargas elétricas dos íons e menores as distâncias entre os seus núcleos, maior a energia reticular.

Informação: a distância entre os núcleos dos íons está relacionada ao raio do íon.

Considere os seguintes pares de substâncias iônicas:

I. MgF_2 e MgO   II. KF e CaO   III. LiF e KBr

As substâncias que apresentam a maior temperatura de fusão nos grupos I, II e III são, respectivamente,

DADOS: números atômico: Li = 3; O = 8; Mg = 12; K = 19; Ca = 20; Br = 35.

a) MgO, CaO e LiF.
b) MgF_2, KF e KBr.
c) MgO, KF e LiF.
d) MgF_2, CaO e KBr.
e) MgO, LiF e KF.

4. No poema "Confidência do Itabirano", de Carlos Drummond de Andrade, é possível identificar a relação que o poeta estabelece entre seus sentimentos e a propriedade de um metal.

Alguns anos vivi em Itabira.
Principalmente nasci em Itabira.
Por isso sou triste, orgulhoso: de ferro.
Noventa por cento de ferro nas calçadas.
Oitenta por cento de ferro nas almas.
E esse alheamento do que na vida é porosidade e
  comunicação.

(...)

De Itabira trouxe prendas diversas
  que ora te ofereço:
Este São Benedito do velho santeiro
Alfredo Duval;
Esta pedra de ferro, futuro aço do Brasil;
Este couro de anta, estendido no sofá da sala
  de visitas;
Este orgulho, esta cabeça baixa...

a) O metal mencionado no texto não tem um uso frequente na forma isolada, mas é preferencialmente utilizado para produção de uma liga metálica mencionada por Drummond. Identifique essa liga metálica e indique o(s) principal(is) elemento(s) constituinte(s).

liga metálica: _____

elemento(s) constituinte(s): _____

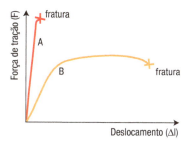

A utilização dessa liga em detrimento da substância pura é decorrente, principalmente, das melhores propriedades mecânicas da mistura. A resistência mecânica depende, assim como outras propriedades dos materiais, do tipo de ligação estabelecida entre os átomos e da organização destes no espaço. Essa propriedade tem importância fundamental no projeto de diversos produtos e pode ser estudada a partir do gráfico acima, que relaciona a força de tração aplicada sobre um corpo (F) e o deslocamento das extremidades do corpo (Δl): enquanto materiais frágeis deformam muito pouco antes de fraturar, materiais dúcteis apresentam valores de Δl muito maiores.

b) Dentre os materiais A e B no gráfico, qual deles é mais frágil? _____

Sabe-se que os materiais presentes no gráfico acima podem ser ferro metálico ou cloreto de sódio. As figuras I e II apresentam desenhos esquemáticos das estruturas do sódio metálico e do cloreto de sódio, não necessariamente nessa ordem.

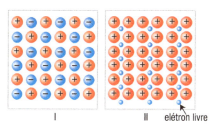

c) Identifique os materiais representados pelas figuras I e II.

Figura I: _____.

Figura II: _____.

d) Identifique os materiais das curvas A e B (como ferro metálico ou cloreto de sódio).

Material A: _____.

Material B: _____.

a) Com base nos dados de energia de ionização e afinidade eletrônica, apresentados nos gráficos, escreva a fórmula do composto iônico com maior possibilidade de ser formado.

b) Dentre os elementos presentes nos gráficos, um deles é essencial para a manutenção da vida humana, sendo imprescindível para o processo de respiração celular. Para esse elemento, esboce o gráfico que apresenta as energias de ionização em função do número de elétrons retirado do átomo.

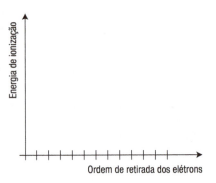

5. As propriedades periódicas, como energia de ionização e afinidade eletrônica, representam uma medida de retenção do elétron no átomo e de atração do átomo por elétrons, respectivamente. Observe os gráficos abaixo, que apresentam dados dessas propriedades para elementos do 2º período da Tabela Periódica.

c) Nas figuras I e II abaixo, estão representados dois sólidos cristalinos, sem defeitos, que apresentam dois tipos diferentes de ligação química. Dentre os elementos presentes nos gráficos anteriores, dois deles formam substâncias simples cujas estruturas podem ser representadas por uma das figuras abaixo. Indique a figura **correta** e pelo menos um dos elementos do 2º período que estabelece esse tipo de ligação.

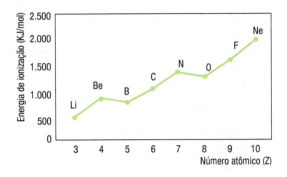

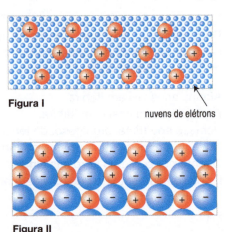

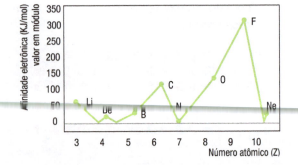

6. (UNICAMP - SP) O medicamento *dissulfiram*, cuja fórmula estrutural está representada abaixo, tem grande importância terapêutica social, pois é usado no tratamento do alcoolismo. A administração de dosagem adequada provoca no indivíduo grande intolerância a bebidas que contenham etanol.

dissulfiram

a) Escreva a fórmula molecular do *dissulfiram*.

b) Quantos pares de elétrons não compartilhados existem nessa molécula?

c) Seria possível preparar um composto com a mesma estrutura do *dissulfiram*, no qual os átomos de nitrogênio fossem substituídos por átomos de oxigênio?
Responda sim ou não e justifique.

de valência, que se dispõe formando um cubo. Na ligação química, os átomos compartilhariam arestas ou faces dos cubos de modo a preencher oito elétrons nos vértices de cada átomo. No esquema abaixo está ilustrado o átomo de cloro, que possui 7 elétrons (círculos nos vértices) na camada de valência. Dois átomos se unem por uma aresta para formar a molécula de Cl_2, preenchendo os 8 elétrons, 1 em cada vértice de cada átomo.

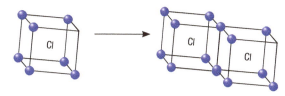

NOTE E ADOTE:

a) O átomo de oxigênio possui número atômico 8. Quantos elétrons pertencem ao "caroço" e quantos estão na camada de valência?

b) Desenhe a estrutura do átomo de oxigênio segundo o modelo do átomo cúbico.

c) Desenhe a estrutura da molécula de O_2 segundo o modelo do átomo cúbico. Nessa molécula, os átomos estão conectados por uma aresta ou face do cubo? Justifique.

7. O ano 2016 corresponde ao aniversário de centenário do artigo *"The Atom and the Molecule"*, publicado por Gilbert N. Lewis em 1916, no qual ele propôs seu modelo de compartilhamento de pares de elétrons na ligação. Desse modelo se desenvolveram os diagramas (diagramas de Lewis) e a Regra do Octeto. Originalmente, Lewis denominou seu modelo de Teoria do Átomo Cúbico, em que os átomos possuiriam uma estrutura eletrônica rígida em um caroço e elétrons móveis na camada

Capítulo 8 — Fórmulas Estruturais e Nomenclatura dos Compostos Inorgânicos

Estimar as características da Terra primitiva, como a composição da atmosfera ou dos oceanos, há mais de 4 bilhões de anos é uma tarefa desafiadora e complexa, porém que pode nos ajudar a entender não só o passado do nosso planeta e como ele evoluiu desde sua formação, mas ampliar nosso entendimento sobre substâncias e suas aplicações também nos dias de hoje.

Por volta de 4 bilhões de anos atrás, antes dos primeiros registros que possuímos da existência de vida na Terra, a atividade vulcânica era bastante intensa. As frequentes erupções vulcânicas liberavam para a atmosfera gases como dióxido de carbono (CO_2), dióxido de enxofre (SO_2) e sulfeto de hidrogênio (H_2S), que, entre outras ações, promoviam a acidificação dos oceanos naquele período.

Essas substâncias são classificadas como **compostos inorgânicos** e, como veremos neste capítulo, possuem aplicações extremamente importantes nos dias de hoje: o dióxido de enxofre, por exemplo, é matéria-prima para a produção de ácido sulfúrico, utilizado na indústria de fertilizantes, sem os quais não seria possível produzir alimentos para sustentar mais de 7,5 bilhões de pessoas.

Erupção vulcânica do Anak Krakatoa, na Indonésia, um dos vulcões mais ativos do mundo atualmente. O magma contém gases dissolvidos, com destaque para H_2O, CO_2, SO_2 e H_2S, que são a força-motriz para a maioria das erupções vulcânicas.

ATENÇÃO!

Compostos inorgânicos são aqueles que não possuem o elemento carbono em sua constituição, como os ácidos, as bases, os sais e os óxidos. Destacam-se as exceções: H_2CO_3 (ácido carbônico), HCN (ácido cianídrico), $CaCO_3$ (carbonato de cálcio), NaCN (cianeto de sódio), CO_2 (dióxido de carbono) e CO (monóxido de carbono), classificados como compostos inorgânicos, mesmo apresentando o elemento carbono.

8.1 Ácidos de Arrhenius

São muitos os ácidos com os quais temos contato em nosso dia a dia. Por exemplo, o vinagre, que utilizamos para tempero, contém ácido acético; o ácido cítrico presente em algumas frutas, como na laranja e no limão; o ácido muriático, utilizado em produtos de limpeza, é composto por ácido clorídrico, que também encontramos no nosso estômago.

O vinagre é uma mistura homogênea, contendo água e ácido acético.

NEW AFRICA/SHUTTERSTOCK

Emprego mais usual de alguns ácidos.

ÁCIDO	NOME	OCORRÊNCIA E/OU USO
H_2SO_4	ácido sulfúrico	fabricação de fertilizantes, ácido da bateria, desidratante (absorve água), associado ao fenômeno da chuva ácida
HNO_3	ácido nítrico	fabricação de explosivos, fertilizantes, associado ao fenômeno da chuva ácida
HCl	ácido clorídrico	componente do suco gástrico, limpeza de pisos e metais, (nome comercial: ácido muriático)
H_2CO_3	ácido carbônico	água com gás, refrigerantes e certas bebidas
H_3PO_4	ácido fosfórico	acidulante e conservante
H_3CCOOH	ácido acético	componente do vinagre
HF	ácido fluorídrico	gravação de vidros
H_2S	ácido sulfídrico	tóxico, tem cheiro de ovo podre; matéria-prima para produção de enxofre
HCN	ácido cianídrico	tóxico, usado em câmaras de gás; matéria-prima para produção de substâncias utilizadas na mineração de prata e ouro

FIQUE POR DENTRO!

Um produto há muito conhecido

O vinagre de vinho é conhecido há muito tempo, sendo que as primeiras referências datam de 8000 a.C. Há uma análise teológica sobre o simbolismo de terem oferecido vinagre para Jesus já crucificado. Na realidade, existia a situação de extremo desgaste físico de Jesus e, naquele momento, lhe foi oferecido vinagre exatamente para que ele revigorasse, fazendo com que seu sofrimento se prolongasse por mais tempo.

Diz-se que soldados persas e romanos carregavam consigo um recipiente com vinagre quando saíam em marcha por longo período em condições precárias por território inóspito. Nessas ocasiões, o vinagre não só era utilizado nos alimentos, mas também como antisséptico.

8.1.1 Os ácidos e a teoria da dissociação eletrolítica de Arrhenius (1887)

Observe a figura ao lado, em que se vê um recipiente contendo uma solução aquosa ácida. Os ácidos, quando puros, não conduzem corrente elétrica, o que nos leva a concluir que são partículas neutras. Entretanto, ao serem dissolvidos em água, a solução aquosa ácida é capaz de conduzir a corrente elétrica, indicando a presença de íons.

Mas por que isso é possível?

O químico sueco Svante August **Arrhenius** (1859-1927) explicou tanto a condutividade elétrica das soluções aquosas ácidas quanto a formação do gás hidrogênio no cátodo.

Quando temos uma solução aquosa ácida na presença de corrente elétrica, verifica-se que no cátodo sempre se forma gás hidrogênio (H_2).

Segundo ele, quando um ácido é dissolvido em água ocorre uma *dissociação* (divisão) da molécula do ácido, liberando íons H^+ e íons negativos (ânions). Na presença de uma corrente elétrica, como na montagem acima, os íons H^+ são atraídos pelo cátodo, local onde há chegada de elétrons promovida pela pilha, no qual ocorre formação de H_2 ($2\,H^+ + 2e^- \longrightarrow H_2$), enquanto os ânions são atraídos pelo ânodo, cujo produto formado depende do ácido dissolvido.

$$\text{ácido} \xrightarrow[\text{dissociação}]{H_2O} H^+ + \text{ânion}$$

Considere, por exemplo, o ácido clorídrico (HCl) em solução aquosa:

$$HCl(g) \xrightarrow{H_2O} HCl(aq) \xrightarrow{H_2O} H^+(aq) + Cl^-(aq)$$

> **Ácido de Arrhenius** é toda substância hidrogenada que, dissolvida em água, origina H^+ como único tipo de cátion (o ânion varia de ácido para ácido), devido à dissociação da molécula do ácido.

Observações:

$CH_4 \xrightarrow{H_2O}$ não libera H^+, portanto, não é ácido.

$NH_3 \xrightarrow{H_2O}$ não libera H^+, portanto, não é ácido.

Svante August Arrhenius, em imagem de 1909.

Explicação atual da teoria de dissociação eletrolítica de Arrhenius para os ácidos

Os ácidos são substâncias moleculares. As ligações entre os átomos na molécula são covalentes, isto é, há compartilhamento de pares eletrônicos. Ao dissolver HCl na água, devido às colisões entre as moléculas do HCl e da água, ocorre a quebra da ligação covalente do HCl.

$$H \} :\!\ddot{\underset{..}{Cl}}: \xrightarrow{H_2O} H^+ + :\!\ddot{\underset{..}{Cl}}:^-$$

Na dissociação ocorrida, o Cl ganhou o elétron do H, pois é mais eletronegativo, e, portanto, o H perdeu seu elétron, pois é menos eletronegativo que o Cl. Como o cátion H^+ é um cátion contendo apenas um próton, ele pode ser chamado também de **próton**.

8.1.2 Nomenclatura dos ácidos

A nomenclatura dos ácidos depende da presença ou não do elemento oxigênio na estrutura da substância.

a) Ácidos sem oxigênio: hidrácidos

O nome dos hidrácidos é feito com o sufixo (terminação) *ídrico*:

> ácido .... ídrico
> (nome do elemento)

- HF: ácido fluorídrico
- HBr: ácido bromídrico
- HCN: ácido cianídrico
- HCl: ácido clorídrico
- HI: ácido iodídrico
- H_2S: ácido sulfídrico

Para os hidrácidos, é muito comum usarmos um nome para indicar a substância pura e outro, para indicar sua solução aquosa. Por exemplo, HCl puro é um gás que é chamado cloreto de hidrogênio; sua solução aquosa é, na verdade, o *ácido clorídrico*.

b) Ácidos com oxigênio: oxiácidos

Uma das maneiras mais fáceis de dar nome aos oxiácidos é a partir do nome e da fórmula dos ácidos-padrão:

| H_3BO_3 | H_2CO_3 | HNO_3 | H_3PO_4 |
| ácido bórico | ácido carbônico | ácido nítrico | ácido fosfórico |

| H_2SO_4 | $HClO_3$ |
| ácido sulfúrico | ácido clórico |

A partir desses ácidos-padrão e de acordo com a variação do número de átomos de oxigênio, determinam-se as fórmulas e os nomes de outros ácidos, com o uso de *prefixos* (hipo, per) e *sufixos* (oso, ico). Assim, a partir de um ácido-padrão, temos:

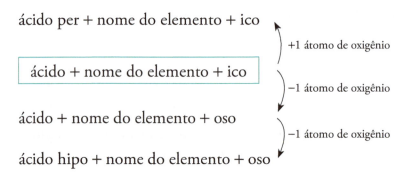

Exemplos:

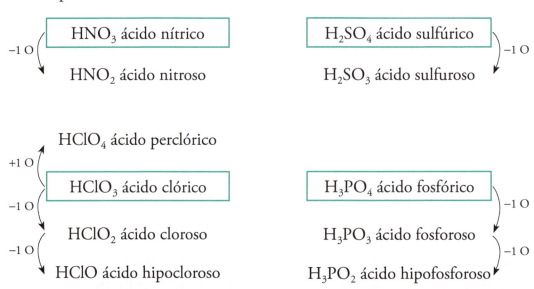

Alguns ácidos de um mesmo elemento têm os prefixos (meta e piro) de seus nomes atribuídos em função da quantidade de água (ou seja, em função de seu grau de hidratação). Por exemplo,

▸ ácido metafosfórico: HPO_3

$$\begin{array}{r} H_3PO_4 \\ - H_2O \\ \hline HPO_3 \end{array}$$

▸ ácido pirofosfórico: $H_4P_2O_7$

$$\begin{array}{r} 2 \cdot H_3PO_4: H_6P_2O_8 \\ - H_2O \\ \hline H_4P_2O_7 \end{array}$$

8.1.3 Fórmulas estruturais dos oxiácidos

Para determinar a fórmula estrutural dos *oxiácidos*, deve-se seguir as seguintes etapas:

1. Rodear o átomo central com átomos de O.

H_2CO_3

```
      O
  O   C
      O
```

HNO_3

```
  O   N   O
      O
```

H_2SO_4

```
  O       O
      S
  O       O
```

H_3PO_4

```
          O
  O   P   O
          O
```

2. Ligar os átomos de H nos átomos de O.

H_2CO_3

```
      O   H
  O   C
      O   H
```

HNO_3

```
  O   N   O   H
      O
```

H_2SO_4

```
  O       O   H
      S
  O       O   H
```

H_3PO_4

```
          O   H
  O   P   O   H
          O   H
```

3. A sequência de ligação é: H – O – átomo central. No final, o átomo central deve apresentar 4 traços ao seu redor, que representam o compartilhamento de 4 pares de elétrons (o que implica um octeto completo para o átomo central).

H_2CO_3

$$O=C{\begin{matrix}\nearrow O-H \\ \searrow O-H\end{matrix}}$$

HNO_3

$$O=N-O-H$$
$$\quad\ \ |$$
$$\quad\ \ O$$

H_2SO_4

$$\begin{matrix}O\searrow\ \ \nearrow O-H\\ \ \ \ S\\ O\nearrow\ \ \searrow O-H\end{matrix}$$

H_3PO_4

$$O-P{\begin{matrix}\nearrow O-H\\ -O-H\\ \searrow O-H\end{matrix}}$$

Observações:

- Há dois ácidos em que temos átomos de H ligados no átomo central (P). São eles o H_3PO_3 e o H_3PO_2:

$$H_3PO_3 \qquad\qquad H_3PO_2$$

$$O-P\begin{array}{c}O-H\\|\\H\end{array}\!\!\!\!O-H \qquad\qquad O-P\begin{array}{c}O-H\\H\\H\end{array}$$

- Para o ácido sulfúrico (H_2SO_4) e para os ácidos do fósforo, há duas fórmulas estruturais.
  - Modelo de ligação covalente (já visto), em que o enxofre e o fósforo ficam com oito elétrons na camada de valência.

$$\begin{array}{c}H-O\\H-O\end{array}\!\!S\!\!\begin{array}{c}O\\O\end{array} \qquad\qquad O-P\begin{array}{c}O-H\\O-H\\O-H\end{array}$$

  - Modelo de ligação dupla: nesse modelo, o enxofre e o fósforo estabelecem ligações duplas com os átomos de oxigênio, em vez de ligações simples.

$$\begin{array}{c}H-O\\H-O\end{array}\!\!S\!\!\begin{array}{c}O\\O\end{array} \qquad\qquad O=P\begin{array}{c}O-H\\O-H\\O-H\end{array}$$

Nesse modelo, o enxofre fica com *doze* elétrons na camada de valência e o fósforo, com *dez* elétrons na camada de valência. Evidências experimentais mostram que o comprimento das ligações S e O e P e O está mais próximo do comprimento da ligação dupla do que do comprimento da ligação simples. Como o enxofre e o fósforo apresentam os seus elétrons de valência na camada M, existe a possibilidade de colocar mais de *oito elétrons* na camada de valência, pois a camada M pode conter até 18 elétrons (expansão do octeto).

S (Z = 16): K L M   P (Z = 15): K L M
                      2 8 6   2 8 5

8.1.4 Hidrogênio ionizável

Hidrogênio ionizável é todo átomo de hidrogênio capaz de se transformar em íon H^+ quando um ácido é dissolvido na água.

a) Hidrácidos

Por meio de dados experimentais, todos os hidrogênios presentes nas moléculas dos hidrácidos são ionizáveis. Por exemplo:

$H : \ddot{\underset{..}{Br}} :$ $HBr(g) \xrightarrow{H_2O} HBr(aq) \xrightarrow{H_2O} H^+(aq) + Br^-(aq)$

$H : C ::\ddot{N}$ $HCN(g) \xrightarrow{H_2O} HCN(aq) \xrightarrow{H_2O} H^+(aq) + CN^-(aq)$

O HBr e o HCN são classificados como **monoácidos**, pois liberam 1 H^+ por molécula.

Quando dissolvemos H_2S em água, obtemos dois ânions: HS^- (maior quantidade) e S^{2-} (menor quantidade). Podemos concluir que quando um ácido libera mais de um H^+, na verdade ele o faz em etapas, liberando um H^+ por vez. A primeira etapa é sempre a mais fácil, pois o H^+ está sendo liberado de uma molécula neutra. Na segunda etapa, a liberação do H^+ é mais difícil, pois o cátion positivo está sendo liberado de um ânion negativo.

$:\ddot{S}\begin{matrix} H \\ H \end{matrix}$ $H_2S(g) \xrightarrow{H_2O} H_2S(aq) \xrightarrow{H_2O} H^+(aq) + HS^-(aq)$ 1ª etapa

$:\ddot{S}^-\!\!\diagdown H$

$\dfrac{HS^-(aq) \xrightarrow{H_2O} H^+(aq) + S^{2-}(aq)}{H_2S(aq) \xrightarrow{H_2O} 2\,H^+(aq) + S^{2-}(aq)}$ 2ª etapa

soma das etapas

O H_2S é classificado como **diácido**, pois libera 2 H^+ por molécula.

b) Oxiácidos

Por meio de cálculos químicos, somente os átomos de hidrogênio ligados diretamente aos átomos de oxigênio são hidrogênios ionizáveis.

A ligação O — H é bastante polarizada: o oxigênio, um elemento bastante eletronegativo, atrai os elétrons compartilhados com o hidrogênio (elemento menos eletronegativo); portanto, o par de elétrons compartilhado fica mais próximo do oxigênio, fazendo com que o oxigênio adquira uma carga parcial negativa (δ^-), enquanto que o hidrogênio adquire uma carga parcial positiva (δ^+).

Em água, o H^+, que apresenta carga parcial positiva, é atraído pelo átomo de oxigênio da molécula de água (polo negativo dessa molécula). Essa atração é tão intensa que a água consegue separar os hidrogênios das moléculas do ácido, originando o íon de H^+.

$\overset{\delta^-}{\text{---O}} - \overset{\delta^+}{\text{H}} \text{---} \overset{\delta^-}{\text{O}} \diagup^H_{\diagdown H}$

ácido   ↓ atração forte

A seguir, alguns exemplos de oxiácidos e posição de seu hidrogênio ionizável:

$$O=N-O-\}H \qquad HNO_3(aq) \longrightarrow H^+(aq) + NO_3^-(aq)$$
$$\underset{O}{|}$$

$$CH_3-C\underset{O-\}H}{\overset{\nearrow O}{\diagdown}} \qquad \underset{\text{ácido acético (vinagre)}}{CH_3COOH(aq) \longrightarrow H^+(aq) + CH_3COO^-(aq)}$$

O CH_3COOH é classificado como **monoácido**, pois libera apenas 1 H^+ por molécula. Os hidrogênios ligados diretamente no carbono não são ionizáveis: a diferença de eletronegatividade entre H e C é baixa, de modo que esses hidrogênios não adquirem uma carga parcial positiva elevada e, portanto, não são atraídos pelas moléculas de água.

$$O-P\underset{O-H}{\overset{O-\}H}{\diagdown}}-O-H \qquad H_3PO_4(aq) \longrightarrow H^+(aq) + H_2PO_4^-(aq) \qquad \text{1ª etapa}$$

$$O-P\underset{O-H}{\overset{O^-}{\diagdown}}-O-\}H \qquad H_2PO_4^-(aq) \longrightarrow H^+(aq) + HPO_4^{2-}(aq) \qquad \text{2ª etapa}$$

$$O-P\underset{O-\}H}{\overset{O^-}{\diagdown}}-O^- \qquad \underline{HPO_4^{2-}(aq) \longrightarrow H^+(aq) + PO_4^{3-}(aq) \quad \text{3ª etapa}}$$

$$H_3PO_4(aq) \longrightarrow 3\,H^+(aq) + PO_4^{3-}(aq) \quad \text{soma das etapas}$$

O H_3PO_4 é classificado como **triácido**, pois libera 3 H^+ por molécula.

8.2 Bases de Arrhenius

Muitos produtos de limpeza, como os sabões que usamos diariamente para remover gorduras e óleos, contêm a **base** hidróxido de sódio (NaOH), conhecida comercialmente como soda cáustica. A palavra cáustica significa *queima*, e este é o efeito que o hidróxido de sódio tem sobre a pele. Produtos que contêm soda cáustica são perigosos, devendo ser usados com muito cuidado.

O NaOH é muito importante na indústria química, sendo utilizado não só na fabricação de produtos de limpeza, mas também na produção de papel e alumínio.

Pastilhas de NaOH.

Emprego mais usual de algumas bases.

BASE	NOME	OCORRÊNCIA E/OU USO
NaOH	hidróxido de sódio (soda cáustica)	produção de papel, sabão e detergente; limpa-forno; para desentupir pias e ralos
$Mg(OH)_2$	hidróxido de magnésio (leite de magnésia)	antiácido estomacal
$Ca(OH)_2$	hidróxido de cálcio (cal hidratada)	pintura a cal, preparação de argamassa (massa que fica entre os tijolos); adição aos solos para diminuir a acidez
NH_4OH	hidróxido de amônio (amoníaco)	produtos de limpeza

FIQUE POR DENTRO!

Presente há quase 50 séculos

Estudos indicam que os primeiros usos de sabão datam de 2800 a.C., na antiga Babilônia (atualmente Iraque). Não era um sabão como o conhecemos, mas um produto pastoso, produzido a partir da mistura da gordura de animais com cinzas de madeira, que continham substâncias com caráter básico.

Acredita-se que os árabes, por volta do século VII, foram os primeiros a produzir sabões, líquidos e sólidos, a partir de óleos vegetais, como azeite de oliva, e de hidróxidos de metais alcalinos extraídos de cinzas. Além disso, eles também perfumavam e coloriam os sabões produzidos.

Por volta do século XIII, sabão já era produzido em várias cidades europeias, como em Marselha (na França) e em Savona (na Itália). Na Europa, a produção de sabão foi se desenvolvendo e, na época das grandes navegações (nos séculos XV e XVI), o sabão era considerado um artigo de luxo.

Entre o final do século XVIII e o século XIX, a produção de sabão teve grandes desdobramentos, que possibilitaram a produção em larga escala: 1791, o químico francês Nicolas Leblanc patenteou um método de produção de barrilha (carbonato de sódio) a partir da solução aquosa de sal de cozinha, barateando a obtenção de uma substância alcalina para produção de sabão; entre 1813 e 1823, o químico francês Michel Chevreul descobriu a composição química das gorduras utilizadas na produção de sabão; e, em 1861, o químico belga Ernest Solvay patenteou um método mais eficiente que o proposto por Leblanc para obtenção de carbonato de sódio.

Todas essas descobertas científicas contribuíram para o desenvolvimento da indústria do sabão e permitiram que hoje encontremos sabões de todos os aromas, cores, tipos e preços.

8.2.1 As bases e a teoria da dissociação eletrolítica de Arrhenius (1887)

Observe a figura a seguir, em que se vê um recipiente contendo uma solução básica aquosa. As bases, quando no estado sólido, **não** conduzem a corrente elétrica, pois os íons estão presos no retículo cristalino da base. Porém, ao serem dissolvidas em água, as soluções aquosas básicas são capazes de conduzir corrente elétrica, indicando a presença de íons.

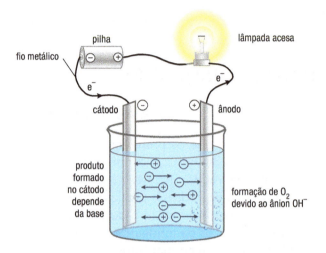

Quando temos uma solução aquosa básica na presença de corrente elétrica, verifica-se que no ânodo sempre se forma gás oxigênio (O_2).

Segundo Arrhenius, as bases, ao serem dissolvidas em água, sofrem uma separação (divisão) que libera os íons, produzindo cátions positivos e ânions OH^-. Na presença de uma corrente elétrica, como na montagem acima, os íons OH^- são atraídos pelo ânodo, local onde há saída de elétrons promovida pela pilha, no qual ocorre a formação de O_2 ($2OH^- \longrightarrow \frac{1}{2} O_2 + H_2O + 2e^-$), enquanto os cátions são atraídos pelo cátodo, cujo produto depende da base dissolvida.

$$\boxed{\text{base} \xrightarrow{H_2O} \text{cátion} + OH^-}$$

Por exemplo, ao se adicionar água ao NaOH, tem-se

$$NaOH(s) \xrightarrow{H_2O} NaOH(aq) \xrightarrow{H_2O} Na^+(aq) + OH^-(aq)$$

> **Base de Arrhenius** é toda substância que, dissolvida em água, libera OH^- (ânion hidroxila) como único tipo de ânion (o cátion varia de base para base) devido à dissociação da base.

Explicação atual da teoria de dissociação eletrolítica de Arrhenius para as bases

As bases dos metais são compostos iônicos e, em solução aquosa, sofrem **dissociação iônica**, isto é, a água separa os íons, destruindo o retículo cristalino da base. Os íons ficam rodeados pelas moléculas de água.

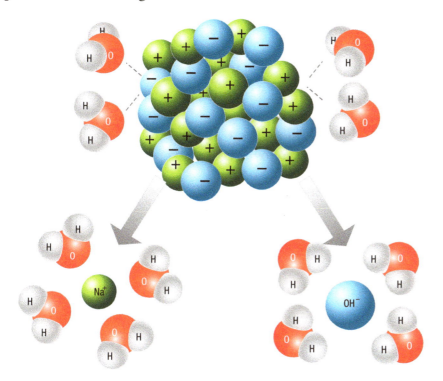

Esquema da dissociação iônica do NaOH:

$$NaOH(s) \xrightarrow{H_2O} NaOH(aq) \xrightarrow{H_2O} Na^+ + OH^-(aq)$$

Como as moléculas de água rodeiam tanto os íons Na^+ quanto os íons OH^-, essas equações podem também ser escritas da seguinte forma:

$$NaOH(aq) + (x+y)H_2O(l) \longrightarrow Na^+(H_2O)_x + OH^-(H_2O)_y$$

> **IMPORTANTE!**
>
> Quando propôs sua teoria, Arrhenius utilizava o termo *dissociação* para os processos que ocorriam tanto para os ácidos como para as bases. Atualmente, entretanto, há uma distinção entre esses dois processos. Para a dissolução de bases de metais em água, como no caso do NaOH, emprega-se o termo *dissociação iônica* que corresponde à separação de íons: NaOH(s) é um composto iônico que contém íons Na^+ e OH^- em sua estrutura, que são *separados* no processo de dissolução em água. Para a dissolução de ácidos em água, como no caso do HCl, emprega-se o termo *ionização* que corresponde a uma reação na qual há produção de íons: HCl(g) é um composto molecular que não contém íons em sua estrutura; os íons H^+ e Cl^- são *produzidos* no processo de dissolução em água.

8.2.2 Amônia (NH_3) é uma base de Arrhenius diferente

O hidróxido de amônio (NH_4OH), que não é uma base de metal, resulta da *ionização* em água da amônia (NH_3), isto é, ocorre uma reação entre NH_3 e H_2O com formação de íons NH_4^+ e OH^-.

O NH_4OH só existe em solução aquosa, isto é, é uma solução aquosa de NH_3. Comercialmente, essa solução aquosa é conhecida pelo nome de amoníaco.

$$NH_3(g) \xrightarrow{H_2O} NH_3(aq)$$

$$\underset{\text{amônia}}{NH_3(aq) + H_2O(l)} \longrightarrow NH_4OH \longrightarrow \underset{\text{cátion amônio}}{NH_4^+(aq) + OH^-(aq)}$$

8.2.3 Nomenclatura das bases

Para a nomenclatura das bases, utiliza-se a seguinte regra:

> hidróxido de (nome do cátion)

Quando um cátion apresenta mais de uma carga (Fe^{2+} e Fe^{3+}), acrescenta-se, ao final do seu nome, em algarismos romanos e entre parênteses, o número da carga do cátion. Por exemplo:

- NaOH – hidróxido de sódio
- $Al(OH)_3$ – hidróxido de alumínio
- $Fe(OH)_2$ – hidróxido de ferro (II)
- $Mg(OH)_2$ – hidróxido de magnésio
- NH_4OH – hidróxido de amônio
- $Fe(OH)_3$ – hidróxido de ferro (III)

Principais cátions encontrados em compostos inorgânicos.

CARGA	CÁTIONS
+1	Grupo 1 (Li^+, Na^+, K^+), NH_4^+
+2	Grupo 2 (Mg^{2+}, Ca^{2+}, Ba^{2+}, Sr^{2+}), Zn^{2+}, Cd^{2+}
+3	Al^{3+}
+1 ou +2	Cu^+ ou Cu^{2+}, Hg^+ ou Hg^{2+}
+2 ou +3	Fe^{2+} ou Fe^{3+}, Co^{2+} ou Co^{3+}, Ni^{2+} ou Ni^{3+}
+2 ou +4	Sn^{2+} ou Sn^{4+}, Pb^{2+} ou Pb^{4+}

Observação: por simplicidade, os químicos utilizam Hg^+ em vez de Hg_2^{2+}.

ATENÇÃO!

A fórmula de uma base é prevista pelo princípio da neutralidade elétrica (a carga total do cátion é igual à carga total do ânion). Por exemplo:

Na^+ e OH^-: NaOH Ca^{2+} e OH^-: $Ca(OH)_2$
Al^{3+} e OH^-: $Al(OH)_3$ Pb^{4+} e OH^-: $Pb(OH)_4$

8.2.4 Fórmula estrutural das bases de metais

A ligação entre O e H é feita pelo compartilhamento de um par de elétrons, ficando o O com 7 elétrons na camada de valência e o hidrogênio com o *dueto* completo.

$$\cdot \ddot{\underset{..}{O}} : H$$

Já a ligação entre o metal e o OH é *iônica*, pois o metal fornece um elétron ao O para ficar com o *octeto* completo. Veja os exemplos a seguir:

$$Na \cdot \curvearrowright \cdot \ddot{\underset{..}{O}} : H \longrightarrow [Na^+] \left[: \ddot{\underset{..}{O}} : H \right]^- \text{ ou } Na^+ \left[: \ddot{\underset{..}{O}} - H \right]^-$$

$$Ca : \overset{\curvearrowright}{\underset{\searrow \cdot \ddot{\underset{..}{O}} :}{\cdot \ddot{\underset{..}{O}} : H}} \longrightarrow [Ca^{2+}] \left[: \ddot{\underset{..}{O}} : H \right]_2^- \text{ ou } Ca^{2+} \left[: \ddot{\underset{..}{O}} - H \right]_2^-$$

As bases são classificadas como **substâncias iônicas** (embora a ligação entre O e H seja covalente), pois, nesse caso, a ligação iônica prevalece sobre a ligação covalente, isto é, as bases têm as mesmas propriedades das substâncias iônicas, como os altos pontos de fusão e ebulição e o fato de não conduzirem corrente elétrica no estado sólido (somente quando fundidas ou dissolvidas).

FIQUE POR DENTRO!

Medindo a acidez e a basicidade na prática!

Existem substâncias que têm a propriedade de apresentarem colorações diferentes em solução ácida e em solução básica. Essas substâncias são chamadas de indicadores ácido-base. Os mais comuns são o tornassol, a fenolftaleína e o alaranjado de metila. As colorações desses indicadores em solução ácida e em solução básica são descritas a seguir.

INDICADOR	MEIO ÁCIDO	MEIO BÁSICO
tornassol	rosa	azul
fenolftaleína	incolor	vermelho
alaranjado de metila	vermelho	laranja

A rigor, não é correto dizer que, por exemplo, a fenolftaleína é incolor em meio ácido e vermelha em meio básico; a coloração depende da concentração dos íons H^+ e OH^- em solução e a mudança de cor (de incolor para vermelha, no caso da fenolftaleína) é gradual.

Os indicadores ácido-base fornecem uma medida qualitativa da acidez/basicidade das soluções. Se desejarmos expressar a acidez de uma solução de forma quantitativa, é frequente o uso da **escala de pH** (potencial hidrogeniônico), que é definido como

$$pH = -\log [H^+]$$

onde $[H^+]$ é a concentração de íons H^+ na solução, expressa em mol/L.

Como as concentrações de H^+ variam usualmente de 10^{-14} mol/L a 1 (10^0) mol/L, o pH de soluções aquosas varia de 0 a 14. Segundo essa escala, a 25 °C:

- soluções ácidas apresentam pH inferior a 7,0;
- soluções neutras apresentam pH igual a 7,0;
- soluções básicas apresentam pH superior a 7,0.

Extrato de repolho roxo também pode ser utilizado como um indicador ácido-base: em soluções ácidas, o extrato adquire coloração rosa; em soluções neutras, coloração roxa; e, em soluções básicas, coloração verde.

NOTA: mol é uma unidade que indica quantidade de partículas e será estudada, em detalhes, no Capítulo 14. Nesse momento, no cálculo de valores de pH, precisamos apenas saber que as concentrações dos solutos em soluções aquosas são expressas em mol/L. Por exemplo, quando mencionamos que uma solução de HCl apresenta concentração igual a 0,1 mol/L, estamos falando que, em um 1 L dessa solução, há 0,1 mol de moléculas de HCl.

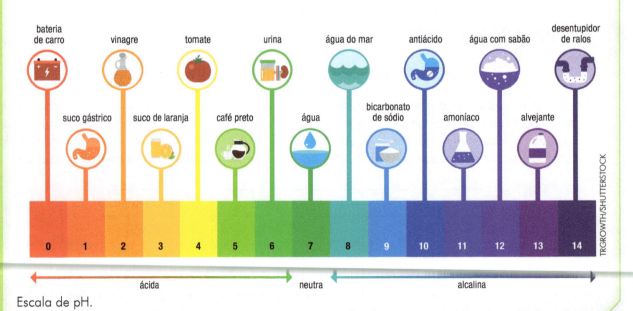

Escala de pH.

8.3 Sais

Com certeza, você já ouviu a palavra "sal", principalmente porque um deles, o cloreto de sódio (NaCl), é o conhecido sal de cozinha. Mas como pode ser formada essa substância?

Sal é uma das substâncias formadas na **reação de neutralização** entre uma base e um ácido, sendo a outra, a água.

$$\text{base} + \text{ácido} \longrightarrow \text{sal} + \text{água}$$

Observe, por exemplo, que na formação do sal de cozinha (NaCl) as substâncias que podem reagir são o hidróxido de sódio (uma base) e o ácido clorídrico (HCl). Perceba que além do sal também é formada água:

$$NaOH + HCl \longrightarrow NaCl + HOH$$

Também podemos dizer que sal é uma substância *iônica*, em que o cátion é proveniente de uma base e o ânion é proveniente de um ácido.

$$Na^+Cl^- \begin{array}{l} \text{— NaOH} \\ \text{— HCl} \end{array}$$

Retrato de Joseph-Louis **Gay-Lussac** (1778-1850). Litografia de François Séraphin Delpech, ca. 1800 e 1850. Biblioteca do Congresso, Washington, EUA.

Gay-Lussac, físico e químico francês, em 1814 propôs que um sal seria formado pela reação entre um ácido e uma base.

FIQUE POR DENTRO!

Um arco-íris de cores

Além do branco, também são encontrados para uso culinário sais rosa, vermelho, azul, marrom ou até mesmo preto. Essa diferença na coloração se deve à presença de ferro (no rosa), de óxido de ferro (no vermelho), ou de minerais de potássio (no azul) ou mesmo a um processo de defumação (no marrom) ou à mistura de lava vulcânica na região das salinas (no preto), por exemplo.

Sal branco convencional

Sal rosa do Himalaia

Sal azul da Pérsia

Sal defumado da Dinamarca

Sal vermelho do Havaí

Sal preto vulcânico do Havaí

Emprego mais usual de alguns sais.

SAL	NOME	OCORRÊNCIA E/OU USO
NaCl	cloreto de sódio	alimentação, soro fisiológico (0,9% de NaCl); conservação de carnes e peixes
$CaCO_3$	carbonato de cálcio	calcário, mármore; obtenção da cal (CaO); adição aos solos para diminuir a acidez; fabricação de vidro e cimento, formação de estalactites e estalagmites
$NaNO_3$	nitrato de sódio (salitre do Chile)	fertilizante e componente da pólvora ($NaNO_3$ + C + S)
$NaHCO_3$	bicarbonato de sódio	antiácido estomacal; extintor de incêndio tipo espuma; fermento de bolos, pães etc.; componente dos talcos desodorantes
Na_2CO_3	carbonato de sódio (barrilha ou soda)	fabricação de vidro; tratamento da água

Gruta de Maquiné, em Cordisbugo, MG. Quando a água de chuva (que contém dióxido de carbono dissolvido) percola por cavernas calcárias, ocorre a dissolução do carbonato de cálcio. Dependendo do local onde a água evapora, o carbonato de cálcio pode ficar no teto formando estalactites, como as da foto, ou se depositar no solo, formando estalagmites.

Você já se perguntou quais sais existem na água do mar que a tornam tão característica?

A água do mar é uma solução rica não somente em cloreto de sódio, mas também em outros sais. Em cada litro de água do mar, temos aproximadamente 35 g de sais dissolvidos, que liberam *íons*, sendo os mais abundantes encontrados nas seguintes proporções:

- Cl^- (cloreto) – 55% (da massa de íons presentes na água do ar)
- Na^+ (sódio) – 31%
- SO_4^{2-} (sulfato) – 8%
- Mg^{2+} (magnésio) – 4%
- Ca^{2+} (cálcio) – 1,2%
- K^+ (potássio) – 1,1%
- HCO_3^- (bicarbonato) – 0,3%
- Br^- (brometo) – 0,2%

Assim, a concentração de íons na água do mar tem a sequência:

$$Cl^- > Na^+ > SO_4^{2-} > Mg^{2+} > Ca^{2+} > K^+ > HCO_3^- > Br^-$$

LIGANDO OS PONTOS!

Salinidade da água dos oceanos

Você já deve saber que os oceanos cobrem cerca de 70% da superfície terrestre e que 97% de toda a água na Terra é salgada – ou seja, no nosso planeta há muita água salgada! Estima-se que se todo o sal dos oceanos fosse removido e espalhado sobre a terra, ele produziria uma camada de mais de 166 metros de espessura, o que é equivalente à altura de um prédio de 40 andares! Mas, qual é origem de todo esse sal?

Atualmente, há duas hipóteses mais aceitas para explicar a presença de sais na água do mar. Por muito tempo acreditou-se que sais presentes nas rochas da superfície terrestre teriam sido *dissolvidos* e transportados pelos rios para os oceanos. Mas comparando-se a composição da água dos rios com a da água dos oceanos observou-se que nem todo sal do oceano poderia ter essa origem.

Outra hipótese sugere que erupções vulcânicas no fundo dos oceanos também seriam responsáveis pela salinidade de suas águas. A água expelida pelas erupções vulcânicas contém, em solução, constituintes químicos, como cloretos, sulfatos, brometos, iodetos, compostos de carbono, boro, nitrogênio e outros.

O mais provável é que ambos os processos tenham contribuído para tornar os oceanos salgados, razão pela qual a quantidade de sal dissolvido não é a mesma em todos os oceanos, que também depende, por exemplo, da influência da temperatura e das correntes marítimas.

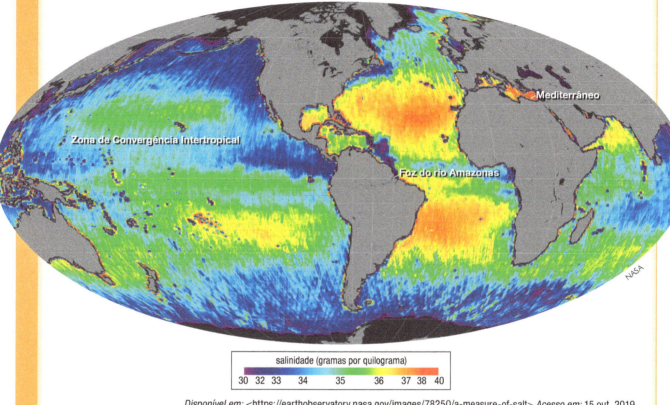

Disponível em: <https://earthobservatory.nasa.gov/images/78250/a-measure-of-salt> Acesso em: 15 out. 2019.

A NASA, em conjunto com a Comisión Nacional de Actividades Espaciales (CONAE) argentina, lançou em 2011 a missão Aquarius para medir a salinidade na água dos oceanos; regiões em preto não foram mapeadas. A partir dos dados coletados, é possível verificar que o oceano Atlântico é mais salgado que os demais oceanos, cuja explicação pode estar relacionada com o fluxo de vapor-d'água na atmosfera.

8.3.1 Nomenclatura dos sais

A nomenclatura dos sais é feita escrevendo-se o nome do *ânion* (proveniente do ácido), a palavra *de* e o nome do *cátion* (proveniente da base).

$$\text{(nome do ânion) de (nome do cátion)}$$

Por exemplo, para o NaCl, que pode ser produzido a partir reação:

$$\underset{\text{ácido clorídrico}}{\text{HCl}} + \underset{\text{hidróxido de sódio}}{\text{NaOH}} \longrightarrow \underset{\text{cloreto de sódio}}{\text{NaCl}} + H_2O$$

Vimos a nomenclatura dos cations no item 8.2.3, quando estudamos as bases, porém, para escrever a nomenclatura de um sal, precisamos saber a nomenclatura dos ânions.

A nomenclatura de um ânion é proveniente da nomenclatura do ácido cuja dissociação produziu o ânion.

$$\text{ácido} \xrightarrow{H_2O} H^+ + \text{ânion}$$

Assim, a nomenclatura dos ânions é feita substituindo-se a terminação do nome do *ácido* pela terminação do nome do *ânion*, conforme tabela a seguir:

ÁCIDO	ÂNION
ídrico	eto
ico	ato
oso	ito

Por exemplo:

$$HCl \longrightarrow H^+ + Cl^-$$
ácido clorídrico — ânion cloreto

$$HNO_3 \longrightarrow H^+ + NO_3^-$$
ácido nítrico — ânion nitrato

$$HNO_2 \longrightarrow H^+ + NO_2^-$$
ácido nitroso — ânion nitrito

$$H_2SO_4 \longrightarrow 2\,H^+ + SO_4^{2-}$$
ácido sulfúrico — ânion sulfato

$$H_2SO_4 \longrightarrow 2\,H^+ + SO_4^{2+}$$
ácido sulfuroso — ânion sulfito

$$H_3PO_4 \longrightarrow 3\,H^+ + PO_4^{3-}$$
ácido fosfórico — ânion fosfato

Principais ânions encontrados em compostos inorgânicos

- SO_4^{2-}: ânion sulfato
- SO_3^{2-}: ânion sulfito
- CO_3^{2-}: ânion carbonato
- HCO_3^-: ânion hidrogenocarbonato ou ânion bicarbonato
- ClO_4^-: ânion perclorato
- ClO_3^-: ânion clorato
- ClO_2^-: ânion clorito
- ClO^-: ânion hipoclorito
- CrO_4^{2-}: ânion cromato
- $Cr_2O_7^{2-}$: ânion dicromato
- MnO_4^-: ânion permanganato
- BO_3^{3-}: ânion borato
- F^-: ânion fluoreto
- Br^-: ânion brometo
- I^-: ânion iodeto
- CN^-: ânion cianeto
- S^{2-}: ânion sulfeto

Agora que sabemos como nomear os ânions, podemos escrever a nomenclatura dos sais. Observe os exemplos a seguir:

- NaCl: cloreto de sódio
- $CaCO_3$: carbonato de cálcio
- $Ca_3(PO_4)_2$: fosfato de cálcio
- $KMnO_4$: permanganato de potássio
- $FeSO_4$: sulfato de ferro (II)
- $Fe_2(SO_4)_3$: sulfato de ferro (III)

O nitrato de níquel (II) ($Ni(NO_3)_2$), o dicromato de potássio ($K_2Cr_2O_7$) e o sulfato de cobre (II) penta-hidratado ($CuSO_4 \cdot 5\ H_2O$) são sais coloridos: verde, laranja e azul, respectivamente.

> **ATENÇÃO!**
> A fórmula de um sal também é prevista pelo princípio de neutralidade elétrica (carga total do cátion é igual à carga total do ânion). Por exemplo,
> - Fe^{2+} e Cl^-: $FeCl_2$
> - Fe^{3+} e Cl^-: $FeCl_3$
> - Ca^{2+} e CO_3^{2-}: $CaCO_3$
> - Al^{3+} e SO_4^{2-}: $Al_2(SO_4)_3$

8.3.2 Dissociação dos sais em água

Quando um sal é dissolvido em água, ocorre a separação do *cátion* e do *ânion*. Veja os exemplos a seguir:

$$NaCl(s) \xrightarrow{H_2O} NaCl(aq) \xrightarrow{H_2O} Na^+(aq) + Cl^-(aq)$$

$$K_2SO_4(s) \xrightarrow{H_2O} K_2SO_4(aq) \xrightarrow{H_2O} 2\ K^+(aq) + SO_4^{2-}(aq)$$

8.3.3 Fórmula estrutural dos sais

A fórmula estrutural do ânion é proveniente do ácido que lhe deu origem, sendo que há retirada do H que fica ligado ao O (o que torna o O negativo), como acontece na dissociação do ácido na água. Como o cátion vai se ligar ionicamente com o O negativo, então um sal é um composto iônico. Por exemplo,

1) $NaNO_3$
          └── HNO_3

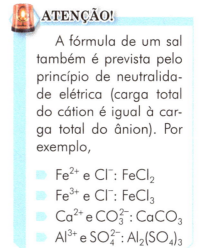

2) $CaCO_3$ — H_2CO_3

$$H-O\diagdown C=O \longrightarrow \begin{matrix}O^-\\O^-\end{matrix}C=O$$

$$Ca^{2+}\begin{bmatrix}O^-\\O^-\end{bmatrix}C=O \quad \text{ou} \quad Ca^{2+}\begin{bmatrix}O\\O\end{bmatrix}C=O\begin{bmatrix}\end{bmatrix}^{2-}$$

3) K_2SO_4 — H_2SO_4

$$\begin{matrix}H-O\\H-O\end{matrix}S\begin{matrix}O\\O\end{matrix} \longrightarrow \begin{matrix}O^-\\O^-\end{matrix}S\begin{matrix}O\\O\end{matrix}$$

$$K_2^+\begin{bmatrix}O^-\\O^-\end{bmatrix}S\begin{matrix}O\\O\end{matrix} \quad \text{ou} \quad K_2^+\begin{bmatrix}O\\O\end{bmatrix}S\begin{matrix}O\\O\end{matrix}\begin{bmatrix}\end{bmatrix}^{2-}$$

FIQUE POR DENTRO!

Sais hidratados

Você já ouviu falar em sais hidratados? Quando os sais se cristalizam a partir de uma solução aquosa, os íons podem reter algumas das moléculas de água de hidratação, isto é, moléculas de água que ficam incorporadas ao retículo cristalino do composto iônico. Por exemplo:

- $Na_2CO_3 \cdot 10\ H_2O$: carbonato de sódio deca-hidratado
- $CuSO_4 \cdot 5\ H_2O$: sulfato de cobre (II) penta-hidratado

O "ponto" que aparece na fórmula é usado para separar a água de hidratação do resto da fórmula.

As interações entre as moléculas de água e os íons são mais fortes para íons com densidade de carga elevada, ou seja, quanto maior a carga do íon ou quanto menor for o seu tamanho (que está relacionado com o raio), mais intensas serão as interações com as moléculas de água e maior a probabilidade de formação de sais hidratados. Por exemplo, para os cations do grupo 1 (todos com carga +1), Li^+ e Na^+ (que são menores) forma sais hidratados. Já os cátions K^+, Rb^+ e Cs^+ não formam sais hidratados, uma vez que são íons maiores e, portanto, com menor densidade de carga.

Grupo 1: Li^+ Na^+ (formam sais hidratados) K^+ Rb^+ Cs^+ (não formam sais hidratados)

Não há maneira simples de prever a quantidade de água presente em um sal hidratado, de modo que a determinação deve ser experimental. A experiência envolve o aquecimento do material hidratado de modo a retirar toda a água do sólido e promover sua evaporação. O resíduo sem água é chamado de sal anidro.

$$CuSO_4 \cdot 5\ H_2O \xrightarrow{\Delta} CuSO_4 + 5\ H_2O$$
sal hidratado azul → sal anidro branco

Sulfato de cobre (II) penta-hidratado ($CuSO_4 \cdot 5\ H_2O$) é azul, enquanto sulfato de cobre (II) anidro ($CuSO_4$) apresenta coloração branca.

8.4 Óxidos

Há 4 bilhões de anos, cerca de 500 milhões de anos após a formação da Terra e do Sistema Solar, o Sol ainda era uma estrela relativamente nova e produzia uma quantidade de energia menor do que em períodos posteriores. Mesmo assim, estima-se que a temperatura na superfície da Terra primitiva chegava a ser superior a 70 °C!

Uma das explicações para essa maior temperatura está relacionada com a maior quantidade de gás carbônico (CO_2) presente na atmosfera naquele período. O dióxido de carbono, liberado para atmosfera pela intensa atividade vulcânica, apresenta a propriedade de reter energia na forma de calor, sendo um dos gases relacionados ao que chamamos de **efeito estufa** – responsável por manter a temperatura da Terra em faixas que propiciaram o aparecimento e desenvolvimento da vida.

A influência do CO_2 sobre o clima terrestre tem importância não só em eras passadas, mas também nos dias hoje. Esse gás – um dos produtos das reações de combustão utilizadas para geração de energia em usinas e em veículos automotivos – tem sido associado, não sem controvérsias, ao aumento da temperatura e ao fenômeno de **aquecimento global** após a revolução industrial.

Essa substância, CO_2, assim como outras liberadas em erupções vulcânicas e em reações de combustão, como SO_2 e NO_2, são compostos binários oxigenados, que os químicos classificam como **óxidos**.

> **Óxidos** são substâncias binárias (dois elementos) nas quais o oxigênio é o elemento mais eletronegativo.

Os principais elementos que não formam óxidos são *flúor*, *ouro*, *hélio* e *neônio*.

8.4.1 Nomenclatura dos óxidos

Há, fundamentalmente, dois modos para dar nome aos óxidos. Um deles é mais utilizado para os *óxidos iônicos* e o outro, para os *óxidos moleculares*. Vejamos cada caso.

a) Óxidos iônicos

Todos os *óxidos iônicos* são *óxidos de metais*, apresentam PF e PE elevados: há inúmeros óxidos iônicos que fundem somente acima de 2.000 °C, tais como CaO e Al_2O_3. O nome de um óxido iônico é dado pela seguinte regra:

> óxido de (nome do cátion metálico)

Veja os exemplos a seguir.

- K_2O: óxido de potássio
- MgO: óxido de magnésio
- FeO: óxido de ferro (II)
- Na_2O: óxido de sódio
- Al_2O_3: óxido de alumínio
- Fe_2O_3: óxido de ferro (III)

FIQUE POR DENTRO!

Uma estrutura um pouco diferente

Os óxidos iônicos estão presentes em um tipo de material bastante frequente em nosso cotidiano e conhecido desde 2500 a.C. pelos egípcios: o **vidro**. Atualmente, o vidro incolor é produzido pela mistura de *soda* ou *barrilha* (Na_2CO_3), *calcário* ($CaCO_3$) e *areia* (SiO_2), que é aquecida em fornos especiais, a cerca de 1.500 °C, de acordo com a equação química:

$$x\ Na_2CO_3 + y\ CaCO_3 + z\ SiO_2 \xrightarrow{\Delta} \underbrace{(Na_2O)_x \cdot (CaO)_y \cdot (SiO_2)_z}_{\text{vidro}} + (x+y)CO_2$$

Todos os produtos obtidos nesse processo (Na_2O, CaO, SiO_2 e CO_2) são classificados como óxidos, sendo os dois primeiros (Na_2O e CaO) óxidos iônicos.

Os vidros coloridos são fabricados adicionando-se, à mistura inicial, pequenas quantidades de **óxidos metálicos**, por exemplo, CoO (cor azul) e MnO_2 (cor vinho).

Vitral da Catedral Metropolitana Nossa Senhora Aparecida, em Brasília, composto por peças de vidro nas cores azul, verde, branco e marrom.

Uma característica importante dos vidros é que esses materiais não apresentam uma estrutura cristalina definida. Esses materiais são considerados **sólidos amorfos** (sem forma) ou, como dizem alguns autores, **líquidos de alta viscosidade (estado vítreo)**.

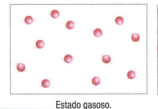
Estado gasoso.

Estado líquido.

Estado sólido.

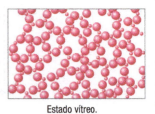
Estado vítreo.

Ilustração representativa comparando a organização dos átomos em materiais nos estados físicos (gasoso, sólido e líquido) e no estado vítreo.

b) Óxidos moleculares

Os não metais formam unicamente óxidos moleculares. Por exemplo, CO, SO_2, NO. Para nomear os óxidos moleculares utilizam-se prefixos para indicar a quantidade do *não metal* e do *oxigênio*.

$$\begin{bmatrix} \text{mono} \\ \text{di} \\ \text{tri} \\ --- \end{bmatrix} + \text{óxido de} \begin{bmatrix} \text{di} \\ \text{tri} \\ --- \end{bmatrix} + \text{nome do não metal}$$

O prefixo *mono* pode ser omitido quando usado na frente do *não metal*. Lembre-se que mono indica "um". Alguns outros prefixos e a quantidade que denotam são: di (dois), tri (três), tetra (quatro), penta (cinco), hexa (seis) e hepta (sete).

Exemplos:

- CO_2: dióxido de carbono (gás carbônico)
- NO_2: dióxido de nitrogênio
- SO_3: trióxido de enxofre
- N_2O_5: pentóxido de dinitrogênio

Emprego mais usual de alguns óxidos.

ÓXIDOS	NOME	OCORRÊNCIA E/OU USO
CaO	óxido de cálcio (cal virgem ou cal viva)	pintura a cal, argamassa, adição aos solos para diminuir acidez
CO_2	dióxido de carbono (gás carbônico)	gás da água com gás, de refrigerantes e de certas bebidas alcoólicas; no estado sólido é conhecido como gelo seco; uso em extintor de incêndio; associado ao efeito estufa
CO	monóxido de carbono	tóxico, poluente
SO_2	dióxido de enxofre	tóxico, poluente, associado à chuva ácida (H_2SO_4)
NO_2	dióxido de nitrogênio	gás marrom, poluente, associado à chuva ácida (HNO_3)
Fe_2O_3	óxido de ferro (III) (hematita)	produção de ferro
$Al_2O_3 \cdot x\, H_2O$	óxido de alumínio hidratado (bauxita)	produção do alumínio
SnO_2	óxido de estanho (IV) (cassiterita)	produção do estanho

LIGANDO OS PONTOS!

CO₂ e a temperatura da Terra

Um dos aspectos mais marcantes que temos em relação aos registros climáticos das últimas centenas de milhares de anos é a forte correspondência entre a temperatura do nosso planeta e a concentração de CO_2 na atmosfera: quando a concentração de CO_2 aumenta, a temperatura aumenta; quando a concentração diminui, a temperatura também diminui.

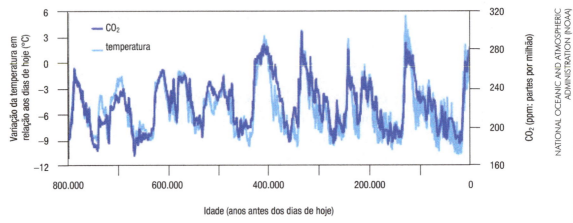

Disponível em: <https://www.ncdc.noaa.gov/global-warming/temperature-change>. Acesso em: 2 out. 2019.

Variação da temperatura (azul claro) e da concentração de CO_2 (azul escuro) medidas a partir de amostras de gelo coletadas na Antártida.

Parte dessa correspondência está relacionada com a solubilidade do CO_2 nos oceanos: com o aumento da temperatura, a solubilidade dessa substância em água diminui e parte do gás dissolvido nos oceanos é transferido para a atmosfera. Entretanto, a maioria dessa correspondência é consistente com a relação entre o CO_2 e o clima. Apesar de parecer simples identificar uma relação de causa e efeito entre CO_2 e clima, a determinação dos mecanismos que regulam essa relação ainda se mantém como um problema bastante complexo, uma vez que outras mudanças ocorreram durante os ciclos glaciais analisados (que duram milhares de anos), como alteração da vegetação e das características da superfície terrestre, sem contar a extensão das camadas de gelo.

SÉRIE BRONZE

1. Dar os nomes dos seguintes hidrácidos.

a) HF:

b) HCl:

c) HBr:

d) HI:

e) HCN:

f) H_2S:

2. Dê os nomes dos ácidos-padrão:

a) grupo 13 H_3BO_3

b) grupo 14 H_2CO_3

c) grupo 15 ⟨ HNO_3 / H_3PO_4

d) grupo 16 H_2SO_4

e) grupo 17 $HClO_3$

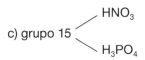

3. Dê os nomes dos seguintes ácidos:

a) grupo 15 ⟨ HNO_3 ácido nítrico / HNO_2

b) grupo 15 ⟨ H_3PO_4 ácido fosfórico / H_3PO_3 / H_3PO_2

c) grupo 16 ⟨ H_2SO_4 ácido sulfúrico / H_2SO_3

d) grupo 17 ⟨ $HClO_4$ / $HClO_3$ ácido clórico / $HClO_2$ / $HClO$

4. Dê a fórmula estrutural dos hidrácidos:

a) HF
b) HCl
c) HBr
d) HI
e) HCN
f) HS

5. Dê a fórmula estrutural dos oxiácidos:

a) grupo 13

H_3BO_3

H   O   B ⟨ O   H / O   H

b) grupo 14

H_2CO_3

O   C ⟨ O   H / O   H

c) grupo 15

HNO_3

O   N   O   H
      |
      O

HNO_2

O   N   O   H

d) grupo 15

H_3PO_4

O   P ⟨ O   H / O   H / O   H

e) grupo 16

H$_2$SO$_4$

O   O   H
    S
O   O   H

H$_2$SO$_3$

     O   H
O   S
     O   H

f) grupo 17

HClO$_4$

O
O   Cl   O   H
O

HClO$_3$

O
O   Cl   O   H

HClO$_2$

O   Cl   O   H

HClO

Cl   O   H

6. Complete as equações de dissociação dos hidrácidos.

a) HF $\xrightarrow{H_2O}$

b) HCl $\xrightarrow{H_2O}$

c) HBr $\xrightarrow{H_2O}$

d) HI $\xrightarrow{H_2O}$

e) HCN $\xrightarrow{H_2O}$

f) H$_2$S $\xrightarrow{H_2O}$

7. Complete as equações de dissociação dos oxiácidos.

a) HNO$_3$ $\xrightarrow{H_2O}$

b) HNO$_2$ $\xrightarrow{H_2O}$

c) HClO$_4$ $\xrightarrow{H_2O}$

d) HClO$_3$ $\xrightarrow{H_2O}$

e) HClO$_2$ $\xrightarrow{H_2O}$

f) HClO $\xrightarrow{H_2O}$

g) CH$_3$COOH $\xrightarrow{H_2O}$
    ácido acético

8. Escreva as equações parciais e totais das dissociações dos oxiácidos:

a) H$_2$CO$_3$ $\xrightarrow{H_2O}$

    HCO$_3^-$ $\xrightarrow{H_2O}$

    H$_2$CO$_3$ $\xrightarrow{H_2O}$

b) H$_2$SO$_4$ $\xrightarrow{H_2O}$

    HSO$_4^-$ $\xrightarrow{H_2O}$

    H$_2$SO$_4$ $\xrightarrow{H_2O}$

c) H$_2$SO$_3$ $\xrightarrow{H_2O}$

    HSO$_3^-$ $\xrightarrow{H_2O}$

    H$_2$SO$_3$ $\xrightarrow{H_2O}$

d) H$_3$PO$_4$ $\xrightarrow{H_2O}$

    H$_2$PO$_4^-$ $\xrightarrow{H_2O}$

    HPO$_4^{2-}$ $\xrightarrow{H_2O}$

    H$_3$PO$_4$ $\xrightarrow{H_2O}$

9. Complete as equações de dissociação das bases.

a) NaOH(s) $\xrightarrow{H_2O}$ NaOH(aq) $\xrightarrow{H_2O}$

b) KOH(s) $\xrightarrow{H_2O}$ KOH(aq) $\xrightarrow{H_2O}$

c) Ca(OH)$_2$(s) $\xrightarrow{H_2O}$ Ca(OH)$_2$(aq) $\xrightarrow{H_2O}$

d) Ba(OH)$_2$(s) $\xrightarrow{H_2O}$ Ba(OH)$_2$(aq) $\xrightarrow{H_2O}$

10. Complete a equação de ionização.

$NH_3(g) \xrightarrow{H_2O} NH_3(aq)$

$NH_3(aq) + H_2O(l) \longrightarrow$

$NH_4OH(aq) \longrightarrow \qquad +$

11. Complete com **dissociação iônica** ou **ionização**.

a) _____ : processo em que ocorre separação de íons por meio de uma substância iônica dissolvida em água.

b) _____ : reação que produz íons.

12. Complete com as cargas +, 2^+, 3^+ e 4^+.

a) Li, Na, K, Ag, NH_4

b) Mg, Ca, Ba, Sr, Zn, Cd

c) Al

d) Cu ou Cu

e) Fe ou Fe, Ni ou Ni, Co ou Co

f) Sn ou Sn, Pb ou Pb

13. Escreva as fórmulas das bases.

a) hidróxido de sódio:

b) hidróxido de potássio:

c) hidróxido de prata:

d) hidróxido de amônio:

e) hidróxido de magnésio:

f) hidróxido de cálcio:

g) hidróxido de bário:

h) hidróxido de estrôncio:

i) hidróxido de zinco:

j) hidróxido de alumínio:

k) hidróxido de cobre (I):

l) hidróxido de cobre (II):

m) hidróxido de ferro (II):

n) hidróxido de ferro (III):

o) hidróxido de níquel (II):

p) hidróxido de níquel (III):

q) hidróxido de estanho (II):

r) hidróxido de estanho (IV):

s) hidróxido de chumbo (II):

14. Escreva as fórmulas estruturais das bases.

a) [Na] [O   H]
b) [Ca] [O   H]$_2$
c) [Al] [O   H]$_3$

15. Complete com **incolor, azul, vermelho, amarelo** ou **rosa**.

Indicador	Ácido	Base
a) Tornassol		
b) Fenolftaleína		
c) Alaranjado de metila		

16. Complete com **ato, eto** ou **ito**.

ÁCIDO	ÂNION
ídrico	
ico	
oso	

17. Calcule o pH de um meio cuja concentração hidrogeniônica, [H$^+$], é:

DADO: log 2 = 0,3.

a) 0,01 mol/L:

b) 10^{-3} mol/L:

c) 2 · 10^{-5} mol/L:

18. Calcule a concentração hidrogeniônica, [H$^+$], para as soluções cujos valores de pH são:

a) pH = 2

b) pH = 3

c) pH = 7

d) pH = 9

19. Dê os nomes dos ânions:

a) HF $\longrightarrow$ H$^+$ + F$^-$
ácido fluorídrico   ânion _____

b) HCl $\longrightarrow$ H$^+$ + Cl$^-$
ácido clorídrico   ânion _____

c) HBr $\longrightarrow$ H$^+$ + Br$^-$
ácido bromídrico   ânion _____

d) HI $\longrightarrow$ H$^+$ + I$^-$
ácido iodídrico   ânion _____

e) HCN $\longrightarrow$ H$^+$ + CN$^-$
ácido cianídrico   ânion _____

f) H$_2$S $\longrightarrow$ 2 H$^+$ + S^{2-}
ácido sulfídrico   ânion _____

g) H$_3$BO$_3$ $\longrightarrow$ 3 H$^+$ + BO$_3^{3-}$
ácido bórico   ânion _____

h) H$_2$CO$_3$ $\longrightarrow$ 2 H$^+$ + CO$_3^{2-}$
ácido carbônico   ânion _____

i) H$_2$CO$_3$ $\longrightarrow$ H$^+$ + HCO$_3^-$
ácido carbônico   ânion _____
     ou _____

j) $HNO_3 \longrightarrow H^+ + NO_3^-$
ácido nítrico   ânion _____

k) $HNO_2 \longrightarrow H^+ + NO_2^-$
ácido nitroso   ânion _____

l) $H_3PO_4 \longrightarrow 3\,H^+ + PO_4^{3-}$
ácido fosfórico   ânion _____

m) $H_3PO_3 \longrightarrow 2\,H^+ + HPO_3^{2-}$
ácido fosforoso   ânion _____

n) $H_2SO_4 \longrightarrow 2\,H^+ + SO_4^{2-}$
ácido sulfúrico   ânion _____

o) $H_2SO_3 \longrightarrow 2\,H^+ + SO_3^{2-}$
ácido sulfuroso   ânion _____

p) $HClO_4 \longrightarrow H^+ + ClO_4^-$
ácido perclórico   ânion _____

q) $HClO_3 \longrightarrow H^+ + ClO_3^-$
ácido clórico   ânion _____

r) $HClO_2 \longrightarrow H^+ + ClO_2^-$
ácido cloroso   ânion _____

s) $HClO \longrightarrow H^+ + ClO^-$
ácido hipocloroso   ânion _____

t) $HMnO_4 \longrightarrow H^+ + MnO_4^-$
ácido permangânico   ânion _____

u) $H_2CrO_4 \longrightarrow 2\,H^+ + CrO_4^{2-}$
ácido crômico   ânion _____

v) $H_2Cr_2O_7 \longrightarrow 2\,H^+ + Cr_2O_7^{2-}$
ácido dicrômico   ânion _____

20. Dê o nome dos sais:

a) NaF _____

b) NaCl _____

c) AgBr _____

d) PbI_2 _____

e) KCN _____

f) CaS _____

g) $CaCO_3$ _____

h) $NaHCO_3$ _____

i) $AgNO_3$ _____

j) $NaNO_2$ _____

k) $AlBO_3$ _____

l) $Ca_3(PO_4)_2$ _____

m) $BaSO_4$ _____

n) $MgSO_3$ _____

o) $KClO_4$ _____

p) Fe(ClO₃)₂ _____

q) Fe(ClO₂)₃ _____

r) NaClO _____

s) KMnO₄ _____

t) K₂CrO₄ _____

u) Cr₂(Cr₂O₇)₃ _____

21. Complete o quadro abaixo colocando a fórmula dos sais:

	Na⁺	(NH₄)⁺	Ba²⁺	Ca²⁺	Fe³⁺	Al³⁺
1. nitrato de						
2. nitrito de						
3. sulfato de						
4. sulfito de						
5. sulfeto de						
6. carbonato de						
7. fosfato de						
8. fosfito de						
9. iodeto de						
10. brometo de						
11. fluoreto de						
12. cloreto de						
13. hipoclorito de						
14. clorito de						
15. clorato de						
16. perclorato de						

22. Escreva as fórmulas estruturais dos sais.

a) KNO_3

```
H   O   N   O        [O   N   O]⁻              [O   N   O]
            O         [        O]         K    [        O]
```

b) $BaSO_4$

```
H   O       O        [O       O]               [O       O]
        S             [    S    ]         Ba   [    S    ]
H   O       O        [O       O]               [O       O]
```

c) $CaCO_3$

```
H   O                [O        ]               [O        ]
        C   O         [    C   O]         Ca   [    C   O]
H   O                [O        ]               [O        ]
```

23. Dê os nomes dos seguintes sais hidratados:

a) $CuSO_4 \cdot 5\, H_2O$

b) $Na_2CO_3 \cdot 10\, H_2O$

24. Complete as equações de dissociação.

a) $NaCl(s) \xrightarrow{H_2O} NaCl(aq) \xrightarrow{H_2O}$

b) $K_2SO_4(s) \xrightarrow{H_2O} K_2SO_4(aq) \xrightarrow{H_2O}$

25. Complete a equação química.

$CuSO_4 \cdot 5\, H_2O \xrightarrow{\Delta}$

26. Marque com **OI** os óxidos iônicos e com **OM** os óxidos moleculares

a) Na_2O _____   d) BaO _____

b) CO_2 _____   e) SO_3 _____

c) NO_2 _____

27. Dê o nome dos seguintes óxidos iônicos:

a) Na_2O _____

b) K_2O _____

c) CaO _____

d) BaO _____

e) Al_2O_3 _____

f) FeO _____

g) Fe_2O_3 _____

h) Cu_2O _____

i) CuO _____

j) ZnO _____

k) SnO _____

l) SnO_2 _____

28. Dê o nome dos seguintes óxidos moleculares:

a) CO _____

b) CO_2 _____

c) SO_2 _____

d) SO$_3$ _____

e) NO _____

f) NO$_2$ _____

g) N$_2$O _____

h) N$_2$O$_3$ _____

i) N$_2$O$_5$ _____

SÉRIE PRATA

1. (FEI – SP) Os nomes dos ácidos oxigenados abaixo são, respectivamente:

HNO$_2$(aq), HClO$_3$(aq), H$_2$SO$_3$(aq), H$_3$PO$_4$(aq)

a) nitroso, clórico, sulfuroso e fosfórico.
b) nítrico, clorídrico, sulfúrico e fosfórico.
c) nítrico, hipocloroso, sulfuroso e fosforoso.
d) nitroso, perclórico, sulfúrico e fosfórico.
e) nítrico, cloroso, sulfídrico e hipofosforoso.

2. (PUC – MG) A tabela apresenta características e aplicações de alguns ácidos.

NOME DO ÁCIDO	APLICAÇÕES E CARACTERÍSTICAS
ácido muriático	limpeza doméstica e de peças metálicas (decapagem)
ácido fosfórico	usado como acidulante em refrigerantes, balas e goma de mascar
ácido sulfúrico	desidratante, solução de bateria
ácido nítrico	indústria de explosivos e corantes

As fórmulas dos ácidos da tabela são, respectivamente:

a) HCl, H$_3$PO$_4$, H$_2$SO$_4$, HNO$_3$.
b) HClO, H$_3$PO$_3$, H$_2$SO$_4$, HNO$_2$.
c) HCl, H$_3$PO$_3$, H$_2$SO$_4$, HNO$_3$.
d) HClO$_2$, H$_4$P$_2$O$_7$, H$_2$SO$_3$, HNO$_2$.
e) HClO, H$_3$PO$_4$, H$_2$SO$_3$, HNO$_3$.

3. (COL. NAVAL – SP) A chuva ácida é um fenômeno químico resultante do contato entre o vapor-d'água existente no ar, o dióxido de enxofre e os óxidos de nitrogênio. O enxofre é liberado, principalmente, por veículos movidos a combustível fóssil; os óxidos de nitrogênio, por fertilizantes. Ambos reagem com o vapor-d'água, originando, respectivamente, os ácidos sulfuroso, sulfídrico, sulfúrico e nítrico.

Assinale a opção que apresenta, respectivamente, a fórmula desses ácidos.

a) H$_2$SO$_3$, H$_2$S, H$_2$SO$_4$, HNO$_3$.
b) H$_2$SO$_3$, H$_2$SO$_4$, H$_2$S, HNO$_2$.
c) HSO$_4$, HS, H$_2$SO$_4$, HNO$_3$.
d) HNO$_3$, H$_2$SO$_4$, H$_2$S, H$_2$SO$_3$.
e) H$_2$S, H$_2$SO$_4$, H$_2$SO$_3$, HNO$_3$.

4. (MACKENZIE – SP) O ácido que é classificado como oxiácido, diácido e é formado por átomos de três elementos químicos diferentes é:

a) H$_2$S
b) H$_4$P$_2$O$_7$
c) HCN
d) H$_2$SO$_3$
e) HNO$_3$

5. (MACKENZIE – SP – adaptada) O gambá, ao sentir-se acuado, libera uma mistura de substâncias de odor desagradável, entre elas o gás sulfídrico. Desse gás, é **incorreto** afirmar que:

a) possui fórmula molecular HS.

b) H — S   é sua fórmula estrutural.
   |
   H

c) em água, produz uma solução ácida.
d) apresenta cheiro de ovo podre.
e) geometria angular.

DADOS: número atômico H = 1; S = 16.

7. (FAEE – GO) O hidróxido de magnésio, $Mg(OH)_2$, que é um componente do "leite de magnésia", é

a) um ácido de Arrhenius.
b) uma base de Arrhenius.
c) um sal.
d) um óxido.
e) um hidreto.

6. (MACKENZIE – SP) Certo informe publicitário alerta para o fato de que, se o indivíduo tem azia ou pirose com grande frequência, deve procurar um médico, pois pode estar ocorrendo refluxo gastroesofágico, isto é, o retorno do conteúdo ácido do estômago. A fórmula e o nome do ácido que, nesse caso, provoca a queimação no estômago, a rouquidão e mesmo dor torácica são:

a) HCl e ácido clórico.
b) $HClO_2$ e ácido cloroso.
c) $HClO_3$ e ácido clorídrico.
d) $HClO_3$ e ácido clórico.
e) HCl e ácido clorídrico.

8. (PUC – MG) A dissolução de certa substância em água é representada pela equação

$$M(OH)_3(s) \xrightarrow{H_2O} M^{3+}(aq) + 3\ OH^-(aq)$$

que pode representar a dissolução de

a) amônia.
b) hidróxido de cálcio.
c) hidróxido de sódio.
d) hidróxido de alumínio.
e) brometo de hidrogênio.

9. (MACKENZIE – SP) O hidróxido de sódio, conhecido no comércio como soda cáustica, é um dos produtos que contaminaram o rio Pomba, em Minas Gerais, causando um dos piores desastres ecológicos do Brasil.

Desta substância é **incorreto** afirmar que

a) tem fórmula NaOH.
b) é um composto iônico.
c) em água dissocia.
d) é usada na produção de sabões.
e) é uma molécula insolúvel em água.

DADOS: número atômico Na = 11; O = 8; H = 1.

10. (ENEM) O suco extraído do repolho roxo pode ser utilizado como indicador do caráter ácido (pH entre 0 e 7) ou básico (pH entre 7 e 14) de diferentes soluções. Misturando-se um pouco de suco de repolho e da solução, a mistura passa a apresentar diferentes cores, segundo sua natureza ácida ou básica, de acordo com a escala a seguir.

COR	pH
vermelha	1 2 3
rosa	4 5 6
roxo	7 8 9
azul	9 10 11
verde	11 12 13
amarelo	13 14

Algumas soluções foram testadas com esse indicador, produzindo os seguintes resultados:

MATERIAL	COR
I. amoníaco	verde
II. leite de magnésia	azul
III. vinagre	vermelho
IV. leite de vaca	rosa

NOTA: pH é uma escala de acidez: soluções ácidas apresentam pH < 7; soluções básicas pH > 7; e soluções neutras, pH = 7.

De acordo com esses resultados, as soluções I, II, III, IV têm, respectivamente, caratér;

a) ácido, básico, básico, ácido
b) ácido, básico, ácido, básico
c) básico, ácido, básico, ácido
d) ácido, ácido, básico, básico
e) básico, básico, ácido, ácido

11. (MACKENZIE – SP) Com os dados da tabela, pode-se afirmar que:

	SOLUÇÕES	[H$^+$]
I.	urina	$1 \cdot 10^{-6}$
II.	clara de ovo	$1 \cdot 10^{-8}$
III.	lágrima	$1 \cdot 10^{-7}$
IV.	café	$1 \cdot 10^{-5}$

a) I, II, III e IV são soluções ácidas.
b) Somente II é uma solução básica.
c) Somente I, III e IV são soluções ácidas
d) Somente I, II e III são soluções básicas.
e) Somente III é solução básica.

12. (CESGRANRIO – RJ) Um metal M forma um nitrato de fórmula M(NO$_3$)$_2$. O sulfeto desse metal terá a fórmula:

a) MS
b) M$_2$S
c) MSO$_3$
d) M$_2$SO$_3$
e) MSO$_4$

13. (UFRRJ) Os derivados do potássio são amplamente utilizados na fabricação de explosivos, fogos de artifício, além de outras aplicações. As fórmulas que correspondem ao nitrato de potássio, perclorato de potássio, sulfato de potássio e dicromato de potássio são, respectivamente:

a) KNO$_2$, KClO$_4$, K$_2$SO$_4$, K$_2$Cr$_2$O$_7$
b) KNO$_3$, KClO$_4$, K$_2$SO$_4$, K$_2$Cr$_2$O$_7$
c) KNO$_4$, KClO$_3$, K$_2$SO$_4$, K$_2$Cr$_2$O$_7$
d) KNO$_2$, KClO$_4$, K$_2$SO$_4$, K$_2$CrO$_4$
e) KNO$_3$, KClO$_3$, K$_2$SO$_4$, K$_2$Cr$_2$O$_7$

14. (PUC – PR) Muitos produtos químicos estão presentes no nosso cotidiano, como, por exemplo, o leite de magnésia, o vinagre, o calcário, a soda cáustica, dentre outros. Essas substâncias citadas pertencem, respectivamente, às seguintes funções químicas:

a) ácido, base, base e sal.
b) sal, ácido, sal e base.
c) ácido, base, sal e base.
d) base, sal, ácido e base.
e) base, ácido, sal e base.

15. Faça as associações **corretas**:

a) soro fisiológico   I. $NaNO_3$
b) fertilizante   II. $NaHCO_3$
c) componente de vidro   III. $NaCl$
d) fermento de pães, bolos etc.   IV. NaF
e) componente de cremes dentais   V. Na_2CO_3

16. A água do mar pode ser fonte de sais usados na fabricação de fermento em pó, de água sanitária e de soro fisiológico. Os principais constituintes ativos desses materiais são, respectivamente:

a) Na_2CO_3, HCl e $NaCl$.
b) $NaHCO_3$, Cl_2 e $CaCl_2$.
c) $NaHCO_3$, $NaOCl$ e $NaCl$.
d) Na_2CO_3, $NaCl$ e KCl.
e) $NaOCl$, $NaHCO_3$ e $NaCl$.

17. (MACKENZIE – SP) Alguns produtos comercializados no mercado têm como principais componentes substâncias inorgânicas, nas quais o elemento químico sódio se encontra presente.

Na tabela abaixo, segue a relação de algumas dessas substâncias.

PRODUTOS COMERCIALIZADOS	SUBSTÂNCIAS INORGÂNICAS
água sanitária	hipoclorito de sódio
desentupidores de pia	hidróxido de sódio
sal de cozinha	cloreto de sódio
fermento químico	hidrogenocarbonato de sódio
creme dental	fluoreto de sódio

Assinale a alternativa na qual se encontram as fórmulas químicas das substâncias inorgânicas presentes nos produtos comercializados, na ordem que aparecem na tabela, de cima para baixo.

a) $NaHClO$, $NaOH$, $NaClO$, $NaHCO_3$ e NaF.
b) $NaClO$, $NaOH$, $NaCl$, $NaHCO_3$ e NaF.
c) $NaHClO$, $NaCl$, $NaOH$, $NaHCO_2$ e Na_2F.
d) $NaClO$, $NaHO$, $NaCl$, $NaHCO_4$ e Na_2F.
e) $NaHClO$, $NaHO$, $NaCl$, $NaHCO_3$ e NaF_2.

18. (PUC – MG) O quadro a seguir relaciona algumas substâncias químicas e aplicações muito comuns no nosso cotidiano.

SUBSTÂNCIAS	APLICAÇÕES
hidróxido de amônio	produtos de limpeza e explosivos
ácido sulfúrico	solução de bateria e desidratante
óxido de cálcio	controle da acidez do solo e caiação
bicarbonato de sódio	fermento e antiácido estomacal

As fórmulas que representam as substâncias citadas nesse quadro são, respectivamente:
a) NH_3OH, H_2SO_3, CaO_2 e $Na(CO_3)_2$.
b) NH_4OH, H_2SO_4, CaO e $NaHCO_3$.
c) NH_3OH, H_2SO_4, CaO_2 e $Na(CO_3)_2$.
d) NH_4OH, H_2SO_3, CaO e $NaHCO_3$.

19. (UFSM – RS) A exposição dos atletas ao sol intenso exige cuidados especiais com a pele. O dióxido de titânio é usado em vestimentas a fim de proteger os atletas da radiação solar. A fórmula química do dióxido de titânio é _____ , trata-se de um óxido _____ , formado por um _____ e oxigênio.

Assinale a alternativa que completa corretamente as lacunas.

a) TiO_2 – iônico – não metal
b) Ti_2O – molecular – não metal
c) TiO_2 – iônico – metal
d) Ti_2O – iônico – não metal
e) TiO_2 – molecular – metal

SÉRIE OURO

1. (FUVEST – SP) Observa-se que uma solução aquosa saturada de HCl libera uma substância gasosa. Uma estudante de química procurou representar, por meio de uma figura, os tipos de partículas que predominam nas fases aquosa e gasosa desse sistema — sem representar as partículas de água. A figura com a representação mais adequada seria

a)
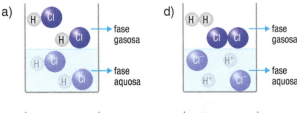

b)
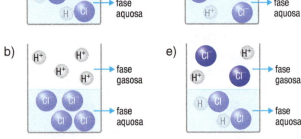

c)
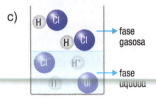

d)

e)

2. (UERJ) A experiência a seguir é largamente utilizada para diferenciar soluções eletrolíticas de soluções não eletrolíticas. O teste está baseado na condutividade elétrica e tem como consequência o acendimento da lâmpada.

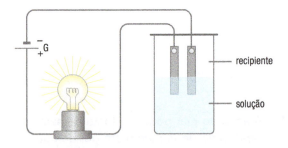

A lâmpada acenderá quando no recipiente é presente a seguinte solução:

a) $O_2(l)$
b) $H_2O(l)$
c) $HCl(aq)$
d) $C_6H_{12}O_6(aq)$

3. (UNICAMP – SP) Num dia que você faltou à aula, a professora explicou que o HCl gasoso é muitíssimo solúvel em água. A seguir, montou um experimento para ilustrar essa propriedade do HCl(g) e pediu para alguém dar início à experiência. Na aparelhagem mostrada, o HCl(g) e a água não estão inicialmente em contato. Um colega foi à frente e executou o primeiro passo do procedimento.

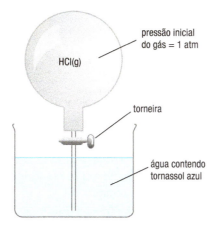

a) O que foi que o colega fez no equipamento para dar início ao experimento?
b) A seguir, o que foi observado no experimento?

4. (FUVEST – SP) Identifique a alternativa que apresenta dois produtos caseiros com propriedades alcalinas (básicas):

a) detergente e vinagre.
b) sal e coalhada.
c) leite de magnésia e sabão.
d) bicarbonato e açúcar.
e) Coca-Cola e água de cal.

5. (MACKENZIE – SP) A base que na dissociação iônica total produz um número de OH^- igual ao número de cátions obtidos na dissociação total do ácido sulfúrico é:

a) $Mg(OH)_2$
b) NaOH
c) NH_4OH
d) $Al(OH)_3$
e) $Pb(OH)_4$

6. (UFRGS – RS) Aos frascos **A**, **B** e **C**, contendo soluções aquosas incolores de substâncias diferentes, foram adicionadas gotas de fenolftaleína.

Observou-se que só o frasco **A** passou a apresentar coloração rósea. Identifique a alternativa que indica substâncias que podem estar presentes em **B** e **C**.

a) NaOH e NaCl
b) H_2SO_4 e HCl
c) NaOH e $Ca(OH)_2$
d) H_2SO_4 e NaOH
e) NaCl e $Mg(OH)_2$

7. (FUVEST – SP) Nas condições ambientes, pastilhas de hidróxido de sódio, expostas ao ar durante várias horas, transformaram-se em um líquido claro. Este fenômeno ocorre porque o hidróxido de sódio:

a) absorve a água da atmosfera.
b) reage com o oxigênio do ar.
c) combina-se com o hidrogênio do ar.
d) reage com o nitrogênio do ar.
e) produz água ao decompor-se.

8. (ENEM) A soda cáustica pode ser usada no desentupimento de encanamentos domésticos e tem, em sua composição, o hidróxido de sódio como principal componente, além de algumas impurezas. A soda normalmente é comercializada na forma sólida, mas que apresenta aspecto "derretido" quando exposta ao ar por certo período.

O fenômeno de "derretimento" decorre da

a) absorção da umidade presente no ar atmosférico.
b) fusão do hidróxido pela troca de calor com o ambiente.
c) reação das impurezas do produto com o oxigênio do ar.
d) adsorção de gases atmosféricos na superfície do sólido.
e) reação do hidróxido de sódio com o gás nitrogênio presente no ar.

9. (FUVEST – SP) "Sangue de diabo" é um líquido vermelho que logo se descora ao ser aspergido sobre roupa branca. Para preparar sangue de diabo adiciona-se fenolftaleína a uma solução do gás NH_3 em água.

a) Por que o sangue de diabo é vermelho?
b) Explique por que a cor desaparece.

Em seguida, acrescentaram em cada compartimento o indicador azul de bromotimol, que apresenta cor azul em pH > 7,6 e amarela em pH < 6,0. Como resultado, o recipiente apresentou as cores da bandeira nacional, conforme mostra a figura.

Obs: 1: verde, 2: amarelo e 3: azul

As substâncias colocadas inicialmente pelos estudantes nos compartimentos 1, 2 e 3 podem ter sido, respectivamente,

a) água, solução de ácido clorídrico e solução de hidróxido de sódio.
b) solução de amônia, água e solução de ácido clorídrico.
c) solução de hidróxido de sódio, solução de ácido clorídrico e água.
d) solução de hidróxido de sódio, solução de ácido clorídrico e água.
e) solução de hidróxido de sódio, água e solução de ácido clorídrico.

10. (UNESP) Para sua apresentação em um "show de química", um grupo de estudantes confeccionou um recipiente com três compartimentos, 1, 2 e 3, dispostos de modo a lembrar o formato da bandeira brasileira. A esses compartimentos, adicionaram três soluções aquosas diferentes, todas incolores em cada compartimento. O recipiente foi mantido em posição horizontal.

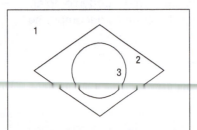

11. (UNESP) Determinada variedade de suco de limão tem pH = 2,3 e determinada variedade de suco de laranja tem pH = 4,3. Determine quantas vezes o suco de limão é mais ácido que o suco de laranja.

12. (MACKENZIE – adaptada) Um estudante recebeu três amostras de suco de frutas, com volumes iguais, para análise de pH, que foram realizadas a 25 °C e 1 atm. Após realizada a análise potenciométrica, os resultados obtidos foram:

SUCO	pH
limão	2,0
uva	4,0
morango	5,0

Assim, analisando os resultados obtidos, é **correto** afirmar que

a) o suco de limão é duas vezes mais ácido que o suco de uva.
b) a concentração hidrogeniônica no suco de morango e igual a 5,0 mol · L^{-1}.
c) o suco de uva é dez vezes mais ácido do que o suco de morango.
d) no suco de uva temos [H$^+$] = 10^4 mol · L^{-1}.
e) ao adicionar o indicador fenolftaleína (que assume coloração rósea em meio básico e coloração incolor em meio ácido) ao suco de limão a solução torna-se rósea.

13. (FUVEST – SP) A seguir aparecem os nomes alquímicos e os nomes modernos de três compostos químicos:

natro = carbonato de sódio;
sal de Epson = sulfato de magnésio;
sal de Glauber = sulfato de sódio.

O elemento químico comum às três substâncias é:

a) H
b) Na
c) S
d) C
e) O

14. (UEL – PR) Considere as soluções aquosas abaixo.

SOLUÇÃO	COR
CuSO$_4$	azul
KNO$_3$	incolor
Na$_2$SO$_4$	incolor
K$_2$CrO$_4$	amarela

A partir dessa tabela, é possível concluir que os íons responsáveis pelas cores azul e amarela são:

a) Cu^{2+} e SO$_4^{2-}$
b) K$^+$ e CrO$_4^{2-}$
c) K$^+$ e SO$_4^{2-}$
d) Na$^+$ e NO$_3^-$
e) Cu^{2+} e CrO$_4^{2-}$

15. (FUVEST – SP) Bromato de potássio, sulfito de amônio, iodeto de sódio e nitrito de bário são representados, respectivamente, pelas seguintes fórmulas:

a) KBrO$_3$, (NH$_4$)$_2$SO$_3$, NaI, Ba(NO$_2$)$_2$
b) KBrO$_4$, (NH$_4$)$_2$SO$_3$, NaI, Ba(NO$_2$)$_2$
c) KBrO$_3$, (NH$_4$)$_2$SO$_3$, NaI, Ba(NO$_3$)$_2$
d) KBrO$_2$, (NH$_4$)$_2$SO$_3$, NaIO$_3$, Ba(NO$_2$)$_2$
e) KBrO$_3$, (NH$_4$)$_2$SO$_4$, NaI, Ba(NO$_2$)$_2$

16. (FUVEST – SP) Considere as seguintes espécies químicas: H$^+$, NH$_3$, NH$_4^+$ e SO$_4^{2-}$. Qual das fórmulas abaixo é **correta**?

a) NH$_3$SO$_4$
b) (NH$_3$)$_2$SO$_4$
c) (NH$_3$)HSO$_4$
d) (NH$_4$)SO$_4$
e) (NH$_4$)HSO$_4$

17. (MACKENZIE – SP – adaptada) A pedra-ume é formada por sulfatos duplos de potássio e alumínio cristalizados com vinte e quatro moléculas de água. A fórmula da pedra-ume é:

a) $K_2SO_4.AlSO_4.24\ H_2O$
b) $KSO_4.AlSO_4.24\ H_2O$
c) $K_2SO_4.Al(SO_4)_3.24\ H_2O$
d) $KSO_4.Al_2(SO_4)_3.24\ H_2O$
e) $K_2SO_4.Al_2(SO_4)_3.24\ H_2O$

18. (UNIFOR – CE) Os íons Ca^{2+}, ClO^-, Cl^- compõem o sal de fórmula:

a) $Ca(ClO)Cl$.
b) $Ca(ClO)Cl_2$.
c) $Ca(ClO)_2Cl$.
d) $Ca_2(ClO)_2Cl$.
e) $Ca_2(ClO)Cl_2$.

19. (UEG – GO)

Por muito tempo, na maioria das escolas, as aulas de Química eram ministradas apenas sob forma de transmissão de conteúdos. Nos dias atuais, muitos professores utilizam a experimentação para enriquecerem suas aulas. Uma professora realizou junto com seus alunos as experiências da figura 1:

Figura I

Experiência I (lâmpada apagada, solução de água e açúcar)

Experiência II (lâmpada acesa, solução de água e sal comum)

A seguir, os alunos fizeram as seguintes afirmações:

I. A solução de água e açúcar é considerada uma solução condutora de eletricidade.
II. A solução de água e sal permite a passagem de corrente elétrica.
III. As substâncias moleculares como HCl, NaCl e $C_{12}H_{22}O_{11}$, quando dissolvidas em água, liberam íons.
IV. Água e ácido sulfúrico, quando puros, praticamente não conduzem corrente elétrica, porém uma solução de H_2SO_4 em água é uma boa condutora de eletricidade.

Assinale a alternativa **correta**:

a) Apenas as afirmações I, II e III são verdadeiras.
b) Apenas as afirmações I e III são verdadeiras.
c) Apenas as afirmações II e IV são verdadeiras.
d) Todas as afirmações são verdadeiras.
e) Nenhuma das afirmações é verdadeira.

20. Acetato de sódio, também chamado etanoato de sódio, assim denominado por ser derivado do ácido etanoico, é um composto cristalino incolor, é usada na indústria têxtil para neutralizar correntes de rejeitos contendo ácido sulfúrico.

cristal de acetato de sódio

Pode ser adicionado como um amortecedor no controle do pH dos alimentos durante as várias etapas de seu processamento, bem como para o consumo final, onde é adicionado como um conservante, regulador de acidez e reforçador de sabor.

Pode ser produzido em um experimento de laboratório pela reação de neutralização entre ácido acético com hidróxido de sódio ou também em reação do ácido acético com os sais carbonato ou bicarbonato de sódio. Todas estas reações produzem acetato de sódio aquoso e água.

Já nas reações com carbonato ou bicarbonato de sódio, dióxido de carbono também é produzido, razão pela qual essas reações são conhecidas como "vulcão químico" (devido à efervescência).

a) Dê a fórmula estrutural do ácido orgânico que dá origem ao sal mencionado e escreva a equação balanceada que representa sua ionização em água.
Fórmula estrutural:

Equação de ionização:

b) Equacione a reação de neutralização que leva a sua produção.

c) O texto descreve a obtenção do acetato de sódio em laboratório, usando dois sais. Dê a fórmula molecular dos sais utilizados como reagentes nesses processos.

21. (MACKENZIE – SP) Na terra, há dois gases no ar atmosférico que, em consequência de descargas elétricas em tempestades (raios), podem reagir formando monóxido de nitrogênio e dióxido de nitrogênio. As fórmulas dos reagentes e dos produtos da reação citada são, respectivamente:

a) H_2 e O_2; N_2 e N_2O.
b) O_2 e N_2O; N_2 e NO_2.
c) N_2 e O_2; NO e NO_2.
d) O_2 e N_2; N_2O e NO_2.
e) N_2 e H_2; N_2O e N_2O_4.

22. A figura abaixo mostra como a radiação é absorvida pela superfície terrestre e aquece o planeta e como parte dela é refletida pelo solo, voltando para a atmosfera, refletindo nesta e voltando para a superfície. A Terra libera radiação infravermelha (calor), uma parte se perde na atmosfera e uma parte é retida pelo vapor-d'água pelos gases estufa.

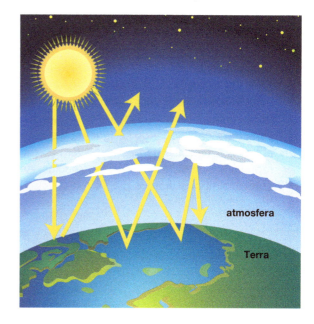

Analise as afirmações abaixo e assinale a alternativa **correta**.

I. Dióxido de carbono e gás carbônico são os nomes dados para um desses gases.
II. Um desses gases é um óxido não metálico, pois o oxigênio está ligado a um ametal por meio de ligação covalente.
III. A fórmula molecular do óxido associado ao efeito descrito é o CO.

a) apenas I está correta.
b) apenas II está correta.
c) apenas III está correta.
d) apenas I e II estão corretas.
e) todas estão corretas.

23. (ENEM) O gráfico a seguir ilustra o resultado de um estudo sobre o aquecimento global. A curva mais escura e contínua representa o resultado de um cálculo em que se considerou a soma de cinco fatores que influenciaram a temperatura média global de 1900 a 1990, conforme mostrado na legenda do gráfico. A contribuição efetiva de cada um desses cinco fatores isoladamente é mostrada na parte inferior do gráfico.

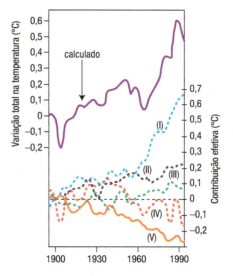

Legenda:
(I) gases estufa (III) ozônio (V) aerossóis
(II) atividade solar (IV) atividade vulcânica

Os dados apresentados revelam que, de 1960 a 1990, contribuíram de forma efetiva e positiva para aumentar a temperatura atmosférica:

a) aerossóis, atividade solar e atividade vulcânica.
b) atividade vulcânica, ozônio e gases estufa.
c) aerossóis, atividade solar e gases estufa.
d) aerossóis, atividade vulcânica e ozônio.
e) atividade solar, gases estufa e ozônio.

SÉRIE PLATINA

1. (UFRJ) O cientista John Dalton foi um dos pioneiros na tentativa de ordenar e definir propriedades dos elementos e das moléculas. Segundo sua teoria atômica, apresentada em 1803, toda a matéria seria composta por pequenas partículas indivisíveis chamadas átomos. Átomos do mesmo elemento possuiriam as mesmas características, podendo se ligar entre si ou a outros elementos, formando moléculas. Como os símbolos dos antigos alquimistas não se ajustavam a sua teoria, Dalton propôs ainda a adoção de novos símbolos para representar os elementos e as moléculas. As figuras a seguir apresentam algumas moléculas representadas com os símbolos criados por Dalton.

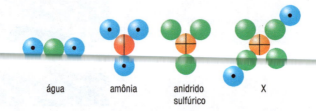

água   amônia   anidrido sulfúrico   X

a) Escreva a estrutura do ácido nítrico usando a representação de Dalton.

b) Sugira uma fórmula molecular para a estruta X e um nome.

2. Os indicadores ácido-base são substâncias cuja cor se altera em uma faixa específica de pH. Existem centenas de indicadores utilizados e a tabela a seguir apresenta a faixa de viragem (mudança de cor) de alguns desses indicadores ácido-base.

INDICADOR	COR EM pH ABAIXO DA VIRAGEM	INTERVALO APROXIMADO DE pH DE MUDANÇA DE COR	COR EM pH ACIMA DA VIRAGEM
violeta de metila	amarelo	0,0-1,6	azul-púrpura
alaranjado de metila	vermelho	3,1-4,4	amarelo
azul de bromotimol	amarelo	6,0-7,6	azul
fenolftaleína	incolor	8,2-10,0	rosa-carmim
amarelo de alizarina R	amarelo	10,3-12,0	vermelho

Em um primeiro experimento, o azul de bromotimol foi utilizado para evidenciar a reação ocorrida quando se adiciona uma solução de ácido clorídrico sobre uma solução de hidróxido de sódio.

a) Considerando as informações presentes na tabela acima, indique a cor da solução do início do experimento (antes da adição da solução ácida).

À medida que se adiciona o ácido sobre a solução de azul de bromotimol e hidróxido de sódio, ocorre mudança da coloração dessa solução em virtude da reação ocorrida.

b) Qual é a cor da solução após a reação? Como justificativa, escreva a equação balanceada entre o ácido e o hidróxido presente inicialmente.

Em um segundo experimento, um dos indicadores da tabela foi utilizado para diferenciar a solução do suco gástrico, que apresenta $[H^+] = 3 \cdot 10^{-2}$ mol/L, e do guaraná diet, que apresenta pH = 5.

c) Calcule o pH do suco gástrico e indique qual o indicador, dentre as opções da tabela dada, dever ser utilizado para diferenciar essas duas soluções. Informe a cor assumida por cada solução quando utilizarmos o indicador escolhido.

DADOS: log 2 = 0,3; log 3 = 0,5; log 5 = 0,7.

3. (ENEM) Nos anos 1990, verificou-se que o rio Potomac, situado no estado norte-americano de Maryland, tinha, em parte de seu curso, águas extremamente ácidas por receber um efluente de uma mina de carvão desativada, o qual continha ácido sulfúrico (H_2SO_4). Essa água, embora límpida, era desprovida de vida. Alguns quilômetros adiante, instalou-se uma fábrica de papel e celulose que emprega hidróxido de sódio (NaOH) e carbonato de sódio (Na_2CO_3) em seus processos. Em pouco tempo, observou-se que, a partir do ponto em que a fábrica lança seus rejeitos no rio, a vida aquática voltou a florescer.

HARRIS, D. C. **Análise Química Quantitativa**.
Rio de Janeiro: Livros Técnicos e Científicos, 2012. Adaptado.

A explicação para o retorno da vida aquática nesse rio é

a) a diluição das águas do rio pelo novo efluente lançado nele.

b) precipitação do íon sulfato na presença do efluente da nova fábrica.
c) biodegradação do ácido sulfúrico em contato com o novo efluente descartado.
d) diminuição da acidez das águas do rio pelo efluente da fábrica de papel e celulose.
e) volatilização do ácido sulfúrico após contato com o novo efluente introduzido no rio.

5. (FGV) No desenvolvimento de novos materiais para construção civil, pesquisadores da Suécia, em 1924, submeteram uma mistura de cal, cimento, areia e pó de alumínio a vapores de água sob alta pressão e temperatura. Como resultado, obtiveram um composto químico estável, o ortossilicato de cálcio, com orifícios com aspectos de células, recebendo o nome de "concreto celular". Esse material é leve, resistente e não é agressivo à saúde e ao meio ambiente; é empregado para fabricação de blocos utilizados na construção de casas e prédios. O ortossilicato é um íon tetravalente que contém 32 elétrons no total em sua estrutura eletrônica de Lewis (elétrons das camadas de valência dos átomos mais os correspondentes à carga do íon). Escreva a fórmula do composto.

DADOS: Ca: grupo 2, Si: grupo 14, O: grupo 16.

4. (FUVEST – SP) Em um laboratório químico, um estudante encontrou quatro frascos (1, 2, 3 e 4) contendo soluções aquosas incolores de sacarose, KCl, HCl e NaOH, não necessariamente nessa ordem. Para identificar essas soluções, fez alguns experimentos simples, cujos resultados são apresentados na tabela a seguir:

FRAS-CO	COR DA SOLUÇÃO APÓS ADIÇÃO DE FENOLFTALEÍNA	CONDUTIBILIDADE ELÉTRICA	REAÇÃO COM $Mg(OH)_2$
1	incolor	conduz	não
2	rosa	conduz	não
3	incolor	conduz	sim
4	incolor	não conduz	não

DADO: soluções aquosas ácidas ou neutras contendo o indicador fenolftaleína são incolores; já soluções aquosas básicas contendo o indicador fenolftaleína apresentam coloração rosa.

As soluções aquosas contidas nos frascos 1, 2, 3 e 4 são, respectivamente, de

a) HCl, NaOH, KCl e sacarose.
b) KCl, NaOH, HCl e sacarose.
c) HCl, sacarose, NaOH e KCl.
d) KCl, sacarose, HCl e NaOH.
e) NaOH, HCl, sacarose e KCl.

Estudo Inicial das Substâncias Orgânicas

Capítulo 9

Sustâncias orgânicas são aquelas que apresentam o elemento carbono em sua constituição, como, por exemplo, o metano (CH_4), a glicose ($C_6H_{12}O_6$) ou o etanol (C_2H_6O).

São conhecidos mais de 10 milhões de compostos orgânicos, encontrados desde na cadeia de DNA dos seres vivos até nas fibras sintéticas utilizadas para produção de roupas, como o náilon. Essa diversidade de compostos é justificada pela capacidade do átomo de carbono estabelecer até quatro ligações covalentes com outros átomos de carbono, formando longas **cadeias carbônicas**.

O ácido oleico, presente no azeite, possui fórmula molecular $C_{18}H_{34}O_2$ e, entre os compostos orgânicos, é considerado uma estrutura relativamente pequena. Proteínas e estruturas presentes, por exemplo, no náilon, podem apresentar mais de dezenas de milhares de átomos de carbono.

Antes de iniciarmos esse olhar mais atento para esses compostos, é importante discutir como e quando eles surgiram no nosso planeta.

LIGANDO OS PONTOS!

Como teriam surgido as substâncias orgânicas no planeta Terra?

Na Terra primitiva não havia, no início, substâncias orgânicas complexas. No período entre 3,5 e 4 bilhões de anos atrás, estima-se que a atmosfera primitiva seria composta apenas pelos gases amônia (NH_3), metano (CH_4), dióxido de carbono (CO_2), sulfeto de hidrogênio (H_2S) e hidrogênio (H_2), além de vapor-d'água (H_2O). Então, como teriam se formado as substâncias orgânicas?

Em 1953, Harold C. **Urey** (1893-1981) e seu aluno Stanley L. **Miller** (1930-2007), ambos químicos estadunidenses, trouxeram uma possível resposta para essa pergunta. Eles realizaram uma experiência e mostraram como as substâncias orgânicas poderiam ter sido formadas a partir dos gases da atmosfera primitiva (H_2, NH_3, CH_4, H_2O, H_2S).

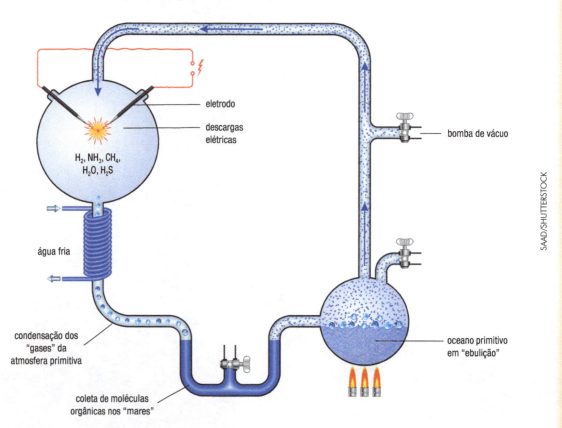

Ilustração da montagem do **Experimento de Stanley e Urey**, em que se obteve a formação de moléculas orgânicas a partir de gases atmosféricos submetidos a descargas elétricas.

Para conseguir seu objetivo, era necessário que eles simulassem as condições do nosso planeta em seu estádio primitivo. Acompanhe pela ilustração acima.

Para simular a atmosfera primitiva da Terra, eles introduziram uma mistura de gases em um sistema fechado. O aquecimento do líquido presente no aparelho simulava as condições de temperatura reinantes na crosta terrestre, com formação de vapor-d'água. As descargas elétricas aplicadas na mistura de gases (H_2, NH_3, CH_4, $H_2O(g)$, H_2S) simulavam os raios das tempestades e a circulação de água fria na aparelhagem simulava o processo de resfriamento dos gases nas grandes altitudes atmosféricas. A água acumulada na base do aparelho simulava os mares e lagos primitivos terrestres.

Miller e Urey submeteram a mistura de H_2, NH_3, CH_4, H_2O e H_2S a faíscas elétricas por meio de eletrodos. Verificaram, após uma semana, a presença de monóxido de carbono (CO), gás carbônico (CO_2) e nitrogênio (N_2) na fase gasosa e na água contida no balão encontraram *substâncias orgânicas* simples: aminoácidos, como a glicina.

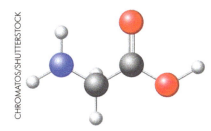

A glicina e os demais aminoácidos produzidos nas condições experimentais testadas por Miller e Urey são as unidades fundamentais para produção de estruturas mais complexas, como RNA, DNA e proteínas, que, por sua vez, estão relacionadas com a origem da vida no nosso planeta.

Depois da morte de Miller, em 2007, foram localizadas várias caixas contendo vestígios dos experimentos realizados em 1953. Agora, já de posse de aparelhagem mais moderna, esses resíduos foram analisados e identificados 22 aminoácidos e 5 aminas, muitos dos quais não haviam sido identificados por Miller em seu experimento.

FIQUE POR DENTRO!

Atmosfera atual

Atualmente, em virtude da existência de organismos vivos autótrofos, isto é, seres vivos que são capazes de sintetizar seu próprio alimento por meio da reação de fotossíntese (ou de outras reações), a composição da atmosfera é bastante distinta daquela simulada por Miller e Urey.

No processo de síntese de material orgânico a partir de reagentes inorgânicos, ocorre também a produção de gás oxigênio. A reação de fotossíntese pode ser escrita, de forma simplificada, como:

$$6\,CO_2 + 6\,H_2O \longrightarrow C_6H_{12}O_6 + 6\,O_2$$

Assim, com o passar das eras, a concentração de O_2 na atmosfera aumentou de tal forma que, nos dias de hoje, os quatro gases mais abundantes no ar seco e não poluído são:

N_2 (78%), O_2 (21%), Ar (0,9%) e CO_2 (0,04%).

No ar úmido, a quantidade de vapor-d'água pode variar de 1 a 3%, sendo bastante influenciada pelo local e pela altitude.

Agora, neste capítulo, vamos começar os estudos das substâncias orgânicas, que nos acompanharão durante todo o curso de Química. Devido à diversidade de compostos orgânicos existentes, precisamos primeiro aprender a nomear esses compostos. Na sequência, vamos estudar algumas classes de compostos orgânicos: hidrocarbonetos, álcoois, aldeídos, cetonas e ácidos carboxílicos.

9.1 Nomenclatura dos Compostos Orgânicos

Um composto orgânico tem seu nome constituído por três partes:

- um **prefixo** indicando o *número de átomos de carbono* da substância. Os prefixos mais frequentemente encontrados são:
  - met-: 1 C
  - et-: 2 C
  - prop-: 3 C
  - but-: 4 C
  - pent-: 5 C
  - hex-: 6 C
  - hept-: 7 C
  - oct-: 8 C
  - non-: 9 C
  - dec-: 10 C

- um **infixo**, que indica o *tipo de ligação* entre os átomos de carbono:
  - -an-: para ligações simples
  - -en-: para ligação dupla
  - -in-: para ligação tripla

- um **sufixo** indicativo da *função orgânica*. Assim, temos os seguintes sufixos para
  - hidrocarbonetos: -o
  - álcoois: -ol
  - aldeídos: -al
  - cetonas: -ona
  - ácidos carboxílicos: -oico

9.2 Hidrocarbonetos

São compostos orgânicos formados exclusivamente por átomos de carbono e hidrogênio.

> **Fórmula geral:** C_xH_y

Por exemplo:

- CH_4: metano, principal componente do gás natural
- C_2H_6: etano ($H_3C - CH_3$)
- C_3H_8: propano ($H_3C - CH_2 - CH_3$), componente do gás de botijão
- C_4H_{10}: butano ($H_3C - CH_2 - CH_2 - CH_3$), componente do gás de botijão
- C_8H_{18}: octano (principal componente da gasolina)
- C_2H_4: eteno ou etileno ($H_2C = CH_2$), matéria-prima para plásticos
- C_3H_6: propeno ($H_2C = CH - CH_3$), matéria-prima para plásticos
- C_2H_2: etino ou acetileno ($HC \equiv CH$), gás do maçarico, matéria-prima para várias substâncias

- C_6H_6: benzeno

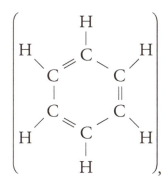

, solvente orgânico e matéria-prima para fabricação de outros produtos. Compostos orgânicos que contêm o anel benzênico em sua estrutura são classificados como **compostos aromáticos.**

O gás eteno ou etileno ($H_2C = CH_2$) é um hormônio que acelera o amadurecimento das frutas. Normalmente, a solução de um composto que libera o gás etileno é aspergida nos entrepostos quando as frutas verdes estão prestes a serem levadas para comercialização.

FIQUE POR DENTRO!

Compostos orgânicos em outro planeta

O planeta Marte tem sido explorado a partir de sondas espaciais, como a Curiosity, da NASA. Dados enviados confirmaram a presença de compostos orgânicos nas amostras de solo daquele planeta. Também foi constatada a presença do hidrocarboneto metano (CH_4) na atmosfera de Marte.

A sonda espacial Curiosity, da NASA, tirou esta selfie em 12 de maio de 2019 (no 2.405º dia marciano ou da missão).

FIQUE POR DENTRO!

Petróleo

A principal fonte de hidrocarbonetos é o **petróleo**, que corresponde a uma mistura de hidrocarbonetos, produzidos a partir da decomposição da matéria orgânica ao longo de milhares de anos. Dependendo da origem da reserva, o petróleo recém extraído pode conter centenas de substâncias, sendo necessária toda uma cadeia de separação e beneficiamento para obter compostos que possam ser utilizados para produzir, por exemplo, combustíveis como gasolina, óleo diesel ou querosene para aviões.

Plataforma P67 da Petrobras na baía de Guanabara, no Rio de Janeiro, que explora o petróleo presente nas reservas do Pré-sal, localizadas na costa brasileira.

Para hidrocarbonetos que apresentam dupla ou tripla ligação e possuem 4 ou mais átomos de carbono, devemos indicar a posição da dupla ou da tripla ligação com um número. A numeração começa da extremidade mais próxima da dupla ou tripla ligação e escrevemos, antes do infixo (-en- ou -in-) o menor dos dois números dos carbonos que estabelecem a dupla ou tripla ligação.

Observe os exemplos:

▶ C_4H_8:
- $H_3C — CH_2 — CH = CH_2$ but-1-eno
- $H_3C — CH = CH — CH_3$ but-2-eno

▶ C_5H_8
- $HC \equiv C — CH_2 — CH_2 — CH_3$ pent-1-ino
- $H_3C — C \equiv C — CH_2 — CH_3$ pent-2-ino

9.3 Álcoois

São compostos orgânicos que apresentam o grupo -OH (**hidroxila**) ligado a um átomo de carbono que apresenta apenas ligações simples.

> **Fórmula geral:** R — OH

Por exemplo:

- H_3C — OH: metanol (combustível, tóxico)
- H_3C — CH_2 — OH: etanol ou álcool etílico (principal álcool)
- H_3C — CH_2 — CH_2 — OH: propan-1-ol
- H_3C — CH(OH) — CH_3: propan-2-ol

Em nosso país, o etanol, produzido a partir da cana-de-açúcar, é importante opção de combustível para veículos automotores. O Brasil é um dos três maiores produtores de álcool automotivo do mundo.

9.4 Aldeídos

São compostos orgânicos que apresentam o grupo —CHO (**aldoxila**) na extremidade da cadeia (sequência de átomos de carbono ligados).

> **Fórmula geral:** R — CHO

Por exemplo:

- H — CHO : metanal (formol)
- H_3C — CHO : etanal

Flor de *Vanilla* sp. com algumas de suas vagens secas (baunilha, muito utilizada em culinária). Assim como a canela e a essência de amêndoas, a baunilha tem como composto ativo um aldeído.

FIQUE POR DENTRO!

A presença dos aldeídos na indústria de perfumes

Dentre os diversos perfumes modernos, destaca-se o Chanel Nº 5, encomendado pela madame Gabrielle "Coco" Chanel em 1921 a Ernest Beaux, russo de origem francesa e ex-fornecedor de fragrâncias aos czares. Coco Chanel pediu ao perfumista que criasse um perfume abstrato, sem que ficassem claras as suas origens florais. Beaux utilizou 80 compostos, entre eles diversos aldeídos, como o decanal e o undecanal. Nessa época, os aldeídos sintéticos apenas tinham começado a ser utilizados em perfumes para ajudar a realçar os aromas dos ingredientes naturais em suas fórmulas.

No início do século XX, o perfume Chanel Nº 5 foi um dos primeiros perfumes a utilizar aldeídos sintéticos, isto é, produzidos pelos perfumistas e não extraídos de materiais naturais.

Flores de *Viola odorata*. O perfume característico das violetas silvestres é devido a uma cetona. Praticamente todos os perfumes modernos têm em sua composição iononas, que são cetonas aromáticas encontradas em uma variedade de fragrâncias.

9.5 Cetonas

São compostos orgânicos que apresentam o grupo

$-\overset{\overset{\displaystyle O}{\|}}{C}-$ (**carbonila**) entre dois átomos de carbono.

Fórmula geral: $R-\overset{\overset{\displaystyle O}{\|}}{C}-R$ ou $R-CO-R$

Por exemplo:

- $H_3C-\overset{\overset{\displaystyle O}{\|}}{C}-CH_3$: propanona (solvente)

- $H_3C-\overset{\overset{\displaystyle O}{\|}}{C}-CH_2-CH_3$: butanona

- $H_3C-\overset{\overset{\displaystyle O}{\|}}{C}-CH_2-CH_2-CH_3$: pentan-2-ona

- $H_3C-CH_2-\overset{\overset{\displaystyle O}{\|}}{C}-CH_2-CH_3$: pentan-3-ona

9.6 Ácidos carboxílicos

São compostos orgânicos que em geral apresentam o grupo $-C\underset{OH}{\overset{\displaystyle =O}{}}$ (**carboxila**) na extremidade da cadeia.

Fórmula geral: $R-C\underset{OH}{\overset{\displaystyle =O}{}}$ ou R — COOH ou R — CO_2H

Por exemplo:

$H-C\underset{OH}{\overset{\displaystyle =O}{}}$: ácido metanoico (ácido fórmico)

$H_3C-C\underset{OH}{\overset{\displaystyle =O}{}}$: ácido etanoico ou ácido acético (vinagre)

Ácidos carboxílicos estão presentes em nossa alimentação, mas não apenas no vinagre. Na uva, temos o ácido tartárico e nas frutas cítricas, como laranja, mexerica, limão, kiwi, acerola, existe o ácido ascórbico, também conhecido como vitamina C.

9.7 Fórmulas Estruturais dos Compostos Orgânicos

Os compostos orgânicos são formados majoritariamente por não metais (C, H, O, N, P, S, entre outros) ligados entre si por ligações covalentes. Assim como estudamos para os compostos moleculares no Capítulo 6, as fórmulas estruturais dos compostos orgânicos apresentam ligações simples, duplas e triplas, representadas, respectivamente, por —, = e ≡.

Observe os exemplos a seguir.

- propano (C_3H_8): hidrocarboneto com 3 carbonos.

$$\begin{array}{c} \text{H} \quad \text{H} \quad \text{H} \\ | \quad\; | \quad\; | \\ \text{H}-\text{C}-\text{C}-\text{C}-\text{H} \\ | \quad\; | \quad\; | \\ \text{H} \quad \text{H} \quad \text{H} \end{array}$$

- benzeno (C_6H_6): hidrocarboneto aromático.

- etanol (C_2H_6O): álcool com 2 carbonos.

$$\begin{array}{c} \text{H} \quad \text{H} \\ | \quad\; | \\ \text{H}-\text{C}-\text{C}-\text{O}-\text{H} \\ | \quad\; | \\ \text{H} \quad \text{H} \end{array}$$

- butanal (C_4H_8O): aldeído com 4 carbonos.

$$\begin{array}{c} \text{H} \quad \text{H} \quad \text{H} \\ | \quad\; | \quad\; | \quad\;\; \diagup\text{O} \\ \text{H}-\text{C}-\text{C}-\text{C}-\text{C} \\ | \quad\; | \quad\; | \quad\;\; \diagdown\text{H} \\ \text{H} \quad \text{H} \quad \text{H} \end{array}$$

- propanona (C_3H_6O): cetona com 3 carbonos.

$$\begin{array}{c} \text{H} \quad \text{O} \quad \text{H} \\ | \quad\; || \quad\; | \\ \text{H}-\text{C}-\text{C}-\text{C}-\text{H} \\ | \qquad\quad\; | \\ \text{H} \qquad\quad\; \text{H} \end{array}$$

- ácido pentanoico ($C_5H_{10}O_2$): ácido carboxílico com 5 carbonos.

$$\begin{array}{c} \text{H} \quad \text{H} \quad \text{H} \quad \text{H} \\ | \quad\; | \quad\; | \quad\; | \quad\;\; \diagup\text{O} \\ \text{H}-\text{C}-\text{C}-\text{C}-\text{C}-\text{C} \\ | \quad\; | \quad\; | \quad\; | \quad\;\; \diagdown\text{OH} \\ \text{H} \quad \text{H} \quad \text{H} \quad \text{H} \end{array}$$

Entretanto, como os compostos orgânicos podem apresentar estruturas muito extensas, são frequentes a utilização da **fórmula estrutural simplificada** (que não apresenta as ligações C — H) e da **fórmula estrutural condensada** (que também não apresenta as ligações na cadeia).

Observe os exemplos abaixo.

- propano:

$$H_3C — CH_2 — CH_3 \qquad\qquad CH_3CH_2CH_3$$
fórmula simplificada $\qquad\qquad\qquad$ fórmula condensada

- etanol:

$$H_3C — CH_2 — OH \qquad\qquad CH_3CH_2OH$$
fórmula simplificada $\qquad\qquad\qquad$ fórmula condensada

- butanal:

$$H_3C — CH_2 — CH_2 — C{\overset{\displaystyle\nearrow O}{\underset{\displaystyle\searrow H}{}}} \qquad\qquad CH_3CH_2CH_2CHO$$
fórmula simplificada $\qquad\qquad\qquad$ fórmula condensada

- propanona:

$$H_3C — \overset{\displaystyle O}{\underset{\displaystyle \|}{C}} — CH_3 \qquad\qquad CH_3COCH_3$$
fórmula simplificada $\qquad\qquad\qquad$ fórmula condensada

- ácido pentanoico:

$$H_3C — CH_2 — CH_2 — CH_2 — C{\overset{\displaystyle\nearrow O}{\underset{\displaystyle\searrow OH}{}}} \qquad\qquad CH_3CH_2CH_2CH_2COOH$$
fórmula simplificada $\qquad\qquad\qquad$ fórmula condensada

Por fim, ainda temos a **fórmula estrutural de linha** (ou **de bastão**), na qual a cadeia carbônica é representada por um zigue-zague:

- as pontas (quando não identificadas) correspondem ao grupo CH_3;
- a junção de dois traços corresponde a um grupo CH_2;
- a junção de três traços corresponde a um grupo CH;
- a junção de quatro traços corresponde a um carbono ligado a outros quatro elementos (todos eles diferentes do hidrogênio).

Observe os exemplos a seguir.

- representa $H_3C-CH_2-CH_2-CH_2-CH_3$

- representa $H_3C-CH_2-CH_2-OH$

- representa H_3C-CHO

- representa $H_3C-CH_2-CO-CH_2-CH_3$

- representa $H_3C-CH_2-CH_2-COOH$

- representa

No anel benzênico, a posição das duplas ligações alterna-se entre os carbonos, de forma que as duas estruturas possíveis estão em equilíbrio entre si:

Devido à dificuldade de localizar a posição das duplas ligações, o anel benzênico também é representado com um círculo no meio do hexágono.

SÉRIE BRONZE

1. Complete com **atual** ou **primitiva**.
   a) A mistura de gases H_2, NH_3, CH_4, H_2O e H_2S corresponde à atmosfera _____.
   b) A mistura de gases N_2, O_2, Ar, CO_2 e H_2O corresponde à atmosfera _____.

2. Dê os nomes.
   a) $CH_3 — CH_2 — CH_2 — CH_2 — CH_3$
   b) $CH_3 — CH_2 — CH_2 — CH_2 — CH_2 — CH_3$
   c) $CH_3 — CH_2 — CH_2 — CH_2 — CH_2 — CH_2 — CH_3$
   d) $CH_3 — CH_2 — CH_2 — CH_2 — CH_2 — CH_2 — CH_2 — CH_3$

3. Complete com traços de ligação.
   a) H C H   metano
       H
       H

   b) H C C H   ou $CH_3 — CH_3$ etano
       H H

   c) H C C C H   ou $CH_3 — CH_2 — CH_3$
       H H H

   d) H C C C C H   ou
       H H H H
   $CH_3 — CH_2 — CH_2 — CH_3$ butano

4. Dê a nomenclatura oficial dos seguintes hidrocarbonetos:
   a) $H_3C — CH = CH — CH_3$
   b) $H_3C — C \equiv C — CH_2 — CH_3$
   c) $H_2C = CH_2$

5. Dê as fórmulas estruturais dos hidrocarbonetos:
   a) acetileno
   b) etileno
   c) pent-1-ino

6. Escreva as fórmulas estruturais simplificadas:
   a) butan-1-ol
   b) butan-2-ol

7. Escreva as fórmulas estruturais simplificadas de:
   a) butanal
   b) pentanal

8. Escreva as fórmulas estruturais simplificadas:
a) pentan-2-ona
b) pentan-3-ona

9. Escreva as fórmulas estruturais simplificadas:
a) ácido propanoico
b) ácido butanoico

10. Indique as funções orgânicas presentes no composto:

SÉRIE PRATA

1. Supõe-se que a atmosfera primitiva era formada pelos gases hidrogênio (H_2), amônia (NH_3), metano (CH_4) e vapor-d'água (H_2O). De acordo com o cientista russo Alexander Oparin, esses gases, por efeito da radiação solar e descargas elétricas, sofreram transformações químicas, originando compostos orgânicos como aminoácidos, carboidratos e ácidos nucleicos. As ideias de Oparin foram reforçadas por uma experiência realizada em 1953 por
a) Linus Pauling.
b) Einstein.
c) Lavoisier.
d) Stanley Miller.
e) Gay Lussac.

2. Os resultados da experiência citada na questão anterior reforçaram a concepção de que
a) os primeiros organismos vivos deveriam ser anaeróbios, pois não existia o oxigênio livre na natureza.
b) os primeiros organismos vivos eram plantas providas de clorofila.
c) os primeiros organismos vivos apresentavam respiração aeróbica.
d) a atmosfera primitiva tinha a mesma composição da atual.
e) tanto na atmosfera primitiva como na atual, o hidrogênio é o componente mais abundante.

3. (FATEC – SP) No modelo da foto a seguir, os átomos de carbono estão representados por esferas pretas e os de hidrogênio, por esferas brancas. As hastes representam ligações químicas covalentes, sendo que cada haste corresponde ao compartilhamento de um par de elétrons.

O modelo em questão está, portanto, representando a molécula de
a) etino.
b) eteno.
c) etano.
d) 2-butino.
e) n-butano.

4. Os hidrocarbonetos são compostos orgânicos que apresentam em sua estrutura apenas átomos de carbono e hidrogênio. A tabela a seguir apresenta a fórmula estrutural de 5 compostos.

I	II	III	IV	V
$H_3C - CH_2 - C \equiv C - CH_3$	∧ (propeno)	⬡	$H_3C - CH_2 - CH_2 - CH_3$	△

O nome oficial dos respectivos compostos é

a) pent-2-eno; butano; hexano; butano; ciclopropeno.
b) pent-3-ino; propano; ciclo-hexino; propano; ciclopropino.
c) pent-2-ino; propano; ciclo-hexano; butano; ciclopropeno.
d) pent-3-ino; propeno; ciclo-hexeno; pentano; ciclopropano.
e) pent-2-ino; propano; hexano; butano; ciclopropeno.

NOTA: em hidrocarbonetos cíclicos (de cadeia fechada), a nomenclatura é realizada inserindo-se o termo "ciclo" antes do prefixo que indica a quantidade de carbonos.

---

5. (FUVEST – SP) Dentre as fórmulas abaixo, aquela que representa uma substância utilizada como combustível, dissolvente e componente de bebidas é:

a) benzeno (C_6H_6)

b) $H - \underset{\underset{H}{|}}{\overset{\overset{H}{|}}{C}} - \underset{\underset{H}{|}}{\overset{\overset{H}{|}}{C}} - OH$

c) $H - \underset{\underset{H}{|}}{\overset{\overset{H}{|}}{C}} - \underset{\underset{H}{|}}{\overset{\overset{H}{|}}{C}} - \overset{\overset{O}{\parallel}}{C} - H$

d) $H - \underset{\underset{OH}{|}}{\overset{\overset{H}{|}}{C}} - \underset{\underset{OH}{|}}{\overset{\overset{H}{|}}{C}} - H$

e) $H - \underset{\underset{H}{|}}{\overset{\overset{H}{|}}{C}} - \underset{\underset{H}{|}}{\overset{\overset{H}{|}}{C}} - \underset{\underset{H}{|}}{\overset{\overset{H}{|}}{C}} - \underset{\underset{H}{|}}{\overset{\overset{H}{|}}{C}} - \underset{\underset{H}{|}}{\overset{\overset{H}{|}}{C}} - H$

6. (PUC-Campinas – SP)

$$H-\underset{H}{\overset{O}{\overset{\|}{C}}}$$

A função química e o nome oficial desse composto são, respectivamente:

a) ácido carboxílico e metanoico.
b) cetona e metanol.
c) álcool e metanol.
d) aldeído e metanal.
e) éter e metoximetano.

7. (UFPE) Relacione os compostos orgânicos listados na primeira coluna com as substâncias da segunda coluna:

1. CH_3COOH formol
2. CH_3COCH_3 cachaça
3. HCHO   removedor de esmalte
4. $CH_3CH_2CH_2CH_3$ vinagre
5. CH_3CH_2OH gás de cozinha

Lendo-se os números da segunda coluna, de cima para baixo, obtém-se:

a) 1, 5, 2, 4, 3
b) 4, 2, 3, 1, 5
c) 3, 4, 1, 5, 2
d) 3, 5, 2, 1, 4
e) 5, 2, 1, 3, 4

8. (FGV – SP – adaptada) A indústria de alimentos utiliza vários tipos de agentes flavorizantes para dar sabor e aroma a balas e gomas de mascar. Entre os mais empregados, estão os sabores de canela e de anis.

I – flavorizante de canela

II – flavorizante de anis

A fórmula molecular da substância II e a função orgânica presente na substância I são, respectivamente,

a) $C_{10}H_{12}O$, aldeído.
b) C_9H_8O, cetona.
c) C_8H_6O, aldeído.
d) $C_{10}H_{12}O$, ácido carboxílico.
e) C_8H_8O, etanol.

SÉRIE OURO

1. (FUVEST – SP) No ar atmosférico atual, não poluído e seco, encontramos em ordem crescente de abundância

a) nitrogênio, argônio e oxigênio.
b) oxigênio, nitrogênio e hélio.
c) dióxido de carbono, nitrogênio e oxigênio.
d) oxigênio, nitrogênio e dióxido de carbono.
e) argônio, oxigênio e nitrogênio.

2. (UnB – DF – adaptada) Na tentativa de encontrar indícios comprobatórios da evolução pré-biológica, Miller construiu, com tubos e balões de vidro, o aparelho representado na figura a seguir, em que simulou as condições supostamente reinantes na Terra primitiva. Nesse aparelho, foi utilizada uma fonte de tensão capaz de fornecer até 60.000 V e 1.200 W. Descargas elétricas semelhantes a relâmpagos são produzidas no aparelho quando a intensidade do campo elétrico entre as extremidades A e B dos eletrodos ultrapassa um valor limite, e então um caminho condutor de corrente elétrica, com resistência desprezível, é estabelecido entre esses pontos através do gás existente no balão, como ilustra a figura abaixo. Outros componentes do aparelho são também mostrados na figura.

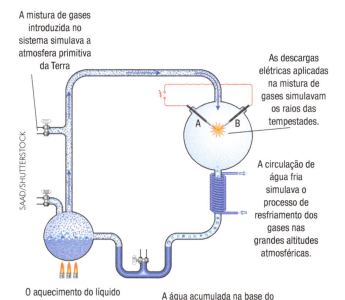

AMABIS, J. M.; MARTHO, G. R. **Biologia das Células**: origem da vida, citologia, histologia e embriologia. São Paulo, Moderna, p. 33 (com adaptações).

Acerca do experimento de Miller e considerando o texto, julgue os itens que se seguem.

(1) O experimento de Miller forneceu evidências para a teoria de que moléculas orgânicas complexas formaram-se na Terra primitiva.
(2) O experimento de Miller evidenciou a teoria da geração espontânea.
(3) O experimento de Miller mostrou que moléculas orgânicas só podem ser produzidas por meio de processos biológicos.

Está **correto** somente o que se afirma em

a) 1.   b) 2.   c) 3.   d) 1 e 3.   e) 1 e 2.

3. (UFPel – RS – adaptada) Os fabricantes de guloseimas têm avançado no poder de sedução de seus produtos, uma vez que passaram a incorporar substâncias de caráter ácido (ácido cítrico) e de caráter básico (bicarbonato de sódio) a eles. Criaram balas e gomas de mascar em que o sabor inicial é azedo, graças, principalmente, aos ácidos presentes e que, após alguns minutos de mastigação, começam a produzir uma espuma brilhante, doce e colorida que, acumulando-se na boca, passa a transbordar por sobre os lábios – essa espuma é uma mistura de açúcar, corante, saliva e bolhas de gás carbônico liberadas pela reação dos cátions hidrônio, H_3O^+ ou simplesmente H^+ (provenientes da ionização dos ácidos málico e cítrico na saliva), com o ânion bicarbonato, conforme a equação:

$$H^+(aq) + HCO_3^-(aq) \rightleftarrows H_2O(l) + CO_2(g)$$

Na estrutura do ácido cítrico estão presentes os grupos funcionais _____ e _____ que representam, respectivamente, as funções orgânicas _____ e _____.

DADOS:

ácido cítrico

$$\begin{array}{c} H_2C-C(=O)-OH \\ | \\ HO-C-C(=O)-OH \\ | \\ H_2C-C(=O)-OH \end{array}$$

Os termos que preenchem corretamente os espaços acima são

a) hidroxila e carbonila; fenol e aldeído.
b) carbonila e carboxila; cetona e ácido carboxílico.
c) hidroxila e carboxila; álcool e ácido carboxílico.
d) carbonila e hidroxila; cetona e álcool.
e) carboxila e carbonila; ácido carboxílico e aldeído.

4. (ESCS – DF – adaptada) A globalização tem contribuído para os avanços científicos e tecnológicos por propiciar um grande intercâmbio entre cientistas de diferentes países. Por exemplo, esforços conjuntos de fabricantes de aeronaves e companhias aéreas de vários países têm permitido o desenvolvimento do bioquerosene por meio do tratamento de óleos vegetais, conforme ilustrado no esquema a seguir, em que R corresponde a um radical hidrocarbônico. No processo, os triglicerídeos constituintes do óleo vegetal são craqueados e o intermediário 1 formado é posteriormente convertido a alcano por meio de dois diferentes caminhos; como produto da reação, é gerada uma mistura de alcanos lineares e ramificados com diferentes massas molares.

No esquema apresentado, os intermediários 1, 2 e 3 apresentam, respectivamente, as funções

a) cetona, ácido carboxílico e aldeído.
b) aldeído, cetona e álcool.
c) ácido carboxílico, álcool e aldeído.
d) ácido carboxílico, aldeído e álcool.
e) cetona, aldeído e álcool.

SÉRIE PLATINA

1. (ENEM) O gráfico abaixo representa a evolução da quantidade de oxigênio na atmosfera no curso dos tempos geológicos. O número 100 sugere a quantidade atual de oxigênio na atmosfera, e os demais valores indicam diferentes porcentagens dessa quantidade.

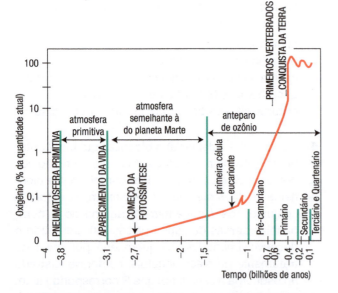

De acordo com o gráfico, é **correto** afirmar que:

a) as primeiras formas de vida surgiram na ausência de O_2.
b) a atmosfera primitiva apresentava 1% de teor de oxigênio.
c) após o início da fotossíntese, o teor de oxigênio na atmosfera mantém-se estável.
d) desde o Pré-cambriano, a atmosfera mantém os mesmos níveis de teor de oxigênio.
e) na escala evolutiva da vida, quando surgiram os anfíbios, o teor de oxigênio atmosférico já se havia estabilizado.

2. (ENEM – adaptada) As áreas numeradas no gráfico mostram a composição em volume, aproximada, dos gases na atmosfera terrestre, desde a sua formação até os dias atuais.

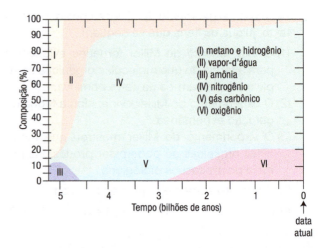

Adaptado de: **The Random House Encyclopedia**. 3th ed. 1990.

Considerando apenas a composição atmosférica, isolando outros fatores, pode-se afirmar que:

a) não podem ser detectados fósseis de seres aeróbicos anteriores a 2,9 bilhões de anos.

b) as grandes florestas poderiam ter existido há aproximadamente 3,5 bilhões de anos.

c) o ser humano poderia existir há aproximadamente 2,5 bilhões de anos.

d) há 3 bilhões de anos, a porcentagem de CO_2 na atmosfera era 80%.

e) na data atual, a porcentagem de N_2 no ar atmosférico é 60%.

3. (ENEM) No que se refere à composição em volume da atmosfera terrestre (questão 2) há 2,5 bilhões de anos, pode-se afirmar que o volume de oxigênio, em valores percentuais, era de, aproximadamente,

a) 95%.
b) 77%.
c) 45%.
d) 21%.
e) 5%.

4. A matéria-prima para a produção do plástico verde é obtida de fonte renovável. Teremos o mesmo plástico, apenas a fonte da matéria-prima é diferente, pois normalmente ela é obtida do petróleo. Por exemplo, a matéria-prima para a produção de polietileno verde pode ser obtida a partir da cana-de-açúcar:

Matéria-prima para a produção de plástico verde, biodegradável.

I. $C_{12}H_{22}O_{11} + H_2O \longrightarrow 2\ C_6H_{12}O_6$

II. $C_6H_{12}O_6 \longrightarrow 2\ C_2H_5OH + 2\ CO_2$

III. $C_2H_5OH \longrightarrow C_2H_4 + H_2O$

O C_2H_4 é a base para a produção do polietileno verde, que é utilizado na fabricação de muitos tipos de embalagens, como garrafas de leite, sacos plásticos, entre outras.

a) Dê a fórmula estrutural e a nomenclatura oficial para a matéria-prima utilizada na produção do polietileno verde.

b) Dê a fórmula estrutural e a nomenclatura para o composto orgânico oxigenado obtido na etapa II.

c) O composto orgânico obtido na etapa II também é matéria-prima para a produção de vinagre (CH_3COOH). Escreva a nomenclatura oficial para o principal componente do vinagre.

5. A "Química Verde" é definida pela IUPAC (*International Union of Pure and Applied Chemistry*) como: "A invenção, desenvolvimento e aplicação de produtos e processos químicos para reduzir ou eliminar o uso e a geração de substâncias perigosas".

Nessa definição, o termo "perigosas" deve ser entendido como substâncias nocivas de algum modo à saúde humana ou meio ambiente.

A US-EPA (*United States Environmental Protection Agency*) e a *American Chemical Society* propuseram 12 princípios para nortear a pesquisa em "Química Verde" que, fundamentalmente, se resumem à busca da redução de rejeitos, do uso de materiais e energia, do risco, da periculosidade e do custo dos processos químicos.

Disponível em: <http://www.usp.br/quimicaverde/>. Acesso em: 3 jun. 2018.

Assim, um dos princípios da "Química Verde" está associado a produzir compostos orgânicos a partir de matéria-prima de fonte renovável. Um exemplo é se utilizar de um álcool para obtenção de matéria-prima para a produção de plástico verde, como o polietileno.

Nessa rota, álcoois podem sofrer reação de desidratação, isto é, perda de água. Quando essa perda ocorre dentro de uma mesma molécula de álcool, dizemos que ocorreu uma *desidratação intramolecular*, e obtemos um alceno. Observe a reação I.

I: $C\underline{H}_3 - CH_2 - \underline{OH} \longrightarrow CH_2 = CH_2 + \underline{H_2O}$

a) Na reação I, o álcool utilizado é obtido a partir da cana-de-açúcar, enquanto que o hidrocarboneto obtido é matéria-prima para a produção de polietileno. Forneça a nomenclatura oficial desses dois compostos.

• álcool: _____

• alceno: _____

Além da desidratação intramolecular, álcoois também podem sofrer reações de *desidratação intermolecular*, quando a perda de água ocorre entre duas moléculas. Observe a reação II.

II: CH_3—**OH** + **H**O—CH_3 ⟶ CH_3—O—CH_3 + **H_2O**
    met*anol*   met*anol*   *met*oxi*metano*   água

Nesse caso, o produto obtido é um **éter**, que apresenta **um oxigênio entre dois átomos de carbono**.

b) Equacione a reação de desidratação intermolecular (com base na reação II) do álcool extraído da cana-de-açúcar.

c) Observe, na reação II, a nomenclatura do composto formado, um éter. Por meio dessa análise, forneça a nomenclatura oficial do éter obtido no item (b).

6. Durante nosso estudo envolvendo a Química Orgânica, vimos, além dos hidrocarbonetos, alguns compostos oxigenados contendo grupos característicos das funções álcool, aldeído, cetona e ácido carboxílico.

A partir desses compostos podemos obter outros, como os **ésteres**, que podem ser utilizados como flavorizantes, substâncias usadas na indústria alimentícia para dar aroma e sabor. Um exemplo de éster usado como flavorizante é o **etanoato de octila**, presente na essência da laranja e que pode ser obtido por meio de uma **reação de esterificação** entre o **ácido etanoico** e o **octan-1-ol**, conforme representado abaixo com as fórmulas estruturais:

CH_3—C(=O)(OH) + **H**O—CH_2—CH_2—CH_2—CH_2—CH_2—CH_2—CH_2—CH_3 ⟶

⟶ CH_3—C(=O)(O—CH_2—CH_2—CH_2—CH_2—CH_2—CH_2—CH_2—CH_3) + **H_2O**

a) De forma análoga à reação acima, a essência de framboesa, cuja fórmula estrutural está representada abaixo, também pode ser obtida por meio de uma reação de esterificação. Equacione, utilizando fórmulas estruturais, a reação de esterificação que leva à produção dessa essência.

H_3C—C(=O)(O—CH_2—CH_2—CH_2—CH_3)
essência de framboesa

b) Forneça a nomenclatura oficial do ácido e do álcool utilizados na produção da essência de framboesa no item (a). Analisando a nomenclatura do éster presente na essência de laranja, forneça também a nomenclatura oficial do éster presente na essência de framboesa.

Geometria Molecular e Polaridade de Moléculas

CAPÍTULO 10

As propriedades das substâncias desempenharam um papel muito importante durante o desenvolvimento do nosso planeta e da própria vida. Por exemplo, o fato de a água ser líquida à temperatura ambiente (de 25 °C) e a sua capacidade de dissolver uma diversidade de compostos, desde sais inorgânicos até compostos orgânicos, explica, em parte, o porquê de a vida na Terra ter se iniciado em ambientes aquáticos.

Essas propriedades da água e de outras substâncias moleculares (compostos que apresentam ligação covalente) estão relacionadas com a **geometria** dessas moléculas, isto é, com a disposição dos átomos no espaço e com a **distribuição de cargas** entre os átomos que compõem essas moléculas.

No Capítulo 7, apresentamos as fórmulas estruturais das substâncias e moléculas, que são representações em duas dimensões das ligações entre os átomos. Agora, no Capítulo 10, vamos estudar como esses átomos estão arranjados no espaço e como esse arranjo interfere, por exemplo, na solubilidade das substâncias.

Você já percebeu como é difícil limpar a graxa de sua mão só com água? Apesar de a água ser um solvente praticamente universal, devido à distribuição de suas cargas ela só consegue dissolver substâncias polares, como ela. Já para retirar a graxa, composta por substâncias apolares, são necessários também solventes apolares.

10.1 Geometria Molecular

O formato de uma molécula (geometria) é dado pelo **arranjo dos núcleos dos seus átomos ao redor do átomo central.** Como veremos a seguir, as moléculas podem apresentar formato linear, trigonal plano, piramidal e tetraédrico, entre outros.

Toda **molécula diatômica** (H_2, O_2, N_2, HCl) é **linear**, pois apresenta apenas *dois núcleos*. Observe, nos exemplos abaixo, que a geometria *não depende* da quantidade de pares de elétrons presentes na molécula.

$$H-H \quad O=O \quad N\equiv N \quad H-Cl$$

Para prever a geometria molecular de **moléculas poliatômicos**, isto é, moléculas do tipo AX_n (com n ≥ 2), podemos utilizar a **teoria da repulsão dos pares de elétrons da camada de valência** (VSERP, do inglês *Valence Shell Electron Pair Repulsion*), idealizada pelos químicos ingleses Nevil Vincent **Sidgwick** (1873-1952) e Herbert Marcus **Powell** (1906-1991) e desenvolvida pelo químico canadense Ronald **Gillespie** (1924-). Na fórmula AX_n, A é o átomo central (geralmente o menos eletronegativo) e X é o ligante, como representado no exemplo abaixo (para n = 3).

$$\begin{array}{c} X-A-X \\ | \\ X \end{array}$$

A posição dos núcleos dos átomos (geometria molecular) é influenciada pela **repulsão** dos pares de elétrons da camada de valência que rodeiam o átomo central da molécula. Os pares de elétrons (um, dois ou três) são regiões negativas ⊖ que se repelem, isto é, regiões de repulsão. Então,

> Os pares de elétrons arranjar-se-ão de modo a ficarem o mais afastados possível um do outro para que a repulsão entre eles seja mínima.

10.1.1 Moléculas sem pares de elétrons isolados no átomo central

Para se determinar a geometria molecular basta seguir os dois passos abaixo:
1) escrever a fórmula estrutural;
2) substituir a ligação covalente pela região de repulsão ⊖.

Essa teoria da repulsão também indica os **ângulos de ligação**, isto é, os ângulos entre as linhas retas que unem os núcleos ao átomo central. Havendo

▶ AX_2: **duas** regiões de repulsão ⟶ a geometria será **linear**:

Disposição geométrica linear. Os átomos se posicionam em linha. ângulo de ligação = 180°

Por exemplo:

BeCl$_2$

1) $:\ddot{\underset{..}{C}}l - Be - \ddot{\underset{..}{C}}l:$ Cl ⊖ Be ⊖ Cl   linear

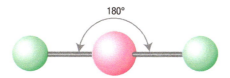

Representação esquemática da geometria linear do cloreto de berílio (BeCl$_2$).

CO$_2$

1) $:\ddot{O}=C=\ddot{O}:$ O ⊖ C ⊖ O   linear

Representação esquemática da geometria linear do dióxido de carbono (CO$_2$).

● AX$_3$: **três** regiões de repulsão ⟶ a geometria será **trigonal plana**:

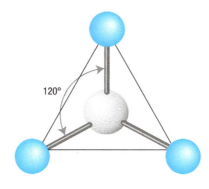

Disposição geométrica trigonal plana. Os átomos formam um triângulo equilátero.
ângulo de ligação = 120°

Por exemplo:

BF$_3$

1) $\begin{array}{c} :\ddot{\underset{..}{F}}: \\ | \\ B - \ddot{\underset{..}{F}}: \\ | \\ :\ddot{\underset{..}{F}}: \end{array}$ 2)   trigonal plana

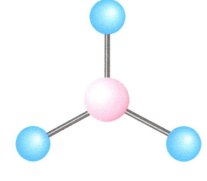

Representação esquemática da geometria triangular plana do trifluoreto de boro (BF$_3$).

H_2CO

1) $H-\underset{120°}{\overset{\overset{O}{\|}}{C}}-H$

2) 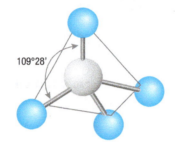 trigonal plana

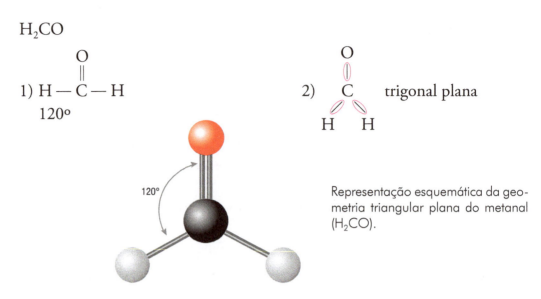

Representação esquemática da geometria triangular plana do metanal (H_2CO).

▶ AX_4: **quatro** regiões de repulsão ⟶ a geometria será **tetraédrica**:

Disposição geométrica tetraédrica. Os átomos formam um tetraedro. ângulo de ligação = 109°28′

Por exemplo:

CH_4

1) $H-\underset{H}{\overset{H}{\underset{|}{\overset{|}{C}}}}-H$

2) 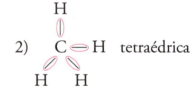 tetraédrica

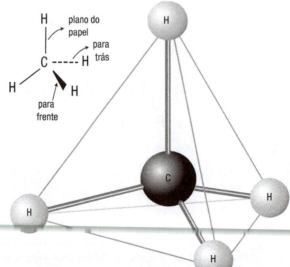

Representação esquemática da geometria tetraédrica da molécula de metano (CH_4).

LIGANDO OS PONTOS!

Temperatura da Terra e a órbita do nosso planeta

No Capítulo 8, apresentamos os compostos inorgânicos: ácidos, bases, sais e óxidos. Entre os óxidos estudados, destacamos a associação do dióxido de carbono (CO_2) ao fenômeno do efeito estufa e à correspondência com a variação da temperatura ao longo de milhares de anos. Vimos que não há dúvidas de que a concentração desse óxido na atmosfera impacta não só a temperatura, mas também o clima.

Entretanto, não é apenas a concentração de CO_2 na atmosfera que interfere no clima do nosso planeta. Na primeira metade do século XIX, o astrofísico sérvio Milutin **Milankovitch** (1879-1958) desenvolveu um modelo matemático para variação do clima baseado na variação de incidência da radiação solar em função da latitude e da sazonalidade.

Atualmente conhecida como Teoria de Milankovitch, o sérvio conclui que alterações cíclicas em três aspectos da geometria da órbita da Terra em relação ao Sol interferem na quantidade de energia solar que alcança nosso planeta:

- variações na **excentricidade** da órbita (E) – o formato da órbita ao redor do Sol. Atualmente, há diferença de apenas 3% (5 milhões de quilômetros) entre a menor (periélio) e a maior distância (afélio) da Terra em relação ao Sol, o que implica um aumento de 6% na quantidade de radiação solar recebida (insolação) nos meses de julho à janeiro. Se a excentricidade da órbita aumentar, tornando-se mais elíptica, a quantidade de insolação recebida no periélio seria de 20 a 30% superior que no afélio, resultando em mudanças substanciais no clima;

- alterações na **obliquidade** ou **inclinação** (T, do inglês *tilt* – inclinação) – o ângulo que o eixo da Terra estabelece com o plano da sua órbita. Conforme a obliquidade aumenta, o contraste das estações intensifica-se: os invernos tornam-se mais frios e os verões mais quentes em ambos os hemisférios;

- movimento de **precessão** (P) – a direção do eixo de rotação da Terra movimenta-se como um peão, descrevendo um círculo ao longo do tempo. Esse movimento altera as datas do periélio e do afélio e, portanto, aumenta o contraste das estações em um hemisfério e diminui esse contraste no outro hemisfério.

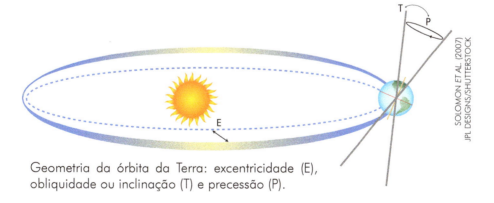

Geometria da órbita da Terra: excentricidade (E), obliquidade ou inclinação (T) e precessão (P).

Fonte: **Climate Change 2007**: the physical science basis. Contribution of Working Group to the Fourth Assessment Report of the Intergovernmental Panel on Climate Change. *Disponível em:* <https://wg1.ipcc.ch/publications/wg1-ar4/faq/docs/ar4wg1_faq-brochure_lores.pdf>. *Acesso em:* 2 out. 2019.

Por cerca de 50 anos, o modelo proposto por Milankovitch foi totalmente ignorado, até que, em 1976, medições realizadas em sedimentos subterrâneos conseguiram extrair registros da variação de temperaturas de até 450 mil anos atrás, que confirmaram que as principais variações de clima (como as eras glaciais) estavam fortemente relacionadas às variações na geometria da órbita da Terra.

10.1.2 Moléculas com pares de elétrons isolados no átomo central

Nesse caso, vamos analisar dois casos de geometria molecular: **angular** e **piramidal**. Nesses casos, também precisamos seguir os passos descritos anteriormente: escrever a fórmula estrutural e substituir os pares de elétrons, tanto as ligações covalentes quanto os pares não compartilhados no átomo central, por regiões de repulsão (⊖).

- AX_2: a presença de pares de elétrons não compartilhados no átomo central repele as regiões de repulsão das ligações covalentes, favorecendo uma geometria **angular**:

Disposição geométrica angular. Os átomos estabelecem um ângulo, cujo valor varia para cada molécula.

Por exemplo:

SO_2

1) $\ddot{S}=O$
   $\quad\ |$
   $\quad\ O$

2)  angular

Ângulo experimental = 119°

Representação esquemática da geometria angular da molécula de dióxido de enxofre (SO_2).

H_2O

1) $:\ddot{O}-H$
   $\quad\ |$
   $\quad\ H$

2) O   angular
   H H

ângulo experimental = 105°

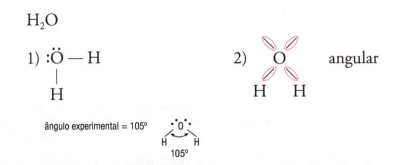

Representação esquemática da geometria angular da molécula de água (H_2O). A molécula de H_2O apresenta dois pares de elétrons não compartilhados no átomo central, enquanto o SO_2 apenas um; a maior quantidade de pares não compartilhados aumenta a repulsão, diminuindo o ângulo de ligação.

● AX₃: a presença de par de elétrons não compartilhados no átomo central repele as regiões de repulsão das ligações covalentes, favorecendo uma geometria **piramidal**:

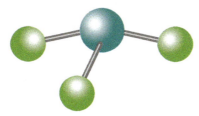

Disposição geométrica piramidal. Os átomos formam uma pirâmide.

Por exemplo:

NH_3

1) H—N̈—H
   |
   H

ângulo experimental = 107°

2) (estrutura com N no topo, H H H na base) piramidal

Representação esquemática da geometria piramidal da molécula de amônia (NH_3).

NOTA: há outras geometrias além das apresentadas acima. Por exemplo:

● em uma **molécula bipirâmide trigonal** há **cinco** regiões de repulsão:

PCl_5

1) :C̈l:
   |
   :C̈l—P—C̈l:
   |
   :C̈l:
   |
   :C̈l:

2) estrutura com P central e 5 Cl

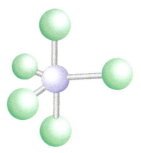

Representação esquemática da geometria bipirâmide trigonal da molécula de PCl_5.

● em uma **molécula octaédrica** há **seis** regiões de repulsão:

SF_6

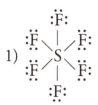

2) estrutura com S central e 6 F

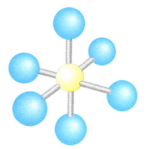

Representação esquemática da geometria octaédrica da molécula de SF_6.

10.2 Polaridade

O conhecimento da geometria molecular é necessário, porém não suficiente, para estudar, por exemplo, a solubilidade mencionada no início desse capítulo. Precisamos também estudar a **polaridade da molécula**, isto é, estudar como ocorre a distribuição de cargas na estrutura da molécula.

Essa distribuição, por sua vez, está relacionada com a **eletronegatividade** que, como vimos no Capítulo 6, é a capacidade de um átomo para atrair os elétrons em uma ligação. Em 1932, o químico estadunidense **Linus** Carl **Pauling** (1901-1994) apresentou à comunidade científica sua escala de eletronegatividade, que podemos simplificar como:

$$F > O > N, Cl > Br > I, S, C > P, H > \text{metais}$$
$$4 \quad 3{,}5 \quad 3{,}0 \quad\quad 2{,}8 \quad 2{,}5 \quad\quad 2{,}1$$

10.2.1 Verificação experimental da polaridade de moléculas

Para verificarmos se há ou não polaridade em uma molécula, podemos proceder a um experimento bastante simples em que vamos utilizar uma bureta contendo o líquido que deve ser analisado e um bastão de vidro carregado positivamente.

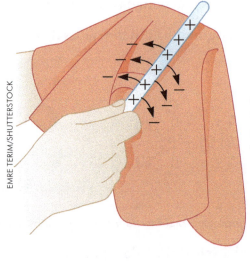

Ao atritar um bastão de vidro com um pedaço de lã, os elétrons passam para a lã, deixando o bastão carregado positivamente.

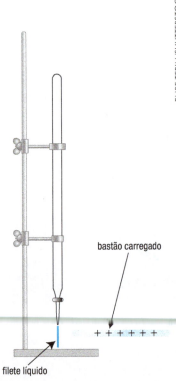

Vamos colocar esse bastão carregado próximo à ponta da bureta e vamos abrir um pouco sua torneira, deixando escapar um filete do líquido.

Caso o filete de líquido

- **sofra** desvio em direção ao bastão, então as moléculas do líquido **têm polaridade**;

- **não sofra** desvio em direção ao bastão, então as moléculas do líquido **não têm polaridade**.

FIQUE POR DENTRO!

Experimente fazer!

Você pode fazer uma experiência similar em sua casa. Atrite uma bexiga de borracha (de festa de aniversário) com um pano de lã e aproxime-a de uma torneira escorrendo um filete de água. O que você pode observar que acontece com a água?

10.2.2 Polaridade de moléculas diatômicas

Vamos iniciar nossos estudos sobre polaridade de moléculas analisando a polaridade de moléculas **diatômicas**, isto é, formadas por apenas dois átomos (diferentes ou iguais).

Considere uma molécula de cloreto de hidrogênio (HCl). Como o Cl é mais eletronegativo do que o H, ele atrai mais o par de elétrons compartilhados; como resultado, o Cl retém a maior parte do par de elétrons da ligação covalente.

$$H : \ddot{\underset{..}{Cl}} :$$

Compartilhamento desigual do par de elétrons, que foi deslocado para o lado do Cl.

Observe que na região do Cl temos um aumento parcial de elétrons (polo negativo). Dizemos, então, que no Cl aparece uma carga parcial negativa (simbolizada por δ^-). Consequentemente, na região do H temos uma diminuição parcial de elétrons (polo positivo). Dizemos, então, que no H aparece uma carga parcial positiva (simbolizada por δ^+).

$$\overset{\delta^+}{H} — \overset{\delta^-}{Cl}$$

> O elemento **mais** eletronegativo é sempre o polo **negativo** e o elemento **menos** eletronegativo é sempre o polo **positivo**.

A ligação entre H e Cl é chamada de **ligação covalente polar**, pois nela existem dois polos elétricos, um negativo e outro positivo (dipolo elétrico). Já a molécula de HCl é classificada como uma **molécula polar** e consiste em um **dipolo elétrico**.

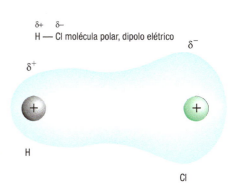

$\overset{\delta^+}{H} — \overset{\delta^-}{Cl}$ molécula polar, dipolo elétrico

Ligação covalente polar: átomos com eletronegatividades diferentes.

Quando dois átomos de uma ligação têm uma pequena diferença de eletronegatividade, as **cargas parciais são muito pequenas**. Quando a diferença de eletronegatividade aumenta, **também crescem as cargas parciais**. Por exemplo:

$$\overset{\delta+}{H}-\overset{\delta-}{F} \qquad \overset{\delta'+}{H}-\overset{\delta'-}{Cl}$$

$$4{,}0 - 2{,}1 = 1{,}9 \qquad 3{,}0 - 2{,}1 = 0{,}9$$

mais polar menos polar

$$|\delta| > |\delta'|$$

Agora, considere a molécula de gás hidrogênio (H_2). Como a eletronegatividade dos átomos é a mesma, não haverá deslocamento do par de elétrons; portanto, não se formam dois polos. Assim, a molécula do H_2 não tem polos e, portanto, é **não polar** ou **apolar**.

$$H:H \quad \text{compartilhamento igual}$$

A ligação entre H e H é chamada de **ligação covalente apolar** ou **não polar**, pois os dois átomos possuem a mesma eletronegatividade.

FIQUE POR DENTRO!

Ligações iônicas *versus* ligações covalentes

As ligações iônicas e as covalentes são dois modelos extremos da ligação química. Entretanto, a maior parte das ligações reais tem **caráter duplo**: parte iônica e parte covalente.

Quando descrevemos as ligações entre **não metais**, a ligação covalente é um bom modelo.

Quando um **metal** e um **não metal** estão presentes em um composto, a ligação iônica é um bom modelo.

A diferença de eletronegatividade (ΔE) prediz se prevalece o **caráter iônico** ou o **caráter covalente**. Assim, quando

$\Delta E > 1{,}7$, prevalece o caráter iônico
$\Delta E \leq 1{,}7$, prevalece o caráter covalente

O caráter iônico aumenta à medida que ΔE aumenta. Observe a tabela a seguir.

Porcentagem de caráter iônico de uma molécula em função da diferença de eletronegatividade.

DE	0	0,5	1,0	1,6	1,7	2,0	2,5	3,0
% DE CARÁTER IÔNICO	0	6%	22%	47%	51%	63%	79%	89%

Observe, nos exemplos a seguir, que a partir da diferença de eletronegatividade podemos determinar o caráter da ligação presente na estrutura:

H : H $\Delta E = 0$ covalente apolar
:Br: : :Cl: $\Delta E = 0{,}2$ covalente polar
:I: : :Cl: $\Delta E = 0{,}5$ covalente polar
H : :Cl: $\Delta E = 0{,}9$ covalente polar
Na^+ :Cl:⁻ $\Delta E = 2$ iônica

10.2.3 Polaridade de moléculas poliatômicas

Para determinar a polaridade das moléculas **poliatômicas**, isto é, aquelas que possuem mais de dois átomos (como O_3, H_2O, NH_3 e CH_4), podemos utilizar o **método da simetria elétrica**.

Uma molécula **polar** é eletricamente *assimétrica*, isto é, o centro das cargas positivas não coincide com o centro das cargas negativas. Essa assimetria ocorre quando a molécula apresenta **ligantes diferentes ao redor do átomo central** ou **par de elétrons isolados (não compartilhados) no átomo central**. Por exemplo:

$COCl_2$ CH_2Cl_2 H_2O NH_3 O_3

Todas as moléculas acima representadas são polares: enquanto $COCl_2$ e CH_2Cl_2 apresentam ligantes diferentes, H_2O, NH_3 e O_3 apresentam pares de elétrons não ligantes no átomo central.

Uma molécula **não polar** (ou **apolar**) é eletricamente *simétrica*, isto é, os dois centros (positivo e negativo) de cargas coincidem. Para que isso ocorra, é necessário que a molécula apresente **ligantes iguais ao redor do átomo central** e que **não possua par de elétrons isolados (não compartilhados) no átomo central**. Por exemplo:

$BeCl_2$ BF_3 CO_2 CH_4

Todas as moléculas acima representadas são apolares: $BeCl_2$, BF_3, CO_2 e CH_4 apresentam todos os ligantes iguais e não possuem par de elétrons isolados no átomo central.

FIQUE POR DENTRO!

Método do momento dipolar ($\vec{\mu}$)

Além do método da simetria elétrica, é possível determinar a polaridade de uma molécula a partir do **método do modelo dipolar**. O momento dipolar ($\vec{\mu}$) é uma **grandeza vetorial** (sendo caracterizada por *direção*, *sentido* e *módulo*), que mede a polarização das moléculas. Para determinada ligação, o momento dipolar é caracterizado por:

- **direção** – segmento de reta entre dois núcleos;
- **sentido** – do elemento menos eletronegativo para o elemento mais eletronegativo;

$H \xrightarrow{\mu} Cl$ $H \xrightarrow{\mu} F$

- **módulo (intensidade)** – é dado por $\mu = \delta \cdot d$, sendo
  - unidade: Debye (D), em homenagem ao químico holandês Peter **Debye** (1884-1966), que estudou a distribuição de cargas em moléculas assimétricas;
  - δ: carga parcial do átomo;
  - d: distância entre dois núcleos.

NOTA: $1 \text{ D} = 3{,}34 \cdot 10^{-30}$ C · m, onde C (Coulomb) e m (metro) são as unidades oficiais no Sistema Internacional de Unidades (SI) para carga elétrica e distância, respectivamente.

Para utilizar o método do momento dipolar para determinar a polaridade de uma molécula, é necessário calcular o **momento dipolar resultante** ($\vec{\mu}_R$), que corresponde à *soma vetorial* dos momentos dipolares associados a todas as ligações presentes na molécula. Para determinar o módulo dipolar resultante, devemos seguir três passos:

1º – escrever a geometria molecular da molécula;
2º – substituir as ligações covalentes por $\vec{\mu}$ (respeitando a direção e o sentido);
3º – somar os $\vec{\mu}$ de cada ligação.

Vamos calcular o momento dipolar resultante para algumas moléculas:

1. CO_2:

linear O=C=O   O ←$\vec{\mu}$— C —$\vec{\mu}$→ O $\vec{\mu}_R = \vec{0}$ (vetor nulo)

Mesmo com duas ligações polares, a molécula de CO_2 é **apolar**, pois a soma dos vetores é nula.

2. H_2O:

angular   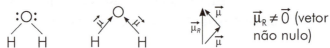 $\vec{\mu}_R \neq \vec{0}$ (vetor não nulo)

A molécula de H_2O é **polar**, pois a soma dos vetores é não nula.

3. NH_3:

piramidal $\vec{\mu}_R \neq 0$ polar

4. CH_4:

tetraédrica $\vec{\mu}_R = 0$ apolar

5. CH_2Cl_2:

tetraédrica $\vec{\mu}_R \neq 0$ polar

Como o momento dipolar resultante mede a intensidade de polarização das moléculas, podemos deduzir que:

Molécula polar: $\vec{\mu}_R \neq \vec{0}$
Molécula apolar: $\vec{\mu}_R = \vec{0}$

Em conclusão:

Um molécula diatômica será polar se a ligação for polar.
Uma molécula poliatômica será polar se tiver ligações polares orientadas no espaço, de maneira que os momentos dipolares associados às ligações não se cancelem.

Agora podemos relacionar os módulos do momento dipolar resultante das moléculas a seguir com as respectivas polaridades:

MOLÉCULA	$|\vec{\mu}_R|$	POLARIDADE
H_2	0	apolar
HCl	1,08 D	polar
HF	1,91 D	polar
CO_2	0	apolar
H_2O	1,85 D	polar
NH_3	1,47 D	polar
CH_4	0	apolar

10.2.4 Polaridade das moléculas orgânicas

A polaridade das moléculas orgânicas depende das ligações entre seus elementos. Assim:

- os hidrocarbonetos são **apolares**, pois as ligações C – C são apolares e as ligações C – H são pouco polares. Por exemplo:

C_8H_{18} (componente da gasolina)

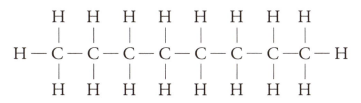

ou

$CH_3 — CH_2 — CH_2 — CH_2 — CH_2 — CH_2 — CH_2 — CH_3$

- o etanol (álcool comum) é **polar**, pois a ligação OH é polar:

- o óleo ou o azeite são **apolares** devido à grande quantidade de ligação C — C e C — H (pouco polares):

$$H_2C-O-\underset{\underset{O}{\|}}{C}-CH_2-CH_2-CH_2-CH_2-CH_2-CH_2-CH=CH-CH_2-CH_2-CH_2-CH_2-CH_2-CH_3$$

$$HC-O-\underset{\underset{O}{\|}}{C}-CH_2-CH_2-CH_2-CH_2-CH_2-CH_2-CH_2-CH=CH-CH_2-CH=CH-CH_2-CH_2-CH_3$$

$$H_2C-O-\underset{\|}{C}-CH_2-CH_2-CH_2-CH_2-CH_2-CH_2-CH_2-CH=CH-CH_2-CH=CH-CH_2-CH_2-CH_3$$

- os sabões, sais orgânicos de cadeia longa, apresentam uma **parte polar** e outra **parte apolar**:

$$\underbrace{CH_3-CH_2-CH_2-CH_2-CH_2-CH_2-CH_2-CH_2-CH_2-CH_2-CH_2}_{\text{parte apolar}}-\underbrace{C\begin{smallmatrix}\diagup\!\!\!\diagdown O\\ \diagdown O^-Na^+\end{smallmatrix}}_{\text{parte polar}}$$

10.3 Solubilidade

Uma substância (soluto) é solúvel em outra (solvente) quando, ao misturarmos ambas as substâncias, forem estabelecidas interações entre elas. Os tipos de interações estabelecidas serão estudados em detalhes no Capítulo 11, porém já podemos adiantar que, em geral, essas interações são mais facilmente estabelecidas quando a polaridade do soluto e a do solvente são iguais.

Isso significa que **moléculas polares** têm mais probabilidade de se dissolverem em **solventes polares**, e as **apolares**, nos **solventes apolares**. O contrário também é verdadeiro, isto é, a probabilidade de moléculas polares se dissolverem em solventes apolares é pequena, bem como a de moléculas apolares se dissolverem em solventes polares.

Apesar de não ser possível prever com precisão absoluta quando uma substância é solúvel em outra, as observações práticas de solubilidade levam a uma regra geral bastante simples de ser aplicada:

> Semelhante dissolve semelhante.

Vamos analisar a seguir alguns casos.

a) **Mistura homogênea água-etanol**

A água (H_2O) se dissolve facilmente no etanol (C_2H_5OH), formando uma mistura homogênea em quaisquer proporções, isto é, são miscíveis em quaisquer proporções, pois as duas moléculas são polares.

b) **Mistura heterogênea água-gasolina**

A água (H_2O: molécula polar) não de dissolve na gasolina, pois as moléculas dos hidrocarbonetos (como as do octano, C_8H_{18}), que constituem a gasolina, não são polares.

c) **Mistura homogênea etanol-gasolina**

O etanol ($CH_3 - CH_2 - OH$), apesar de conter um grupo —OH que lhe confere um caráter polar, apresenta uma cadeia carbônica de caráter apolar. É essa cadeia carbônica que possibilita a interação com os hidrocarbonetos (apolares) presentes na gasolina.

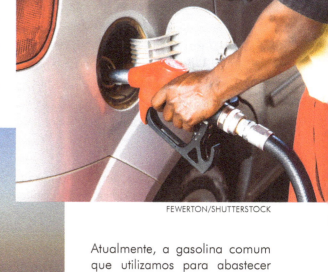

FEWERTON/SHUTTERSTOCK

Atualmente, a gasolina comum que utilizamos para abastecer nossos veículos contém 27% em massa de etanol. Como ambos os líquidos são miscíveis, a mistura resultante é homogênea.

No Brasil, o etanol é produzido em usinas a partir da cana-de-açúcar.

CELIO MESSIAS SILVA/SHUTTERSTOCK

d) **Mistura homogênea açúcar-água**

O açúcar comum (sacacose) é uma substância polar que pode se dissolver na água (H_2O), um solvente também polar.

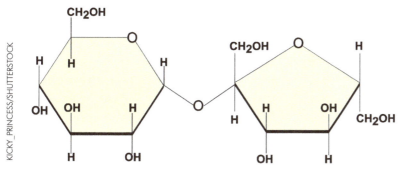

sacarose

Na estrutura da sacarose ($C_{12}H_{22}O_{11}$), há a presença de vários grupos —OH que tornam a molécula polar e favorecem a dissolução do composto em água.

FIQUE POR DENTRO!

Como o sabão limpa?

Como vimos, a estrutura de óleos (e também das gorduras) apresentam caráter predominantemente apolar, enquanto a molécula de água é polar. A diferença de polaridade entre essas substâncias explica o motivo de ser tão difícil limpar um prato engordurado apenas com água: a solubilidade da sujeira em água é bastante baixa.

Para facilitar o processo de limpeza, utilizamos sabões ou detergentes que apresentam tanto uma parte polar quanto uma parte apolar em sua estrutura.

$$CH_3 - CH_2 - CH_2 - CH_2 - CH_2 - CH_2 - CH_2 - CH_2 - CH_2 - CH_2 - CH_2 - C\begin{matrix}=O\\O^-Na^+\end{matrix}$$

parte apolar — parte polar

A parte polar tem capacidade de interagir com a água, sendo chamada de parte hidrofílica, enquanto a parte apolar pode interagir com a gordura, sendo chamada de parte hidrofóbica ou parte lipofílica. Por ser capaz de interagir tanto com estruturas polares como apolar, os sabões e detergentes são classificados como substâncias anfifílicas (do grego, *amigo de ambos*).

Durante a lavagem, a parte apolar da estrutura do sabão interage com a estrutura da sujeira, rodeando-a e formando uma micela. Na parte externa da micela, ficam os grupos hidrofílicos do sabão, que possibilitam a interação com a água, que arrastam a micela e removem a sujeira.

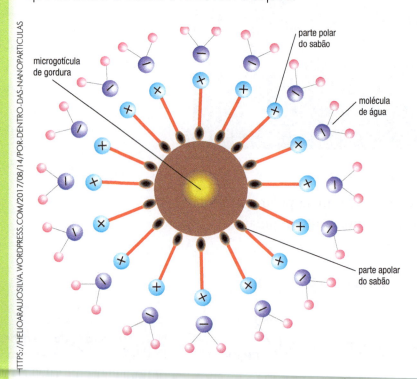

Micela formada a partir da interação entre a microgotícula de gordura e a estrutura do sabão.

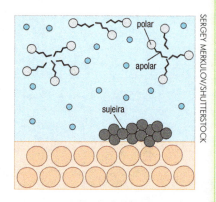
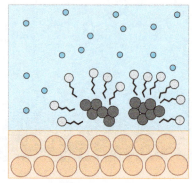
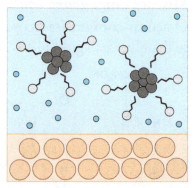

Mecanismo de ação de sabões e detergentes na limpeza de substâncias apolares.

LIGANDO OS PONTOS!

Uma das hipóteses sobre a origem das primeiras formas de vida

No Capítulo 9, vimos que uma teoria para origem dos compostos orgânicos foi testada experimentalmente por Miller e Urey, que determinaram ser possível obter moléculas orgânicas, como aminoácidos, a partir de moléculas inorgânicas (NH_3, H_2O, CO_2, H_2) em condições que simulavam a Terra primitiva.

Entretanto, há uma diferença significativa entre as moléculas obtidas por Miller e Urey e estruturas vivas, mesmo as mais simples possíveis. Uma explicação para como os aminoácidos formados na sopa primordial favoreceram a formação de moléculas mais complexas está relacionada com a polaridade e a solubilidade dessas estruturas, tema que acabamos de discutir neste capítulo.

Nos oceanos da Terra primordial, as moléculas orgânicas produzidas a partir das moléculas inorgânicas teriam reagido entre si e gerado estruturas maiores com caráter anfifílico, isto é, estruturas que contêm tanto uma parte hidrofílica (capaz de interagir com a água) quanto uma parte hidrofóbica (também chamada de lipofílica, capaz de interagir com compostos orgânicos). Essas estruturas teriam se organizado, em virtude do caráter polar da água, formando bicamadas que dariam origem a arranjos precursores das primeiras membranas plasmáticas e os **coacervatos**, aglomerados de moléculas orgânicas envoltas por moléculas de água.

A formação das membranas foi de extrema importância para o desenvolvimento da vida, pois permitiu separar o meio externo do meio interno, possibilitando que as substâncias presentes em ambos os meios fossem diferentes. Com o passar do tempo, essas microesferas teriam evoluído e adquirido a capacidade de absorver substâncias do meio externo e de transformá-las em seu interior e, eventualmente, teriam desenvolvido a capacidade de se reproduzir, dando origem aos primeiros organismos vivos, extremamente simples.

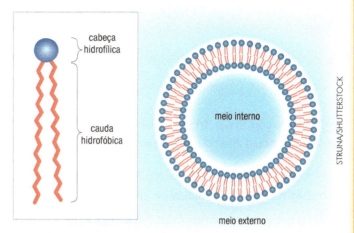

O caráter anfifílico das moléculas orgânicas possibilitou a formação de bicamadas que isolariam o meio interno do meio externo.

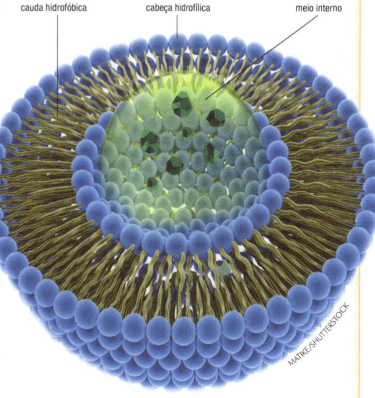

Modelo tridimensional de um coacervato, formado a partir da organização de estruturas anfifílicas.

SÉRIE BRONZE

1. Complete com **linear**, **trigonal plana** ou **tetraédrica**.
   Para moléculas em que o átomo central não tem par de elétrons não ligado, as principais geometrias são:

   a)

   b)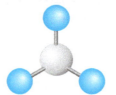

   c)

   _____   _____   _____

2. Complete com **linear**, **trigonal plana** ou **tetraédrica**.
   Se a molécula (átomo central sem par de elétrons isolado) tiver:

   a) duas regiões de repulsão: geometria _____ .

   b) três regiões de repulsão: geometria _____ .

   c) quatro regiões de repulsão: geometria _____ .

3. Complete com **109°28'**, **120°** ou **180°**.

   a)

   b)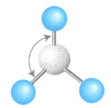

   c)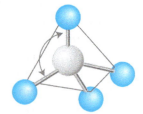

   _____   _____   _____

4. Complete a tabela.

	FÓRMULA MOLECULAR	FÓRMULA ESTRUTURAL	REGIÃO DE REPULSÃO	GEOMETRIA
a)	H_2			
b)	O_2			
c)	CH_4			

	FÓRMULA MOLECULAR	FÓRMULA ESTRUTURAL	REGIÃO DE REPULSÃO	GEOMETRIA
d)	BF_3			
e)	CO_2			
f)	CCl_4			
g)	$COCl_2$			
h)	SiH_4			
i)	$CHCl_3$			
j)	HF			

5. Complete com **angular** ou **piramidal**.

Para moléculas em que o átomo central tem par de elétrons não ligados, as principais geometrias são:

a)

_____

b)

_____

c)

_____

6. Complete a tabela.

	FÓRMULA MOLECULAR	FÓRMULA ESTRUTURAL	REGIÃO DE REPULSÃO	GEOMETRIA
a)	H_2O			
b)	NH_3			
c)	PCl_3			

7. Complete com **mais** ou **menos**.

Quanto maior a diferença de eletronegatividade entre os dois átomos, _____ polar será a molécula.

F > O > N, Cl > Br > I, S, C > P, H > ...

⟵ eletronegatividade crescente

8. Complete com δ^+ e δ^- em cima do símbolo dos elementos.

a) H — Cl   b) H — F   c) Br — Cl

9. Complete com **mais** ou **menos**.

a) H — Cl _____ polar

b) H — F _____ polar

10. Complete com **simétrica** ou **assimétrica**.

a) Molécula poliatômica polar é eletricamente _____, isto é, apresenta ligantes diferentes ao redor do átomo central ou par de elétrons isolado no átomo central.

Exemplos:
$$H-\underset{\underset{H}{|}}{\overset{\overset{H}{|}}{C}}-Cl, \quad \overset{..}{\underset{..}{O}}-H, \quad H-\underset{\underset{H}{|}}{\overset{..}{N}}-H$$
                                   H

b) A molécula poliatômica apolar é eletricamente _____, isto é, apresenta ligantes iguais ao redor do átomo central.

Exemplo: F — B — F, O = C = O.
                |
                H

11. Preencha a tabela.

	FÓRMULA MOLECULAR	FÓRMULA ESTRUTURAL	POLARIDADE DA MOLÉCULA
a)	H_2		
b)	HF		
c)	CH_4		
d)	CO_2		
e)	H_2O		
f)	NH_3		
g)	$CHCl_3$		

12. Complete com **apolares** ou **polares**.

Os hidrocarbonetos são _____, pois as ligações C — C são _____ e as ligações C — H são pouco _____.

$CH_3 — CH_2 — CH_2 — CH_2 — CH_2 — CH_2 — CH_2 — CH_3$: componente da gasolina.

13. Complete com **apolar** ou **polar**.

O etanol é _____ , pois a ligação OH é _____ .

$CH_3 — CH_2 — \overset{\delta^-\delta^+}{OH}$

14. Complete as lacunas:

a) Substância polar dissolve substância _____ .

b) Substância apolar dissolve substância substância _____ .

15. (UNICAP – PE) Assinale, entre os gases abaixo representados, o mais solúvel em água.

a)   b) H — H   c) O = O   d) N ≡ N   e) O = C = O

SÉRIE PRATA

1. (UFRN – adaptada) A emissão de substâncias químicas na atmosfera, em níveis elevados de concentração, pode causar danos ao ambiente. Dentre os poluentes primários, destacam-se os gases CO_2, CO, SO_2 e CH_4. Esses gases quando confinados, escapam lentamente por qualquer orifício, por meio de um processo chamado efusão.

Dentre essas moléculas, a que apresenta geometria tretraédrica é:

a) CO_2.
b) SO_2.
c) CO.
d) CH_4.
e) nenhuma.

COLUNA A	COLUNA B
1. Angular	( ) SO_2
2. Piramidal	( ) CH_2O
3. Tetraédrica	( ) PF_3
4. Trigonal plana	( ) SiH_4

A sequência **correta** dos números da coluna B, de cima para baixo, é

a) 1 – 4 – 3 – 2.
b) 2 – 1 – 4 – 3.
c) 1 – 2 – 4 – 3.
d) 3 – 4 – 1 – 2.
e) 1 – 4 – 2 – 3.

DADOS: H (Z = 1); C (Z = 6); O (Z = 8); F (Z = 9); Si (Z = 14); P (Z = 15) e S (Z = 16).

2. (MACKENZIE – SP) A geometria molecular descreve a maneira pela qual os núcleos atômicos que constituem uma molécula estão posicionados uns em relação aos outros. Assim, numere a coluna B, que contém certas substâncias químicas, associando-as com a coluna A, de acordo com o tipo de geometria molecular que cada substância apresenta.

3. (UEG – GO) Umas das teorias sobre a origem da vida supõe que a atmosfera primitiva seria composta por metano, amônia, hidrogênio e vapor-d'água. Considere essas moléculas mencionadas e

a) desenhe as estruturas de Lewis;

b) atribua a geometria molecular.

4. (UNIP – SP) Baseando-se na teoria da repulsão de pares de elétrons na camada de valência, assinale a molécula que tem a geometria de uma pirâmide trigonal:

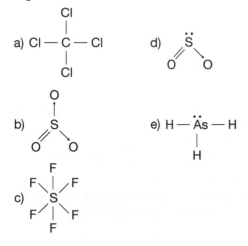

5. (UNIP – SP) Baseando-se na teoria da repulsão dos pares de elétrons da camada de valência, assinale a substância cuja geometria molecular está indicada de maneira **incorreta**.

a) H:P:H
     H
   pirâmide trigonal

c) :S::O:
    :O:
   angular

e) :O:S::O:
     :O:
   tetraédrica

b) :Cl:C::O:
    :Cl:
   plana trigonal

d) H:Si:H
    H
   tetraédrica

6. (UFC – CE) Selecione as alternativas em que há exata correspondência entre a molécula e sua forma geométrica:

a) N_2 – linear.
b) CO_2 – linear.
c) H_2O – angular.
d) CCl_4 – tetraédrica.
e) PCl_5 – plana trigonal.
f) BF_3 – pirâmide trigonal.

7. (PUCCAMP – SP) O quartzo é um mineral cuja composição química é SiO_2, dióxido de silício. Considerando os valores de eletronegatividade para o silício e oxigênio, 1,8 e 3,5, respectivamente, e seus grupos da Tabela Periódica (o silício pertence ao grupo 14 e o oxigênio ao grupo 16), prevê-se que a ligação entre esses átomos seja:

a) covalente apolar.
b) covalente coordenada.
c) covalente polar.
d) iônica.
e) metálica.

8. As substâncias SO_2 e CO_2 apresentam moléculas que possuem ligações polarizadas. Sobre as moléculas destas substâncias é **correto** afirmar que

a) ambas são polares, pois apresentam ligações polarizadas.
b) ambas são apolares, pois apresentam geometria linear.
c) apenas o CO_2 é apolar, pois apresenta geometria linear.
d) ambas são polares, pois apresentam geometria angular.
e) apenas o SO_2 é apolar, pois apresenta geometria linear.

9. (UFPI) Qual é o item que apresenta exemplos de ligação iônica, ligação covalente polar, ligação covalente apolar, nesta ordem?

a) HBr, H_2, Na_2SO_4
b) HI, O_2, AlF_3
c) Na_3PO_4, P_4, HF
d) $CaCl_2$, HCl, N_2
e) S_8, N_2, HCl

10. (ESPCEX/AMAN – RJ) O carvão e os derivados do petróleo são utilizados como combustíveis para gerar energia para maquinários industriais. A queima destes combustíveis libera grande quantidade de gás carbônico como produto.

Em relação ao gás carbônico, são feitas as seguintes afirmativas:

I. é um composto covalente de geometria molecular linear;
II. apresenta geometria molecular angular e ligações triplas, por possuir um átomo de oxigênio ligado a um carbono;
III. é um composto apolar.

Das afirmativas apresentadas está(ão) **correta(as)**

a) apenas II.
b) apenas I e II.
c) apenas I e III.
d) apenas II e III.
e) todas.

11. (FGV – SP – adaptada) O conhecimento das estruturas das moléculas é um assunto bastante relevante, já que as formas das moléculas determinam propriedades das substâncias como odor, sabor, coloração e solubilidade.

Quanto à polaridade das moléculas consideradas, as moléculas apolares são:

a) H_2O e CH_4.
b) CH_4 e CO_2.
c) H_2S e PH_3.
d) NH_3 e CO_2.
e) H_2S e NH_3.

12. (UNIFOR – CE) Dentre as seguintes substâncias, qual apresenta molécula mais polar?

a) H — H
b) H — F
c) H — Cl
d) H — Br
e) H — I

13. (UFF – RJ) A capacidade que um átomo tem de atrair elétrons de outro átomo, quando os dois formam uma ligação química, é denominada eletronegatividade. Essa é uma das propriedades químicas consideradas no estudo da polaridade das ligações.

Assinale a opção que apresenta, corretamente, os compostos H_2O, H_2S e H_2Se em ordem crescente de polaridade.

a) $H_2Se < H_2O < H_2S$
b) $H_2S < H_2Se < H_2O$
c) $H_2S < H_2O < H_2Se$
d) $H_2O < H_2Se < H_2S$
e) $H_2Se < H_2S < H_2O$

14. (UFG – GO) A molécula BCl_3, quanto à sua estrutura e polaridade, é (números atômicos: B = 5, Cl = 17):

a) angular e apolar.
b) plana trigonal e apolar.
c) piramidal e apolar.
d) linear e polar.
e) tetraédrica e polar.

15. (UNIP – SP) Em qual das alternativas abaixo, em que os átomos de A e B têm diferentes eletronegatividades, está representada uma molécula polar?

a) A — A

b)
(plana)

c)
(angular)

d)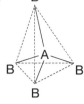
(tetraédrica)

e)
(tetraédrica)

16. O modelo de repulsão dos elétrons da camada de valência estabelece que a configuração eletrônica dos elementos que constituem uma molécula é responsável pela sua geometria molecular. Visualizar a forma geométrica de uma molécula no espaço não é um exercício fácil. Para facilitar essa visualização, podemos utilizar um *kit* para construir modelos físicos que representam compostos moleculares. Observe o modelo ao lado para preencher a tabela.

NOME DA GEOMETRIA MOLECULAR DEMONSTRADA NA FIGURA	
VALOR DO ÂNGULO α	
FÓRMULA MOLECULAR DE UMA POSSÍVEL SUBSTÂNCIA REPRESENTADA	
POLARIDADE DA MOLÉCULA	

17. (UFRGS – RS) O quadro a seguir apresenta a estrutura geométrica e a polaridade de várias moléculas, segundo a "teoria da repulsão dos pares de elétrons de valência". Assinale a alternativa em que a relação proposta está **incorreta**.

	MOLÉCULA	GEOMETRIA	POLARIDADE
a)	SO_2	angular	polar
b)	CO_2	linear	apolar
c)	NH_3	piramidal	polar
d)	NO_2	angular	polar
e)	CH_3F	piramidal	apolar

18. (PUC – SP – adaptada) As moléculas podem ser classificadas em polares e apolares. Para determinar a polaridade de uma molécula, são importantes dois fatores: a eletronegatividade dos átomos presentes nas moléculas e a geometria da molécula.

A figura a seguir apresenta quatro moléculas em que átomos diferentes estão representados com cores diferentes.

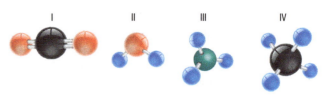

Assinale a alternativa que apresenta a associação **correta** entre o número, a possível molécula, a geometria molecular e a polaridade, respectivamente.

a) I – CO_2 – linear, polar
b) II – H_2O – angular, apolar
c) III – NH_3 – trigonal plana, apolar
d) IV – CH_4 – tetraédrica, apolar

19. (UFT – TO – adaptada) Em uma aula de Química, para demonstrar a solubilidade do iodo, I_2, o professor João realizou este experimento: dissolveu a mesma quantidade de iodo sólido em água, em clorofórmio (CH_3Cl), em dissulfeto de carbono (CS_2) e em tetracloreto de carbono (CCl_4).

Considerando-se os resultados desse experimento e com base na teoria das atrações químicas, é **correto** afirmar que a menor solubilidade do iodo sólido observada ocorreu em:

a) água.
b) clorofórmio.
c) dissulfeto de carbono.
d) tetracloreto de carbono.
e) o iodo não se dissolveu em nenhuma das substâncias listadas.

20. (UNICAMP – SP) Uma prática de limpeza comum na cozinha consiste na remoção da gordura de panelas e utensílios como garfos, facas etc. Na ação desengordurante, geralmente se usa um detergente ou um sabão. Esse tipo de limpeza resulta da ação química desses produtos, dado que suas moléculas possuem:

a) uma parte com carga, que se liga à gordura, cujas moléculas são polares; e uma parte apolar, que se liga à água, cuja molécula é apolar.
b) uma parte apolar, que se liga à gordura, cujas moléculas são apolares; e uma parte com carga, que se liga à água, cuja molécula é polar.
c) uma parte apolar, que se liga à gordura, cujas moléculas são polares; e uma parte com carga, que se liga à água, cuja molécula é apolar.
d) uma parte com carga, que se liga à gordura, cujas moléculas são apolares; e uma parte apolar, que se liga à água, cuja molécula é polar.
e) uma parte polar, que se liga à gordura, cujas moléculas são polares; e uma parte com carga, que se liga à água, cuja molécula é apolar.

SÉRIE OURO

1. (UNIFESP) Na figura, são apresentados os desenhos de algumas geometrias moleculares.

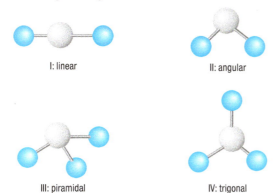

SO₃, H₂S e BeCl₂ apresentam, respectivamente, as geometrias moleculares

a) III, I e II.
b) III, I e IV.
c) III, II e I.
d) IV, I e II.
e) IV, II e I.

DADOS OS NÚMEROS ATÔMICOS: H = 1; Be = 4; O = 8; S = 16; Cl = 17.

2. (ESAM – RN) Considere as seguintes fórmulas e ângulos de ligações.

FÓRMULA	ÂNGULO
H₂O	105°
NH₃	107°
CH₄	109°28'
BeH₂	180°

As formas geométricas dessas moléculas são, respectivamente:

a) angular, piramidal, tetraédrica, linear.
b) angular, piramidal, tetraédrica, angular.
c) angular, angular, piramidal, trigonal.
d) trigonal, trigonal, piramidal, angular
e) tetraédrica, tetraédrica, tetraédrica, angular.

3. (VUNESP) A partir das configurações eletrônicas dos átomos constituintes e das estruturas de Lewis:

a) determine as fórmulas dos compostos mais simples que se formam entre os elementos
  I. hidrogênio e carbono
  II. hidrogênio e fósforo

b) qual é a geometria de cada uma das moléculas formadas, considerando-se o número de pares de elétrons?

DADOS: números atômicos: H = 1; C = 6; P = 15.

4. (UFES) A molécula da água tem geometria molecular angular e o ângulo formado é de ±105° e não ±109° como previsto. Esta diferença se deve:

a) aos dois pares de elétrons não ligantes no átomo de oxigênio.
b) à repulsão entre os átomos de hidrogênio, muito próximos.
c) à atração entre os átomos de hidrogênio, muito próximos.
d) ao tamanho do átomo de oxigênio.
e) ao tamanho do átomo de hidrogênio.

5. (UNIP – SP) Com relação à geometria das moléculas:

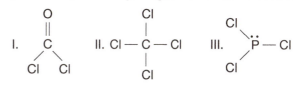

Pode-se afirmar que:
a) todas são planas.
b) todas são piramidais.
c) I e II são planas.
d) apenas I é plana.
e) apenas II é espacial.

6. (FATEC – SP) As propriedades específicas da água a tornam uma substância química indispensável à vida na Terra. Essas propriedades decorrem das características de sua molécula H_2O, na qual os dois átomos de hidrogênio estão unidos ao átomo de oxigênio por ligações

a) iônicas, resultando em um arranjo linear e apolar.
b) iônicas, resultando em um arranjo angular e polar.
c) covalentes, resultando em um arranjo linear e apolar.
d) covalentes, resultando em um arranjo angular e apolar.
e) covalentes, resultando em um arranjo angular e polar.

7. (FUVEST – SP) A figura mostra modelos de algumas moléculas com ligações covalentes entre seus átomos.

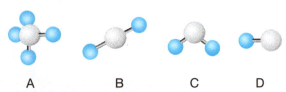

A   B   C   D

Analise a polaridade dessas moléculas, sabendo que tal propriedade depende da
- diferença de eletronegatividade entre os átomos que estão diretamente ligados (nas moléculas apresentadas, átomos de elementos diferentes têm eletronegatividades diferentes),
- forma geométrica das moléculas.

Entre essas moléculas, pode-se afirmar que são polares apenas

a) A e B
b) A e C
c) A, C e D
d) B, C e D
e) C e D

8. (FGV – SP) O conhecimento das estruturas das moléculas é um assunto bastante relevante, já que as formas das moléculas determinam propriedades das substâncias como odor, sabor, coloração e solubilidade. As figuras apresentam as estruturas das moléculas CO_2, H_2O, NH_3, CH_4 e H_2S.

Quanto à polaridade das moléculas consideradas, as moléculas apolares são

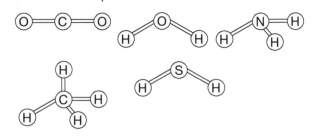

a) H_2O e CH_4.
b) CH_4 e CO_2.
c) H_2S e H_2O.
d) NH_3 e CO_2.
e) H_2S e NH_3.

9. (PUC – SP) Sabendo-se que:
- a amônia (NH_3) é constituída por moléculas solúveis em água;
- o diclorometano (CH_2Cl_2) não possui isômeros. Sua molécula apresenta polaridade, devido à sua geometria e à alta eletronegatividade do elemento Cl;
- o dissulfeto de carbono (CS_2) é um solvente apolar de baixa temperatura de ebulição,

as fórmulas estruturais que melhor representam essas três substâncias são, respectivamente:

a)
$$\begin{array}{c} N \\ H \quad | \quad H \\ H \end{array} \qquad \begin{array}{c} Cl \\ | \\ H-C-Cl \\ | \\ H \end{array} \qquad \begin{array}{c} S \\ \| \\ C \\ \| \\ S \end{array}$$

b)
$$\begin{array}{c} N \\ H \quad | \quad H \\ H \end{array} \qquad \begin{array}{c} Cl \\ | \\ C \\ Cl \; | \; H \\ H \end{array} \qquad S=C=S$$

c)
$$\begin{array}{c} H \\ | \\ N \\ H \quad H \end{array} \qquad \begin{array}{c} Cl \\ | \\ C \\ Cl \; | \; H \\ H \end{array} \qquad \begin{array}{c} S \\ \| \\ C \\ \| \\ S \end{array}$$

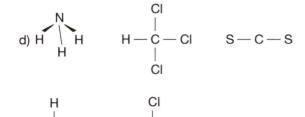

10. (UFG – GO) Observe o seguinte esquema de um experimento no qual se utilizam princípios do eletromagnetismo para observar a polaridade de moléculas.

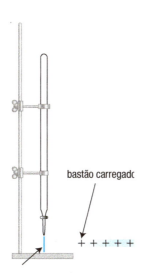

EXPERIMENTO	CARGA DO BASTÃO	LÍQUIDO
1	+	C_6H_{14}
2	+	CCl_4
3	+	$CHCl_3$
4	–	$CHCl_3$
5	–	CCl_4

De acordo com o exposto, ocorrerá a atração do filete líquido pelo bastão em quais experimentos?

a) 1 e 3
b) 2 e 5
c) 3 e 4
d) 1 e 5
e) 2 e 4

11. (PUC – adaptada) Leia atentamente os seguintes itens:

I. HCl, HI, O_2
II. CH_4, NH_3, PH_3
III. H_2O, CO_2
IV. N_2, SO_3, SO_2
V. CS_2, CO, CH_4.

As substâncias mais polares, em cada item indicado, são, respectivamente:

a) HI, NH_3, CO_2, SO_2, CH_4
b) HCl, PH_3, CO_2, SO_3, CO
c) HCl, NH_3, H_2O, SO_2, CO
d) O_2, PH_3, H_2O, N_2, CS_2
e) HI, NH_3, H_2O, SO_3, CS_2

12. (UNESP – adaptada) Analise a fórmula que representa a estrutura do iso-octano, um derivado de petróleo componente da gasolina:

$$H_3C-\underset{\underset{CH_3}{|}}{\overset{\overset{CH_3}{|}}{C}}-CH_2-\underset{}{\overset{\overset{CH_3}{|}}{CH}}-CH_3$$

De acordo com a fórmula analisada, é **correto** afirmar que o iso-octano

a) é solúvel em água.
b) é um composto insaturado (possui dupla ligação).
c) conduz corrente elétrica.
d) apresenta, no total, 25 pares de elétrons compartilhados, estabelecendo ligações covalentes.
e) tem fórmula molecular C_5H_{15}.

13. (UFRGS – RS) Considere as seguintes propriedades de três substâncias líquidas:

SUBSTÂNCIA	DENSIDADE (g/mL A 20 °C)	SOLUBILIDADE EM ÁGUA
hexano	0,659	insolúvel
tetracloreto de carbono	1,595	insolúvel
água	0,998	—

Misturando-se volumes iguais de hexano, tetracloreto de carbono e água, será obtido um sistema

a) monofásico.
b) bifásico, no qual a fase sobrenadante é o hexano.
c) bifásico, no qual a fase sobrenadante é o tetracloreto de carbono.
d) trifásico, no qual a fase intermediária é o tetracloreto de carbono.
e) bifásico ou trifásico, dependendo da ordem de colocação das substâncias durante a preparação da mistura.

14. (MACKENZIE – SP) Observando-se o comportamento das substâncias nos sistemas a seguir, é **incorreto** afirmar que:

a) o óleo deve ser solúvel em tetracloreto de carbono.
b) a água e o óleo não são miscíveis, por serem ambos apolares.
c) juntando-se os conteúdos dos sistemas I, II e III, obtém-se uma mistura heterogênea.
d) a sacarose é um composto polar.
e) o óleo é menos denso que a água.

15. (SANTA CASA – SP) Em um experimento, um grupo de alunos misturou separadamente, em três béqueres distintos, um dos líquidos indicados na tabela com água destilada.

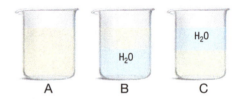

As três misturas obtidas no experimento, com as fases formadas, estão representadas na figura a seguir:

Nas misturas A, B e C, além da água, estão presentes, respectivamente, os líquidos

a) 2, 1 e 3.   c) 2, 3 e 1.   e) 1, 2 e 3.
b) 3, 1 e 2.   d) 1, 3 e 2.

16. (FGV – SP) Na tabela, são apresentadas informações dos rótulos de dois produtos comercializados por uma indústria alimentícia.

ÁGUA DE COCO INGREDIENTES	ÓLEO DE COCO INGREDIENTES
Água de coco, água de coco concentrada reconstituída, sacarose (menos de 1% para padronização do produto) e conservador INS223.	Óleo vegetal de coco-da-bahia (Cocos nucifera L.) extraído em primeira prensagem mecânica.

Para melhorar as qualidades nutricionais desses produtos, o fabricante pretende adicionar a cada um deles vitaminas solúveis, tendo como opção aquelas representadas nas figuras a seguir.

Considerando as vitaminas apresentadas, são mais solúveis na água de coco as _____ (I), e mais solúveis no óleo de coco as _____ (II).

Assinale a alternativa que preenche corretamente as lacunas.

a) I – vitaminas C e E ... II – vitaminas B2 e K1
b) I – vitaminas C e B2 ... II – vitaminas E e K1
c) I – vitaminas C e K1 ... II – vitaminas B2 e E
d) I – vitaminas E e K1 ... II – vitaminas C e B2
e) I – vitaminas E e B2 ... II – vitaminas C e K1

17. (PUC – SP – adaptada) O β-caroteno é um corante antioxidante presente em diversos vegetais amarelos ou laranja, como a cenoura, por exemplo. Em nosso organismo, o β-caroteno é um importante precursor do retinal e do retinol (vitamina A), substâncias envolvidas no metabolismo da visão.

Sobre as reações envolvidas no metabolismo do retinol foram feitas as seguintes afirmações:

I. β-caroteno, retinal e retinol são classificados, respectivamente, como hidrocarboneto, aldeído e álcool.
II. O retinol é uma molécula predominantemente apolar.
III. Retinal apresenta um total de 5 ligações duplas na sua molécula.
IV. O retinal é uma molécula pouco solúvel em hexano.

Estão **corretas** APENAS as afirmações:

a) I e II.   b) II e III.   c) I e IV.   d) II e IV.

18. (ENEM) Os tensoativos são compostos capazes de interagir com substâncias polares e apolares. A parte iônica dos tensoativos interage com substâncias polares, e a parte lipofílica interage com as apolares. A estrutura orgânica de um tensoativo pode ser representada por:

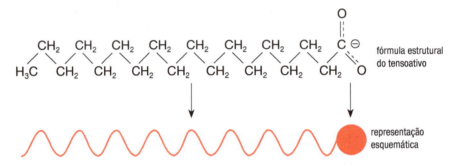

Ao adicionar um tensoativo sobre a água, suas moléculas formam um arranjo ordenado. Esse arranjo é representado esquematicamente por:

a)

c)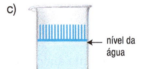

e)

b)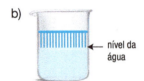

d)

SÉRIE PLATINA

1. Em uma sala de aula foi construído, usando palitos de churrasco, massinha de modelar e cartolina, um modelo físico para representar a estrutura tridimensional da molécula do metano (CH$_4$).

Posteriormente, esse modelo físico foi utilizado para construir diversos hidrocarbonetos, moléculas formadas apenas por carbono e hidrogênio. Dois exemplos dessas construções estão apresentados a seguir.

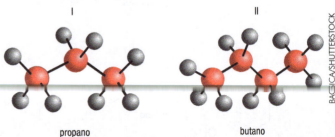

I   propano   II   butano

a) A partir da análise das imagens, forneça a nomenclatura oficial dos dois hidrocarbonetos que são representados, respectivamente, por esses modelos físicos.

Figura I: _____

Figura II: _____

Durante a atividade realizada, canudinhos foram utilizados para representar ligações duplas e triplas, presentes em alcenos e alcinos. Ao utilizar os canudinhos, foi necessário torcer levemente os átomos de carbono. Essa torção evidencia que a presença de ligações duplas e triplas altera a geometria das ligações ao redor do átomo de carbono.

Para entender qual é a geometria assumida pelo átomo de carbono, analise as seguintes moléculas: CH_4 (metano), HCHO (metanal), CO_2 (dióxido de carbono) e HCN (cianeto de hidrogênio).

b) Para as moléculas de HCHO e HCN, complete a tabela abaixo com as informações pedidas.

SUBSTÂNCIA	FÓRMULA ESTRUTURAL	GEOMETRIA MOLECULAR	QUANTIDADE DE LIGAÇÕES ESTABELECIDAS PELO CARBONO		
			Simples	Duplas	Triplas
CH_4 (metano)	H-C(H)(H)-H	tetraédrica	4	0	0
HCHO (metanal)					
CO_2 (dióxido de carbono)	O=C=O	linear	0	2	0
HCN (cianeto de hidrogênio)					

c) Com base nas informações obtidas a partir da tabela do item (b) completa, analise a estrutura do PHT (fenil-heptatrieno), hidrocarboneto extraído do picão-preto, erva medicinal encontrada em regiões tropicais e utilizada pela medicina indígena na Amazônia para combater inflamações. Indique a geometria molecular dos átomos de carbono assinalados com os números 1, 2, 3 e 4.

$H_3C - C \equiv C - C \equiv C - C \equiv C -$ ⬡

(1) (2) (3) (4)

Bidens pilosa, conhecida como picão-preto.

2. Na tirinha abaixo, o autor explora a questão do uso apropriado da linguagem na Ciência. Muitas vezes, palavras de uso comum são utilizadas na Ciência, e isso pode ter várias consequências.

Disponível em: <https://www.reddit.com/r/funny/comments/11n5uc/bear-troubles>.
Acesso em: 10 set. 2013.

a) De acordo com o urso cinza, o urso branco usa o termo "dissolvendo" de forma cientificamente inadequada. Imagine que o urso cinza tivesse respondido: "Eu é que deveria estar aflito, pois o gelo é que está dissolvendo!". Nesse caso, estaria o urso cinza usando o termo "dissolvendo" de forma cientificamente **correta**? Justifique.

b) Considerando a última fala do urso branco, interprete o duplo significado da palavra "polar" e suas implicações para o efeito cômico da tirinha.

mina, circulando o grupo funcional e nomeando a função oxigenada correspondente.
Observe que, no caso do ácido pantotênico, há a presença de uma função nitrogenada que ainda não estudamos no curso de Química – uma amida. Essa função já foi circulada e indicada na estrutura da vitamina B5.

b) Para melhorar as qualidades nutricionais de produtos alimentícios, é frequente o fabricante adicionar a eles vitaminas solúveis. Dentre as opções disponíveis (vitamina A ou vitamina B5), indique qual(is) deveria(m) ser adicionada(s) para melhorar a qualidade nutritiva da água de coco, produto composto majoritariamente por água. Justifique sua resposta com base na solubilidade das vitaminas neste solvente.

3. (UNESP – adaptada) Analise as fórmulas que representam as estruturas do retinol (vitamina A) e do ácido pantotênico (vitamina B5).

retinol

ácido pantotênico

a) Com base na análise das fórmulas, identifique as funções oxigenadas presentes em cada vitamina,

4. (FUVEST – SP) O gráfico a seguir apresenta a solubilidade em água, a 25 °C, de álcoois primários de cadeia linear, contendo apenas um grupo –OH no extremo da cadeia não ramificada. Metanol, etanol e propan-1-ol são solúveis em água em quaisquer proporções.

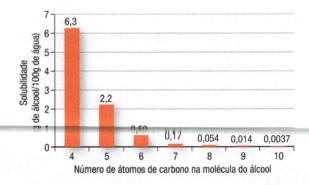

Número de átomos de carbono na molécula do álcool

a) Analise o gráfico e explique a tendência observada, relacionando a polaridade das substâncias à solubilidade delas.

b) Um químico recebeu 50 mL de decan-1-ol ($C_{10}H_{21}OH$). A essa substância adicionou 450 mL de água, agitou a mistura e a deixou em repouso por alguns minutos. Esse experimento foi realizado a 25 °C, mesma temperatura na qual foram apresentados os dados de solubilidade desta questão.

Faça um desenho esquemático (utilizando como base o béquer abaixo) que represente o que o químico observou ao final da sequência das operações citadas. Indique no seu desenho os compostos presentes em cada fase.

NOTE E ADOTE:

- considere, para o item (b), que o decan-1-ol é praticamente insolúvel em água;
- o ponto de fusão do decan-1-ol, nas condições do experimento, é de 6,4 °C;
- nas condições do experimento, a densidade do decan-1-ol (0,83 g/cm³) é menor do que a da água (1,00 g/cm³).

CAPÍTULO 11 — Forças ou Interações Intermoleculares

No início da Unidade 2, no Capítulo 7, discutimos como as ligações químicas (metálica, iônica e covalente) estiveram associadas à formação das substâncias que passaram a compor diversas partes do planeta Terra, como o núcleo metálico, a litosfera e a atmosfera.

Agora, no Capítulo 11, último da Unidade 2, vamos estudar como moléculas (formadas por ligações covalentes) interagem entre si, o que nos ajudará a explicar as diferenças na formação dos demais planetas do Sistema Solar e também a entender propriedades importantes das substâncias moleculares, como os pontos de fusão e ebulição, além de aprofundar o estudo da solubilidade iniciado no Capítulo 10.

Com certeza, você já sabe a diferença de significado entre os prefixos *intra* e *inter* – colocados no início de qualquer palavra, *intra* remete a "dentro de" e *inter* significa "entre duas ou mais coisas ou que liga duas ou mais coisas". Por exemplo, relacionamentos interpessoais são as de uma pessoa com seus próximos (família, amigos etc.). Com base nisso, o que seriam as forças intermoleculares? e ligações intramoleculares?

11.1 Ligações Químicas *versus* Forças Intermoleculares

Nós já estudamos no Capítulo 7 as diversas ligações que existem nas estruturas das diferentes substâncias – ligações metálica, iônica e molecular.

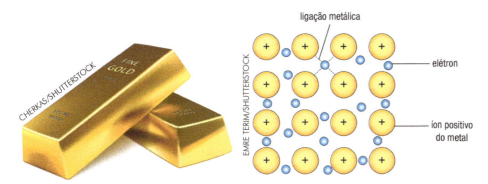

Em um **cristal metálico**, como o de uma barra de ouro puro, o aglomerado de átomos é mantido unido pela **ligação metálica**.

Em um **cristal iônico**, como o de NaCl (o conhecido sal de cozinha), o aglomerado de íons é mantido unido pela **ligação iônica**.

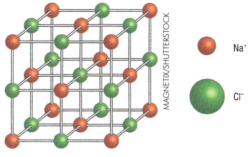

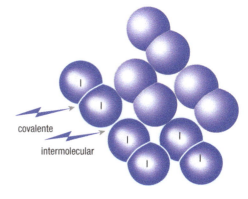

No **cristal molecular**, como o de iodo sólido da foto ao lado, o aglomerado de moléculas (formadas por **ligações covalentes** entre dois átomos de iodo) é mantido unido por **interações** ou **forças intermoleculares**.

Interações ou **forças intermoleculares** são forças de atração que **aproximam** as moléculas no estado sólido ou no estado líquido. Essas forças diminuem com o aumento da agitação molecular. Assim, quando uma substância molecular muda do estado líquido para o estado gasoso, o que estamos rompendo são essas forças intermoleculares; as ligações covalentes, que mantêm os átomos unidos na molécula, não são quebradas nessas mudanças de estado.

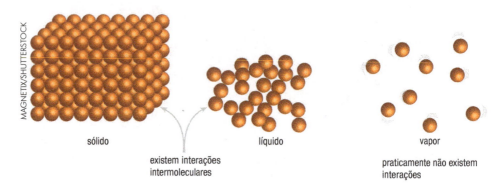

sólido

existem interações intermoleculares

líquido

vapor

praticamente não existem interações

11.2 Tipos de Forças Intermoleculares

As forças intermoleculares estão relacionadas com a polaridade das moléculas e podem ser de três tipos:

- **dipolo-dipolo**;
- **ligação de hidrogênio**;
- **dipolo instantâneo-dipolo induzido**.

11.2.1 Forças do tipo dipolo-dipolo

Ocorrem em certas **moléculas polares**, por meio da atração entre um polo parcialmente negativo de uma molécula e o polo parcialmente positivo de outra molécula.

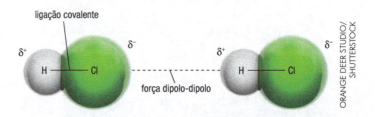

Como moléculas polares constituem dipolos elétricos permanentes, devido à diferença de eletronegatividade dos átomos que as formam, esse tipo de força também é chamado de dipolo permanente-dipolo permanente.

11.2.2 Ligações de hidrogênio

Uma força intermolecular exageradamente intensa presente em algumas moléculas polares é a chamada **ligação de hidrogênio**. Para que essa força possa estar presente, são necessários:

- um átomo pequeno e fortemente eletronegativo (F, O, N) com pares eletrônicos não compartilhados e
- um átomo de hidrogênio ligado a esse átomo.

Ligações de hidrogênio ocorrem entre moléculas polares que apresentam ligações H — F, H — O ou H — N, nas quais H é o polo positivo da molécula e F, O ou N são o polo negativo.

> A **ligação de hidrogênio** é estabelecida entre o átomo de H de uma molécula e o par de elétrons do átomo pequeno e fortemente eletronegativo (F, O ou N) de outra molécula.

Assim, por exemplo, a ligação de hidrogênio aparece nos seguintes compostos:

$$H-F \qquad \underset{H \quad H}{O} \qquad H-\underset{H}{N}-H$$

$$CH_3-CH_2-O-H \qquad CH_3-C\underset{OH}{\overset{O}{\diagup}}$$

Como a diferença de eletronegatividade entre H — F, H — O e H — N é elevada, isto é, as cargas parciais (δ^+, δ^-) são maiores e, por consequência, aumenta a atração entre as moléculas. Observe abaixo as ligações de hidrogênio entre moléculas de fluoreto de hidrogênio e as cargas parciais dos átomos:

$$-----\overset{\delta^+}{H}:\overset{\delta^-}{\underset{..}{\overset{..}{F}}}:-----\overset{\delta^+}{H}:\overset{\delta^-}{\underset{..}{\overset{..}{F}}}:-----\overset{\delta^+}{H}:\overset{\delta^-}{\underset{..}{\overset{..}{F}}}:-----$$

Número de ligações de hidrogênio que rodeiam uma molécula no estado sólido

Cada conjunto de **um** átomo de hidrogênio com **um** par de elétrons tem a possibilidade de estabelecer **duas** ligações de hidrogênio por molécula. Por exemplo:

- H—F̈: 2 ligações de hidrogênio por molécula

   ----H—F̈:----H—F̈:----H—F̈:----

- N̈H₃ 2 ligações de hidrogênio por molécula

$$\text{----H—N̈:----H—N̈:----H—N̈:----}$$
(com H acima e abaixo de cada N)

- $CH_3 - CH_2 - \ddot{O}H$ 2 ligações de hidrogênio por molécula

$$CH_3-CH_2-\ddot{O}H \cdots CH_3-CH_2-\ddot{O}H \cdots CH_3-CH_2-\ddot{O}H \cdots$$

No gelo, cada molécula de água está cercada por quatro outras, formando um arranjo tetraédrico. Este arranjo provoca o aparecimento de muitos "vazios" entre as moléculas. Daí o fenômeno da **expansão** de volume quando a água líquida se transforma em gelo.

As moléculas de água, no gelo, formam **hexágonos reversos**: os átomos de hidrogênio ligados por ligação covalente ficam mais próximos do átomo de oxigênio do que os átomos de hidrogênio ligados por ligação de hidrogênio.

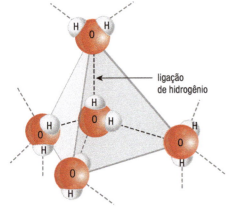

Estrutura tetraédrica do gelo com quatro ligações de hidrogênio por molécula.

Floco de neve visto ao microscópio.

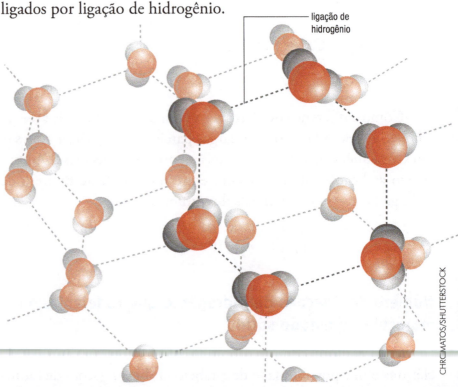

Disposição hexagonal das moléculas de água em um cristal de gelo.

Quando ocorre a fusão do gelo, esse arranjo tetraédrico é destruído. As moléculas de água preenchem os espaços vazios, o **volume diminui** e a **densidade aumenta**.

Perceba que a organização das moléculas de gelo permite que flutue na água líquida, pois ele tem densidade menor. Já o estado de agitação das moléculas de água no estado de vapor impede que se estabeleçam as ligações de hidrogênio.

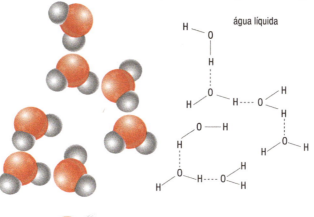

As ligações de hidrogênio mantêm as moléculas unidas, mas, a todo instante, algumas dessas ligações se quebram e outras se formam em função da movimentação molecular característico do estado líquido.

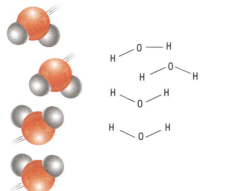

Disposição das moléculas de água no estado de vapor (não há formação de ligações de hidrogênio).

FIQUE POR DENTRO!

Ligações de hidrogênio na estrutura do DNA

Em 1953, James **Watson** (1928-), biólogo molecular estadunidense, e Francis **Crick** (1916-2004), biólogo molecular britânico, propuseram um modelo para a molécula do DNA (o ácido desoxirribonucleico).

A molécula do DNA tem a estrutura básica que lembra uma escada de corda, cujos corrimãos são constituídos por uma sucessão de moléculas intercaladas de açúcar e ácido fosfórico. Os degraus da escada são formados por pares de bases nitrogenadas, sendo que a base adenina sempre pareia com a timina, e a base guanina sempre pareia com a citosina. A união entre as bases é feita com duas ligações de hidrogênio entre adenina e timina e três ligações de hidrogênio entre citosina e guanina.

(T) timina — (A) adenina

(G) guanina — (C) citosina

Observe que o grupo ------ H   H faz ligação de hidrogênio com oxigênio e o grupo N faz ligação de hidrogênio com o nitrogênio.

A organização molecular do DNA lembrando uma escada retorcida aparece esquematizada na figura a seguir.

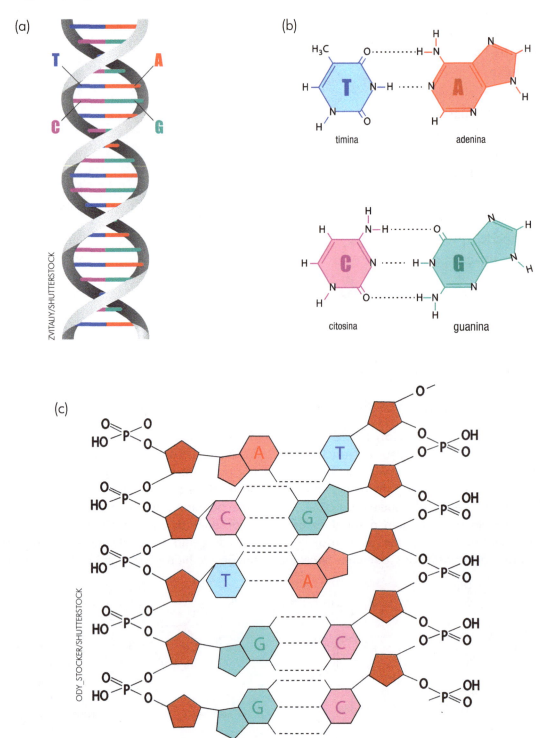

Representação de fragmento de molécula de DNA. Esse modelo lembra uma (a) escada de corda retorcida (também chamada de dupla-hélice), em que as (b) bases pareadas formam os degraus e os (c) corrimãos são formados por pentoses, que são açúcares com 5 carbonos na molécula (em vermelho), e um grupo fosfato.

11.2.3 Forças do tipo dipolo instantâneo-dipolo induzido

Ocorrem entre **moléculas apolares**, por meio da atração entre polos formados pela movimentação dos elétrons nas próprias moléculas.

Fritz **London** (1900-1954), físico nascido na Alemanha, mas de nacionalidade estadunidense, foi o primeiro cientista a explicar a força entre moléculas apolares, razão pela qual o termo **forças de London** é, às vezes, utilizado para se referir a essas forças.

Mesmo sendo apolar, em geral a molécula é formada por muitos elétrons, que se movimentam rapidamente. Pode acontecer, em um dado instante, de uma molécula apolar estar com mais elétrons de um lado do que de outro (assimetria elétrica); essa molécula estará momentaneamente polarizada (**dipolo instantâneo**).

No estado sólido ou líquido, essa molécula polarizada irá provocar a polarização de uma molécula vizinha (**dipolo induzido**), resultando em uma atração fraca entre ambas, que constitui exatamente a força do tipo **dipolo instantâneo-dipolo induzido.**

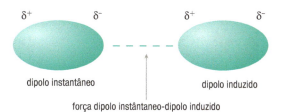

Em virtude do movimento dos elétrons, a distribuição dos elétrons na molécula sempre se altera: observe, na imagem abaixo, que os polos positivo e negativo da molécula à esquerda se inverteram. Entretanto, a interação entre as moléculas ainda se mantém, uma vez que o novo dipolo instantâneo continuará promovendo a polarização do dipolo induzido.

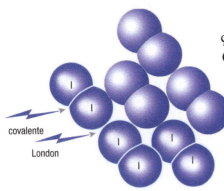

Devido às fracas forças do tipo dipolo instantâneo-dipolo induzido, o iodo, ao ser aquecido, sublima, isto é, vira vapor: $I_2(s) \rightarrow I_2(v)$.

Esse tipo de força age entre todas as moléculas e é a única força que age entre as moléculas apolares. Ela está presente em $I_2(s)$, $CO_2(s)$; $CCl_4(l)$, hidrocarbonetos (compostos de C e H) e gases nobres (estado sólido ou líquido), por exemplo.

NOTA: o termo **forças de van de Waals**, em homenagem ao físico holandês Johannes D. van der Waals (1837-1923), também é utilizado para se referir às interações estabelecidas entre as moléculas apolares; entretanto, segundo a IUPAC (*International Union of Pure and Applied Chemistry*), o termo forças de van der Waals engloba tanto as interações dipolo instantâneo-dipolo induzido quanto as interações dipolo-dipolo (porém não inclui as ligações de hidrogênio).

11.3 Interação Íon-dipolo

Quando uma substância iônica (NaCl, por exemplo) é dissolvida em água, ocorrem dois fenômenos:

a) *dissociação iônica* – que é a separação dos íons

$$NaCl(s) \longrightarrow Na^+ + Cl^-$$

pois, em meio aquoso, as forças de atração entre os íons Na^+ e Cl^- são bastante diminuídas;

b) *hidratação* – que é a interação dos íons Na^+ e Cl^- com as moléculas da água (polar). Essa interação é chamada **íon-dipolo.**

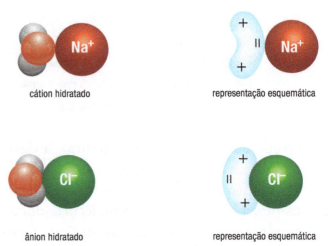

No processo de hidratação, cada íon hidrata-se com determinado número de moléculas, dependendo do tamanho e da carga desse íon. Esse número é chamado de **número de coordenação de hidratação** e, no caso da água, é geralmente 4 ou 6.

Em nosso exemplo do NaCl, o cátion Na⁺ está rodeado por moléculas de água com os átomos de oxigênio próximo dele. O Na⁺ hidrata-se com 6 moléculas de água e diremos que se trata de uma **hidratação octaédrica**, pois há formação de um octaedro (sólido tridimensional com 8 faces). O ânion Cl⁻ está rodeado por moléculas de água que dirigem seus hidrogênios para o Cl⁻. O Cl⁻ (maior) hidrata-se com 4 moléculas de água e teremos uma **hidratação tetraédrica**, pois há formação de um tetraedro (sólido tridimensional com 4 faces).

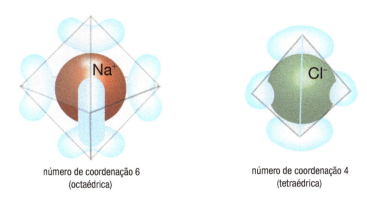

número de coordenação 6 (octaédrica)   número de coordenação 4 (tetraédrica)

Esse processo pode ser representado pela equação geral:

$$NaCl(s) + (x + y)H_2O \longrightarrow Na^+(H_2O)_x + Cl^-(H_2O)_y$$

ou

$$NaCl(s) \xrightarrow{H_2O} Na^+(aq) + Cl^-(aq)$$

em que "aq" significa aquoso.

11.4 Solubilidade *versus* Forças Intermoleculares

No Capítulo 10, previmos a solubilidade de uma substância com base na regra de que "semelhante dissolve semelhante", isto é, moléculas polares têm mais probabilidade de se dissolverem em solventes polares, enquanto moléculas apolares dissolvem-se preferencialmente em solventes apolares.

Essa regra é decorrente do fato de que a solubilidade ocorre com maior facilidade quando as forças intermoleculares entre as moléculas do solvente, de um lado, e entre as moléculas do soluto, de outro, são do mesmo tipo e magnitude, o que favorecerá a formação de uma solução (mistura homogênea), em virtude do estabelecimento de interações ou forças entre as moléculas do soluto e do solvente.

É por esse motivo que moléculas com polaridades semelhantes têm a tendência de formarem soluções. Agora, podemos resgatar os exemplos vistos no Capítulo 10, analisando-os também sob o ponto de vista das forças intermoleculares estabelecidas entre as moléculas:

a) **Mistura homogênea água-etanol**

A água, por exemplo, se dissolve facilmente no C_2H_5OH (etanol), formando uma mistura homogênea (solução) em quaisquer proporções, pois as duas moléculas são polares. As interações água-etanol são suficientemente fortes (ligações de hidrogênio), de modo que a energia liberada devido a essa interação é suficiente para separar as moléculas de água.

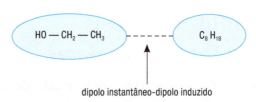

b) **Mistura heterogênea água-gasolina**

A água não se dissolve na gasolina, pois as moléculas de hidrocarbonetos (como as de octano, C_8H_{18}), que constituem a gasolina, não são polares. As atrações água-hidrocarboneto são tão fracas que não podem superar as fortes forças de atração água-água.

Observe que gasolina (apolar) e água (polar) não se misturam. (na imagem, a água foi colorida para melhor visualização.)

c) **Mistura homogênea etanol-gasolina**

O álcool se dissolve na gasolina, pois ocorre atração entre as cadeias hidrocarbônicas através das forças do tipo dipolo instantâneo-dipolo induzido.

d) **Mistura homogênea açúcar-água**

O açúcar comum (sacarose) é facilmente solúvel em água, pois na sua estrutura há grupos OH que vão estabelecer ligações de hidrogênio com as moléculas de água.

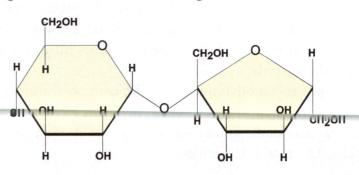

FIQUE POR DENTRO!

Determinação do teor de álcool na gasolina

Etanol (CH_3CH_2OH) tem capacidade de interagir tanto com a água (por meio de ligações de hidrogênio) quanto com os hidrocarbonetos presentes na gasolina (por meio de forças do tipo dipolo instantâneo-dipolo induzido).

Entretanto, essas interações não possuem a mesma intensidade, o que pode ser utilizado para determinar, com equipamentos simples, o teor de álcool presente na gasolina que, segundo a legislação brasileira atual (lei nº 13.033 de 2014), deve variar entre 18% e 27,5%.

Utilizando uma proveta, misturam-se 50 mL de água a 50 mL da gasolina que está sendo testada. Como água e gasolina são líquidos imiscíveis, serão formadas duas fases. Contudo, nesse processo, todo o álcool é extraído para a água, pois o álcool é mais solúvel na água do que na gasolina, devido às fortes ligações de hidrogênio entre as moléculas da água e do álcool.

Se, em determinado teste, a fase aquosa passar, após a mistura, para um volume de 61 mL, por exemplo, isso significa que, na gasolina testada, havia aproximadamente 11 mL de álcool (em 50 mL de combustível). Portanto, essa gasolina apresenta um teor de 22% de álcool.

50 mL ——————— 100%
11 mL ——————— x
∴ x = 22%

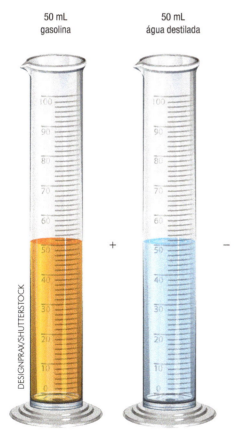

O processo descrito acima é chamado de extração com solvente e consiste na transferência de uma substância X, dissolvida inicialmente em um solvente A, para um outro solvente B (imiscível em A) no qual X deve ser mais solúvel.

11.5 Ponto de Ebulição *versus* Forças Intermoleculares

Uma diferença entre os três estados físicos é a distância que separa as partículas constituintes da substância.

Na **fusão**, o calor fornecido ao sólido *quebra determinado número* de forças intermoleculares para originar o estado líquido. Por exemplo:

$$H_2O(s) \longrightarrow H_2O(l) \quad 80 \text{ cal derretem } 1 \text{ g de gelo}$$

Na fusão do gelo são quebradas parcialmente as *ligações de hidrogênio* para originar água líquida.

Na ebulição da água, o calor quebra todas as ligações de hidrogênio para formar vapor-d'água.

Na **ebulição**, o calor fornecido ao líquido *quebra todas* as ligações intermoleculares para originar o estado gasoso. Por exemplo:

$$H_2O(l) \longrightarrow H_2O(v) \quad 540 \text{ cal vaporizam } 1 \text{ g de água}$$

Em resumo, ferver um líquido consiste em aumentar a distância que separa as partículas. Para isso, é necessário fornecer calor para vencer as forças intermoleculares.

> Quanto mais intensa a força intermolecular, maior o ponto de ebulição, ou seja, é mais difícil separar as moléculas.

11.6 Intensidade das Forças Intermoleculares

Para moléculas com tamanhos próximos, a intensidade das forças intermoleculares nas ligações de hidrogênio é maior do que nas outras interações:

> dipolo instantâneo-dipolo induzido < dipolo-dipolo < ligação de hidrogênio

Observe, nos exemplos a seguir, a variação no valor do ponto de ebulição das substâncias e o tipo de força intermolecular existente:

$CH_3 - CH_3$
apolar
dipolo instantâneo-dipolo induzido
PE = −88 °C

$CH_3 - \overset{\overset{O}{\|}}{C} - H$
polar
dipolo-dipolo
PE = 21 °C

$CH_3 - CH_2 - OH$
polar
ligação de hidrogênio
PE = 78,5 °C

→ aumenta o PE
aumenta a força intermolecular

11.6.1 Substâncias com o mesmo tipo de força intermolecular

Para substâncias com o mesmo tipo de força intermolecular, quanto maior o número de elétrons na molécula, mais fácil será formar o dipolo instantâneo. Em consequência,

> Quanto **maior** o número de elétrons na molécula (ou seu tamanho), **maior** será o ponto de ebulição.

Analise os exemplos a seguir.

1.

SUBSTÂNCIA	ELÉTRONS POR MOLÉCULA	PE	FORÇA
F_2	18	–188 °C	dipolo instantâneo--dipolo induzido
Cl_2	34	–34 °C	dipolo instantâneo--dipolo induzido
Br_2	70	59 °C	dipolo instantâneo--dipolo induzido
I_2	106	184 °C	dipolo instantâneo--dipolo induzido

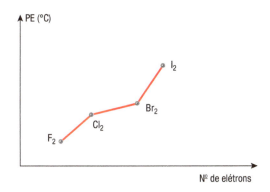

2. Compostos que apresentam ligações de hidrogênio:

H_3C-OH H_3C-CH_2-OH $H_3C-CH_2-CH_2-OH$
e = 18   e = 26   e = 34
PE = 66 °C   PE = 78,5 °C   PE = 98 °C

maior tamanho
maior PE

3. Quanto maior o número de ligações de hidrogênio, maior o ponto de ebulição.

HF
faz 2 ligações de hidrogênio
PE = 20 °C

H_2O
faz 4 ligações de hidrogênio
PE = 100 °C

NOTA: o tamanho de uma molécula pode ser avaliado pela massa molecular.

FIQUE POR DENTRO!

Destilação fracionada do petróleo e do ar atmosférico

O petróleo consiste em uma mistura de hidrocarbonetos, além de diversas impurezas, como enxofre e água. Dependendo das condições de gênese do petróleo, determinado reservatório pode conter centenas de substâncias diferentes, que apresentam aplicações distintas.

Por esse motivo, uma das primeiras etapas de beneficiamento desse recurso consiste na separação de seus componentes em frações por meio de uma técnica chamada de **destilação fracionada**.

Nesse processo, o petróleo é aquecido e a parte que vaporiza entra na torre ou coluna de fracionamento. Os vapores vão condensando à medida que sobem pela coluna de fracionamento. Na parte superior da coluna é obtida a fração gasosa, composta por hidrocarbonetos menores (com um a quatro átomos de carbono por molécula) e, portanto, com menores pontos de fusão e ebulição. Já na parte inferior, são obtidas frações mais pesadas, compostas por hidrocarbonetos maiores (com dezenas de átomos de carbono) e com maiores pontos de ebulição e fusão.

Como o tipo de força intermolecular é o mesmo (do tipo dipolo instantâneo-dipolo induzido, pois as moléculas são predominantemente apolares), moléculas maiores apresentam pontos de fusão e ebulição maiores, sendo retiradas na parte inferior da torre de fracionamento.

Essa mesma técnica (destilação fracionada) é utilizada para separar os gases componentes do ar atmosférico. Primeiramente, o ar seco (sem água) é liquefeito por meio do resfriamento a −200 °C e, na sequência, inserido em uma coluna de fracionamento. O gás nitrogênio (de menor ponto de ebulição: −196 °C) é retirado na parte superior da coluna, enquanto o gás oxigênio (de maior ponto de ebulição: −183 °C) é retirado na parte inferior da coluna.

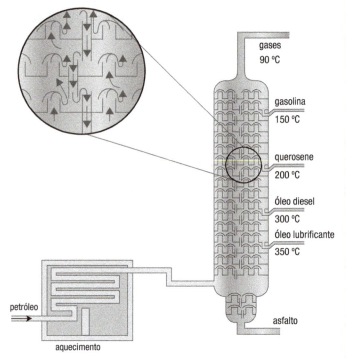

Esquema de torre de fracionamento de petróleo.

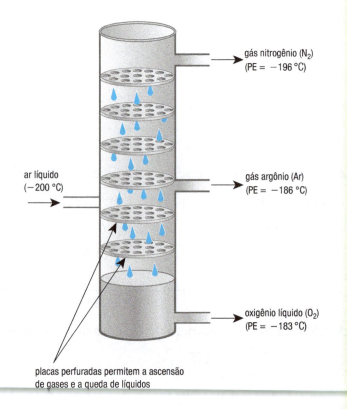

Torre de fracionamento do ar atmosférico.

11.6.2 Substâncias com diferentes tipos de forças intermoleculares

As substâncias que apresentam ponte de hidrogênio têm ponto de ebulição anormalmente elevado. Relembre que ligação de hidrogênio é mais intensa que dipolo-dipolo, que é mais intensa que dipolo instantâneo-dipolo induzido. Por exemplo:

1. H_3C-CH_2-OH $H_3C-O-CH_3$
   e = 24   e = 24
   ligação de hidrogênio   dipolo-dipolo
   PE = 78,5 °C   PE = –24 °C

2. HF   HCl   HBr   HI
   e = 10   e = 18   e = 36   e = 54
   ligação de hidrogênio   dipolo-dipolo   dipolo-dipolo   dipolo-dipolo
   PE = 20 °C   PE = –85 °C   PE = –66 °C   PE = –36 °C

Dos quatro haletos de hidrogênio, somente o HF estabelece ligações de hidrogênio, explicando o seu ponto de ebulição anormal em relação aos outros três. Do HCl ao HI, o PE cresce devido ao aumento do número de elétrons:

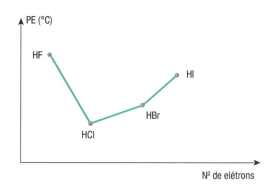

LIGANDO OS PONTOS!

Os planetas do Sistema Solar

Durante a formação do Sistema Solar a partir da nebulosa solar, vimos que podemos dividir os planetas formados em duas categorias: Mercúrio, Vênus, Terra e Marte são classificados como **planetas terrestres**, enquanto Júpiter, Saturno, Urano e Netuno são chamados de **planetas gasosos**.

As principais diferenças entre esses dois tipos de planetas podem ser explicadas no processo de formação do Sistema Solar. Após a formação do Sol, começou a ocorrer o acúmulo de matéria que posteriormente deu origem aos planetas.

294 QUÍMICA NA FORMAÇÃO DO UNIVERSO E NAS ATIVIDADES HUMANAS

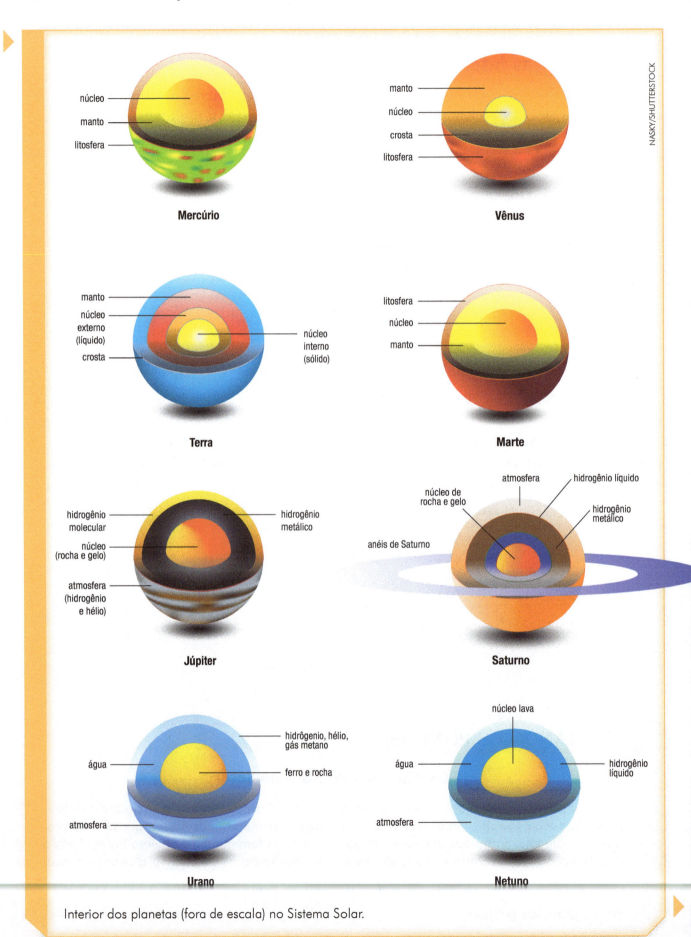

Interior dos planetas (fora de escala) no Sistema Solar.

Os **planetas terrestres**, localizados mais próximos do Sol, formaram-se em temperaturas maiores, que impediram que o hidrogênio, elemento mais abundante no Universo, condensasse ou solidificasse. Nos planetas terrestres, portanto, os núcleos foram formados por elementos mais densos – os metais.

Os **planetas gasosos**, localizados mais distantes do Sol, formaram-se em temperaturas nas quais o hidrogênio poderia se condensar, por meio do estabelecimento de forças do tipo *dipolo instantâneo-dipolo induzido* entre as moléculas de H_2, e até mesmo se solidificar.

Com o aumento do tamanho desses planetas, a gravidade ficou grande o suficiente para capturar grandes quantidades de hidrogênio e hélio presentes na nebulosa solar, dando origem a planetas gigantescos! Seriam necessárias 11 Terras, alinhadas lado a lado, para chegarmos ao diâmetro de Júpiter, o maior planeta do Sistema Solar. E, para igualarmos a massa de $1{,}90 \cdot 10^{27}$ kg, seriam necessárias 317 Terras.

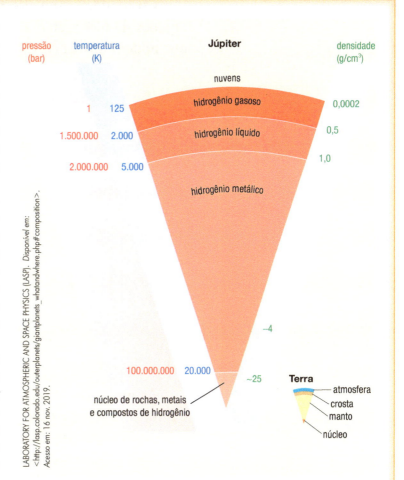

LABORATORY FOR ATMOSPHERIC AND SPACE PHYSICS (LASP). *Disponível em:* <http://lasp.colorado.edu/outerplanets/giantplanets_whatandwhere.php#composition>. Acesso em: 16 nov. 2019.

Camadas de Júpiter, em comparação com a Terra. A alta pressão no interior de Júpiter favoreceria a formação de uma estrutura distinta da usual: em vez de moléculas de H_2 interagindo entre si, a fase "hidrogênio metálico" consistiria na formação de um reticulado de prótons com elétrons deslocalizados e exibiria propriedades de metais, como condutividade elétrica.

11.7 Forças Intermoleculares e Propriedades de Líquidos

A viscosidade e a tensão superficial de um líquido dependem da intensidade das forças intermoleculares estabelecidas entre as moléculas que compõem o líquido.

11.7.1. Viscosidade

A viscosidade é a resistência ao escoamento. Quanto maior for a viscosidade de um líquido, mais lento será o seu escoamento. A viscosidade de um líquido surge das forças entre as moléculas quando as interações intermoleculares são fortes; elas mantêm as moléculas unidas e restringem seus movimentos.

Os líquidos formados por moléculas que não participam de ligações de hidrogênio são geralmente menos viscosos do que os que podem formar ligações de hidrogênio.

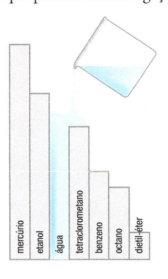

Viscosidade de vários líquidos. As longas moléculas dos óleos de motor, formados por hidrocarbonetos pesados, tendem a emaranhar-se, como "espaguete cozido". Como resultado, as moléculas não deslizam facilmente umas sobre as outras e o líquido é muito viscoso. Já a alta viscosidade do mercúrio é devida à forte ligação metálica entre os átomos de mercúrio.

11.7.2 Tensão superficial

As moléculas situadas no interior de um líquido são atraídas em todas as direções pelas moléculas vizinhas e, portanto, a resultante das forças que atuam sobre cada molécula é nula.

As moléculas da superfície do líquido sofrem apenas atração lateral e inferior, pois a atração entre as moléculas do ar e do líquido são desprezíveis.

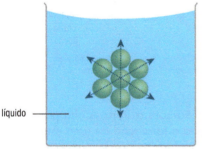

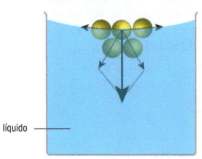

A superfície de um líquido é lisa porque as forças intermoleculares tendem a manter juntas as moléculas, puxando-as para o interior do líquido. Assim, uma molécula da superfície experimenta uma **força resultante na direção do interior do líquido**.

A **tensão superficial** é a medida da resistência da superfície do líquido a ser deformada e, consequentemente, a ser atravessada por pequenos objetos. A tensão superficial é uma consequência do desequilíbrio de forças intermoleculares na superfície do líquido.

Mais uma vez, espera-se que os líquidos formados por moléculas em que as interações intermoleculares são fortes tenham tensão superficial elevada, porque a força resultante para o interior do líquido, na superfície, deve ser forte.

A tensão superficial da água, por exemplo, é aproximadamente três vezes maior do que a da maior parte dos líquidos comuns, devido às ligações de hidrogênio fortes.

A tensão superficial explica vários fenômenos rotineiros:

- uma gota de água é esférica, porque as forças intermoleculares atraem as moléculas da superfície para o interior da gota, resultando em uma superfície esférica;

- certos objetos (agulha, lâmina de barbear, moeda) flutuam na água, porque a elevada tensão superficial da água impede que afundem.

Devido à alta tensão superficial da água, isto é, elevada resistência da superfície a ser deformada, o clipe não afunda, embora ele seja mais denso que a água. (Água colorida apenas para facilitar a visualização.)

Gerris lacustres, popularmente conhecido como "alfaiate", caminhando sobre a água devido à elevada tensão superficial.

11.8 Cristais Covalentes e o Fenômeno da Alotropia

Os cristais moleculares formados a partir da interação de moléculas por forças intermoleculares não são a única maneira de ordenar estruturas que contêm ligações covalentes. Temos ainda os **cristais covalentes**, formados a partir da união de átomos por ligações covalentes. Essas estruturas também são chamadas de **macromoléculas**, em virtude da grande quantidade de átomos que a compõem.

Entre os diversos cristais covalentes, podemos destacar o do **diamante**, no qual **cada átomo de carbono está ligado a 4 outros átomos de carbono por ligações covalentes simples**.

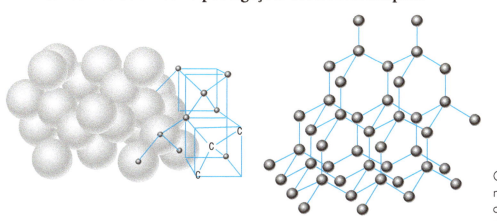

No cristal de diamante, o ângulo entre as ligações é de 109°28', pois o carbono apresenta uma geometria tetraédrica. A ligação C – C possui comprimento de 154 pm e, como a quantidade de átomos é bastante elevada, a substância diamante é representada como C(diamante), sem índice numérico após o símbolo químico.

O diamante é o sólido natural mais duro (mais difícil de ser riscado) que se conhece; não conduz eletricidade e tem densidade de 2,34 g/cm^3. Quando lapidado, é chamado de brilhante, sendo utilizado tanto na confecção de joias quanto em ferramentas de corte e perfuração.

O diamante, entretanto, não é a única forma de se encontrar uma substância simples formada apenas pelo elemento carbono. Também conhecemos o cristal covalente de **grafita**, no qual **cada átomo de carbono está ligado a outros 3 átomos de carbono**, sendo **2 ligações simples** e **1 ligação dupla**, formando uma camada hexagonal de átomos de carbono. Em cada camada, há uma grande quantidade de átomos de carbonos ligados covalentemente, razão pela qual a grafita também é considerada uma **macromolécula**. Na grafita, as camadas de carbono interagem umas com as outras por meio de interações do tipo **dipolo instantâneo-dipolo induzido**.

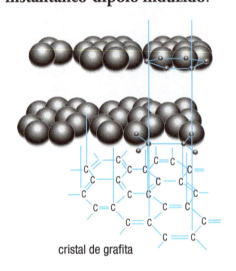
cristal de grafita

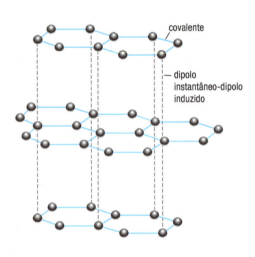

Nas camadas do cristal de grafita, o ângulo entre as ligações é de 120°, pois o carbono apresenta uma geometria trigonal plana. A distância entre os átomos de carbono, dentro de uma camada, é de 141 pm, enquanto a distância entre as camadas é de 335 pm. Assim como o diamante, a substância grafita é representada por C(grafita), sem índice numérico após o símbolo químico.

A grafita é um sólido mole, utilizado em lápis e como lubrificantes, pois as camadas podem deslizar umas sobre as outras. A grafita conduz eletricidade no plano das camadas, pois os elétrons nas camadas podem se mover livremente entre os átomos de carbono, e sua densidade é de 2,25 g/cm^3.

Você deve ter percebido que um mesmo elemento químico (carbono) pode formar duas substâncias simples distintas: diamante e grafita. Esse fenômeno foi chamado pelos químicos de **alotropia** e as substâncias simples diferentes foram denominadas **formas** ou **variedades alotrópicas**.

11.8.1 A alotropia do elemento carbono

Além do diamante e da grafita, o carbono apresenta outras formas alotrópicas: **fulereno**, **nanotubo** e **grafeno**.

Fulereno

Em 1985, Robert F. **Curl** (1933-), Richard E. **Smalley** (1943--2005) e Harold W. **Kroto** (1939-2016), ao vaporizar grafita por meio de um feixe de radiação laser como produto principal, obtiveram uma molécula que continha 60 átomos de carbono, C_{60}, e outros produtos como C_{70}, C_{120}, C_{240}.

O C_{60} é uma molécula tridimensional, na qual 60 átomos formam uma esfera com **12 pentágonos** e **20 hexágonos**, como uma bola de futebol. O C_{60} foi chamado de *buckyball* ou futeboleno.

Os químicos usam o nome de **fulerenos** (homenagem ao engenheiro R. Fuller) para essas novas formas alotrópicas do carbono.

A molécula do C_{60} foi recentemente ligada a uma molécula de nicotina para produzir um composto que é ativo contra muitos organismos patogênicos.

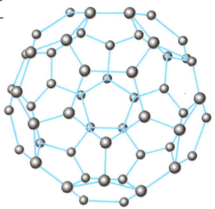

Estrutura do C_{60}: 12 pentágonos e 20 hexágonos.

Nanotubo

Pouco depois da descoberta das moléculas de C_{60}, descobriram-se tubos longos de átomos de carbono nas aparas (pontas) da descarga entre eletrodos de carbono. Devido as suas dimensões minúsculas, eles passaram a ser chamados de nanotubos.

O nanotubo é formado por átomos de carbono ligados, formando hexágonos. Compare o nanotubo com uma tela de galinheiro, formada por hexágonos e enrolada, formando um cilindro, mantendo-se as devidas proporções. Para fechar a estrutura nas extremidades, é necessário que os átomos de carbono formem alguns pentágonos.

As pesquisas, nessa área, têm levado ao desenvolvimento de novos materiais nanoestruturados, que podem ser aplicados em eletrônica molecular, bioengenharia, computação quântica, nanorrobótica, nanoquímica etc.

Os nanotubos misturados com polímeros (ou plásticos) têm grande dureza e condutividade elétrica. Assim, tais nanotubos comportam-se como metais.

Estrutura do nanotubo. O prefixo "nano" remete à nanotecnologia, ciência dedicada a estudos de estruturas na escala dos nanômetros (1 nm = $= 10^{-9}$ m).

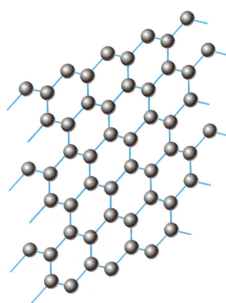

Estrutura hexagonal do grafeno; a grafita é feita de camadas empilhadas de grafeno.

Grafeno

Em 2004, um grupo da Universidade de Manchester conseguiu obter **uma única camada de grafita** ao esfregar grafita em uma placa de vidro. Essa camada foi chamada de grafeno.

O **grafeno** é uma camada de átomos de carbono com espessura de apenas um átomo, reunidos em uma estrutura cristalina hexagonal (o material mais fino).

Recentemente, empresas de semicondutores realizaram testes a fim de substituir o silício pelo grafeno devido à sua altíssima eficiência em comparação ao silício.

Além do carbono, outros elementos químicos apresentam variedades alotrópicas, com destaque para o oxigênio, o enxofre e o fósforo.

11.8.2 A alotropia do elemento oxigênio

As formas alotrópicas do oxigênio diferem na **atomicidade**, isto é, no número de átomos presentes na molécula. No gás oxigênio (O_2), temos dois átomos de oxigênio (biatômico), enquanto no gás ozônio (O_3), temos 3, ou seja, triatômico.

Enquanto o gás oxigênio compõe aproximadamente 20% do ar atmosférico e é vital para o processo de respiração celular, o gás ozônio compõe a camada de ozônio (localizada na estratosfera – camada atmosférica situada entre 15 e 50 km da superfície terrestre), que é responsável por filtrar 95% da radiação ultravioleta proveniente do Sol que atinge a Terra.

11.8.3 A alotropia do elemento enxofre

A substância simples enxofre (S) é encontrada em vastos leitos subterrâneos, inclusive no petróleo. O enxofre é um sólido amarelo conhecido como **enxofre rômbico** e é solúvel em solventes não polares, como CS_2 e CCl_4.

A molécula é cíclica, isto é, consiste em um anel de oito átomos de enxofre com forma de coroa (S_8). Os químicos usam S em vez de S_8 por comodidade.

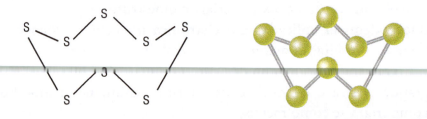

As moléculas cíclicas (S_8) podem ser empacotadas em um **retículo cristalino ortorrômbico**, formando um cristal molecular. As forças intermoleculares entre as moléculas S_8 (apolares) são do tipo dipolo instantâneo-dipolo induzido.

Quando o **enxofre rômbico** é aquecido lentamente, transforma-se no **enxofre monoclínico** a 96 °C.

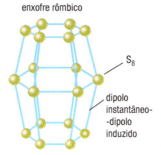

enxofre rômbico

O cristal molecular é formado por uma grande quantidade de romboedros. Na imagem, cada esfera corresponde a uma molécula de S_8.

$$S_{\text{rômbico}} \xrightarrow{96\,°C} S_{\text{monoclínico}}$$

As moléculas cíclicas (S_8) são empacotadas em um retículo cristalino monoclínico, formando um cristal molecular. As forças intermoleculares entre as moléculas S_8 (apolares) são as forças do tipo dipolo instantâneo-dipolo induzido.

O uso maior do enxofre é na produção do ácido sulfúrico, H_2SO_4, produto inorgânico mais produzido na indústria química.

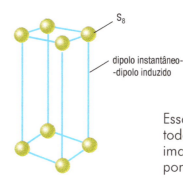

Essa estrutura se repete em todo o cristal molecular. Na imagem, cada esfera corresponde a uma molécula de S_8.

11.8.4 A alotropia do elemento fósforo

O elemento fósforo é encontrado na natureza na forma de fosfatos, por exemplo, $Ca_3(PO_4)_2$ (rocha de fosfato) e $Ca_5F(PO_4)_3$ (apatita). O fósforo também é essencial à vida, como constituinte dos ossos e dentes.

O elemento fósforo apresenta vários alótropos, sendo os mais importantes o **fósforo branco** e o **fósforo vermelho**.

O **fósforo branco** é uma substância muito reativa, venenosa, volátil, branco-amarelada. É muito solúvel em solventes não polares como o benzeno, C_6H_6, e dissulfeto de carbono, CS_2. A molécula do **fósforo branco** consiste em quatro átomos de fósforo, P_4, organizados de modo que os átomos de fósforo estão localizados nos vértices de um tetraedro.

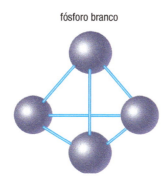

fósforo branco

No cristal molecular temos uma grande quantidade de tetraedros unidos pelas forças do tipo dipolo instantâneo-dipolo induzido.

O **fósforo branco** deve ser guardado debaixo de água para impedir que se inflame espontaneamente ao ar, emitindo luz, fenômeno chamado de **fosforescência**.

$$P_4 + 5\ O_2 \longrightarrow P_4O_{10} + luz$$

Uma outra variedade alotrópica é o **fósforo vermelho**, que é obtido através do aquecimento do fósforo branco.

$$P_{branco} \xrightarrow{\Delta} P_{vermelho}$$

O **fósforo vermelho (P_n)** é uma macromolécula, pois as unidades tetraédricas P_4 estão ligadas covalentemente umas às outras, formando o **cristal covalente**.

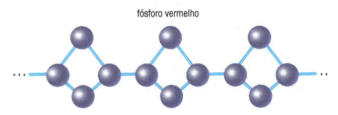

Cristal covalente do fósforo vermelho: várias unidades tetraédricas.

Ambas as formas do fósforo são usadas comercialmente. O fósforo branco é oxidado para formar P_4O_{10}, que por sua vez reage com água dando ácido fosfórico (H_3PO_4) puro. Este ácido é então usado em produtos alimentícios, como, por exemplo, em refrigerantes. O fósforo vermelho é usado na indústria de fósforos de segurança, pois ao ser atritado transforma-se em fósforo branco, o qual, em contato com o ar, inflama-se; o calor liberado inicia a queima do palito de fósforo.

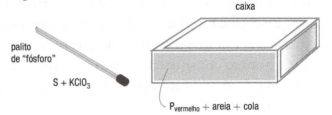

$$2\ KClO_3 \xrightarrow{calor} 2\ KCl + 3\ O_2$$
$$S + O_2 \longrightarrow SO_2$$

Na lixa presente na caixa, há fósforo vermelho que, ao ser atritado, dá origem ao fósforo branco que rapidamente reage com o oxigênio do ar, liberando energia que é utilizada tanto para decompor o clorato de potássio ($KClO_3$) quanto iniciar a queima do enxofre (S), ambos presentes na cabeça do palito. A energia liberada na queima do enxofre, por sua vez, fornece a energia necessária para iniciar a combustão da madeira do palito.

SÉRIE BRONZE

1. Complete com **metálica**, **iônica** e **intermolecular**.

a) A ilustração a seguir representa um pedaço de um cristal metálico que é um aglomerado de átomos mantidos pela ligação _____ .

b) A ilustração a seguir representa um pedaço de um cristal iônico que é um aglomerado de íons mantidos pela ligação _____ .

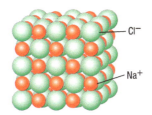

c) A ilustração a seguir representa um pedaço de um cristal molecular do I_2, que é um aglomerado de moléculas mantidas pela ligação ou força _____ .

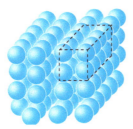

2. Complete com **covalente** ou **intermolecular**.

a) A ligação que une I — I para formar a molécula é a ligação _____ .

b) A ligação que mantém unidas as moléculas do I_2 é a ligação _____ .

3. Complete com **apolares** ou **polares**.

As forças dipolo-dipolo ou dipolo permanente-dipolo permanente ocorrem em certas moléculas _____ , por meio da atração entre polos contrários permanentes (sempre existe devido à diferença de eletronegatividade).

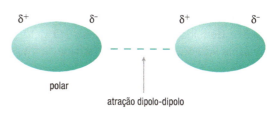

4. Complete.

A ligação de hidrogênio é estabelecida entre o átomo de _____ de uma molécula e o par de _____ de outra molécula (F, O, N).

5. O que mantém as moléculas de fluoreto de hidrogênio (HF) unidas, no estado líquido, são:

a) ligações covalentes.
b) ligações iônicas.
c) interações tipo ligações de hidrogênio.
d) interações tipo dipolo-dipolo.
e) interações tipo dipolo instantâneo-dipolo induzido.

6. Complete com **2** ou **4**.

No gelo, cada molécula de água está cercada por _____ outras, formando um arranjo tetraédrico. Este arranjo provoca o aparecimento de muitos vazios entre as moléculas.

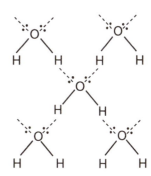

7. Complete com **regulares** ou **reversos**.

As moléculas de água, no gelo, formam hexágonos _____ .

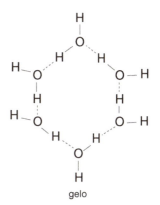

gelo

8. Complete com **aumenta** ou **diminui**.

Quando ocorre a fusão do gelo, esse arranjo tetraédrico é destruído. As moléculas de água preenchem os espaços vazios, o volume _____ e a densidade _____ . O gelo flutua na água líquida, pois ele tem densidade menor.

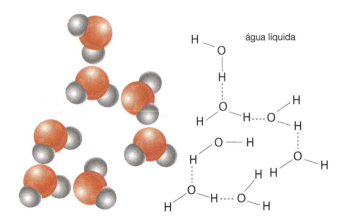

9. (UMESP – SP) Na molécula de ácido desoxirribonucleico, DNA, as bases nitrogenadas de cada fita da dupla-hélice da molécula estão associadas sempre pelo mesmo tipo de interação e, desta forma, adenina está associada à timina, citosina à guanina. As ligações estão representadas a seguir:

timina   adenina

As associações são feitas por

a) ligações covalentes.
b) ligações iônicas.
c) forças de van der Waals.
d) dispersões de London.
e) ligações de hidrogênio.

10. Complete com **elétrons** ou **prótons**.

No estado sólido ou líquido, aparecem nas moléculas apolares os dipolos instantâneos que surgem devido ao movimento natural dos _____ dentro da molécula.

11. Complete com **induzido** ou **permanente**.

O dipolo instantâneo vai provocar em uma molécula vizinha a formação do dipolo _____ _____ .

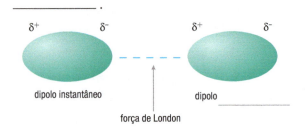

12. Indique qual é o tipo de interação intermolecular predominante que mantém unidas as moléculas das seguintes substâncias, nos estados sólido e líquido.

a) HCl   c) CO_2 e) H_2S
b) H_2O d) NH_3 f) CCl_4

13. Complete com **covalente** ou **íon-dipolo**.

A interação entre os íons com as moléculas polares da água em uma solução é chamada de _____ .

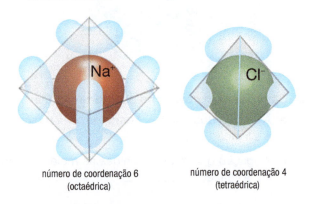

14. Complete as lacunas:

a) Uma substância é solúvel em outra quando ambas apresentam o mesmo tipo de força _____ .

b) Substância polar dissolve substância _____ _____ .

c) Substância apolar dissolve substância _____ .

d) As substâncias que estabelecem ligações de hidrogênio são bastante solúveis em _____ _____ (água/gasolina).

15. (UNIRIO – RJ – adaptada) A mãe de Joãozinho, ao lavar a roupa do filho após uma festa, encontrou duas manchas na camisa: uma de gordura e outra de açúcar. Ao lavar apenas com água, ela verificou que somente a mancha de açúcar desaparecera completamente. De acordo com a regra segundo a qual "semelhante dissolve semelhante", assinale a opção que contém a força intermolecular responsável pela remoção do açúcar ($C_{12}H_{22}O_{11}$) na camisa de Joãozinho.

a) Ligação iônica.
b) Ligação metálica.
c) Ligação covalente polar.
d) Forças de London.
e) Ligação de hidrogênio.

16. Complete com **dipolo-dipolo, dipolo instantâneo-dipolo induzido** e **ligações de hidrogênio**.

a) Durante a ebulição da água são rompidas as interações do tipo _____
_____ .

b) Durante a ebulição do CCl_4 são rompidas as interações do tipo _____
_____ .

c) Durante a ebulição do $CHCl_3$ são rompidas as interações do tipo _____
_____ .

17. (UNICAMP – SP) Considere os processos I e II representados pelas equações:

$$H_2O(l) \xrightarrow{I} H_2O(g) \xrightarrow{II} 2\,H(g) + O(g)$$

Indique quais ligações são rompidas em cada um desses processos.

18. (UFMG) A figura que melhor representa a evaporação do metanol (CH_3OH) é:

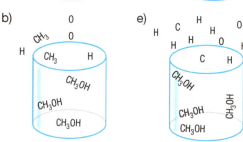

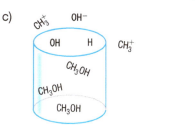

19. (VUNESP) Considere as afirmações.

I. Comparando duas substâncias com o mesmo tipo de interação intermolecular, a que possuir maior massa molecular possuirá maior ponto de ebulição.

II. Comparando duas substâncias com massas molares próximas, a que possuir forças intermoleculares mais intensas possuirá maior ponto de ebulição.

III. O ponto de ebulição é propriedade específica de uma substância.

Está **correto** o contido em:

a) I apenas.
b) II apenas.
c) III apenas.
d) I e II apenas.
e) I, II e III.

NOTA DOS AUTORES: o tamanho pode ser avaliado pela massa molecular.

20. Qual álcool apresenta maior ponto de ebulição?

H₃C — OH   H₃C — CH₂ — OH
    I   II

21. Complete com **F₂, Cl₂, Br₂ e I₂**.

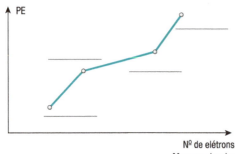

22. Complete com **HF, HCl, HBr e HI**.

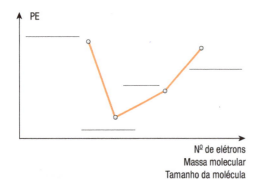

23. (FEI – SP) A tensão superficial dos líquidos depende diretamente de processos de interação entre as moléculas, como, por exemplo, pontes de hidrogênio. Qual das substâncias abaixo tem maior tensão superficial?

a) benzeno
b) hexano
c) tetracloreto de carbono
d) éter etílico
e) água

NOTA DOS AUTORES: benzeno (C₆H₆) e éter etílico (CH₃ — CH₂ — O — CH₂ — CH₃)

24. (UFS – SE) Alotropia é o fenômeno que envolve diferentes substâncias:

a) simples, formadas pelo mesmo elemento químico.
b) compostas, formadas por diferentes elementos químicos.
c) simples, com a mesma atomicidade.
d) compostas, com a mesma fórmula molecular.
e) compostas, formadas pelos mesmos elementos químicos.

25. (COL. NAVAL – RJ) Dos elementos abaixo, qual pode formar duas substâncias simples diferentes?

a) Oxigênio.   d) Flúor.
b) Nitrogênio.   e) Hidrogênio.
c) Hélio.

26. Complete com **átomos**, **íons** e **moléculas**:

a) No cristal metálico temos um aglomerado de _____ na forma de cátions envoltos por um mar de elétrons.

retículo cristalino do Al(s)

b) No cristal iônico temos um aglomerado de _____ .

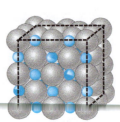

retículo cristalino do NaCl(s)

c) No cristal molecular temos um aglomerado de _____ ligadas por forças intermoleculares.

retículo cristalino
do I₂(s)

d) No cristal covalente temos um aglomerado de _____ ligados covalentemente formando uma macromolécula.

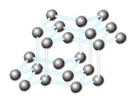

retículo cristalino
do C (diamante)

27. Complete com **3** ou **4**.

a) No diamante, cada átomo de carbono está ligado a _____ outros átomos de carbono através da ligação covalente, formando uma macromolécula.

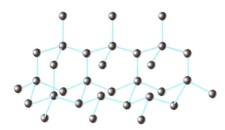

b) Na grafita, cada átomo de carbono está ligado a _____ outros átomos de carbono através da ligação covalente, formando uma camada de hexágonos (macromolécula).

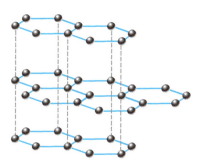

28. Complete com **grafita** ou **fulereno**.

A molécula representada a seguir representa a substância simples _____ .

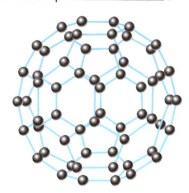

29. Complete com **covalente** ou **iônica**.

Conforme noticiado pela imprensa, "uma substância comum, mas em um formato incomum" rendeu aos cientistas de origem russa, Andre Geim e Konstantim Novoselov, o Prêmio Nobel de Física de 2010. A substância denominada grafeno, uma folha super-resistente de carbono isolada do grafite, de apenas um átomo de espessura, na qual os átomos estão arranjados em uma sucessão de hexágonos microscópicos, constitui o mais fino e forte material conhecido, sendo um excelente condutor de eletricidade e calor.

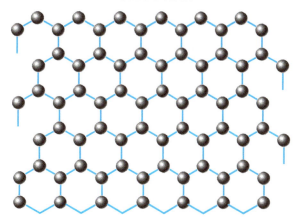

O Globo, 6 out. 2010.

A ligação entre os átomos de carbono no grafeno é _____ .

30. Complete com **branco** ou **vermelho**.

a)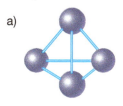

fósforo _____ .

b)

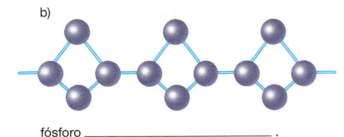

fósforo _____ .

31. (UFPel – RS – adaptada) O enxofre é uma substância simples cujas moléculas são formadas pela união de 8 átomos; logo, sua fórmula é S_8. Quando no estado sólido, forma cristais do sistema rômbico ou monoclínico, conforme figura a seguir.

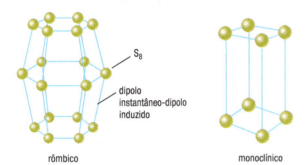

rômbico   monoclínico

A respeito do enxofre rômbico e do enxofre monoclínico é **correto** afirmar que eles se constituem em:

a) formas alotrópicas do elemento químico enxofre, cuja fórmula é S_8.
b) átomos isótopos do elemento químico enxofre, cujo símbolo é S.
c) átomos isótopos do elemento químico enxofre, cujo símbolo é S_8.
d) formas isobáricas do elemento químico enxofre, cujo símbolo é S.

32. Complete com **baixos** ou **altos**, **solúveis** ou **insolúveis**, **sim** ou **não**.

As substâncias que formam cristais covalentes apresentam em geral as seguintes propriedades.

a) Muito _____ PF e PE.

b) _____ nos solventes polares ou apolares.

c) _____ conduzem a corrente elétrica no estado sólido ou líquido (fundido).

SÉRIE PRATA

1. O que mantém as moléculas de cloreto de hidrogênio (HCl) unidas, no estado líquido, são:

a) ligações covalentes.
b) ligações iônicas.
c) interações tipo ligações de hidrogênio.
d) interações tipo dipolo-dipolo.
e) interações tipo dipolo instantâneo-dipolo induzido.

2. (UFA – SE) Na seguinte estrutura

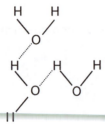

estão representadas moléculas de água unidas entre si por ligações:

a) covalentes.
b) iônicas.
c) por ligações de hidrogênio.
d) por pontes de oxigênio.
e) peptídicas.

3. (CESGRANRIO – RJ) Correlacione as substâncias da 1ª coluna com os tipos de ligação da 2ª coluna e assinale a opção que apresenta somente associação **corretas**.

1) HCl(l)   5) iônica
2) brometo de bário(s)   6) London
3) amônia líquida   7) covalente polar
4) CCl_4(l)   8) ligações de hidrogênio
                         9) covalente apolar

a) 1-7; 2-5; 3-8; 4-6.
b) 1-5; 2-9; 3-8; 4-6.
c) 1-6; 2-7; 3-6; 4-9.

d) 1-7; 2-5; 3-9; 4-5.
e) 1-7; 2-9; 3-6; 4-5.

II. É difícil lavar as mãos impregnadas de graxa ou óleo com água da torneira.

III. O enxofre (S_8) não se dissolve em água, mas é solúvel em sulfeto de carbono (CS_2).

4. (PUC – MG) Observe as duas colunas a seguir:

Substância	Ligação
1. Ne	A. iônica
2. Fe	B. covalente polar
3. NH_3	C. covalente apolar
4. KF	D. metálica
5. O_2	E. van der Waals

Considerando os tipos de ligações para as espécies químicas, qual das alternativas traz a associação **correta**?

a) 4A — 3B — 2C — 5D — 1E
b) 3A — 4B — 5C — 1D — 2E
c) 5A — 2B — 1C — 4D — 3E
d) 4A — 3B — 5C — 2D — 1E
e) 4A — 5B — 3C — 1D — 2E

5. (UFF – RJ) Considere as seguintes interações:

I. CH_4 ----- CH_4
II. HBr ----- HBr
III. CH_3OH ----- H_2O

As forças intermoleculares predominantes que atuam nas interações I, II e III são, respectivamente:

a) ligação de hidrogênio, dipolo induzido, dipolo.
b) ligação de hidrogênio, ligação de hidrogênio, dipolo induzido.
c) dipolo induzido, dipolo, ligação de hidrogênio.
d) dipolo induzido, ligação de hidrogênio, dipolo.
e) dipolo, ligação de hidrogênio, dipolo induzido.

6. Explique os fatos:

I. O ar é uma mistura de N_2 (78%) e O_2 (21%) principalmente. Verifica-se que o ar é pouco solúvel em água.

7. Qual das substâncias a seguir possui maior temperatura de ebulição?

a) CH_4
b) O_2
c) N_2
d) NH_3
e) HCl

8. (UFMG – adaptada) O gráfico abaixo representa a variação do ponto de ebulição (PE) a 1 atm de alcanos (apolares) de cadeia linear.

Observação: alcanos são compostos formados exclusivamente por átomos de carbono e de hidrogênio.

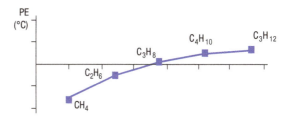

a) Que tipo de interação intermolecular ocorre entre moléculas de qualquer um dos alcanos indicados no gráfico acima?

b) Justifique o comportamento da curva crescente para as temperaturas de ebulição dos alcanos, observada no gráfico.

9. (UNIFESP) Assinale a alternativa que apresenta o gráfico dos pontos de ebulição dos compostos formados entre o hidrogênio e os elementos do grupo 17, do 2º ao 5º período.

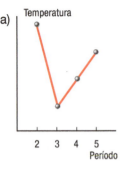
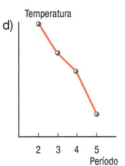
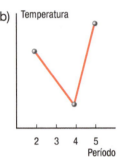
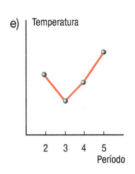
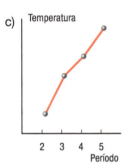

10. Para obtermos gasolina e outros produtos a partir do petróleo, é preciso submetê-lo a um processo chamado destilação, conforme ilustrado abaixo.

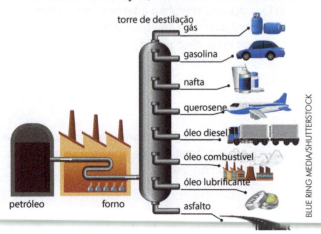

Analisando a figura, conclui-se que o petróleo é uma:

a) mistura de substâncias que reagem entre si na destilação.
b) mistura que pode ser separada pela destilação.
c) substância pura que é hidrolizada pela destilação.
d) substância composta cujas partes se separam na destilação;
e) substância obtida a partir da mistura de outras substâncias.

11. (UNIFESP – adaptada) A figura mostra o esquema básico da primeira etapa do refino do petróleo, realizada à pressão atmosférica, processo pelo qual ele é separado em misturas com menor número de componentes (fracionamento do petróleo).

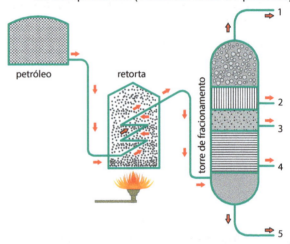

Petrobras. **O Petróleo e a Petrobras em Perguntas e Respostas**, 1986. Adaptado.

Considere as seguintes frações do refino do petróleo: gás liquefeito de petróleo (GLP), gasolina, óleo diesel, querosene, resíduos.

A afirmativa que identifica a posição, na ordem de 1 a 5, na torre de fracionamento onde cada uma das frações citadas é obtida, é:

a) GLP, gasolina, óleo diesel, querosene, resíduo.
b) gasolina, óleo diesel, GLP, querosene, resíduo.
c) GLP, querosene, gasolina, óleo diesel, resíduo.
d) GLP, gasolina, querosene, óleo diesel, resíduo.
e) querosene, GLP, gasolina, óleo diesel, resíduo.

12. (FUNDAÇÃO CARLOS CHAGAS) Sobre substâncias simples são formuladas as seguintes proposições:

I. são formadas por um único elemento químico;
II. suas fórmulas são representadas por dois símbolos químicos;
III. podem ocorrer na forma de variedades alotrópicas;
IV. não podem formar misturas com substâncias compostas.

São **corretas**:

a) I e II.
b) I e III.
c) II e III.
d) II e IV.
e) III e IV.

13. (UNESP) Constituem variedades alotrópicas de um mesmo elemento:

a) sódio e potássio.
b) selênio e telúrio.
c) oxigênio e enxofre.
d) fósforo branco e fósforo vermelho.
e) acetileno e etileno.

14. (MACKENZIE – SP)

I. Carbono diamante e carbono grafite.
II. Dióxido de nitrogênio e monóxido de dinitrogênio.
III. Enxofre rômbico e enxofre monoclínico.

Alotropia é o fenômeno observado quando um elemento químico forma substâncias simples diferentes. Nos conjuntos acima, são observadas variedades alotrópicas em:

a) I, II e III.
b) I e III, somente.
c) I e II, somente.
d) I, somente.
e) II e III, sempre.

15. (UNICAP – PE) A camada de ozônio (O_3) que protege a vida na Terra da incidência dos raios ultravioleta é produzida na atmosfera superior pela ação de radiação solar de alta energia sobre moléculas de oxigênio, O_2. Assinale a alternativa **correta**:

a) O ozônio e o oxigênio são alótropos.
b) O ozônio é uma mistura.
c) O ozônio e o oxigênio são substâncias compostas.
d) O ozônio é mais estável que o oxigênio.
e) Na atmosfera, há 21% de ozônio em volume.

16. (CFTMG) No Brasil, o câncer mais frequente é o de pele, sendo que o seu maior agente etiológico é a radiação ultravioleta (UV) proveniente do sol. Em decorrência da destruição da camada de ozônio, os raios UV têm aumentado progressivamente sua incidência sobre a Terra.

Texto adaptado do INCA, 2009.

Em relação ao ozônio, afirma-se, corretamente, que é

a) alótropo do O_2, por ser formado pelo mesmo elemento químico.
b) isóbaro do monóxido de enxofre, porque possuem a mesma massa.
c) isótopo do gás oxigênio, pois ambos têm o mesmo número atômico.
d) substância pura composta, uma vez que se constitui de 3 átomos de oxigênio.

17. (FUVEST – SP) Considere as substâncias:

I. argônio
II. diamante
III. cloreto de sódio
IV. água

Entre elas, apresentam ligações covalentes apenas:

a) I e II.
b) I e III.
c) II e III.
d) II e IV.
e) III e IV.

18. (ENG. SANTOS – SP) As grades cristalinas das três substâncias cloreto de sódio, enxofre e zinco apresentam, respectivamente, em seus nós:

a) íons, moléculas e átomos.
b) íons, átomos e moléculas.
c) moléculas, átomos e íons.
d) átomos, moléculas e íons.
e) moléculas, moléculas e átomos.

19. A tabela abaixo apresenta algumas características dos cristais sólidos A, B, C e D, que podem ser classificados, respectivamente, como:

CRISTAIS	FORÇA DE LIGAÇÃO	CONDUTI-BILIDADE	PONTO DE FUSÃO
A	van der Waals	isolante	baixo (volátil)
B	atração eletrostática	isolante	regularmente alto
C	elétrons	não condutor	muito alto
D	atração elétrica entre íons positivos e elétrons	bom condutor	de moderado a muito alto

a) metal, covalente, molecular, iônico.
b) iônico, molecular, covalente, metal.
c) molecular, iônico, covalente, metal.
d) molecular, iônico, metal, covalente.
e) covalente, iônico, molecular, metal.

20. (UFRG – RS) Analise os dados da tabela seguinte em relação às forças de interação entre as unidades constituintes dos sólidos.

SÓLIDO		PONTO DE FUSÃO (°C)	TIPO DE INTERAÇÃO
1	CaF_2	1.423	ligações iônicas
2	CH_4	–182	forças de London
3	SiO_2	1.610	ligações covalentes
4	Ag	962	ligações metálicas

A ordem crescente das forças de interação, nesses sólidos, é:

a) 1, 3, 2, 4.
b) 2, 3, 1, 4.
c) 2, 4, 1, 3.
d) 3, 1, 4, 2.
e) 4, 2, 3, 1.

SÉRIE OURO

1. (FATEC – SP) Para os compostos HF e HCl, as forças de atração entre as suas moléculas ocorrem por:

a) ligações de hidrogênio para ambos.
b) dipolo-dipolo para ambos.
c) ligações de van der Waals para HF e ligações de hidrogênio para HCl.
d) ligações de hidrogênio para HF e dipolo-dipolo para HCl.
e) ligações eletrostáticas para HF e dipolo induzido para HCl.

2. (FUNDAÇÃO CARLOS CHAGAS) A seguir, estão esquematizadas, por linhas pontilhadas, ligações entre moléculas. Qual delas tem maior possibilidade de ocorrer?

3. (UNICAMP – SP) As ligações de hidrogênio formadas entre moléculas de água H-Ö-H podem ser representadas conforme modelo abaixo.

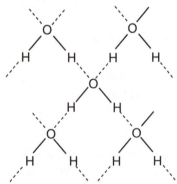

Com base nesse modelo, represente as ligações de hidrogênio que existem entre moléculas de amônia, NH_3.

4. (FUVEST – SP) A estrutura do DNA é formada por duas cadeias contendo açúcares e fosfatos, as quais se ligam por meio das chamadas bases nitrogenadas, formando a dupla-hélice. As bases timina, adenina, citosina e guanina, que formam o DNA, interagem por ligações de hidrogênio, duas a duas em uma ordem determinada. Assim, a timina, de uma das cadeias, interage com a adenina, presente na outra cadeia, e a citosina, de uma cadeia, interage com a guanina da outra cadeia. Considere as seguintes bases nitrogenadas:

adenina (**A**)   guanina (**G**)   timina (**T**)   citosina (**C**)

As interações por ligação de hidrogênio entre adenina e timina e entre guanina e citosina, que existem no DNA, estão representadas corretamente em:

5. (UFMG) Um adesivo tem como base um polímero do tipo álcool polivinílico, que pode ser representado pela estrutura da figura abaixo.

OH OH OH
...⋀⋀⋀...

A ação adesiva desse polímero envolve, principalmente, a formação de ligações de hidrogênio entre o adesivo e a superfície do material a que é aplicado.

Considere a estrutura destes quatro materiais:

polietileno

poliestireno

cloreto de polivinila

celulose

Com base nessas informações, é **correto** afirmar que o adesivo descrito deve funcionar melhor para colar:

a) celulose.
b) cloreto de polivinila.
c) polietileno.
d) poliestireno.

6. (UFCE) O cabelo humano é composto principalmente de queratina, cuja estrutura proteica varia em função das interações entre os resíduos aminoácidos terminais, conferindo diferentes formas ao cabelo (liso, ondulado etc.). As estruturas relacionadas adiante ilustram algumas dessas interações específicas entre pares de resíduos aminoácidos da queratina.

Indique a alternativa que relaciona corretamente as interações específicas entre os resíduos 1-2, 3-4 e 5-6, respectivamente.

a) Ligação iônica, ligação covalente e ligação de hidrogênio.
b) Ligação iônica, ligação dipolo-dipolo e ligação covalente.
c) Ligação covalente, interação íon-dipolo e ligação de hidrogênio.
d) Interação dipolo-dipolo induzido, ligação covalente e ligação iônica.
e) Ligação de hidrogênio, interação dipolo induzido-dipolo e ligação covalente.

7. (UFG – GO) Têm-se dois sistemas homogêneos, cloreto de sódio e água, que, ao serem misturados, formam um terceiro sistema homogêneo, conforme esquema abaixo.

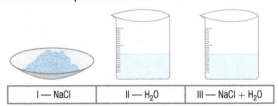

Os tipos de ligação ou interação entre as entidades formadoras dos sistemas I, II e III são, respectivamente,

a) I – ligação iônica; II – ligação covalente e ligação de hidrogênio; III – interação íon-dipolo, ligação covalente e ligação de hidrogênio.
b) I – ligação iônica; II – ligação iônica, ligação covalente e ligação de hidrogênio; III – ligação de

hidrogênio, ligação covalente e interação íon-dipolo.

c) I – ligação covalente; II – ligação covalente e ligação de hidrogênio; III – ligação covalente, ligação iônica e ligação de hidrogênio.

d) I – ligação metálica; II – ligação metálica, ligação covalente e ligação de hidrogênio; III – interação íon-dipolo, ligação covalente e ligação de hidrogênio.

e) I – ligação covalente; II – ligação de hidrogênio e ligação covalente; III – ligação covalente, interação íon-dipolo e ligação de hidrogênio.

c) íon-dipolo; ligação de hidrogênio.
d) íon-dipolo; dipolo induzido-dipolo induzido.
e) dipolo induzido-dipolo induzido; ligação de hidrogênio.

8. (FGV) Um refrigerante, de baixa caloria, fabricado no Brasil, tem em sua composição os adoçantes sacarina sódica (I) e ciclamato de sódio (II) e o conservante benzoato de sódio (III).

(estruturas I, II e III)

A imagem do rótulo desse refrigerante é apresentada a seguir:

INFORMAÇÃO NUTRICIONAL 350 mL (1 LATA)		
QUANTIDADE POR EMBALAGEM		% VD (*)
VALOR ENERGÉTICO	0 kcal = 0 kJ	0
CARBOIDRATOS	0 g DOS QUAIS:	0
AÇÚCARES	0 g	**
SÓDIO	23 mg	1
"NÃO CONTÉM QUANTIDADE SIGNIFICATIVA DE PROTEÍNAS, GORDURAS TOTAIS, GORDURAS SATURADAS, GORDURAS TRANS E FIBRA ALIMENTAR"		

* Valores diários de referência com base em uma dieta de 2.000 kcal ou 8.400 J. Seus valores diários podem ser maiores ou menores, dependendo de suas necessidades energéticas.

As duas principais interações entre cada uma das substâncias I, II e III e as moléculas do solvente da solução que compõe o refrigerante são:

a) íon-íon; íon-dipolo.
b) íon-íon; dipolo-dipolo.

9. (ENEM – adaptada) O carvão (C) ativado é um material que possui elevado teor de carbono, sendo muito utilizado para a remoção de compostos orgânicos voláteis do meio, como o benzeno (C_6H_6). Para a remoção desses compostos, utiliza-se a adsorção. Esse fenômeno ocorre por meio de interações do tipo intermoleculares entre a superfície do carvão (adsorvente) e o benzeno (adsorvato, substância adsorvida).

No caso apresentado, entre o adsorvente e a substância adsorvida ocorre a formação de:

a) ligações dissulfeto.
b) ligações covalentes.
c) ligações de hidrogênio.
d) interações dipolo induzido-dipolo induzido.
e) interações dipolo permanente-dipolo permanente.

10. (ENEM) A pele humana, quando está bem hidratada, adquire boa elasticidade e aspecto macio e suave. Em contrapartida, quando está ressecada, perde sua elasticidade e se apresenta opaca e áspera. Para evitar o ressecamento da pele é necessário, sempre que possível, utilizar hidratantes umectantes, feitos geralmente à base de glicerina e polietilenoglicol:

$$HO-CH_2-CH(OH)-CH_2-OH$$
glicerina

$$HO-CH_2-CH_2-[O-CH_2-CH_2]_n-O-CH_2-CH_2-OH$$
polietilenoglicol

Disponível em: <http://www.brasilescola.com>. Acesso em: 23 abr. 2010. Adaptado.

A retenção de água na superfície da pele promovida pelos hidratantes é consequência da interação dos grupos hidroxila dos agentes umectantes com a umidade contida no ambiente por meio de

a) ligações iônicas.
b) forças de London.
c) ligações covalentes.
d) forças dipolo-dipolo.
e) ligações de hidrogênio.

11. (ENEM) As fraldas descartáveis que contêm o polímero poliacrilato de sódio (1), que tem comportamento semelhante ao cloreto de sódio em água, são mais eficientes na retenção de água que as fraldas de pano convencionais, constituídas de fibras de celulose (2).

CURI, D. **Química Nova na Escola.**
São Paulo, n. 23, maio 2006. Adaptado.

A maior eficiência dessas fraldas descartáveis, em relação às de pano, deve-se às

a) interações dipolo-dipolo mais fortes entre o poliacrilato e a água, em relação às ligações de hidrogênio entre a celulose e as moléculas de água.
b) interações íon-íon mais fortes entre o poliacrilato e as moléculas de água, em relação às ligações de hidrogênio entre a celulose e as moléculas de água.
c) ligações de hidrogênio mais fortes entre o poliacrilato e a água, em relação às interações íon-dipolo entre a celulose e as moléculas de água.
d) ligações de hidrogênio mais fortes entre o poliacrilato e as moléculas de água, em relação às interações dipolo induzido-dipolo induzido entre a celulose e as moléculas de água.
e) interações íon-dipolo mais fortes entre o poliacrilato e as moléculas de água, em relação às ligações de hidrogênio entre a celulose e as moléculas de água.

12. (UNICAMP – SP) Uma alternativa encontrada nos grandes centros urbanos, para se evitar que pessoas desorientadas urinem nos muros de casas e estabelecimentos comerciais, é revestir esses muros com um tipo de tinta que repele a urina e, assim, "devolve a urina" aos seus verdadeiros donos. A figura a seguir apresenta duas representações para esse tipo de revestimento.

Como a urina é constituída majoritariamente por água, e levando-se em conta as forças intermoleculares, pode-se afirmar corretamente que

a) os revestimentos representados em 1 e 2 apresentam a mesma eficiência em devolver a urina, porque ambos apresentam o mesmo número de átomos na cadeia carbônica hidrofóbica.
b) o revestimento representado em 1 é mais eficiente para devolver a urina, porque a cadeia carbônica é hidrofóbica e repele a urina.
c) o revestimento representado em 2 é mais eficiente para devolver a urina, porque a cadeia carbônica apresenta um grupo de mesma polaridade que a água, e, assim, é hidrofóbica e repele a urina.
d) o revestimento representado em 2 é mais eficiente para devolver a urina, porque a cadeia carbônica apresenta um grupo de mesma polaridade que a água, e, assim, é hidrofílica e repele a urina.
e) o revestimento representado em 1 é mais eficiente para devolver a urina, porque a cadeia carbônica apresenta um grupo de mesma polaridade que a água, e, assim, é hidrofílica e repele a urina.

13. (FUVEST – SP) Para aumentar o grau de conforto do motorista e contribuir para a segurança em dias chuvosos, alguns materiais podem ser aplicados no para-brisa do veículo, formando uma película que repele a água. Nesse tratamento, ocorre uma transformação na superfície do vidro, a qual pode ser representada pela seguinte equação química não balanceada:

Das alternativas apresentadas, a que representa o melhor material a ser aplicado ao vidro, de forma a evitar o acúmulo de água, é:

NOTE E ADOTE: R = grupo de átomos ligado ao átomo de silício.

a) Cl Si(CH$_3$)$_2$OH
b) Cl Si(CH$_3$)$_2$O(CHOH)CH$_2$NH$_2$
c) Cl Si(CH$_3$)$_2$O(CHOH)$_5$CH$_3$
d) Cl Si(CH$_3$)$_2$OCH$_2$(CH$_2$)$_2$CO$_2$H
e) Cl Si(CH$_3$)$_2$OCH$_2$(CH$_2$)$_{10}$CH$_3$

14. (UNIFESP) A geometria molecular e a polaridade das moléculas são conceitos importantes para predizer o tipo de força de interação entre elas. Dentre os compostos moleculares nitrogênio, dióxido de enxofre, amônia, sulfeto de hidrogênio e água, aqueles que apresentam o menor e o maior ponto de ebulição são, respectivamente:

a) SO$_2$ e H$_2$S.
b) N$_2$ e H$_2$O.
c) NH$_3$ e H$_2$O.
d) N$_2$ e H$_2$S.
e) SO$_2$ e NH$_3$.

15. (SANTA CASA – SP) Os hidretos covalentes geralmente encontram-se no estado gasoso à temperatura ambiente, tais como a amônia (NH$_3$), a arsina (AsH$_3$), a fosfina (PH$_3$), o cloreto de hidrogênio (HCl) e o sulfeto de hidrogênio (H$_2$S). Desses hidretos, o que possui maior temperatura de ebulição é largamente utilizado na refrigeração industrial, especialmente nas indústrias frigoríficas.

De acordo com o texto, o hidreto utilizado na refrigeração industrial é

a) a fosfina.
b) a arsina.
c) o cloreto de hidrogênio.
d) o sulfeto de hidrogênio.
e) a amônia.

16. (UFMG) O quadro a seguir apresenta as temperaturas de fusão e de ebulição das substâncias Cl$_2$, ICl e I$_2$.

SUBSTÂNCIA	TEMPERATURA DE FUSÃO (°C)	TEMPERATURA DE EBULIÇÃO (°C)
Cl$_2$	−102	−35
ICl	+27	+97
I$_2$	+113	+184

Considerando-se essas substâncias e suas propriedades, é **incorreto** afirmar que

a) no ICl, as interações intermoleculares são mais fortes que no I$_2$.
b) a 25 °C, o Cl$_2$ é gasoso, o ICl é sólido e o I$_2$ é sólido.
c) na molécula do ICl, a nuvem eletrônica está mais deslocada para o átomo de cloro.
d) no ICl, as interações intermoleculares são, exclusivamente, do tipo dipolo instantâneo-dipolo induzido.
e) a molécula do iodo tem maior massa.

17. (UNESP) Os elementos químicos O, S, Se e Te, todos do grupo 16 da Tabela Periódica, formam compostos com hidrogênio, do grupo 1 da Tabela Periódica, com as fórmulas químicas H$_2$O, H$_2$S, H$_2$Se e H$_2$Te, respectivamente.

As temperaturas de ebulição dos compostos H$_2$S, H$_2$Se e H$_2$Te variam na ordem mostrada na tabela.

A água apresenta temperatura de ebulição muito mais alta que os demais.

COMPOSTO	T$_{EBULIÇÃO}$ (°C)	MASSA MOLAR
H$_2$O	100	18,0
H$_2$S	−50	34,0
H$_2$Se	−35	81,0
H$_2$Te	−20	129,6

Essas observações podem ser explicadas, respectivamente:

a) pela diminuição das massas molares e aumento nas forças das interações intermoleculares.
b) pela diminuição das massas molares e diminuição nas forças das interações intermoleculares.
c) pela diminuição das massas molares e pela formação de ligações de hidrogênio.
d) pelo aumento das massas molares e aumento nas forças das interações intramoleculares.
e) pelo aumento das massas molares e pela formação de ligações de hidrogênio.

18. (UFSCar – SP) A tabela apresenta os valores de ponto de ebulição (PE) de alguns compostos de hidrogênio com elementos dos grupos 14, 15 e 16 da Tabela Periódica.

GRUPO 14 COMPOSTOS PE (°C)		GRUPO 15 COMPOSTOS PE (°C)		GRUPO 16 COMPOSTOS PE (°C)	
2º período CH_4	X	NH_3	Y	H_2O	+100
3º período SiH_4	–111	PH_3	–88	H_2S	–60
4º período GeH_4	–88	AsH_3	–62	H_2Se	Z

Os compostos do grupo 14 são formados por moléculas apolares, enquanto os compostos dos grupos 15 e 16 são formados por moléculas polares. Considerando as forças intermoleculares existentes nestes compostos, as faixas estimadas para os valores de X, Y e Z são, respectivamente,

a) > –111, > –88 e > –60.
b) > –111, > –88 e < –60.
c) < –111, < –88 e > –60.
d) < –111, < –88 e < –60.
e) < –111, > –88 e > –60.

19. (UFMG) Analise o gráfico a seguir, em que está representada a variação da temperatura de fusão e da temperatura de ebulição em função da massa molar para F_2, Cl_2, Br_2 e I_2, a 1 atm de pressão.

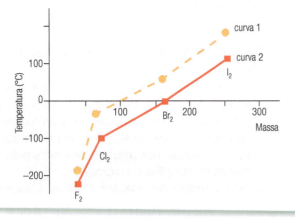

Considerando-se as informações contidas nesse gráfico e outros conhecimentos sobre o assunto, é **correto** afirmar que:

a) a temperatura de fusão das quatro substâncias está indicada na curva 1.
b) as interações intermoleculares no Cl_2 são dipolo permanente-dipolo permanente.
c) as interações intermoleculares no F_2 são menos intensas que no I_2.
d) o Br_2 se apresenta no estado físico gasoso quando a temperatura é de 25 °C.
e) as interações intermoleculares no F_2 são do tipo ligação de hidrogênio.

20. (UNESP) O gráfico a seguir foi construído com dados dos hidretos dos elementos do grupo 16. Com base neste gráfico, são feitas as afirmações seguintes.

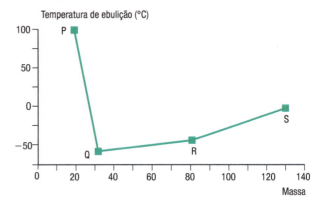

I. Os pontos P, Q, R e S no gráfico correspondem aos compostos H_2Te, H_2S, H_2Se e H_2O, respectivamente.
II. Todos estes hidretos são gases à temperatura ambiente, exceto a água, que é líquida.
III. Quando a água ferve, as ligações covalentes se rompem antes das intermoleculares.

Das três afirmações apresentadas,

a) apenas I é verdadeira.
b) apenas I e II são verdadeiras.
c) apenas II é verdadeira.
d) apenas I e III são verdadeiras.
e) apenas III é verdadeira.

21. (UFRRJ) As duas substâncias mostradas na tabela a seguir apresentam grande diferença entre seus pontos de ebulição (PE), apesar de possuírem a mesma massa molecular:

H$_3$C — CH$_2$ — C(=O)OH

H$_3$C — C(=O)O — CH$_3$

SUBSTÂNCIAS ($C_3H_6O_2$)	PE (°C)
CH$_3$CH$_2$CO$_2$H (ácido propiônico)	141
CH$_3$CO$_2$CH$_3$ (acetato de metila)	57,5

Justifique a diferença entre os pontos de ebulição, considerando as interações intermoleculares existentes.

22. (PUC – RS) Durante as mudanças de estado ocorrem somente afastamentos e aproximações entre as moléculas, ou seja, as forças intermoleculares são rompidas ou formadas, influenciando no estado físico da substância.

Relacione as substâncias da coluna A aos respectivos pontos de ebulição, em °C, da coluna B, numerando os parênteses a seguir.

Coluna A

1. metanol	H$_3$C — OH
2. etanol	H$_3$C — CH$_2$ — OH
3. etanal	H$_3$C — C(=O)H
4. etano	H$_3$C — CH$_3$
5. propan-1-ol	H$_2$C(OH) — CH$_2$ — CH$_3$

Coluna B
( ) –88,4
( ) 20,0
( ) 64,0
( ) 78,5
( ) 97,0

A numeração **correta** dos parênteses, de cima para baixo, é:
a) 4 – 3 – 1 – 2 – 5
b) 5 – 1 – 4 – 3 – 2
c) 3 – 5 – 1 – 2 – 4
d) 4 – 3 – 2 – 1 – 5
e) 5 – 4 – 3 – 2 – 1

23. (A. EINSTEIN – SP) As substâncias pentano, butan-1-ol, butanona e ácido propanoico apresentam massas molares semelhantes, mas temperaturas de ebulição bem distintas devido às suas interações intermoleculares.

Assinale a alternativa que relaciona as substâncias com suas respectivas temperaturas de ebulição.

	36 °C	80 °C	118 °C	141 °C
a)	butanona	butan-1-ol	pentano	ácido propanoico
b)	pentano	ácido propanoico	butanona	butan-1-ol
c)	ácido propanoico	butanona	butan-1-ol	pentano
d)	pentano	butanona	butan-1-ol	ácido propanoico
e)	butan-1-ol	ácido propanoico	pentano	butanona

24. (UPF – RS) A alta tensão superficial apresentada pela água é explicada por fortes interações que ocorrem entre as moléculas dessa substância. No caso específico da água, a tensão superficial é tão alta que permite que alguns insetos, como o mosquito da dengue, consigam "andar" sobre ela. Com base na tensão superficial característica da água, $H_2O(l)$, avalie as afirmativas como verdadeiras (V) ou falsas (F).

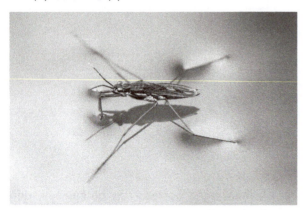

( ) A elevada tensão superficial da $H_2O(l)$ é explicada em função das ligações de hidrogênio que ocorrem entre moléculas vizinhas e que representam as mais intensas interações intermoleculares.
( ) A interação de grande intensidade que ocorre entre os átomos de hidrogênio e de oxigênio de moléculas distintas de água pode ser explicada pela diferença de eletronegatividade entre esses átomos.
( ) Interações do tipo dipolo instantâneo-dipolo induzido ocorrem com moléculas de água e dependem da existência de polaridade permanente nas moléculas.
( ) O fato de as moléculas de água serem apolares favorece para que suas interações intermoleculares sejam estabelecidas com grande intensidade.

A opção que contém a ordem **correta** das assertivas, de cima para baixo, é:

a) V – F – F – F.
b) V – V – F – F.
c) F – V – V – F.
d) V – F – V – F.
e) F – F – V – V.

fino sob a força gravitacional. A SAE (*Society of Automotive Engineers*) estabeleceu números para indicar a viscosidade de óleos de motor. Quanto maior o número, maior a viscosidade a qualquer temperatura. A figura mostra um teste com dois óleos de motor: SAE 10 e SAE 40.

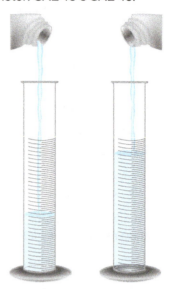

De acordo com as informações contidas no texto e na figura, conclui-se que

a) o óleo de motor SAE 40 está à esquerda na figura e as forças atrativas entre as suas moléculas são mais intensas do que as forças intermoleculares no óleo de motor SAE 10.
b) o óleo de motor SAE 40 está à direita e as forças atrativas entre suas moléculas são menos intensas do que as forças intermoleculares no óleo de motor SAE 10.
c) a viscosidade não depende das forças atrativas entre as moléculas.
d) o melaço e o óleo de motor são líquidos de menor viscosidade que a água e a gasolina.
e) o óleo de motor SAE 40 flui mais rapidamente que o óleo de motor SAE 10.

25. A resistência de um líquido para fluir é chamada viscosidade. Quanto maior a viscosidade, mais lentamente o fluido flui. A viscosidade pode ser medida determinando-se quanto tempo certa quantidade de líquido leva para fluir por um tubo

26. (UNIMONTES – MG – adaptada) O carbono apresenta dois alótropos de formas cristalinas distintas: o grafite e o diamante, como pode ser observado nas figuras a seguir.

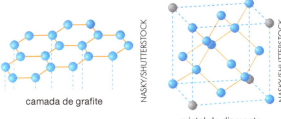

camada de grafite

cristal de diamante

À temperatura ambiente e pressão atmosférica normal, o grafite é a forma estável do carbono. Assim, poderíamos considerar que o diamante, então, naturalmente, transformar-se-ia em grafite; no entanto, isso apenas ocorre à taxa zero ou a uma temperatura de 1.500 °C, sob vácuo, para felicidade dos possuidores desse material. Considerando as características desses alótropos, é **correto** afirmar que

a) o grafite e o diamante apresentam temperaturas de fusão baixas.
b) o grafite e o diamante apresentam redes cristalinas covalentes.
c) o cristal de grafite apresenta uma rede tridimensional irregular.
d) os átomos de carbono, no diamante, estão unidos em hexágonos.
e) o cristal de diamante é composto por carbonos ligados entre si por meio de ligação iônica.

27. (UFBA – adaptada) A característica principal dos sólidos cristalinos é a disposição regular e repetida de suas partículas, fator preponderante na determinação de suas propriedades. As figuras a seguir representam as estruturas cristalinas do gelo, do diamante e do fulereno.

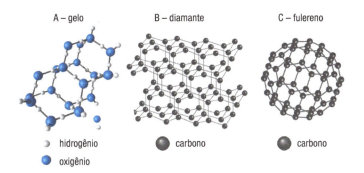

A – gelo   B – diamante   C – fulereno

- hidrogênio
- carbono
- oxigênio

Com base nas estruturas apresentadas e nos conhecimentos sobre ligações químicas e Tabela Periódica, afirma-se:

I. Diamante e fulereno são formas alotrópicas do elemento químico carbono.
II. No gelo, cada molécula de água está ligada a outras quatro, numa disposição tetraédrica.
III. A tensão superficial da água líquida é consequência da estrutura rígida da água no estado sólido.
IV. As interações das moléculas de água na estrutura cristalina são do tipo dispersão de London.
V. A água aumenta de densidade ao se congelar.

São verdadeiras:

a) apenas III, IV e V.   d) apenas I, IV e V.
b) apenas I e III.   e) apenas I e II.
c) apenas I, II e IV.

28. (MACKENZIE – SP – adaptada) Uma ferramenta originalmente desenvolvida para computadores quânticos agora é capaz de mapear mudanças de temperatura dentro de uma célula viva. A técnica explora efeitos quânticos em minúsculos cristais de diamante, ou "nanodiamantes", para detectar alterações de alguns milésimos de grau. Além disso, os pesquisadores conseguiram aquecer partes selecionadas da célula com um laser. O diamante revelou ser um material útil para lidar com informações quânticas, armazenando qubits (bit quântico) em sua estrutura de cristais de carbono como se fossem elétrons de impurezas. Tipicamente, as impurezas compreendem um átomo de nitrogênio que substituiu um dos átomos de carbono e uma lacuna, ou "vaga", de um único átomo ao lado do nitrogênio.

Os pesquisadores manipularam com sucesso esses "ocos" de nitrogênio — o que foi um passo para usá-los para realizar cálculos quânticos. Como os elétrons do nitrogênio são extremamente sensíveis a campos magnéticos, os cristais de diamante também se mostraram promissores para o imageamento por ressonância magnética.

Disponível em: <http://www2.uol.com.br/sciam/noticias/nanotermometro_mede_temperatura_de_celulas_vivas.html>.

Como base nos seus conhecimentos, é **incorreto** afirmar que o diamante

a) é formado por átomos de carbono.
b) é uma variedade alotrópica do elemento carbono.

c) é um isótopo do átomo de carbono-12.
d) tem sua disposição estrutural geométrica diferente da estrutura geométrica do grafite.
e) apresenta propriedades físico-químicas diferentes das propriedades do grafite.

A temperatura de fusão do sólido III é 1.722 °C e a do sólido II é bem superior ao do sólido I. Quando dissolvido em água, o sólido I apresenta condutividade. Pode-se concluir que os sólidos I, II e III são, respectivamente, sólidos

a) covalente, iônico e metálico.
b) iônico, covalente e metálico.
c) iônico, molecular e metálico.
d) molecular, covalente e iônico.
e) molecular, iônico e covalente.

29. (FGV – SP) Abaixo, são fornecidas as células unitárias de três sólidos, I, II e III.

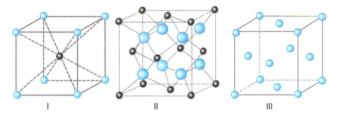

I   II   III

30. (PUC – MG) Analise a tabela, que mostra propriedades de três substâncias X, Y e Z, em condições ambientes.

SUBSTÂNCIA	TEMPERATURA DE FUSÃO (°C)	CONDUTIBILIDADE ELÉTRICA	SOLUBILIDADE NA ÁGUA
X	146	nenhuma	solúvel
Y	1.600	elevada	insolúvel
Z	800	só fundido ou dissolido na água	solúvel

Considerando-se essas informações, é **correto** afirmar que as substâncias X, Y e Z são respectivamente:

a) iônica, metálica, molecular.
b) molecular, iônica, metálica.
c) molecular, metálica, iônica.
d) iônica, molecular, metálica.

31. (PUC – SP) Analise as propriedades físicas na tabela abaixo:

AMOSTRA	PONTO DE FUSÃO	PONTO DE EBULIÇÃO	CONDUÇÃO DE CORRENTE ELÉTRICA	
			a 25 °C	a 1.000 °C
A	801 °C	1.413 °C	isolante	condutor
B	43 °C	182 °C	isolante	–
C	1.535 °C	2.700 °C	condutor	condutor
D	1.248 °C	2.250 °C	isolante	isolante

Segundo os modelos de ligação química, A, B, C e D podem ser classificados, respectivamente, como:

a) composto iônico, metal, substância molecular, metal.
b) metal, composto iônico, composto iônico, substância molecular.
c) composto iônico, substância molecular, metal, metal.
d) substância molecular, composto iônico, composto iônico, metal.
e) composto iônico, substância molecular, metal, composto iônico.

32. (UNIFESP) A tabela apresenta algumas propriedades medidas, sob condições experimentais adequadas, dos compostos X, Y e Z.

COMPOSTO	DUREZA	PONTO DE FUSÃO (°C)	CONDUTIBILIDADE ELÉTRICA	
			Fase sólida	Fase líquida
X	macio	115	não conduz	não conduz
Y	muito duro	1.600	não conduz	não conduz
Z	duro	800	não conduz	conduz

A partir desses resultados, podem-se classificar os compostos X, Y e Z, respectivamente, como sólidos:

a) molecular, covalente e metálico.
b) molecular, covalente e iônico.
c) covalente, molecular e iônico.
d) covalente, metálico e iônico.
e) iônico, covalente e molecular.

SÉRIE PLATINA

1. (ENEM) Partículas microscópicas existentes na atmosfera funcionam como núcleos de condensação de vapor-d'água que, sob condições adequadas de temperatura e pressão, propiciam a formação das nuvens e consequentemente das chuvas. No ar atmosférico, tais partículas são formadas pela reação de ácidos (HX) com a base NH_3, de forma natural ou antropogênica, dando origem a sais de amônio (NH_4X) de acordo com a equação química genérica:

$$HX(g) + NH_3(g) \longrightarrow NH_4X(s)$$

FELIX. E. P.; CARDOSO, A. A. Fatores ambientais que afetam a precipitação úmida. **Química Nova na Escola**, n. 21, maio 2005. Adaptado.

A fixação de moléculas de vapor-d'água pelos núcleos de condensação ocorre por

a) ligações iônicas.
b) interações dipolo-dipolo.
c) interações dipolo-dipolo induzido.
d) interações íon-dipolo.
e) ligações covalentes.

2. (ENEM) A cromatografia em papel é um método de separação que se baseia na migração diferencial dos componentes de uma mistura entre duas fases imiscíveis. Os componentes da amostra são separados entre a fase estacionária e a fase móvel em movimento no papel. A fase estacionária consiste de celulose praticamente pura, que pode absorver até 22% de água. É a água absorvida que funciona como fase estacionária líquida e que interage com a fase móvel, também líquida (partição líquido-líquido). Os componentes capazes de formar interações intermoleculares mais fortes com a fase estacionária migram mais lentamente.

Uma mistura de hexano com 5% (V/V) de acetona foi utilizada como fase móvel na separação dos componentes de um extrato vegetal obtido a partir de pimentões. Considere que esse extrato contém as substâncias representadas.

RIBEIRO, N. M.; NUNES, C. R. Análise de pigmentos de pimentões por cromatografia em papel. **Química Nova na Escola,** n. 29, ago. 2008. Adaptado.

licopeno

α-caroteno

γ-caroteno

capsorubina

α-criptoxantina

A substância presente na mistura que migra mais lentamente é o(a)

a) licopeno.   b) α-caroteno.   c) γ-caroteno.   d) capsorubina.   e) α-criptoxantina.

---

3. (UNICAMP – SP) O carro *flex* pode funcionar com etanol ou gasolina, ou com misturas desses combustíveis. A gasolina comercial brasileira é formada por uma mistura de hidrocarbonetos e apresenta, aproximadamente, 25% de etanol anidro em sua composição, enquanto o etanol combustível apresenta uma pequena quantidade de água, sendo comercializado como etanol hidratado.

a) Escreva o nome das interações intermoleculares que justificam separadamente: (I) a gasolina comercial brasileira, apesar de ser uma mistura de hidrocarbonetos e etanol, apresentar-se como um sistema monofásico, e (II) o etanol combustível, apesar de ser uma mistura de etanol e água, apresentar-se como um sistema monofásico.

I:

II:

Fórmula estrutural:

_____

Fórmula molecular:

_____

b) Em um tanque subterrâneo de gasolina comercial houve uma infiltração de água. Amostras do líquido contido no tanque, coletadas em diversos pontos, foram juntadas em um recipiente. Levando em conta as possíveis interações intermoleculares entre os componentes presentes no líquido, complete o desenho do recipiente na figura apresentada abaixo. Utilize, necessariamente, a legenda fornecida, de modo que fique evidente que houve infiltração de água.

A Agência Nacional do Petróleo, Gás Natural e Biocombustíveis (ANP), com intuito de garantir a qualidade da gasolina distribuída ao consumidor, coletou 50 mL do combustível de determinado posto e realizou teste para determinar o teor de álcool adicionado à gasolina em alguns postos.

O teste consiste em (1) adicionar 50 mL de água à amostra, (2) agitar e (3) fazer a leitura dos volumes obtidos em cada fase e posteriormente efetuar os cálculos necessários para se determinar a porcentagem de álcool em cada amostra analisada.

Nesse ponto, após execução das etapas descritas acima, obteve-se o seguinte resultado:

△ hidrocarbonetos
□ etanol anidro
⊕ água

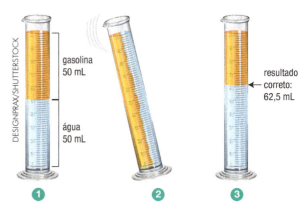

4. O mercado da gasolina no Brasil é regulamentado pela Agência Nacional do Petróleo (ANP) e pela Lei Federal 9.478/97 (Lei do Petróleo).

O consumidor, ao abastecer seu veículo no posto revendedor, adquire a gasolina C, uma mistura de gasolina A com etanol anidro (sem água). A gasolina produzida pelas refinarias é pura, sem etanol. As distribuidoras compram gasolina A das refinarias da Petrobras e o etanol anidro das usinas produtoras. Elas misturam esses dois produtos para formular a gasolina C.

A proporção de etanol anidro nessa mistura é determinada pelo Conselho Interministerial do Açúcar e do Álcool (CIMA), podendo variar entre 18% e 27%, através de resoluções.

Disponível em: <http://www.petrobras.com.br/pt/produtos-e-servicos/composicao-de-precos-de-venda-ao-consumidor/gasolina/>. Acesso em: 15 abr. 2018.

a) Sabemos que a gasolina A é uma mistura de diversas substâncias, entre elas um hidrocarboneto não ramificado, formado por 8 átomos de carbono e que apresenta apenas ligações simples entre os carbono. Forneça a fórmula estrutural e a fórmula molecular desse hidrocarboneto.

b) Explique, com base nas interações intermoleculares existentes entre as moléculas presentes na gasolina C e na água, porque a água extrai o álcool da gasolina. Na sua resposta, identifique o tipo de interação existente entre as moléculas de etanol e as demais substâncias presentes na gasolina A e entre as moléculas de etanol e as moléculas de água.

c) Levando em conta as possíveis interações intermoleculares entre os componentes presentes após a agitação da mistura de gasolina C e água, complete o desenho do recipiente na figura apresentada a seguir. Utilize, necessariamente, a legenda fornecida.

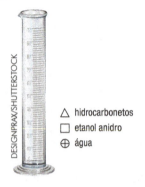

△ hidrocarbonetos
☐ etanol anidro
⊕ água

d) Considerando os dados fornecidos na questão, a amostra analisada está de acordo com a proporção determinada pelo Conselho Interministerial do Açúcar e do Álcool (CIMA)? Mostre seus cálculos.

5. (FGV – SP) Considere as substâncias e seus dados apresentados na tabela a seguir.

SUBSTÂNCIA	FÓRMULA ESTRUTURAL	PONTO DE EBULIÇÃO
I	$H_3C-O-CH_3$ (éter)	35 °C
II	$CHCl_3$	63,5 °C
III	dietilamina $(C_2H_5)_2NH$	55,5 °C
IV	butanal	75 °C
V	propanona	56 °C

Em um experimento em laboratório de pesquisa, cinco amostras puras, sendo uma de cada substância da tabela, são mantidas separadamente em recipientes selados adequadamente a 90 °C e 1 atm. Quando a temperatura dessas amostras é alterada para 25 °C, são estabelecidas interações intermoleculares.

São estabelecidas ligações de hidrogênio na amostra da substância

a) I.   b) II.   c) III.   d) IV.   e) V.

6. (PUC – SP – adaptada) **Gases letais**

Na Segunda Guerra Mundial, poucas práticas chocaram tanto o mundo quanto a construção de câmaras de gás para extermínio de prisioneiros. Inicialmente, o gás letal utilizado era o monóxido de carbono proveniente dos escapamentos de veículos movidos a óleo diesel. Posteriormente, substituíram o monóxido de carbono pelo gás cianídrico emanado do pesticida Zyklon B.

Pesticida Zyklon B.

O contato com o ar possibilita a vaporização do ácido cianídrico (HCN) a partir do pesticida. Dados sobre o HCN são apresentados no quadro a seguir.

NOME	gás cianídrico, cianeto de hidrogênio ou ácido cianídrico
FÓRMULA	HCN
TEMPERATURA DE FUSÃO	–13 °C
TEMPERATURA DE EBULIÇÃO	26 °C
SOLUBILIDADE EM ÁGUA	completamente miscível

A letalidade do HCN está relacionada com sua elevada afinidade por ferro, pois, ao ser inalado, compete com o oxigênio molecular pela ligação com a hemoglobina, interferindo no metabolismo corporal. Quando aspirado em grandes quantidades, a morte da vítima sobrevém em 6 a 8 minutos por parada respiratória e cardíaca.

O ácido cianídrico também foi utilizado como um dos métodos de execução da pena de morte nos Estados Unidos da América. Nas décadas de 1950 e 1960, na Califórnia, cápsulas de cianeto de potássio (KCN) eram adicionadas a soluções aquosas ácidas, desprendendo o gás cianídrico (HCN) que ocasionava a morte do condenado. Esse método não é mais aplicado nesse país desde 1999.

a) Represente a fórmula estrutural do HCN, respeitando sua geometria molecular.

b) Tanto o HCN quanto a água (H_2O: PE = 100 °C) apresentam estruturas de tamanhos próximos. Entretanto, há grande diferença nos pontos de ebulição. Utilizando os dados da tabela, explique o porquê dessa diferença, identificando o tipo de interação intermolecular presente nessas duas substâncias no estado líquido.

7. No estudo da alotropia, um exemplo clássico é o caso dos alótropos naturais do carbono, pois, sem dúvida alguma, apresentam as diferenças de propriedades físicas mais pronunciadas entre os alótropos que ocorrem na natureza. Uma forma de explicar as diferentes propriedades desses alótropos está baseada nas ligações nos átomos de carbono.

O(A) _____ apresenta uma estrutura cúbica, em que cada átomo de carbono está ligado a _____ outros átomos de carbono com ângulos de ligações idênticos e de aproximadamente 109,5°.

O(A) _____ apresenta estrutura planar, em que cada átomo de carbono está ligado a _____ outros átomos de carbono com ângulo de ligação _____.

As lacunas do texto são preenchidas, **correta** e respectivamente, por

a) diamante – 4 – grafita – 3 – 120°
b) diamante – 3 – grafita – 4 – 109,5°
c) diamante – 4 – grafita – 3 – 60°
d) grafita – 4 – diamante – 4 – 120°
e) grafita – 3 – diamante – 4 – 180°

8. Possivelmente, um dos mais fortes materiais existentes é composto por um plano de átomos de carbono com a estrutura da grafita. Um desses planos está representado na figura a seguir.

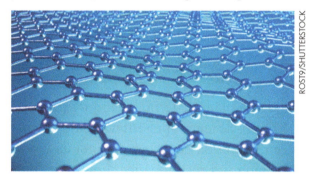

Quando um único plano da estrutura da grafita é isolado, esse plano é denominado grafeno. Uma das incríveis propriedades do grafeno é sua resistência, pois ele pode ser até 1.500 vezes mais resistente do que o aço. Atualmente, diversos países estão investindo na produção de grafeno, pois esse material já está sendo empregado para aumentar a resistência de equipamentos esportivos, de borrachas e de ferramentas de corte.

Assinale a alternativa **correta** a respeito da grafita.

a) As ligações entre os átomos de carbono formam ângulo de 109°.
b) A estrutura apresenta átomos de carbono ligados por ligação iônica, formando uma estrutura hexagonal planar.
c) A grafita apresenta ligação entre os planos de átomos do tipo intermolecular (van der Waals).
d) Cada átomo de carbono liga-se a quatro outros átomos de carbono.
e) A grafita é um mineral, um dos isótopos do elemento químico carbono.

UNIDADE 3

O planeta Terra, quando formado há 4,5 bilhões de anos, apresentava-se de forma bastante distinta da época em que temos notícias dos primeiros seres humanos, por volta de 300 mil anos atrás. Se, atualmente, respiramos com tranquilidade o ar atmosférico e podemos explorar os muitos recursos naturais presentes no nosso planeta, há cerca de 4,5 bilhões de anos predominavam temperaturas bem mais altas e os primeiros oceanos possuíam caráter ácido mais acentuado, em virtude da intensa atividade vulcânica presente na Terra.

Ao longo desses 4,5 bilhões de anos, as condições na superfície do nosso planeta se alteraram e possibilitaram o surgimento e a evolução da vida e o aparecimento do ser humano que, atualmente, reina como espécie dominante em termos da exploração dos recursos que podem ser obtidos a partir dos materiais ao nosso alcance.

A **Unidade 3** tem como objetivos estudar algumas reações que estão relacionadas com a forma como o ser humano pode se relacionar e explorar os recursos a sua volta, bem como apresentar como nós podemos analisar, de forma quantitativa, essas transformações.

Primeiras interações entre SER HUMANO E AMBIENTE

Registros rupestres no Parque Nacional da Serra da Capivara, PI. Datação por carbono-14 indica que seres humanos estiveram na região entre 57.000 e 3.000 anos atrás.

CAPÍTULO 12 — Reações Inorgânicas

Transformações que envolvem substâncias inorgânicas, levando à formação de novas substâncias, podem ser agrupadas com base em diferentes critérios, para ajudar a organizar os seus estudos. Por exemplo, reações entre ácidos e bases são chamadas de reações de neutralização; já reações entre sais podem formar tanto precipitados (substância de baixa solubilidade) quanto gases. Essas e outras reações serão estudadas neste capítulo.

12.1 Reações de Neutralização

Uma reação de neutralização ocorre entre uma *base* e um *ácido*, resultando em um *sal* e *água*.

$$\text{base} + \text{ácido} \longrightarrow \text{sal} + \text{água}$$

O sal formado é resultado da união do *cátion da base* com o *ânion do ácido*, e a água é formada como resultado da união do OH^- da base com o H^+ do ácido.

Um exemplo de reação de neutralização é a que ocorre entre o NaOH(aq) e o HCl(aq), com a formação de cloreto de sódio (sal de cozinha) e água

$$NaOH + HCl \longrightarrow NaCl + HOH$$

Devido à presença de gás carbônico na atmosfera, a chuva é naturalmente ácida. Entretanto, em ambientes contaminados com óxidos de nitrogênio e de enxofre, a acidez da água da chuva pode se intensificar e ocasionar danos tanto a atividades humanas quanto ao meio ambiente, como no caso da Floresta da Baviera, localizada na Alemanha.

Esquematicamente, temos:

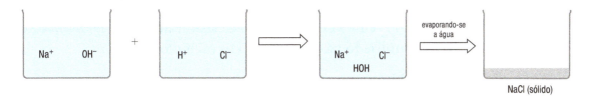

Quando misturamos as duas soluções, conforme o esquema acima, ocorre uma reação entre os íons OH⁻ e H⁺, formando água. Essa reação é chamada de **reação de neutralização**.

FIQUE POR DENTRO!

Neutralização da acidez estomacal

Um antiácido é qualquer substância, normalmente uma base, cuja função é neutralizar a acidez estomacal. Uma variedade de antiácidos comerciais contêm hidróxido de magnésio, hidróxido de alumínio, bicarbonato de sódio ou carbonato de cálcio.

Tão logo os alimentos atingem o seu estômago, sucos gástricos ácidos são liberados por glândulas próximas às mucosas do estômago. A alta acidez, devido ao ácido clorídrico (HCl) dissolvido, é necessária para que a enzima pepsina consiga acelerar a digestão das proteínas no alimento. Quando você come demais ou o seu estômago é irritado por alimentos muito temperados, ele reage produzindo cada vez mais ácido e você pode se sentir desconfortável. A azia é um sintoma frequente e pode ser aliviada com um antiácido.

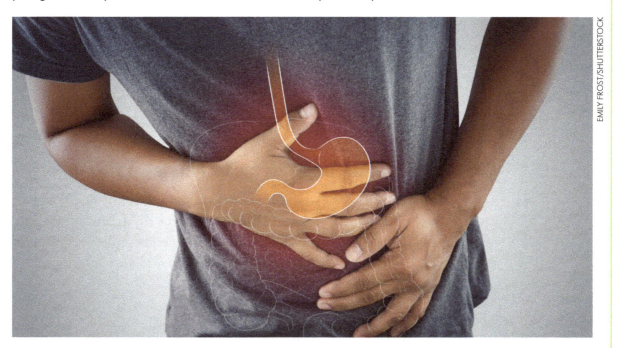

A reação de neutralização do leite de magnésia, antiácido composto por uma mistura de hidróxido de magnésio e água, pode ser equacionada por:

$$Mg(OH)_2 + 2\ HCl \longrightarrow MgCl_2 + 2\ H_2O$$

12.1.1 Reação de neutralização total

Nesse tipo de reação, os coeficientes da base e do ácido devem igualar as quantidades de íons OH⁻ e H⁺. O sal formado é classificado como *sal normal*. É o tipo de reação mais utilizado na prática. Veja os exemplos a seguir.

1. $Mg(OH)_2 \;+\; HNO_3$
   $\quad$ 2 OH⁻ $\quad$ 1 H⁺
   $\quad$ 2 OH⁻ $\quad$ 2 H⁺ $\quad$ neutralização total (2 H_2O)

   $Mg^{2+} + 2\, NO_3^- \longrightarrow Mg(NO_3)_2$

   $Mg(OH)_2 + 2\, HNO_3 \longrightarrow Mg(NO_3)_2 \;+\; 2\, H_2O$
   $\qquad\qquad\qquad\qquad\qquad$ nitrato de magnésio
   $\qquad\qquad\qquad\qquad\qquad$ (sal normal)

2. $Ba(OH)_2 \;+\; H_2SO_4 \longrightarrow BaSO_4 + 2\, H_2O$
   $\quad$ 2 OH⁻ $\quad$ 2 H⁺ $\quad$ neutralização total (2 H_2O)

   $Ba^{2+} + SO_4^{2-} \longrightarrow BaSO_4$

   $BaSO_4$: sulfato de bário (sal normal)

3. $NaOH \;+\; H_3PO_4$
   $\quad$ 1 OH⁻ $\quad$ 3 H⁺
   $\quad$ 3 OH⁻ $\quad$ 3 H⁺ $\quad$ neutralização total (3 H_2O)

   $3\, Na^+ + PO_4^{3-} \longrightarrow Na_3PO_4$

   $3\, NaOH + H_3PO_4 \longrightarrow Na_3PO_4 \;+\; 3\, H_2O$
   $\qquad\qquad\qquad\qquad\qquad$ fosfato de sódio
   $\qquad\qquad\qquad\qquad\qquad$ (sal normal)

Observe que sempre o coeficiente do sal normal é igual a 1.

12.1.2 Reação de neutralização parcial do ácido

Quando em uma reação entre ácido e base nem todos os H⁺ são neutralizados temos uma reação de **neutralização parcial do ácido**. Nesse caso, o sal formado é classificado como **hidrogenossal**. Veja o exemplo a seguir, em que os reagentes estão na proporção 1 : 1.

$1\, NaOH + 1\, H_2SO_4 \longrightarrow NaHSO_4 \;+\; H_2O$
$\quad$ OH⁻ $\quad$ H⁺ $\qquad\qquad\qquad$ hidrogenossulfato
$\qquad\qquad\qquad\qquad\qquad$ de sódio (hidrogenossal)
$\qquad$ H⁺ não é neutralizado

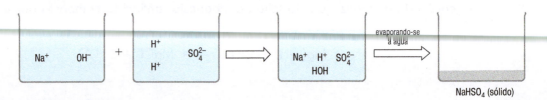

12.1.3 Reação de neutralização parcial da base

No caso de uma reação entre ácido e base em que nem todos os OH^- são neutralizados temos uma reação de **neutralização parcial da base**. O sal formado é classificado como **hidroxissal**. Veja o exemplo a seguir em que os reagentes estão na proporção 1 : 1, mas parte do OH^- não é neutralizado.

$1\ Ca(OH)_2 + 1\ HCl \longrightarrow CaOHCl + H_2O$

$OH^- H^+ $ hidroxicloreto de cálcio (hidroxissal)

OH^- não é neutralizado

NOTA: a reação entre NH_3 (base) e um ácido produz um sal de amônio (NH_4^+). É uma reação de adição.

$$NH_3 + \text{ácido} \longrightarrow \text{sal de amônio } (NH_4^+)$$

Por exemplo,

- $NH_3 + HCl \longrightarrow NH_4Cl$
- $2\ NH_3 + H_2SO_4 \longrightarrow (NH_4)_2SO_4$

12.2 Reações Envolvendo Óxidos

12.2.1 Óxidos básicos comuns

Óxidos básicos comuns são óxidos dos metais alcalinos (grupo 1) e alcalinoterrosos (grupo 2), como, por exemplo, Na_2O, K_2O, CaO e BaO.

As principais reações com óxidos básicos ocorrem com água ou com ácido:

1. | óxido básico + água $\longrightarrow$ base |

Por exemplo:
- $CaO + H_2O \longrightarrow Ca(OH)_2$
- $Na_2O + H_2O \longrightarrow 2\ NaOH$

2. | óxido básico + ácido $\longrightarrow$ sal + água |

Por exemplo:
- $CaO + H_2SO_4 \longrightarrow CaSO_4 + H_2O$
- $Na_2O + 2\ HCl \longrightarrow 2\ NaCl + H_2O$

FIQUE POR DENTRO!

Cal virgem e cal apagada

O óxido de cálcio, mais conhecido como "cal", é uma das substâncias mais importantes para indústrias, sendo obtida por decomposição térmica do calcário ($CaCO_3$).

$$CaCO_3 \xrightarrow{\Delta} CaO + CO_2$$

Também chamado de **cal viva** ou **cal virgem**, é um composto sólido branco com várias aplicações:

- componente da argamassa (mistura de cal, areia e água) com que se erguem as paredes e muros;
- na pintura a cal (primeira tinta branca colocada na parede, principalmente em salas comerciais):

$$CaO + H_2O \longrightarrow Ca(OH)_2$$
cal extinta, cal apagada, cal hidratada

Argamassa entre tijolos.

- na agricultura, para o controle de acidez dos solos (calagem do solo). CaO é um *óxido básico*, pois, ao reagir com a água, produz uma *base*.

12.2.2 Óxidos ácidos ou anidridos

Os **óxidos ácidos comuns** são os óxidos dos não metais, como, por exemplo, CO_2, SO_2, SO_3, NO_2, Cl_2O_6.

As principais reações com óxidos ácidos ocorrem com água ou com base:

1. óxido ácido + água ⟶ ácido

Por exemplo:

- $H_2O + CO_2 \longrightarrow H_2CO_3$
  anidrido carbônico

- $H_2O + SO_3 \longrightarrow H_2SO_4$
  anidrido sulfúrico

- $H_2O + N_2O_5 \longrightarrow 2\ HNO_3$
  anidrido nítrico

- NO_2: óxido ácido duplo

- $H_2O + 2\ NO_2 \longrightarrow HNO_3 + HNO_2$
  anidrido nítrico-nitroso

NOTA: o termo anidrido significa "sem água". Por exemplo, ao reagir com a água, o anidrido carbônico dá origem ao ácido carbônico.

2. óxido ácido + base ⟶ sal + água

Por exemplo:

- 2 NaOH + SO_3 ⟶ Na_2SO_4 + H_2O
  Na OH SO_3
  NaO H

- $Ca(OH)_2$ + CO_2 ⟶ $CaCO_3$ + H_2O
  Ca OH CO_2
  O H

Observe que o H e o O da água vêm da base.

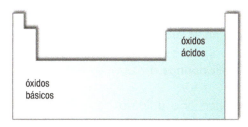

óxidos ácidos

óxidos básicos

NOTA: óxido básico + óxido ácido ⟶ sal

Por exemplo,

- CaO + CO_2 ⟶ $CaCO_3$
- Na_2O + SO_3 ⟶ Na_2SO_4

LIGANDO OS PONTOS!

De rudimentar a poluída

Supõe-se que uma rudimentar atmosfera da Terra já estaria sendo formada a, aproximadamente, 4,5 bilhões de anos (lembre-se que nosso planeta tem 4,6 bilhões de anos).

À medida que o planeta Terra se resfriava, a atividade vulcânica lançava gases e outros componentes químicos vindos do magma. Por volta de 3,8 bilhões de anos atrás, pela ação da gravidade essas partículas foram atraídas para a superfície do planeta.

As primeiras formas de vida a converterem o CO_2 em O_2 pouco a pouco modificavam a atmosfera. Mas como o oxigênio rapidamente reage com alguns minerais, como o ferro, por exemplo, que já estavam presentes na crosta terrestre, levou muito tempo para que esse gás pudesse ser significativo na atmosfera (apenas por volta de 1,7 bilhão de anos atrás é que o nível de oxigênio atmosférico chegou a 10% dos níveis atuais).

A fotossíntese realizada pelos seres autótrofos do planeta auxiliou na liberação de oxigênio, que chegou à atual concentração desse gás na atmosfera (21%) apenas a 400 milhões de anos atrás.

Atualmente, o ar atmosférico não poluído e seco é uma mistura de gases com as seguintes porcentagens em volume: nitrogênio (N_2): 78%; oxigênio (O_2): 21%; argônio (Ar): 0,9%; gás carbônico (CO_2): 0,04%.

Em ambientes não poluídos, a chuva sem relâmpago é **fracamente ácida** por causa da presença de gás carbônico no ar. O CO_2 reage com a água da chuva formando ácido carbônico (H_2CO_3), que se dissocia fracamente.

$$H_2O + CO_2 \longrightarrow H_2CO_3 \longrightarrow H^+ + HCO_3^-$$

CO_2 é um óxido ácido, pois, ao reagir com a água, produz um ácido.

Agora, a chuva com a atmosfera poluída é **fortemente ácida**. Então, **chuva ácida** é o termo utilizado para designar precipitações com valores de pH (pH = – log[H^+]) inferiores a 5,6. Atualmente, as principais substâncias que contribuem para esse processo são os óxidos de enxofre e de nitrogênio provenientes da queima de combustíveis fósseis (substâncias orgânicas usadas como fonte de energia não renovável, por exemplo, carvão, petróleo).

Os combustíveis fósseis, tão utilizados no transporte, possuem enxofre como impureza. Este, quando queimado, produz SO_2, que, se for emitido para a atmosfera, reage rapidamente com oxigênio, formando SO_3, que se combina com a água da chuva, formando o H_2SO_4, que se dissocia bastante e torna a chuva fortemente ácida.

$$S + O_2 \longrightarrow SO_2$$
$$2\,SO_2 + O_2 \longrightarrow 2\,SO_3$$
$$H_2O + SO_3 \longrightarrow H_2SO_4$$

Devido à alta temperatura na câmara de combustão de veículos automotores, o N_2 do ar combina-se com O_2, formando os óxidos de nitrogênio. O NO_2 formado reage com a água da chuva, formando HNO_3, que se dissocia bastante e também torna a chuva fortemente ácida.

$$N_2 + O_2 \longrightarrow 2\,NO$$
$$2\,NO + O_2 \longrightarrow 2\,NO_2$$
$$H_2O + 2\,NO_2 \longrightarrow HNO_3 + HNO_2$$

Atualmente, a chuva ácida pode causar vários prejuízos, entre eles:

- corrosão do aço (Fe):
$$Fe + H_2SO_4 \longrightarrow FeSO_4 + H_2$$

- degradação do mármore ($CaCO_3$):
$$CaCO_3 + H_2SO_4 \longrightarrow CaSO_4 + CO_2 + H_2O$$

- crescimento deficiente das plantas;
- mortandade de peixes nos rios e lagos.

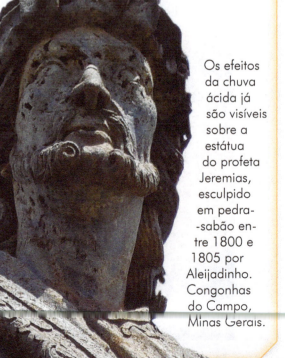

Os efeitos da chuva ácida já são visíveis sobre a estátua do profeta Jeremias, esculpido em pedra-sabão entre 1800 e 1805 por Aleijadinho. Congonhas do Campo, Minas Gerais.

12.2.3 Óxidos neutros ou indiferentes

Óxidos neutros são aqueles que não reagem com a água nem com os ácidos nem com as bases. Os mais importantes são: CO, NO e N_2O (gás hilariante).

FIQUE POR DENTRO!

Um gás extremamente tóxico

Quando a quantidade de O_2 diminui, a combustão do álcool e da gasolina produz CO em vez de CO_2.

O CO é um gás extremamente tóxico. O O_2 e o CO se dissolvem no sangue e reagem com a hemoglobina (Hb). A toxicidade do CO é provocada pela formação de carboxi-hemoglobina (HbCO).

(1) $Hb + O_2 \longrightarrow HbO_2$
(2) $Hb + CO \longrightarrow HbCO$

A segunda reação é mais intensa do que a primeira; portanto, afeta a capacidade de o sangue transportar O_2 às diversas partes do corpo, onde é essencial à vida.

O CO não tem cheiro nem cor, mas pode causar desde uma ligeira dor de cabeça até a morte, dependendo da quantidade inalada. É classificado como óxido neutro, pois não reage com água, ácido ou base.

12.3 Reações de Deslocamento

As reações de deslocamento têm um papel importante na Química – a reação entre um metal e um ácido, por exemplo, mostrou que os ácidos eram substâncias hidrogenadas. Reações de deslocamento entre metais foram usadas na fabricação das pilhas em solução aquosa; já reações de deslocamento entre não metais são empregadas na produção de produtos como Br_2 e I_2.

12.3.1 Reação de deslocamento ou simples troca

Uma **substância simples metálica** desloca o **cátion** da substância composta segundo o esquema:

$$X + AB \longrightarrow XB + A$$
X deslocou A

Uma **substância simples não metálica** desloca o **ânion** da substância composta segundo o esquema:

$$Y + AB \longrightarrow AY + B$$

Por exemplo, na reação a seguir, diz-se que o **zinco** deslocou o **hidrogênio**:

$$Zn(s) + 2\,HCl(aq) \longrightarrow ZnCl_2(aq) + H_2(g)$$

Em conclusão, em reações de deslocamento, uma substância simples reage com uma substância composta, formando uma nova substância simples e uma nova substância composta.

12.3.2 Reação de deslocamento entre metais

Para que essa reação ocorra é necessário que **o metal que vai deslocar seja mais reativo** do que o metal na forma de cátion:

$$X + AB \longrightarrow XB + A$$

X é mais reativo do que A

Para prever a ocorrência desse tipo de reação de deslocamento, devemos usar a **fila de reatividade dos metais**, obtida experimentalmente:

$$Alc > AlcT > Al > Zn > Fe > Pb > \boxed{H} > Bi > Cu > Hg > Ag > Pt > Au$$

reatividade diminui →

Por exemplo, Al desloca qualquer cátion do metal situado à sua **direita** e não desloca qualquer cátion do metal situado à sua **esquerda**.

Os metais à direita do H (Bi, Cu, Hg, Ag, Pt, Au) são chamados de **metais nobres**; portanto, maior a nobreza menor a reatividade do metal.

Embora o H não seja metal, ele está presente na fila de reatividade acima, pois também tem a capacidade de formar cátions. Os metais à sua esquerda têm a capacidade de deslocar o H de alguns ácidos.

Veja os exemplos a seguir.

1. $Zn(s) + CuSO_4(aq) \longrightarrow ZnSO_4(aq) + Cu(s)$

Ocorre reação, pois o Zn é mais reativo que o Cu.

equação iônica:

$$Zn(s) + Cu^{2+}(aq) \longrightarrow Zn^{2+}(aq) + Cu(s)$$

O ânion sulfato (SO_4^{2-}) não participa efetivamente da reação.

2. $Cu(s) + ZnSO_4(aq)$

A reação não ocorre, pois Cu é menos reativo que o Zn.

3. $Mg(s) + 2\ HCl(aq) \longrightarrow MgCl_2(aq) + H_2(g)$

Ocorre reação, pois o Mg é mais reativo que o H.

equação iônica:

$$Mg(s) + 2\ H^+(aq) \longrightarrow Mg^{2+}(aq) + H_2(g)$$

O ânion cloreto (Cl⁻) não participa efetivamente da reação.

4. $Au(s) + HCl(aq)$

A reação não ocorre, pois o Au é menos reativo que o H.

12.3.3 Reação de deslocamento entre não metais

Para que essa reação ocorra é necessário que o **não metal que vai deslocar seja mais reativo** do que o não metal na forma de ânion.

$$Y + AB \longrightarrow AY + B$$

Y mais reativo do que B

Para esse tipo de reação de deslocamento, devemos usar a **fila de reatividade dos não metais**, obtida experimentalmente.

$$F_2 > O_2 > Cl_2 > Br_2 > I_2$$

reatividade diminui

Por exemplo,

1. o Cl_2 desloca qualquer ânion do não metal situado à sua **direita** (Br, I) e não desloca qualquer ânion do não metal situado à sua esquerda (F, O).

$$Cl_2(g) + 2\ NaBr(aq) \longrightarrow 2\ NaCl(aq) + Br_2(aq)$$

Como o Cl_2 é mais reativo que o Br_2, ocorre reação. Veja a equação iônica:

$$Cl_2(g) + 2\ Br^-(aq) \longrightarrow 2\ Cl^-(aq) + Br_2(aq)$$

salmoura da água do mar

O cátion sódio (Na⁺) não participa efetivamente da reação.

FIQUE POR DENTRO!

Corrosivo e fumegante

O bromo é muito empregado na química orgânica de sínteses por causa da facilidade com que pode ser adicionado e removido dos compostos orgânicos usados como intermediários de sínteses complicadas.

O bromo é um líquido corrosivo fumegante, marrom-avermelhado, de odor penetrante, formado por moléculas Br_2.

FIQUE POR DENTRO!

Bócio

O I_2 pode ser extraído a partir de compostos que contenham iodeto, I^-, presentes na água do mar. Ao reagir com Cl_2, é formado I_2, que é separado da mistura por meio do processo de filtração. É um sólido brilhante, preto-azulado, que sublima facilmente e forma um vapor violeta. Quando dissolvido em álcool, é usado como um antisséptico (tintura de iodo).

LOVE SILHOUETTE/SHUTTERSTOCK

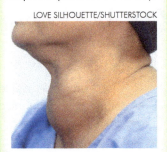

A deficiência de iodo em seres humanos provoca o bócio, que é o aumento da glândula tireoideia (localizada na parte anterior do pescoço). Para prevenir essa deficiência, compostos contendo iodo (na forma de I^- e IO_3^-) são adicionados ao sal de cozinha (para produzir o "sal iodado").

2. $Cl_2(g) + 2\ NaI(aq) \longrightarrow 2\ NaCl(aq) + I_2(s)$

Ocorre reação, pois o Cl_2 é mais reativo que o I_2.
Equação iônica:

$$Cl_2(g) + 2\ I^-(aq) \longrightarrow 2\ Cl^-(aq) + I_2(s)$$

salmoura de poço de petróleo
ou da água do mar

12.3.4 Reação de metais com ácidos diluídos

Todo metal à esquerda do H na fila de reatividade desloca o cátion H^+ do ácido. Os ácidos mais usados são HCl e H_2SO_4. Veja os exemplos a seguir.

1. $Zn(s) + 2\ HCl(aq) \longrightarrow ZnCl_2(aq) + H_2(g)$

Ocorre reação, pois o Zn é mais reativo do que o H.

Equação iônica:

$$Zn(s) + 2\ H^+(aq) \longrightarrow Zn^{2+}(aq) + H_2(g)$$

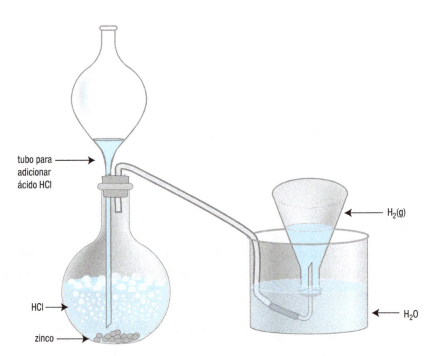

Aparelhagem tipicamente utilizada para recolhimento de gases produzidos em laboratório. O gás hidrogênio (H_2), produzido pela reação entre zinco e HCl, é coletado no erlenmeyer de ponta-cabeça, inicialmente cheio de água. Com a produção de H_2, esse gás, menos denso que a água e pouco solúvel nela (H_2 é um composto apolar, enquanto H_2O é um solvente polar), empurra a água inicialmente no recipiente para fora.

2. $Ag + HCl \longrightarrow$ não ocorre a reação, pois Ag é menos reativo do que H.

12.3.5 Reação de metais com água

Metais alcalinos (grupo 1) e alcalinoterrosos (grupo 2), com exceção do Mg e do Be, reagem com água a frio, deslocando o gás hidrogênio. Por exemplo:

1. $2\,Na + 2\,HOH \longrightarrow 2\,NaOH + H_2$

Ocorre reação, pois o Na (grupo 1) é mais reativo do que o H.

A reação do metal sódio com água contendo indicador fenolftaleína produz uma coloração avermelhada devido à formação de NaOH.

2. $Ca + 2\,HOH \longrightarrow Ca(OH)_2 + H_2$

Ocorre reação, pois o Ca (grupo 2) é mais reativo do que o H.

Observações:

- Mg reage a quente:

$$Mg + 2\,HOH \xrightarrow{\Delta} Mg(OH)_2 + H_2$$

- Outros metais mais reativos que o hidrogênio, tais como Al, Fe e Zn, reagem com vapor-d'água a alta temperatura, deslocando o hidrogênio e formando os respectivos óxidos:

$$Zn + H_2O \xrightarrow{\Delta} ZnO + H_2$$

12.4 Reações de Oxirredução

Quando analisamos as equações iônicas que representam as reações de deslocamento do item anterior, verificamos que elas ocorrem com **transferência de elétrons**:

$$\text{Zn} + \overset{\curvearrowleft 2e^-}{\text{Cu}^{2+}} \longrightarrow \text{Zn}^{2+} + \text{Cu}$$

No exemplo acima, o metal Zn perdeu dois elétrons, transformando-se em Zn^{2+}, enquanto o ânion Cu^{2+} recebeu dois elétrons, transformando-se em Cu.

Os processos de perda e ganho de elétrons são chamados, respectivamente, de oxidação e redução. Como uma oxidação está sempre associada a uma redução, essas reações são chamadas de reações de oxirredução. Portanto, dizemos que o Zn sofre oxidação e o Cu^{2+} sofre redução.

12.4.1 Número de oxidação (Nox)

Nem sempre é imediato identificar a transferência de elétrons em uma reação de oxirredução. Assim, para poder acompanhar a transferência dos elétrons nas reações, os químicos introduziram uma grandeza chamada de **número de oxidação**, abreviada por **Nox**.

O número de oxidação de um átomo em uma molécula ou íon corresponde a uma "carga elétrica" calculada por meio de uma série de regras, descritas a seguir.

Regra 1: Os átomos nas substâncias simples têm Nox = 0.

$$\overset{0}{\text{Fe}}, \quad \overset{0}{\text{H}_2}, \quad \overset{0}{\text{O}_2}, \quad \overset{0}{\text{P}_4}, \quad \overset{0}{\text{Al}}$$

Explicação: nas substâncias metálicas (Fe, Al), o número de prótons é igual ao número de elétrons. Nas substâncias simples, as moléculas são apolares, não havendo a formação de cargas elétricas parciais.

Regra 2: Os metais alcalinos (Li, Na, K, Rb, Cs e Fr) e a prata (Ag), nos compostos, têm Nox = +1.

$$\overset{+1}{\text{Na}}\text{Cl} \quad \overset{+1}{\text{K}_2}\text{SO}_4 \quad \overset{+1}{\text{Ag}}\text{NO}_3 \quad \overset{+1}{\text{Li}_3}\text{PO}_4$$

Explicação: os metais alcalinos e a prata apresentam um elétron na camada de valência. Cedendo esse elétron, adquirem carga elétrica +1.

ATENÇÃO!

Os termos oxidação e redução são provenientes de reações conhecidas há séculos, como a reação entre óxido de ferro (III) e monóxido de carbono, utilizada na produção de aço:

$Fe_2O_3 + 3\,CO \longrightarrow$
$\longrightarrow 2\,Fe + 3\,CO_2$

Dizia-se que o CO sofreu oxidação, pois ganhou oxigênio, e que o Fe_2O_3 sofreu redução, pois perdeu oxigênio.

Posteriormente, foi identificado que CO havia perdido elétrons, enquanto o Fe_2O_3 havia recebido elétrons, razão pela qual os termos oxidação e redução, hoje, são relacionados à transferência de elétrons (e não apenas de oxigênio).

Toda reação de oxirredução envolve transferência de elétrons, mas não necessariamente transferência de oxigênio, como no caso da reação entre Zn e Cu^{2+}.

Regra 3: Os metais alcalinoterrosos (Be, Mg, Ca, Sr, Ba e Ra) e o zinco (Zn), nos compostos, têm Nox = +2.

$$\overset{+2}{Ca}O \quad \overset{+2}{Ba}Cl_2 \quad \overset{+2}{Zn}Cl_2 \quad \overset{+2}{Sr}(NO_3)_2$$

Explicação: os metais alcalinoterrosos e o zinco apresentam dois elétrons na camada de valência. Cedendo esses elétrons, adquirem carga elétrica +2.

Regra 4: O alumínio (Al), nos compostos, têm Nox = +3.

$$\overset{+3}{Al_2}O_3 \quad \overset{+3}{Al}(NO_3)_3 \quad Na[\overset{+3}{Al}(OH)_4]$$

Explicação: o alumínio tem três elétrons na camada de valência. Cedendo esses elétrons, adquire carga elétrica +3.

Regra 5: Os halogênios (F, Cl, Br e I), à direita da fórmula, têm Nox = −1.

$$Na\overset{-1}{Cl} \quad Ca\overset{-1}{Br_2} \quad Ag\overset{-1}{F} \quad Ca\overset{-1}{I_2}$$

Explicação: os halogênios têm sete elétrons na camada de valência. Para ganhar estabilidade, precisam receber um elétron, portanto, adquirem carga elétrica −1.

Regra 6: O hidrogênio, nos compostos moleculares, tem Nox = +1.

$$\overset{+1}{H_2}O \quad \overset{+1}{H_3}PO_4 \quad \overset{+1}{N}H_3$$

Explicação: Nos compostos moleculares, o hidrogênio está ligado covalentemente a elementos mais eletronegativos. Assim, o hidrogênio assume uma carga parcial positiva, assumida, pelas regras de determinação do Nox, como sendo igual a +1. Entretanto, a carga real do átomo de hidrogênio é menor do que +1, uma vez que, na ligação covalente, não há transferência real de elétrons.

NOTA: nos compostos nos quais o hidrogênio está ligado a um metal, chamados de hidretos metálicos, a ligação assume um caráter iônico e o hidrogênio, mais eletronegativo que o metal, apresenta Nox igual a −1, como, por exemplo, no LiH.

Regra 7: O oxigênio, na maioria dos compostos, tem Nox = –2.

$$\overset{-2}{H_2O} \quad Ca\overset{-2}{C}O_3 \quad Zn\overset{-2}{O}$$

Explicação: o oxigênio tem seis elétrons na camada de valência. Para ganhar estabilidade, precisa receber dois elétrons, adquirindo carga elétrica -2.

NOTA: nos peróxidos (como H_2O_2 e Na_2O_2), o oxigênio assume Nox igual a –1; nos superóxidos (como NaO_2 e KO_2), o oxigênio assume Nox igual a –½.

Regra 8: A somatória de todos os Nox em um composto é igual a zero.

$$\overset{+1\ -1}{NaCl} \quad \overset{+3\ +6\ -2}{Al_2(SO_4)_3} \quad \overset{+1\ -2}{H_2O}$$
$$+1 - 1 = 0 \quad 2 \cdot (+3) + 3 \cdot (+6) + 12 \cdot (-2) = 0 \quad 2 \cdot (+1) - 2 = 0$$

Regra 9: Nos íons monoatômicos, o Nox é igual à carga do íon.

$$\overset{+1}{Ag^+} \quad \overset{+2}{Pb^{2+}} \quad \overset{-1}{Cl^-}$$

Regra 10: Nos íons poliatômicos, a somatória de todos os Nox é igual à carga do íon.

$$\overset{+6\ -2}{SO_4^{2-}} \quad \overset{-3\ +1}{NH_4^{1+}} \quad \overset{+4\ -2}{CO_3^{2-}}$$
$$+6 + 4 \cdot (-2) = -2 \quad -3 + 4 \cdot (+1) = +1 \quad +4 + 3 \cdot (-2) = -2$$

12.4.2 Nox e conceitos de oxidação, redução, agente oxidante e agente redutor

Dada uma equação química, o número de oxidação pode ser utilizado para identificar se determinada reação é ou não de oxirredução: se houver variação do Nox, a reação será de oxirredução; caso contrário, a reação não é de oxirredução. Observe os exemplos abaixo:

1. $\overset{+1\ -1}{HCl} + \overset{+1\ -2\ +1}{NaOH} \longrightarrow \overset{+1\ -1}{NaCl} + \overset{+1\ -2}{H_2O}$

Como não ocorreu variação do Nox dos átomos participantes da reação, a reação acima **não é** de oxirredução.

2. $\overset{0}{Mg} + \overset{0}{S} \longrightarrow \overset{+2\ -2}{MgS}$

Nesta reação houve variação do Nox dos átomos participantes da reação, portanto a reação **é** de oxirredução.

3. $\overset{+3\ -2}{Fe_2O_3} + 3\,\overset{+2\ -2}{CO} \longrightarrow 2\,\overset{0}{Fe} + 3\,\overset{+4\ -2}{CO_2}$

Nesta reação houve variação do Nox dos átomos participantes, portanto a reação **é** de oxirredução.

A variação do Nox também permite identificar quem sofreu oxidação e quem sofreu redução.

Na equação (2), o Nox do Mg passou de 0 para +2, o que significa que perdeu dois elétrons e, portanto, dizemos que o Mg sofreu **oxidação**; já o Nox do S passou de 0 para −2, o que significa que recebeu dois elétrons e, portanto, dizemos que o S sofreu **redução**.

Em linhas gerais:

> **Oxidação** é toda transformação na qual há **aumento do Nox** de uma espécie química.
>
> **Redução** é toda transformação na qual há **diminuição do Nox** de uma espécie química.

Assim, na equação (3), concluímos que o Fe_2O_3 sofreu redução (pois o Nox do Fe reduziu de +3 para 0) e o CO sofre oxidação (pois o Nox do C aumentou de +2 para +4).

Outra classificação importante na análise de reações de oxirredução é em agente redutor e agente oxidante. Na equação (2), o Mg, ao reagir com o S, provocou a redução do S, sendo classificado como um **agente redutor**. Por outro lado, o S, ao reagir com o Mg, provocou a oxidação do Mg, sendo classificado como um **agente oxidante**.

Em linhas gerais:

> **Agente redutor** sofre oxidação e é o reagente que **provoca a redução** no outro reagente.
>
> **Agente oxidante** sofre redução e é o reagente que **provoca a oxidação** no outro reagente.

Para a equação (3), o Fe_2O_3 é o agente oxidante (pois sofre redução) e o CO é o agente redutor (pois sofre oxidação).

12.4.3 Balanceamento de reações de oxirredução

Em uma reação que envolve transferência de elétrons, não basta apenas balancear a quantidade de átomos nos reagentes e nos produtos. Também é necessário que o número de elétrons cedidos pelo agente redutor na oxidação seja o mesmo do número de elétrons recebidos pelo agente oxidante na redução.

O método de balanceamento descrito a seguir baseia-se nessa necessidade de o número de elétrons cedidos e recebidos serem iguais. Vamos aplicá-lo para balancear a reação já analisada entre óxido de ferro (III) e monóxido de carbono:

$$Fe_2O_3 + CO \longrightarrow Fe + CO_2 \text{ (não balanceada)}$$

1. Determinar o Nox de todos os átomos participantes da reação.

$$\overset{+3\ -2}{Fe_2O_3} + \overset{+2\ -2}{CO} \longrightarrow \overset{0}{Fe} + \overset{+4\ -2}{CO_2}$$

2. Identificar a oxidação e a redução.

$$\overset{+3\ -2}{Fe_2O_3} + \overset{+2\ -2}{CO} \longrightarrow \overset{0}{Fe} + \overset{+4\ -2}{CO_2}$$
redução
oxidação

3. Calcular a quantidade de elétrons transferidos na oxidação e na redução. Essa quantidade depende tanto da **variação do Nox** ($\Delta Nox = Nox_{maior} - Nox_{menor}$) e da quantidade de átomos que sofre a oxidação e a redução.

$$\overset{+3\ -2}{Fe_2O_3} + \overset{+2\ -2}{CO} \longrightarrow \overset{0}{Fe} + \overset{+4\ -2}{CO_2}$$
redução
oxidação

Redução:

Fe_2O_3 / Fe: $e^- = \Delta Nox \cdot$ quantidade $= (3 - 0) \cdot 2 = 6$

Oxidação:

CO / CO_2: $e^- = \Delta Nox \cdot$ quantidade $= (4 - 2) \cdot 1 = 2$

4. Igualar a quantidade de elétrons cedidos na oxidação e recebidos na redução, identificando os coeficientes estequiométricos dos agentes redutor e oxidante.

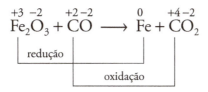

Redução:

Fe_2O_3 / Fe: $e^- = \Delta Nox \cdot$ quantidade $= (3 - 0) \cdot 2 = 6$ 1 Fe_2O_3

Oxidação:

CO / CO_2: $e^- = \Delta Nox \cdot$ quantidade $= (4 - 2) \cdot 1 = 2$ 3 CO

$$1\ Fe_2O_3 + 3\ CO \longrightarrow Fe + CO_2$$

5. Terminar o balanceamento da equação.

$$1\ Fe_2O_3 + 3\ CO \longrightarrow 2\ Fe + 3\ CO_2$$

12.5 Reações de Precipitação

Para que uma reação entre duas substâncias compostas (geralmente ácidos, bases ou sais) ocorra, verifica-se, experimentalmente, que devem ser respeitadas algumas condições, como a de produção de um **produto insolúvel**, um **precipitado**. Quando se dissolvem em água, esses reagentes se dissociam dando origem aos cátions e ânions correspondentes. Se um dos cátions puder formar um **composto insolúvel** com um dos ânions, dizemos que ocorrerá uma **reação de precipitação**.

Com o conhecimento de certas regras, podemos presumir se um composto é ou não solúvel em água, sem a necessidade de utilizar o valor (numérico) da solubilidade do composto.

Há uma *regra fundamental* sobre solubilidade de compostos em água: aqueles que contêm **cátions dos metais alcalinos** (grupo 1), cátion NH_4^+ (amônio) ou ânion NO_3^- (nitrato) são sempre solúveis. Assim, por exemplo, são sempre solúveis em água: NaCl, $(NH_4)_2SO_4$, $AgNO_3$, KOH.

> **ATENÇÃO!**
> Quando se afirma que um composto é insolúvel, na verdade queremos dizer que sua solubilidade em água é muito pequena, pois nenhum composto é totalmente insolúvel.

Solubilidade em água de alguns compostos.

ÂNIONS	SOLUBILIDADE EM ÁGUA	EXCEÇÕES
Cl^-, Br^-, I^-	solúveis	Ag^+, Pb^{2+}, Hg_2^{2+} ou Hg^+
SO_4^{2-}	solúveis	Ba^{2+}, Ca^{2+}, Sr^{2+}, Pb^{2+}
S^{2-}	insolúveis	NH_4^+ e cátions dos grupos 1 e 2
CO_3^{2-}, PO_4^{3-} outros ânions	insolúveis	NH_4^+ e cátions do grupo 1

Quanto à solubilidade de bases em água, temos:

- bases **solúveis**: cátions do grupo 1 e NH_4^+;
- bases **parcialmente solúveis**: alguns cátions do grupo 2 (Ca^{2+}, Ba^{2+}, Sr^{2+});
- bases **insolúveis**: as demais.

A partir dessas informações, seria possível a reação entre soluções aquosas de NaCl e $AgNO_3$?

$$NaCl(aq) + AgNO_3(aq) \longrightarrow AgCl(s) + NaNO_3(aq)$$
precipitado

Na^+ Cl^- $AgCl(s)$

Ag^+ NO_3^- $NaNO_3(aq)$

A equação iônica mostra apenas o cátion e o ânion que forma o **precipitado**, que é a razão da ocorrência da reação.

$$Ag^+(aq) + Cl^-(aq) \longrightarrow AgCl(s)$$

Os íons Na^+ e NO_3^- não estão envolvidos no processo efetivo da reação, sendo chamados de íons espectadores. Veja a seguir dois outros exemplos de reações de precipitação.

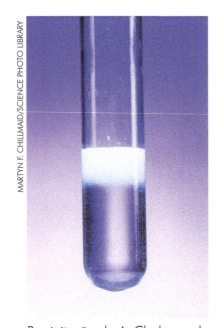

Precipitação de AgCl observada no momento em que uma solução aquosa de $AgNO_3$ é adicionada a uma solução aquosa de NaCl.

1. $Pb(NO_3)_2(aq) + 2\ KI(aq) \longrightarrow 2\ KNO_3(aq) + PbI_2(s)$

Pb^{2+} NO_3^- $KNO_3(aq)$

K^+ I^- $PbI_2(s)$

$$Pb^{2+}(aq) + 2\ I^-(aq) \longrightarrow PbI_2(s)$$

2. $FeCl_3(aq) + 3\ NaOH(aq) \longrightarrow 3\ NaCl(aq) + Fe(OH)_3(s)$

Fe^{3+} Cl^- $NaCl(aq)$

Na^+ OH^- $Fe(OH)_3(s)$

$$Fe^{3+}(aq) + 3\ OH^-(aq) \longrightarrow Fe(OH)_3(s)$$

NOTA: as substâncias insolúveis mais frequentes nos exercícios são:

- AgCl
- $PbCl_2$
- $CaCO_3$
- $CaSO_4$
- $Mg(OH)_2$
- HgS
- AgBr
- $PbBr_2$
- $BaCO_3$
- $BaSO_4$
- $Al(OH)_3$
- AgI
- PbI_2

12.6 Reações que Liberam Gases (Substâncias Voláteis)

Uma reação entre duas substâncias compostas pode acontecer mesmo sem haver precipitação. Para isso, uma das possibilidades é que tenhamos **reagentes não voláteis** e ao menos **um produto volátil**. Dizemos que uma substância é *volátil* quando ela pode se transformar em vapor por um suave aquecimento; portanto, possui baixo ponto de ebulição.

A única **base volátil** é o NH_4OH. Já, de modo geral, os ácidos podem ser

- **voláteis**: HF, HCl, HCN, H_2S, HNO_3;
- **não voláteis** ou **fixos**: H_2SO_4 (PE = 338 °C), H_3PO_4 (PE = 220 °C).

Acompanhe os exemplos a seguir.

1. $Na_2S + H_2SO_4 \longrightarrow H_2S + Na_2SO_4$

   fixo → volátil (cheiro de ovo podre)

   $Na^+ \quad S^{2-} \quad\quad H_2S$ (volátil)

   $H^+ \quad SO_4^{2-} \quad\quad Na_2SO_4(aq)$

   equação iônica: $2\,H^+(aq) + S^{2-}(aq) \longrightarrow H_2S(g)$

   Observe que a equação iônica só mostra a formação de H_2S, que é o motivo de ter ocorrido a reação.

2. Se uma reação produz H_2CO_3 (ácido volátil e instável) substitua-o por H_2O + CO_2:

   $Na_2CO_3 + 2\,HCl \longrightarrow \cancel{H_2CO_3} + 2\,NaCl$

   $Na_2CO_3 + 2\,HCl \longrightarrow H_2O + CO_2 + 2\,NaCl$

   gás

   A reação entre as soluções de Na_2CO_3 e HCl ocorreu por causa da liberação de CO_2 gasoso proveniente do H_2CO_3, que é volátil e instável.

   $Na^+ \quad CO_3^{2-} \quad\quad H_2CO_3 \longrightarrow CO_2 + H_2O$

   $H^+ \quad Cl^- \quad\quad NaCl(aq)$

   equação iônica: $2\,H^+(aq) + CO_3^{2-}(aq) \longrightarrow CO_2(g) + H_2O(l)$

Efervescência observada após se adicionar uma solução aquosa de HCl a outra de Na_2CO_3, que promove a liberação de gás carbônico.

3. Se uma reação produz NH_4OH (base volátil e instável), substitua-a por NH_3 e H_2O.

$$NaOH + NH_4Cl \longrightarrow \cancel{NH_4OH} + NaCl$$

$$NaOH + NH_4Cl \longrightarrow NH_3(g) + H_2O + NaCl$$

$Na^+ \quad OH^- \qquad NH_4OH \longrightarrow NH_3(g) + H_2O$

$NH_4^+ \quad Cl^- \qquad NaCl(aq)$

equação iônica: $NH_4^+(aq) + OH^-(aq) \longrightarrow NH_3(g) + H_2O$

A reação entre as soluções de NaOH e NH_4Cl ocorreu por causa da liberação de NH_3 gasoso proveniente de NH_4OH, que é uma base volátil e instável.

12.7 Reações que Formam um Ácido Fraco ou uma Base Fraca

Por fim, uma reação entre duas substâncias compostas também pode ocorrer se houver a formação de um ácido fraco ou de uma base fraca.

12.7.1 Força dos ácidos

Em presença de água, nem todos os ácidos se ionizam com a mesma intensidade. O HCl, por exemplo, é um tipo de ácido que é ionizado quase completamente, ou seja, a maioria da suas moléculas sofre ionização. Ácidos desse tipo são chamados de ácidos fortes. Outros, como o HCN e a maioria dos ácidos, são ionizados em pequena intensidade e, por isso, são denominados ácidos fracos. Assim, são

- ácidos **fortes**: $HClO_4$, $HClO_3$, HI, HBr, HCl, HNO_3, H_2SO_4;
- ácidos **fracos**: os demais (como H_2S, HCN, HF, H_2CO_3, H_3CCOOH, H_3BO_3).

A força de um ácido, isto é, a facilidade com que o ácido ioniza, pode ser avaliada a partir da condutividade elétrica das soluções aquosas formadas, utilizando um circuito elétrico formado por uma pilha e uma lâmpada. A solução de um ácido mais forte apresentará maior quantidade de partículas dissolvidas, e, portanto, apresentará maior condutividade; logo, a lâmpada acenderá com maior intensidade do que quando analisarmos a solução de um ácido mais fraco.

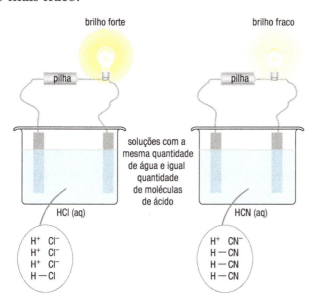

12.7.2 Força das bases

Ao dissolver uma *base solúvel* (NaOH) em água teremos uma grande quantidade de íons dissolvidos (Na^+ e OH^-); portanto, uma **base solúvel** (NaOH) é uma **base forte**:

$$NaOH \longrightarrow \underbrace{Na^+ + OH^-}_{\text{muitos íons}}$$
$\underset{\text{solúvel}}{}$

Ao dissolver uma *base insolúvel* ($Mg(OH)_2$) em água teremos uma pequena quantidade de íons dissolvidos (Mg^{2+} e OH^-); portanto, uma **base insolúvel** ($Mg(OH)_2$) é uma **base fraca**:

$$Mg(OH)_2 \longrightarrow \underbrace{Mg^{2+} + 2\ OH^-}_{\text{poucos íons}}$$
$\underset{\text{insolúvel}}{}$

Apesar de a **amônia** ser uma base solúvel em água, ela é classificada como **base fraca** porque em suas soluções há baixas concentrações de íons OH^-:

$$\underset{\text{solúvel e fraca}}{NH_3} + HOH \longrightarrow \underset{\text{solúvel e fraca}}{NH_4OH} \rightarrow NH_4^+ + OH^-$$

Força de algumas bases.

BASES FORTES	solúveis em água: NaOH, KOH (grupo 1) parcialmente solúveis em água: $Ca(OH)_2$, $Ba(OH)_2$, $Sr(OH)_2$
BASES FRACAS	as demais (incluindo $Mg(OH)_2$ e NH_3)

12.7.3 Exemplos de reações

Agora que aprendemos a avaliar a força de um ácido e de uma base, podemos acompanhar os exemplos a seguir.

1. NaCN(aq) + HCl(aq) $\longrightarrow$ HCN(g) + NaCl(aq)
   forte   fraco

   Na$^+$ CN$^-$ HCN (fraco)

   H$^+$ Cl$^-$ NaCl(aq)

   equação iônica: H$^+$(aq) + CN$^-$(aq) $\longrightarrow$ HCN(g)

2. FeCl$_3$(aq) + 3 NaOH(aq) $\longrightarrow$ Fe(OH)$_3$(s) + 3 NaCl(aq)
   forte   fraca

   Fe^{3+} Cl$^-$ NaCl(aq)

   Na$^+$ OH$^-$ Fe(OH)$_3$

   equação iônica: Fe^{3+}(aq) + 3 OH$^-$(aq) $\longrightarrow$ Fe(OH)$_3$(s)

NOTA: as reações de precipitação, de liberação de gás e de formação de ácido e base fracos, estudadas neste capítulo, são chamadas, por alguns autores, de **reações de dupla-troca**.

FIQUE POR DENTRO!

Estação de tratamento da água (ETA)

A água potável (própria para consumo humano) não deve conter microrganismos. Pode conter pequena quantidade de sais e ar dissolvidos, deve ser límpida e não conter partículas em suspensão.

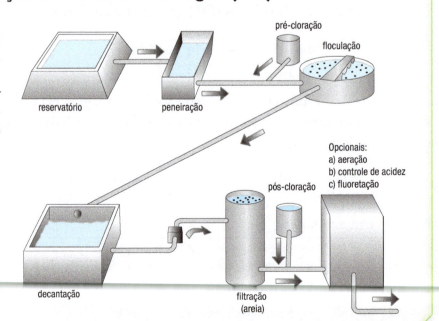

Esquema das etapas de tratamento da água em uma ETA.

Acompanhe pelo esquema as etapas de tratamento da água, realizadas nas estações de tratamento da água (ETA):

- *peneiração* – impede que peixes, latas, paus e outros objetos de proporções significativas entrem na instalação;
- *pré-cloração* – adiciona-se cloro (Cl_2) à água para matar os microrganismos. A reação do Cl_2 com a água libera ácido clorídrico (HCl) e ácido hipocloroso (HClO), este último com efeito bactericida:

$$Cl_2 + HOH \longrightarrow HCl + HClO$$

- *floculação* – adição de $Al_2(SO_4)_3$ e CaO. A **reação de precipitação** entre esses reagentes promove a formação de $Al(OH)_3$, insolúvel em água, que tem o aspecto de flocos de algodão. Esse composto retém em sua superfície muitas partículas sólidas suspensas na água

$$CaO + H_2O \longrightarrow Ca(OH)_2$$
$$3\,Ca(OH)_2 + Al_2(SO_4)_3 \longrightarrow$$
$$\longrightarrow 2\,Al(OH)_3 + 3\,CaSO_4$$

- *decantação* – as partículas sólidas sedimentam-se;
- *filtração* – o filtro de areia retém as partículas sólidas remanescentes;
- *pós-cloração* – ajusta a concentração de cloro;
- *controle de acidez* – adiciona-se cal, CaO, óxido de caráter básico, aumentando o pH da água para próximo de 8:

$$CaO + H_2O \longrightarrow Ca(OH)_2$$

- *fluoretação* – adição de compostos contendo íon F^-, para reduzir a incidência de cárie dentária.

SÉRIE BRONZE

1. Complete com **adição** ou **neutralização**.
A reação entre uma base e um ácido é chamada de _____ .
base + ácido ⟶ sal + água

2. Equacione as reações de neutralização total e dê o nome dos sais formados.
a) $KOH + HNO_3 \longrightarrow$

b) $NaOH + HCl \longrightarrow$

c) $Mg(OH)_2 + HCl \longrightarrow$

d) $Ca(OH)_2 + HCl \longrightarrow$

e) $Al(OH)_3 + HCl \longrightarrow$

f) $NaOH + H_2SO_4 \longrightarrow$

g) $KOH + H_2SO_4 \longrightarrow$

h) $Mg(OH)_2 + H_2SO_4 \longrightarrow$

i) $NaOH + H_3PO_4 \longrightarrow$

j) $Al(OH)_3 + H_3PO_4 \longrightarrow$

k) $Ba(OH)_2 + H_3PO_4 \longrightarrow$

l) $Al(OH)_3 + H_2SO_4 \longrightarrow$

3. Equacione as reações de neutralização entre hidróxido de potássio e ácido sulfúrico:
  a) na proporção de 2 : 1 (neutralização total do ácido);
  b) na proporção de 1 : 1 (neutralização parcial do ácido).

4. Escreva as reações de neutralização entre hidróxido de cálcio e ácido nítrico:
  a) na proporção 1 : 2 (neutralização total da base);
  b) na proporção 1 : 1 (neutralização parcial da base).

5. Complete as equações químicas.
  a) $NH_3 + HCl \longrightarrow$
  b) $NH_3 + H_2SO_4 \longrightarrow$
  c) $NH_3 + H_3PO_4 \longrightarrow$

6. (UFF – RJ) São óxidos básicos:
  a) MgO, Cl_2O, K_2O
  b) Cl_2O, CaO, MgO
  c) CaO, MgO, P_2O_5
  d) MgO, P_2O_5, Cl_2O
  e) K_2O, MgO, CaO

7. Complete as equações químicas.
  a) $Li_2O + H_2O \longrightarrow$
  b) $Na_2O + H_2O \longrightarrow$
  c) $CaO + H_2O \longrightarrow$
  d) $BaO + H_2O \longrightarrow$

8. Complete as equações químicas.

a) $Na_2O + HCl \longrightarrow$

b) $Na_2O + H_2SO_4 \longrightarrow$

c) $CaO + HCl \longrightarrow$

d) $CaO + H_2SO_4 \longrightarrow$

9. Complete as equações químicas e dê os nomes dos óxidos.

a) $H_2O + CO_2 \longrightarrow$

   anidrido _____

b) $H_2O + SO_2 \longrightarrow$

   anidrido _____

c) $H_2O + SO_3 \longrightarrow$

   anidrido _____

d) $H_2O + N_2O_5 \longrightarrow$

   anidrido _____

e) $H_2O + Cl_2O_7 \longrightarrow$

   anidrido _____

f) $H_2O + NO_2 \longrightarrow$

   anidrido _____

10. Complete as equações químicas.

a) $Ca(OH)_2 + CO_2 \longrightarrow$

b) $NaOH + CO_2 \longrightarrow$

c) $Ca(OH)_2 + SO_2 \longrightarrow$

d) $NaOH + SO_2 \longrightarrow$

e) $Ca(OH)_2 + SO_3 \longrightarrow$

f) $NaOH + SO_3 \longrightarrow$

11. Complete as equações químicas.

a) $CaO + CO_2 \longrightarrow$

b) $Na_2O + SO_3 \longrightarrow$

12. Cite os três principais óxidos neutros.

13. Complete as equações que ocorrem e também escreva-as na forma iônica.

a) $Zn + CuSO_4 \longrightarrow$

   equação iônica:

b) $Cu + ZnSO_4 \longrightarrow$

c) $Ni + CuSO_4 \longrightarrow$

   equação iônica:

d) $Cu + NiCl_2 \longrightarrow$

e) $Na + ZnSO_4 \longrightarrow$

   equação iônica:

f) $Cu + AgNO_3 \longrightarrow$

   equação iônica:

g) $Al + AgNO_3 \longrightarrow$

   equação iônica:

h) $Ag + Al(NO_3)_3 \longrightarrow$

i) $Mg + CuSO_4 \longrightarrow$

   equação iônica:

j) $Cu + MgSO_4 \longrightarrow$

14. Complete as equações que ocorrem e também escreva-as na forma iônica.

a) $F_2 + NaCl \longrightarrow$

equação iônica:

b) $Cl_2 + NaF \longrightarrow$

c) $Cl_2 + NaBr \longrightarrow$

equação iônica:

d) $Br_2 + NaCl \longrightarrow$

e) $Cl_2 + NaI \longrightarrow$

equação iônica:

f) $I_2 + NaCl \longrightarrow$

g) $Br_2 + NaI \longrightarrow$

equação iônica:

h) $I_2 + NaBr \longrightarrow$

15. Complete as equações que ocorrem e também escreva-as na forma iônica.

a) $Mg + HCl \longrightarrow$

equação iônica:

b) $Cu + HCl \longrightarrow$

c) $Zn + HCl \longrightarrow$

equação iônica:

d) $Ag + HCl \longrightarrow$

16. Complete as equações químicas.

a) $Na + H_2O \longrightarrow$

b) $Ca + H_2O \longrightarrow$

c) $Mg + H_2O \xrightarrow{\Delta}$

17. Calcule o Nox dos átomos assinalados.

a) $\underline{Al}$

b) $\underline{Fe}$

c) $\underline{P}_4$

d) $\underline{Fe}^{2+}$

e) $\underline{Na}Cl$

f) $K_2\underline{S}O_4$

g) $\underline{Ag}NO_3$

h) $Ca\underline{C}O_3$

i) $\underline{Al}_2(SO_4)_3$

j) $Al_2(\underline{S}O_4)_3$

k) C̲u(NO₃)₂

l) Cu(N̲O₃)₂

m) N̲O₂

n) K₂C̲r₂O₇

o) NaC̲lO₄

p) N̲H₃

q) BaO̲

r) S̲O₄²⁻

s) N̲H₄⁺

t) P̲O₄³⁻

18. Considere a equação $Zn + Cu^{2+} \longrightarrow Zn^{2+} + Cu$.

a) Complete **ganhou** ou **perdeu**.

O Zn _____ 2 elétrons.

O Cu^{2+} _____ 2 elétrons.

b) Complete **oxidação** ou **redução**.

O Zn sofreu uma _____.

O Cu^{2+} sofre uma _____.

c) Complete **oxidante** ou **redutor**.

O Zn é o agente _____.

O Cu^{2+} é o agente _____.

19. Dada a equação

$$Fe + H_2SO_4 \longrightarrow FeSO_4 + H_2$$

pergunta-se:

a) Qual é o oxidante?
b) Qual é o redutor?

20. Acerte os coeficientes pelo método de oxirredução.

a) $Zn + Ag^+ \longrightarrow Zn^{2+} + Ag$

b) $Zn + Cu^{2+} \longrightarrow Zn^{2+} + Cu$

c) $Al + Ag^+ \longrightarrow Al^{3+} + Ag$

d) $Al + Cu^{2+} \longrightarrow Al^{3+} + Cu$

e) $Cl_2 + Br^- \longrightarrow Cl^- + Br_2$

f) $Fe_2O_3 + CO \longrightarrow Fe + CO_2$

g) $P + HNO_3 + H_2O \longrightarrow H_3PO_4 + NO$

n) $CaSO_4$ _____

o) $AgBr$ _____

p) AgI _____

q) $Al(NO_3)_3$ _____

r) $Mg(OH)_2$ _____

s) $ZnCl_2$ _____

22. Complete as equações químicas que representam as reações com precipitação e identifique o precipitado por ppt.

a) $NaCl + AgNO_3 \longrightarrow$

b) $BaCl_2 + H_2SO_4 \longrightarrow$

c) $FeCl_3 + KOH \longrightarrow$

d) $Pb(NO_3)_2 + K_2CrO_4 \longrightarrow$

21. Indique se cada composto é solúvel ou insolúvel na água.

a) $AgNO_3$ _____

b) NH_4Cl _____

c) $AgCl$ _____

d) $NaMnO_4$ _____

e) $BaSO_4$ _____

f) K_2CrO_4 _____

g) $PbCl_2$ _____

h) $Al(OH)_3$ _____

i) CaS _____

j) $Ca_3(PO_4)_2$ _____

k) $CuSO_4$ _____

l) $Fe(OH)_3$ _____

m) HgS _____

23. Escreva a equação química que representa as reações com precipitação abaixo e também a equação iônica correspondente.

a) nitrato de chumbo (II) e cloreto de sódio

b) nitrato de prata e cloreto de potássio

c) brometo de cálcio e carbonato de sódio

d) nitrato de bário e sulfato de potássio

24. O tratamento de água de uma cidade é feito em várias etapas.

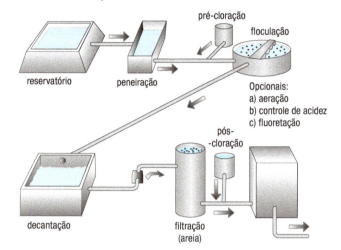

Qual é o nome do processo que envolve no tratamento da água uma reação de dupla-troca?

25. No processo de floculação adiciona-se na água a ser tratada CaO e $Al_2(SO_4)_3$. Escreva as equações químicas envolvidas no processo.

26. Qual é o papel do $Al(OH)_3$ no processo da floculação?

27. Complete.
A única base volátil e instável é NH_4OH.
$NH_4OH \longrightarrow$

28. Complete.
O H_2CO_3 é volátil e instável.
$H_2CO_3 \longrightarrow$

29. Complete as equações químicas que representam reações nas quais há liberação de gás.

a) $Na_2S + H_2SO_4 \longrightarrow$

b) $NaCl + H_2SO_4 \longrightarrow$

c) $NaNO_3 + H_3PO_4 \longrightarrow$

d) $CaCO_3 + HCl \longrightarrow$

e) $Na_2CO_3 + HCl \longrightarrow$

f) $NaOH + NH_4Cl \longrightarrow$

30. Complete com **bastante** ou **pouco**.

a) Ácido forte é um ácido que em água está _____ dissociado.
$HCl \longrightarrow H^+ + Cl^-$

b) Ácido fraco é um ácido que em água está _____ dissociado.
$HCN \longrightarrow H^+ + CN^-$

31. Escreva as equações químicas que representam reações nas quais há formação de um ácido fraco ou uma base fraca.

a) $CaS + HCl \longrightarrow$

b) $H_2SO_4 + NaF \longrightarrow$

c) $HCl + NaCH_3COO \longrightarrow$

d) $FeCl_3 + NaOH \longrightarrow$

SÉRIE PRATA

1. Equacione as reações de neutralização total para a produção dos seguintes sais:

a) carbonato de cálcio
b) nitrato de alumínio
c) fosfato de cálcio
d) cloreto de ferro (III)

2. (UNIUBE/PIAS – MG) A reação entre ácido sulfúrico e hidróxido de cálcio forma um sal com aplicação médica em engessamento para imobilizações. Assinale a alternativa que apresenta essa substância.

a) $CaSO_4$, sulfato de cálcio.
b) $CaSO_3$, sulfeto de cálcio.
c) CaS, sulfeto de cálcio.
d) Ca_2SO_4, sulfato de cálcio.

3. (MACKENZIE – SP) As fórmulas **corretas** do ácido e da base que, por neutralização, produzem $BaSO_4$, além de água, são, respectivamente:

a) H_2S e BaO
b) H_2S e $Ba(OH)_2$
c) H_2SO_4 e $Ba(OH)_2$
d) H_2SO_4 e $BaCl_2$
e) H_2SO_3 e BaH_2

4. (UERJ) Uma das substâncias responsáveis pelo odor desagradável em banheiros de muita frequência é o gás amoníaco (NH_3) resultante da degradação da ureia. Dentre as substâncias abaixo, aquela que poderia ser utilizada na neutralização do NH_3 é:

a) H_2O
b) HCl
c) KOH
d) NaCl

5. (UFABC – SP) O fertilizante sulfato de amônio pode ser obtido pela reação química que ocorre pela passagem de amônia gasosa NH_3 em ácido sulfúrico concentrado (H_2SO_4). Uma equação química que representa essa reação é:

a) $NH_3 + H_2SO_4 \longrightarrow H_2O + NH_4SO_4$
b) $2\ NH_3 + H_2SO_4 \longrightarrow (NH_4)_2SO_4$
c) $2\ NH_3 + H_2SO_4 \longrightarrow H_2O + (NH_4)_2SO_3$
d) $NH_3 + H_2SO_4 \longrightarrow H_2O + NH_3SO_3$
e) $NH_3 + H_2SO_4 \longrightarrow NH_5SO_4$

6. (FFCL – MG) Em ambientes não poluídos e na ausência de raios e relâmpagos, a água da chuva é ácida por causa da dissolução do _____ .

A alternativa que completa corretamente a frase é:

a) dióxido de carbono.
b) gás oxigênio.
c) gás sulfúrico.
d) óxido nítrico.

7. (UERJ) A chuva ácida é um tipo de poluição causada por contaminantes gerados em processos industriais que, na atmosfera, reagem com o vapor-d'água.

Dentre os contaminantes produzidos em uma região industrial, coletaram-se os óxidos SO_3, CO, Na_2O e MgO.

Nessa região, a chuva ácida pode ser acarretada pelo seguinte óxido:

a) SO_3
b) CO
c) Na_2O
d) MgO

8. (UFPE) Anidrido sulfúrico é a denominação do óxido de enxofre, que, ao reagir com água, forma o ácido sulfúrico, sendo assim um dos causadores das chuvas ácidas. Qual deve ser a fórmula molecular desse óxido?

a) SO_2
b) S_2O_3
c) SO_3
d) SO_4
e) S_2O_4

9. (CEFET – PR) Em uma cidade há três indústrias, X, Y e Z, que liberam, respectivamente, trióxido de enxofre, dióxido de carbono e gás nitrogênio em iguais intensidades e quantidades. Após chover:

a) a indústria X não provocará qualquer dano ao meio ambiente.
b) as indústrias Y e Z não provocarão dano ao meio ambiente.
c) a indústria Z será a mais poluente.
d) a indústria Y será a menos poluente.
e) a indústria X provocará maiores danos ao meio ambiente.

10. (FATEC – SP) "Houston, we have a problem." Ao enviar essa mensagem, em 13 de abril de 1970, o comandante da missão espacial Apollo 13 sabia que sua vida e a dos dois companheiros estavam por um fio. Um dos tanques de oxigênio (O_2) tinha acabado de explodir. Apesar do perigo iminente dos astronautas ficarem sem O_2 para respirar, a principal preocupação da NASA era evitar que a atmosfera da espaçonave ficasse saturada do gás carbônico (CO_2), exalado pela própria equipe. Isso causaria diminuição do pH do sangue da tripulação (acidemia sanguínea), já que o CO_2 é um óxido ácido e, em água, ele forma ácido carbônico:

$$CO_2 (g) + H_2O (l) \longrightarrow H_2CO_3 (aq).$$

A acidemia sanguínea deve ser evitada a qualquer custo. Inicialmente, ela leva a pessoa a ficar desorientada e a desmaiar, podendo evoluir até o coma ou mesmo a morte. Normalmente, a presença de CO_2 na atmosfera da nave não é problema, pois existem recipientes, adaptados a ventilação com hidróxido de lítio (LiOH), uma base capaz de absorver esse gás. Nada quimicamente mais sensato: remover um óxido ácido lançando mão de uma base, através de uma reação de neutralização.

Disponível em: <http://tinyurlcom/heb78gk>. *Acesso em:* 10 mar. 2016.

A equação química que representa a reação que ocorre entre o óxido ácido e a base, mencionados no texto é

a) $CO + LiOH \longrightarrow LiC + H_2O$.
b) $CO + H_2CO_3 \longrightarrow C_2CO_3 + H_2O$.
c) $H_2CO_3 + 2\ LiOH \longrightarrow Li_2CO_3 + H_2O$.
d) $CO_2 + 2\ LiOH \longrightarrow Li_2CO_3 + H_2O$.
e) $CO_2 + LiOH \longrightarrow LiCO_3 + H_2O$.

11. (PUC – SP) Um óxido básico é um óxido iônico que reage com água tendo um hidróxido como produto. São óxidos básicos todas as seguintes substâncias:

a) CO_2, SO_3, TiO_2.
b) CaO, Na_2O, K_2O.
c) $CaSO_4$, MgO, CO.
d) Li_2O, $Mg(OH)_2$, SiO_2.
e) KHO_3, CaO, $BaSO_4$.

12. Vidro tem, como matéria-prima principal, óxido de silício, que é retirado da areia por fusão. A fim de abaixar o ponto de fusão do óxido de silício, são usadas, no processo de separação, três substâncias: óxido de sódio, óxido de magnésio e óxido de potássio.

A partir dos óxidos de sódio, magnésio e potássio citados no texto acima, escreva as equações das reações pedidas, balanceando-as corretamente.

a) Reação entre um óxido de alcalinoterroso e água.

b) Formação de hidróxido de sódio, a partir do seu óxido.

13. (ITA – SP) Nas condições ambientes, assinale a opção que contém apenas óxidos neutros.
a) NO_2, CO e Al_2O_3
b) N_2O, NO e CO
c) N_2O, NO e NO_2
d) SiO_2, CO_2 e Al_2O_3
e) SiO_2, CO_2 e CO

14. (MACKENZIE – SP)

Cs, K, Ba, Ca, Mg, Al, Zn, Fe, **H**, Cu, Hg, Ag, Au
← reatividade crescente

Analisando a fila de reatividade dada acima, pode-se afirmar que a reação que **não** ocorrerá é:
a) $AgNO_3$ + Cu ⟶
b) HCl + Mg ⟶
c) H_2SO_4 + Fe ⟶
d) HCl + Zn ⟶
e) $ZnSO_4$ + Cu ⟶

15. (MACKENZIE – SP)

$Cu(NO_3)_2$ + Ag ⟶ não ocorre reação
2 $AgNO_3$ + Cu ⟶ $Cu(NO_3)_2$ + 2 Ag
$CuSO_4$ + Zn ⟶ $ZnSO_4$ + Cu
$ZnSO_4$ + Cu ⟶ não ocorre reação

Os resultados observados nas experiências acima equacionadas nos permitem afirmar que a ordem decrescente de reatividade dos metais envolvidos é:
a) Zn > Cu > Ag
b) Ag > Cu > Zn
c) Cu > Zn > Ag
d) Ag > Zn > Cu
e) Zn > Ag > Cu

16. (MACKENZIE – SP) Na reação entre zinco e ácido clorídrico, há a formação de um gás altamente inflamável. Esse gás é o:
a) gás oxigênio.
b) gás carbônico.
c) gás hidrogênio.
d) gás cloro.
e) monóxido de carbono.

17. (UESPI) De acordo com a ordem de reatividade, assinale a alternativa na qual a reação não ocorre.
a) Zn + 2 HCl ⟶ H_2 + $ZnCl_2$
b) Fe + 2 HCl ⟶ H_2 + $FeCl_2$
c) Mg + H_2SO_4 ⟶ H_2 + $MgSO_4$
d) Au + 3 HCl ⟶ $\frac{3}{2}$ H_2 + $AuCl_3$
e) Zn + 2 $AgNO_3$ ⟶ 2 Ag + $Zn(NO_3)_2$

18. (UNIMONTES – MG) A reação de metais com ácidos são práticas para a obtenção de gás hidrogênio e sais de natureza diversa. O resultado de experimentos com placas dos metais zinco, ferro, cobre e ouro com ácido clorídrico encontra-se representado a seguir:

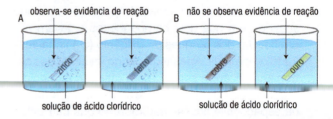

A — observa-se evidência de reação (zinco, ferro) — solução de ácido clorídrico
B — não se observa evidência de reação (cobre, ouro) — solução de ácido clorídrico

Em relação aos experimentos, pode-se concluir que

a) ocorre a formação do cloreto de cobre II no béquer onde está a placa de cobre.
b) o cobre e o ouro são mais reativos que o hidrogênio, portanto não ocorre reação.
c) as placas de zinco e ferro são corroídas e há desprendimento de gás hidrogênio.
d) o zinco e o ferro, por não serem oxidados, são considerados metais nobres.
e) o cobre e o ouro não são corroídos, pois esses metais apresentam maior facilidade em doar elétrons que o zinco e o ferro.

19. (PUC – RJ) Sobre a reação:

$$Zn(s) + 2\ HCl(aq) \longrightarrow ZnCl_2(aq) + H_2(g),$$

assinale a alternativa **correta**.

a) O zinco sofre redução.
b) O cátion $H^+(aq)$ sofre oxidação.
c) O zinco doa elétrons para o cátion $H^+(aq)$.
d) O zinco recebe elétrons formando o cátion $Zn^{2+}(aq)$.
e) O íon cloreto se reduz formando $ZnCl_2(aq)$.

20. (UFV – MG) A seguir são apresentadas as equações de quatro reações:

I. $H_2 + Cl_2 \longrightarrow 2\ HCl$

II. $SO_2 + H_2O \longrightarrow H_2SO_3$

III. $2\ SO_2 + O_2 \longrightarrow 2\ SO_3$

IV. $2\ Al(OH)_3 \longrightarrow Al_2O_3 + 3\ H_2O$

São reações de oxirredução:

a) I e II.
b) II, III e IV.
c) I e III.
d) II e IV.
e) I, II e III.

21. (UEL – PR) O bromo é encontrado em níveis de traço em seres humanos. Seus compostos possuem diversas aplicações. Dentre elas, cita-se o brometo de potássio, que tem sido utilizado no tratamento de epilepsia em humanos e animais. Este elemento químico pode apresentar diferentes estados de oxidação, sendo encontrado na água do mar e na salmoura na forma de brometo. A partir da reação do íon com cloro (Cl_2), obtém-se o bromo molecular, conforme equação a seguir.

$$2\ Br^- + Cl_2 \longrightarrow Br_2 + 2\ Cl^-$$

Analisando a equação, é **correto** afirmar que:

a) o Cl_2 é o agente redutor que oxida o íon brometo.
b) o Cl^- é oxidado em função de sua reatividade.
c) o Cl_2 é o agente redutor sendo oxidado a íons cloreto.
d) o Br^- é reduzido em função de sua reatividade.
e) o Cl_2 é o agente oxidante sendo reduzido a seus íons.

22. (PUCCAMP – SP) Para evitar a poluição dos rios por cromatos, há indústrias que transformam esses ânions em cátions Cr^{3+} (reação I). Posteriormente, tratados com cal ou hidróxido de sódio (reação II), são separados na forma do hidróxido insolúvel.

As representações dessas transformações

Reação I $\quad CrO_4^{2-}(aq) \longrightarrow Cr^{3+}(aq)$

Reação II $\quad Cr^{3+}(aq) \longrightarrow Cr(OH)_3(s)$

Indicam tratar-se, respectivamente, de reações de:

a) oxidação e redução.
b) redução e solvatação.
c) precipitação e oxidação.
d) redução e precipitação.
e) oxidação e dissociação.

23. (UCB – DF – adaptada) O elemento fósforo é encontrado na crosta terrestre na forma de fosfato de cálcio, sendo esse sal muito utilizado na indústria de fertilizantes. O fósforo pode ser obtido a partir do fosfato, juntando-se areia (SiO_2) e coque (C) a esse sal, a uma alta temperatura, de acordo com a equação abaixo:

$$2\ Ca_3(PO_4)_2 + 6\ SiO_2 + 10\ C \longrightarrow$$
$$\longrightarrow 6\ CaSiO_3 + 10\ CO + P_4$$

Analise as afirmações seguintes como verdadeiras (V) ou falsas (F), corrigindo as falsas.

a) (   ) O papel químico do coque (carvão) na reação de obtenção do fósforo elementar é de agente redutor.

_____

_____

b) (   ) O silício é oxidado de +4 para +6.

_____

_____

c) (   ) O fósforo é reduzido de +5 para zero.

_____

_____

24. (PUC – adaptada) As estações de tratamento de esgotos conseguem reduzir a concentração de vários poluentes presentes nos despejos líquidos, antes de lançá-los nos rios e lagos. Uma das reações que acontece é a transformação do gás sulfídrico (H_2S), que apresenta um cheiro muito desagradável, em SO_2. O processo pode ser representado pela equação não balanceada:

____ H_2S (g) + ____ O_2 (g) + ⟶

⟶ ____ SO_2 (g) + ____ H_2O (g)

Responda, usando as fórmulas das substâncias, quando necessário:

a) Qual é a substância oxidada?

b) Qual é o agente redutor?

c) Qual é a soma dos coeficientes mínimos e inteiros obtidos no balanceamento?

d) Qual é a a variação do número de oxidação para cada átomo de enxofre?

25. Acerte os coeficientes pelo método de oxirredução.

a) $KNO_3 + Al + KOH + H_2O \longrightarrow NH_3 + K[Al(OH)_4]$

b) $As_2S_5 + HNO_3 + H_2O \longrightarrow H_2SO_4 + H_3AsO_4 + NO$

c) $N_2H_4 + KIO_3 + HCl \longrightarrow N_2 + ICl + KCl + H_2O$

d) $CaC_2O_4 + KMnO_4 + H_2SO_4 \longrightarrow$
$\longrightarrow CaSO_4 + K_2SO_4 + MnSO_4 + H_2O + CO_2$

e) $MnO_4^- + H_2C_2O_4 + H^+ \longrightarrow Mn^{2+} + CO_2 + H_2O$

f) ____ Fe^{2+} + ____ MnO_4^- + ____ $H^+ \longrightarrow$
$\longrightarrow$ ____ Fe^{3+} + ____ Mn^{2+} + ____ H_2O

26. A partir da ilustração abaixo (aparelhagem que pode ser utilizada para a obtenção de um gás), responda os itens a seguir.

a) Escreva as fórmulas do sal e do ácido mencionados.

b) Ao abrirmos a torneira, o ácido entrará em contato com o sal, provocando uma reação. Equacione essa reação.

c) Escreva a fórmula do gás formado.

As substâncias representadas por X, Y e Z são, respectivamente:

a) $Ca(OH)_2$, Ca_2S e $CaCl$.
b) CaO_2, CaS_2 e $CaCl_2$.
c) $CaOH$, CaS e $CaCl$.
d) CaO_2, Ca_2S e Ca_2Cl.
e) $Ca(OH)_2$, CaS e $CaCl_2$.

28. (FUVEST – SP) Para distinguir uma solução aquosa de ácido sulfúrico de outra de ácido clorídrico, basta adicionar a cada uma delas

a) um pouco de solução aquosa de hidróxido de sódio.
b) um pouco de solução aquosa de nitrato de bário.
c) raspas de magnésio.
d) uma porção de carbonato de sódio.
e) gotas de fenolftaleína.

29. (PUC – SP) Qual das soluções a seguir relacionadas fornece um precipitado, quando adicionada a uma solução de sulfato de sódio?

a) HBr
b) $BaCl_2$
c) $AgNO_3$
d) KI
e) CsF

27. Considere a sequência de reações de formação dos compostos X, Y e Z.

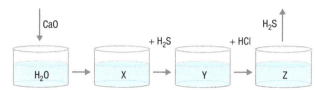

30. (FATEC – SP) Além do problema da escassez de água potável em alguns pontos do planeta, a sociedade também enfrenta as dificuldades de tratamento da água disponível, cada vez mais poluída.

Uma das etapas desse tratamento envolve a adição de compostos químicos que possam facilitar a retirada de partículas suspensas na água.

Os compostos adicionados reagem formando uma substância gelatinosa, hidróxido de alumínio, que aglutina as partículas suspensas.

A seguir, temos a reação que representa o descrito:

$$3\ Ca(OH)_2 + Al_2(SO_4)_3 \longrightarrow 3\ CaSO_4 + 2\ Al(OH)_3$$

A etapa descrita é denominada

a) filtração.
b) cloração.
c) floculação.
d) destilação.
e) decantação.

SÉRIE OURO

1. (FUVEST – SP) Quantidades adequadas de hidróxido de magnésio podem ser usadas para diminuir a acidez estomacal.

Qual é o ácido, presente no estômago, principal responsável pela acidez do suco gástrico? Escreva a equação da reação entre esse ácido e o hidróxido de magnésio.

2. (UFRJ) O ácido clórico é um ácido forte, utilizado como catalisador em reações de polimerização e como agente oxidante.

Soluções aquosas desse ácido podem causar grande irritação na pele e nas mucosas.

a) Represente a fórmula estrutural do ácido clórico.
b) Qual é o nome do sal formado pela reação de neutralização do ácido clórico pelo hidróxido de alumínio?

DADOS: números atômicos: H = 1; O = 8; Cl = 17.

3. Escreva as reações de neutralização entre hidróxido de cálcio e ácido nítrico:

a) na proporção 1 : 2 (neutralização total da base);
b) na proporção 1 : 1 (neutralização parcial da base).

4. (FUVEST – SP) Muitos acreditam ser mais saudável consumir "produtos orgânicos" do que produtos cultivados de forma convencional. É possível diferenciar esses dois tipos de produtos, determinando-se as quantidades relativas de ^{14}N e ^{15}N em cada um deles. Essas quantidades relativas serão diferentes se o solo for adubado com esterco ou fertilizantes sintéticos. O esterco contém compostos originados no metabolismo animal, enquanto fertilizantes sintéticos, como, por exemplo, o nitrato de amônio, provêm da amônia.

Considere as afirmações:

I. ^{14}N e ^{15}N diferem quanto ao número de prótons, mas não quanto ao número de nêutrons.
II. Os fertilizantes nitrogenados, sejam sintéticos ou naturais, fornecem o nitrogênio necessário à formação de aminoácidos e proteínas nos vegetais.

III. O fertilizante nitrato de amônio pode ser obtido pela reação da amônia com o ácido nítrico.

É **correto** apenas o que se afirma em

a) I.
b) II.
c) III.
d) I e II.
e) II e III.

FRASCO	COR DA SOLUÇÃO APÓS A ADIÇÃO DE FENOLFTA-LEÍNA	CONDU-TIBILIDADE ELÉTRICA	REAÇÃO COM $Mg(OH)_2$
1	incolor	conduz	não
2	rosa	conduz	não
3	incolor	conduz	sim
4	incolor	não conduz	não

DADO: soluções aquosas contendo o indicador fenolftaleína são incolores em pH menor do que 8,5 e têm coloração rosa em pH igual a ou maior do que 8,5.

As soluções aquosas contidas nos frascos 1, 2, 3 e 4 são, respectivamente, de

a) HCl, NaOH, KCl e sacarose.
b) KCl, NaOH, HCl e sacarose.
c) HCl, sacarose, NaOH e KCl.
d) KCl, sacarose, HCl e NaOH.
e) NaOH, HCl, sacarose e KCl.

5. (PUC – PR) A todo momento realizam-se reações de neutralização em nosso organismo e nem nos damos conta disso. Por exemplo, você fez uso de algum tipo de desodorante hoje? Então você neutralizou seus odores com características ácidas, através da adição de uma base. Quando estamos nervosos, estressados ou nos alimentamos de maneira inadequada, é comum sentirmos mal-estar e, para amenizar esses sintomas, normalmente tomamos um antiácido que no mercado é comercializado por nomes diferentes, mas basicamente contém um hidróxido, que neutraliza as ações do excesso de ácido clorídrico produzido pelo nosso organismo. Usando uma medicação que tem como princípio ativo o hidróxido de alumínio e considerando uma reação de neutralização total do ácido pela base contida no medicamento, escolha a opção que contém corretamente a fórmula e o nome do sal respectivamente:

a) $AlCl_2$, clorito de alumínio.
b) $Al(ClO_3)_3$, clorato de alumínio.
c) $AlCl_3$, cloreto de alumínio.
d) $AlCl_2$, cloreto de alumínio.
e) $AlClO_3$, clorato de alumínio.

7. (ITA – SP) Considere os seguintes óxidos (I, II, III, IV e V):

I. CaO
II. N_2O_5
III. Na_2O
IV. P_2O_5
V. SO_3

Assinale a opção que apresenta os óxidos que, quando dissolvidos em água pura, tornam o meio ácido.

a) Apenas I e IV.
b) Apenas I, III e V.
c) Apenas II e III.
d) Apenas II, IV e V.
e) Apenas III e V.

6. (FUVEST – SP) Em um laboratório químico, um estudante encontrou quatro frascos (1, 2, 3 e 4) contendo soluções aquosas incolores de sacarose, KCl, HCl e NaOH, não necessariamente nessa ordem. Para identificar essas soluções, fez alguns experimentos simples, cujos resultados são apresentados na tabela a seguir:

8. (FUVEST – SP) A respiração de um astronauta numa nave espacial causa o aumento da concentração de dióxido de carbono na cabine. O dióxido de carbono é continuamente eliminado por meio de reação química com reagente apropriado. Qual dos reagentes abaixo é o mais indicado para retirar o dióxido de carbono da atmosfera da cabine?

a) Ácido sulfúrico concentrado.
b) Hidróxido de lítio.
c) Ácido acético concentrado.
d) Água destilada.
e) Fenol.

9. (FUVEST – SP) No seguinte trecho (adaptado) de uma peça teatral de C. Djerassi e R. Hoffmann, as esposas de três químicos do século XVIII conversam sobre um experimento feito com uma mistura de gases.

"SENHORA POHL – Uma vez o farmacêutico Scheele estava borbulhando [a mistura gasosa] através de uma espécie de água.

MADAME LAVOISIER – Deve ter sido água de cal.

SENHORA PRIESTLEY – A água ficou turva, não ficou?

MADAME LAVOISIER – É o mesmo gás que expiramos... o gás que removemos com a passagem através da água de cal.

SENHORA POHL – Depois ele me pediu que colocasse no gás remanescente um graveto já apagado, apenas em brasa numa das extremidades. Já estava escurecendo.

SENHORA PRIESTLEY – E o graveto inflamou-se com uma chama brilhante... e permaneceu aceso!"

Empregando símbolos e fórmulas atuais, podem-se representar os referidos componentes da mistura gasosa por:

a) CO_2 e O_2.
b) CO_2 e H_2.
c) N_2 e O_2.
d) N_2 e H_2.
e) CO e O_2.

10. (ENEM) Muitas indústrias e fábricas lançam para o ar, através de suas chaminés, poluentes prejudiciais às plantas e aos animais. Um desses poluentes reage quando em contato com o gás oxigênio e a água da atmosfera, conforme as equações químicas:

Equação 1: $2 SO_2 + O_2 \longrightarrow 2 SO_3$

Equação 2: $SO_3 + H_2O \longrightarrow H_2SO_4$

De acordo com as equações, a alteração ambiental decorrente da presença desse poluente intensifica o(a)

a) formação de chuva ácida.
b) surgimento de ilha de calor.
c) redução da camada de ozônio.
d) ocorrência de inversão térmica
e) emissão de gases de efeito estufa.

11. (FUVEST – SP) Paredes pintadas com cal extinta (apagada), com o tempo, ficam recobertas por película de carbonato de cálcio devido à reação da cal extinta com o gás carbônico do ar. A equação que representa essa reação é:

a) $CaO + CO_2 \longrightarrow CaCO_3$
b) $Ca(OH)_2 + CO_2 \longrightarrow CaCO_3 + H_2O$
c) $Ca(HCO_3)_2 \longrightarrow CaCO_3 + CO_2 + H_2O$
d) $Ca(HCO_3)_2 + CaO \longrightarrow 2 CaCO_3 + H_2O$
e) $2 CaOH + CO_2 \longrightarrow Ca_2CO_3 + H_2O$

12. (PUC – PR) Um pedaço de magnésio é colocado na ponta de uma espátula e em seguida é queimado. Forma-se o óxido de magnésio (I). Uma das características desse óxido é que, na água, ele forma a base correspondente (II). Fazendo-se a reação de neutralização total dessa base com o ácido clorídrico forma-se sal e água (III).

Assinale a alternativa que corresponde aos produtos das reações (I), (II) e (III) ocorridas no experimento.

a) Mg_2O, $Mg(OH)_2$ $MgCl_2$ e H_2O_2.
b) MgO_2, $MgOH$, $MgCl$ e H_2O.
c) Mg_2O, $Mg(OH)_2$ $MgCl_2$ e H_2O.
d) MgO, $Mg(OH)_2$ $MgCl_2$ e H_2O.
e) MgO, $MgOH$, $MgCl$ e H_2O.

13. (FUVEST – SP) Deseja-se estudar três gases incolores, recolhidos em diferentes tubos de ensaio. Cada tubo contém apenas um gás. Em um laboratório, foram feitos dois testes com cada um dos três gases:

I. colocação de um palito de fósforo aceso no interior do tubo de ensaio;
II. colocação de uma tira de papel de tornassol azul, umedecida com água, no interior do outro tubo, contendo o mesmo gás, tampando-se em seguida.

Os resultados obtidos foram:

GÁS	TESTE COM O PALITO DE FÓSFORO	TESTE COM O PAPEL DE TORNASSOL AZUL
X	extinção da chama	continuou azul
Y	explosão e condensação de água nas paredes do tubo	continuou azul
Z	extinção da chama	ficou vermelho

Com base nesses dados, os gases X, Y e Z poderiam ser, respectivamente,

	X	Y	Z
a)	SO_2	O_2	N_2
b)	CO_2	H_2	NH_3
c)	He	O_2	N_2
d)	N_2	H_2	CO_2
e)	O_2	He	SO_2

14. (MACKENZIE – SP) O carbeto de cálcio (CaC_2), mais conhecido como pedra de carbureto, é um sólido branco acinzentado que pode ser produzido a partir das reações equacionadas, a seguir:

a) $CaCO_3(s) \longrightarrow CaO(s) + CO_2(g)$

b) $CaO(s) + 3\ C(graf) \longrightarrow CaC_2(s) + CO(g)$

Em contato com a água, o carbeto de cálcio reage imediatamente, produzindo gás acetileno de fácil combustão, de acordo com a reação abaixo:

c) $CaC_2(s) + 2\ H_2O(l) \longrightarrow Ca(OH)_2(aq) + C_2H_2(g)$

A respeito dos reagentes e produtos das três reações acima, são feitas as seguintes afirmações:

I. na reação A, ocorre a formação de um óxido básico e um óxido ácido;
II. na reação B, o carbeto de cálcio formado é um sólido iônico;
III. na reação C, o acetileno produzido é um alceno altamente inflamável.

Está **correto** o que se afirma em
a) I e II, apenas.   d) I, II e III.
b) I e III, apenas. e) I, apenas.
c) II e III, apenas.

15. (ESPCEX – AMAN – RJ) Abaixo são fornecidos os resultados das reações entre metais e sais.

$FeSO_4(aq) + Ag(s) \longrightarrow$ não ocorre a reação
$2\ AgNO_3(aq) + Fe(s) \longrightarrow Fe(NO_3)_2(aq) + 2\ Ag(s)$
$3\ FeSO_4(aq) + 2\ Al(s) \longrightarrow Al_2(SO_4)_3(aq) + 3\ Fe(s)$
$Al_2(SO_4)_3(aq) + Fe(s) \longrightarrow$ não ocorre a reação

De acordo com as reações acima equacionadas, a ordem decrescente de reatividade dos metais envolvidos em questão é:

a) Al, Fe e Ag.   d) Ag, Al e Fe.
b) Ag, Fe e Al.   e) Al, Ag e Fe
c) Fe, Al e Ag.

16. (UERJ) Os objetos metálicos perdem o brilho quando os átomos da superfície reagem com outras substâncias formando um revestimento embaçado. A prata, por exemplo, perde o brilho quando reage com enxofre, formando uma mancha de sulfeto de prata. A mancha pode ser removida colocando-se o objeto em uma panela de alumínio contendo água quente e um pouco de detergente por alguns minutos.

Nesse processo, a reação química que corresponde à remoção das manchas é:

a) $AgS + Al \longrightarrow AlS + Ag$
b) $AgSO_4 + Al \longrightarrow AlSO_4 + Ag$
c) $3 Ag_2S + 2 Al \longrightarrow Al_2S_3 + 6 Ag$
d) $3 Ag_2SO_4 + 2 Al \longrightarrow Al_2(SO_4)_3 + 6 Ag$

17. (UFMG) Num laboratório, foram feitos testes para avaliar a reatividade de três metais – cobre, Cu, magnésio, Mg, e zinco, Zn.

Para tanto, cada um desses metais foi mergulhado em três soluções diferentes – uma de nitrato de cobre, $Cu(NO_3)_2$, uma de nitrato de magnésio, $Mg(NO_3)_2$, e uma de nitrato de zinco, $Zn(NO_3)_2$.

Neste quadro, estão resumidas as observações feitas ao longo dos testes.

SOLUÇÕES \ METAIS	Cu	Mg	Zn
$Cu(NO_3)_2$	não reage	reage	reage
$Mg(NO_3)_2$	não reage	não reage	não reage
$Zn(NO_3)_2$	não reage	reage	não reage

Considerando-se essas informações, é **correto** afirmar que a disposição dos três metais testados, segundo a ordem crescente de reatividade de cada um deles, é:

a) Cu/Mg/Zn.
b) Cu/Zn/Mg.
c) Mg/Zn/Cu.
d) Zn/Cu/Mg.

18. (UNESP) Quando se mergulha um pedaço de fio de cobre limpo em uma solução aquosa de nitrato de prata, observa-se o aparecimento gradativo de um depósito sólido sobre o cobre, ao mesmo tempo em que a solução, inicialmente incolor, vai se tornando azul.

a) Por que aparece um depósito sólido sobre o cobre e por que a solução fica azul?
b) Escreva a equação química balanceada da reação que ocorre.

19. (FGV – adaptada) O elemento sódio combina-se com os elementos hidrogênio e oxigênio, resultando em compostos químicos distintos. Três diferentes compostos de sódio foram submetidos a três processos químicos, representados nas equações:

$2 X(s) + 2 H_2O(l) \longrightarrow 2 NaOH(aq) + H_2(g)$
$Y(s) + H_2O(l) \longrightarrow 2 NaOH(aq)$
$2 Z(aq) + CO_2(g) \longrightarrow Na_2CO_3(aq) + H_2O(l)$

Os compostos X, Y e Z recebem, **correta** e respectivamente, os nomes químicos de

a) óxido; hidróxido; sódio metálico.
b) óxido; sódio metálico; hidróxido.
c) sódio metálico; óxido; hidróxido.
d) sódio metálico; hidróxido; óxido.
e) hidróxido; sódio metálico; óxido.

20. (UNESP) O nitrogênio pode existir na natureza em vários estados de oxidação. Em sistemas aquáticos, os compostos que predominam e que são importantes para a qualidade da água apresentam o nitrogênio com números de oxidação –3, 0, +3 ou +5. Assinale a alternativa que apresenta as espécies contendo nitrogênio com os respectivos números de oxidação, na ordem descrita no texto:

a) NH_3, N_2, NO_2^-, NO_3^-.
b) NO_2^-, NO_3^-, NH_3, N_2.
c) NO_3^-, NH_3, N_2, NO_2^-.
d) NO_2^-, NH_3, N_2, NO_3^-.
e) NH_3, N_2, NO_3^-, NO_2^-.

21. (UNESP) Compostos de crômio têm aplicação em muitos processos industriais, como, por exemplo, o tratamento de couro em curtumes e a fabricação de tintas e pigmentos. Os resíduos provenientes desses usos industriais contêm, em geral, misturas de íons cromato (CrO_4^{2-}), dicromato e crômio, que não devem ser descartados no ambiente, por causarem impactos significativos.

Sabendo que no ânion dicromato o número de oxidação do crômio é o mesmo que no ânion cromato, e que é igual à metade desse valor no cátion crômio, as representações químicas que correspondem aos íons de dicromato e crômio são, **correta** e respectivamente,

a) $Cr_2O_5^{2-}$ e Cr^{4+}.
b) $Cr_2O_9^{2-}$ e Cr^{4+}.
c) $Cr_2O_9^{2-}$ e Cr^{3+}.
d) $Cr_2O_7^{2-}$ e Cr^{3+}.
e) $Cr_2O_5^{2-}$ e Cr^{2+}.

22. (UNESP)

(http://portaldoprofessor.mec.gov.br)

Nas últimas décadas, o dióxido de enxofre (SO_2) tem sido o principal contaminante atmosférico que afeta a distribuição de liquens em áreas urbanas e industriais. Os liquens absorvem o dióxido de enxofre e, havendo repetidas exposições a esse poluente, eles acumulam altos níveis de sulfatos (SO_4^{2-}) e bissulfatos (HSO_4^-), o que incapacita os constituintes dos liquens de realizarem funções vitais, como fotossíntese, respiração e, em alguns casos, fixação de nitrogênio.

LIJTEROFF, R. *et al.* **Revista Internacional de Contaminación Ambiental**, maio de 2009. Adaptado.

Nessa transformação do dióxido de enxofre em sulfatos e bissulfatos, o número de oxidação do elemento enxofre varia de _____ para _____, portanto, sofre _____.

As lacunas desse texto são, **correta** e respectivamente, preenchidas por:

a) −4; −6 e redução.
b) +4; +6 e oxidação.
c) +2; +4 e redução.
d) +2; +4 e oxidação.
e) −2; −4 e oxidação.

23. (FUVEST – SP) Na produção de combustível nuclear, o trióxido de urânio é transformado no hexafluoreto de urânio, como representado pelas equações químicas:

I. $UO_3(s) + H_2(g) \longrightarrow UO_2(s) + H_2O(g)$
II. $UO_2(s) + 4\ HF(g) \longrightarrow UF_4(s) + 2\ H_2O(g)$
III. $UF_4(s) + F_2(g) \longrightarrow UF_6(g)$

Sobre tais transformações, pode-se afirmar, corretamente, que ocorre oxirredução apenas em

a) I.   b) II.   c) III.   d) I e II.   e) I e III.

24. (PUC – SP) A fixação do nitrogênio é um processo que possibilita a incorporação do elemento nitrogênio nas cadeias alimentares, a partir do metabolismo dos produtores.

A fixação também pode ser realizada industrialmente gerando, entre outros produtos, fertilizantes. A produção do nitrato de amônio (NH_4NO_3) a partir do gás nitrogênio (N_2), presente na atmosfera, envolve algumas etapas. Três delas estão representadas a seguir.

I. $N_2(g) + 3\ H_2(g) \longrightarrow 2\ NH_3(g)$
II. $4\ NH_3(g) + 5\ O_2(g) \longrightarrow 4\ NO(g) + 6\ H_2O(l)$
III. $NH_3(g) + HNO_3(aq) \longrightarrow NH_4NO_3(aq)$

As etapas I, II e III podem ser descritas, respectivamente, como:

a) oxidação do nitrogênio, oxidação da amônia e oxidação da amônia.

b) oxidação do nitrogênio, redução da amônia e neutralização da amônia.
c) redução do nitrogênio, oxidação da amônia e neutralização da amônia.
d) redução do nitrogênio, redução da amônia e redução da amônia.
e) neutralização do nitrogênio, combustão da amônia e acidificação da amônia.

25. (UNESP) Insumo essencial na indústria de tintas, o dióxido de titânio sólido puro (TiO_2) pode ser obtido a partir de minérios com teor aproximado de 70% em TiO_2 que, após moagem, é submetido à seguinte sequência de etapas:

I. aquecimento com carvão sólido
$$TiO_2(s) + C(s) \longrightarrow Ti(s) + CO_2(g)$$

II. reação do titânio metálico com cloro molecular gasoso
$$Ti(s) + 2\ Cl_2(s) \longrightarrow TiCl_4(l)$$

III. reação do cloreto de titânio líquido com oxigênio molecular gasoso
$$TiCl_4(l) + O_2(g) \longrightarrow TiO_2(s) + 2\ Cl_2(g)$$

No processo global de purificação de TiO_2, com relação aos compostos de titânio envolvidos no processo, é **correto** afirmar que ocorre
a) oxidação do titânio apenas nas etapas I e II.
b) redução do titânio apenas na etapa I.
c) redução do titânio apenas nas etapas II e III.
d) redução do titânio em todas as etapas.
e) oxidação do titânio em todas as etapas.

26. (PUC – SP) As equações de algumas reações de oxirredução são representadas a seguir:

I. $2\ MnO_4^-(aq) + 16\ H^+(aq) + 10\ Cl^-(aq) \longrightarrow 2\ Mn^{2+}(aq) + 8\ H_2O(l) + 5\ Cl_2(g)$
II. $4\ Fe(s) + 3\ O_2(g) \longrightarrow 2\ Fe_2O_3(s)$
III. $H_2O_2(aq) + 2\ H^+(aq) + 2\ I^-(aq) \longrightarrow I_2(aq) + 2\ H_2O(l)$
IV. $2\ Na(s) + Cl_2(g) \longrightarrow 2\ NaCl(s)$

Os agentes oxidantes de cada reação são, respectivamente,
a) $H^+(aq)$, $O_2(g)$, $H^+(aq)$, $Cl_2(g)$.
b) $H^+(aq)$, $Fe(s)$, $H_2O_2(aq)$, $Na(s)$.
c) $Cl^-(aq)$, $Fe(s)$, $I^-(aq)$, $Na(s)$.
d) $MnO_4^-(aq)$, $O_2(g)$, $H^+(aq)$, $Na(s)$.
e) $MnO_4^-(aq)$, $O_2(g)$, $H_2O_2(aq)$, $Cl_2(g)$.

27. (PUC – PR) Durante a descarga de uma bateria de automóvel, o chumbo reage com o óxido de chumbo (II) e com ácido sulfúrico, formando sulfato de chumbo (II) e água:

$$Pb + PbO_2 + 2\ H_2SO_4 \longrightarrow 2\ PbSO_4 + 2\ H_2O$$

Nesse processo, o oxidante e o oxidado são, respectivamente:
a) PbO_2 e Pb.
b) H_2SO_4 e Pb.
c) PbO_2 e H_2SO_4.
d) $PbSO_4$ e Pb.
e) H_2O e $PbSO_4$.

28. (FUVEST – SP) O cientista e escritor Oliver Sacks, em seu livro *Tio Tungstênio*, nos conta a seguinte passagem de sua infância: "Ler sobre [Humphry] Davy e seus experimentos estimulou-me a fazer diversos outros experimentos eletroquímicos... Devolvi o brilho às colheres de prata de minha mãe colocando-as em um prato de alumínio com uma solução morna de bicarbonato de sódio [$NaHCO_3$]".

Pode-se compreender o experimento descrito, sabendo-se que

- objetos de prata, quando expostos ao ar, enegrecem devido a formação de Ag_2O e Ag_2S (compostos iônicos);
- as espécies químicas Na^+, Al^{3+} e Ag^+ têm, nessa ordem, tendência crescente de receber elétrons.

Assim sendo, a reação de oxirredução, responsável pela devolução do brilho às colheres, pode ser representada por:

a) $3\ Ag^+ + Al^0 \longrightarrow 3\ Ag^0 + Al^{3+}$
b) $Al^0 + 3\ Ag^0 \longrightarrow Al^0 + 3\ Ag^+$
c) $Ag^0 + Na^+ \longrightarrow Ag^+ + Na^0$
d) $Al^0 + 3\ Na^+ \longrightarrow Al^{3+} + 3\ Na^0$
e) $3\ Na^0 + Al^{3+} \longrightarrow 3\ Na^+ + Al^0$

29. (UESC) Para a equação não balanceada:

$MnO_2 + KClO_3 + KOH \longrightarrow K_2MnO_4 + KCl + H_2O$

assinale a alternativa **incorreta**:

a) A soma de todos os coeficientes estequiométricos, na proporção mínima de números inteiros, é 17.
b) O agente oxidante é o $KClO_3$.
c) O agente redutor é o MnO_2.
d) O número de oxidação do manganês no MnO_2 é duas vezes o número de oxidação do hidrogênio.
e) Cada átomo de cloro ganha seis elétrons.

30. (MACKENZIE – SP – adaptada) O sulfeto de hidrogênio (H_2S) é um composto corrosivo que pode ser encontrado no gás natural, em alguns tipos de petróleo, que contêm elevado teor de enxofre, e é facilmente identificado por meio do seu odor característico de ovo podre.

A equação química a seguir, não balanceada, indica uma das possíveis reações do sulfeto de hidrogênio.

$H_2S + Br_2 + H_2O \longrightarrow H_2SO_4 + HBr$

A respeito do processo acima, é **incorreto** afirmar que

a) o sulfeto de hidrogênio é o agente redutor.
b) para cada molécula de H_2S consumido, ocorre a produção de 2 moléculas de H_2SO_4.
c) a soma dos menores coeficientes inteiros do balanceamento da equação é 18.
d) o bromo (Br_2) sofre redução.
e) o número de oxidação do enxofre no ácido sulfúrico é +6.

31. (FUVEST – SP) Considere soluções aquosas de nitrato de sódio ($NaNO_3$), nitrato de chumbo ($Pb(NO_3)_2$) e cloreto de potássio (KCl). Misturando-se essas soluções duas a duas, obtêm-se os seguintes resultados:

$NaNO_3 + Pb(NO_3)_2 \longrightarrow$ não há precipitação.

$NaNO_3 + KCl \longrightarrow$ não há precipitação.

$Pb(NO_3)_2 + KCl \longrightarrow$ forma-se precipitado.

a) Escreva a equação da reação de precipitação.
b) Qual substância constitui o precipitado? Justifique sua resposta, baseando-se nas informações acima.

32. (FUVEST – SP) Ao se misturar

I. solução aquosa de Mg(NO₃)₂ com solução aquosa de NaCl;

II. solução aquosa de Mg(NO₃)₂ com solução aquosa de NaOH observou-se a formação de um precipitado apenas no caso II.

a) Com base nas informações acima, identifique o precipitado.
b) Escreva a equação química, na forma iônica, que representa reação ocorrida em II.

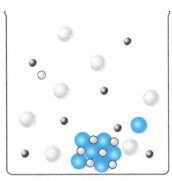

○, ●, ● e ○ representam diferentes espécies químicas.

Moléculas de solvente não foram representadas.
Considere que as soluções dos reagentes iniciais são representadas por:

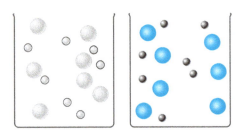

Assim, qual das seguintes equações químicas pode representar, de maneira coerente, tal transformação?

a) $H^+ + Cl^- + Na^+ + OH^- \rightleftarrows Na^+ + Cl^- + H_2O$

b) $2\ Na^+ + CO_3^{2-} + 2\ H^+ + 2\ Cl^- \rightleftarrows$
   $\rightleftarrows 2\ Na^+ + 2 + Cl^- + H_2O + CO_2$

c) $Ag^+ + NO_3^- + Na^+ + Cl^- \rightleftarrows AgCl + Na^+ + NO_3^-$

d) $Pb^{2+} + 2\ NO_3^- + 2\ H^+ + 2\ Cl^- \rightleftarrows$
   $\rightleftarrows PbCl_2 + 2\ H^+ + 2\ NO_3^-$

e) $NH_4^+ + Cl^- + H_2O \rightleftarrows NH_4OH + H^+ + Cl^-$

33. (ENEM) Em meados de 2003, mais de 20 pessoas morreram no Brasil após terem ingerido uma suspensão de sulfato de bário utilizada como contraste em exames radiológicos. O sulfato de bário é um sólido pouquíssimo solúvel em água, que não se dissolve mesmo na presença de ácidos. As mortes ocorreram porque um laboratório farmacêutico forneceu o produto contaminado com carbonato de bário, que é solúvel em meio ácido. Um simples teste para verificar a existência de íons bário solúveis poderia ter evitado a tragédia. Esse teste consiste em tratar a amostra com solução aquosa de HCl e, após filtrar para separar os compostos insolúveis de bário, adiciona-se solução aquosa de H₂SO₄ sobre o filtrado e observa-se por 30 min.

TUBINO, M.; SIMONI, J. A. Refletindo sobre o caso Celobar.
Química Nova, n. 2, 2007. Adaptado.

A presença de íons bário solúveis na amostra é indicada pela

a) liberação de calor.
b) alteração da cor para rosa.
c) precipitação de um sólido branco.
d) formação de gás hidrogênio.
e) volatilização de gás cloro.

34. (FUVEST – SP) A figura a seguir é um modelo simplificado de um sistema em equilíbrio químico. Esse equilíbrio foi atingido ao ocorrer uma transformação química em solução aquosa.

35. (FUVEST – SP) Uma estudante de química realizou quatro experimentos, que consistiram em misturar soluções aquosas de sais inorgânicos e observar os resultados. As observações foram anotadas em uma tabela:

EXPERI-MENTO	SOLUTOS CONTIDOS INICIALMENTE NAS SOLUÇÕES QUE FORAM MISTURADAS		OBSERVAÇÕES
1	$Ba(ClO_3)_2$	$Mg(IO_3)_2$	formação de precipitado branco
2	$Mg(IO_3)_2$	$Pb(ClO_3)_2$	formação de precipitado branco
3	$MgCrO_4$	$Pb(ClO_3)_2$	formação de precipitado amarelo
4	$MgCrO_4$	$Ca(ClO_3)_2$	nenhuma transformação observada

A partir desses experimentos, conclui-se que são pouco solúveis em água somente os compostos

a) $Ba(IO_3)_2$ e $Mg(ClO_3)_2$.
b) $PbCrO_4$ e $Mg(ClO_3)_2$.
c) $Pb(IO_3)_2$ e $CaCrO_4$.
d) $Ba(IO_3)_2$, $Pb(IO_3)_2$ e $PbCrO_4$.
e) $Pb(IO_3)_2$, $PbCrO_4$ e $CaCrO_4$.

Resolução:
No experimento 4, como não ocorreu reação, concluímos que os sais resultantes ($CaCrO_4$ e $Mg(ClO_3)_2$) são solúveis.

1. $Ba(ClO_3)_2 + Mg(IO_3)_2 \longrightarrow Mg(ClO_3)_2 + Ba(IO_3)_2$
   solúvel   ppt branco

2. $Mg(IO_3)_2 + Pb(ClO_3)_2 \longrightarrow Pb(IO_3)_2 + Mg(ClO_3)_2$
   ppt branco   solúvel

3. $MgCrO_4 + Pb(ClO_3)_2 \longrightarrow PbCrO_4 + Mg(ClO_3)_2$
   ppt amarelo   solúvel

Resposta: alternativa d.

36. (UNESP) Analise o quadro 1, que apresenta diferentes soluções aquosas com a mesma concentração e à mesma temperatura.

Quadro 1

SOLUÇÃO	NOME	FÓRMULA
1	nitrato de bário	$Ba(NO_3)_2$
2	cromato de sódio	Na_2CrO_4
3	nitrato de prata	$AgNO_3$
4	nitrato de sódio	$NaNO_3$

O quadro 2 apresenta o resultado das misturas, de volumes iguais, de cada duas dessas soluções.

Quadro 2

MISTURA	RESULTADO
1 + 2	formação de precipitado (ppt 1)
1 + 3	não ocorre formação de precipitado
1 + 4	não ocorre formação de precipitado
2 + 3	formação de precipitado (ppt 2)
2 + 4	não ocorre formação de precipitado
3 + 4	não ocorre formação de precipitado

De acordo com essas informações, os precipitados formados, ppt 1 e ppt 2, são, respectivamente,

a) $BaCrO_4$ e $NaNO_3$
b) $BaCrO_4$ e Ag_2CrO_4
c) $Ba(NO_3)_2$ e $AgNO_3$
d) Na_2CrO_4 e Ag_2CrO_4
e) $NaNO_3$ e Ag_2CrO_4

37. (UNESP) A imagem mostra uma transformação química que ocorre com formação de precipitado. Foram adicionadas a uma solução de íons (Ba^{2+}), contida em um tubo de ensaio, gotas de uma solução que contém íons sulfato (SO_4^{2-}).

Escreva a equação completa dessa transformação química quando o cloreto de bário e o sulfato de magnésio, devidamente dissolvidos em água, são colocados em contato, e explique se a mesma imagem pode ser utilizada para ilustrar a transformação que ocorre se a solução de cloreto de bário for substituída por NaOH(aq).

38. (UNESP)

A imagem é a fotografia de uma impressão digital coletada na superfície de um pedaço de madeira. Para obtê-la, foi utilizada uma técnica baseada na reação entre o sal do suor (NaCl), presente na impressão digital, com solução aquosa diluída de um reagente específico. Depois de secar em uma câmara escura, a madeira é exposta à luz solar.
Considere soluções aquosas diluídas de $AgNO_3$ e de KNO_3. Indique qual delas produziria um registro fotográfico de impressão digital ao reagir com o sal do suor, nas condições descritas, e justifique sua resposta descrevendo as reações químicas envolvidas.

39. (FUVEST – SP) A obtenção de água doce de boa qualidade está se tornando cada vez mais difícil devido ao adensamento populacional, às mudanças climáticas, à expansão da atividade industrial e à poluição. A água, uma vez captada, precisa ser purificada, o que é feito nas estações de tratamento. Um esquema do processo de purificação é:

→ A → B → C → D → E → F

em que as etapas B, D e F são:

B – adição de sulfato de alumínio e óxido de cálcio,
D – filtração em areia,
F – fluoretação.

Assim sendo, as etapas A, C e E devem ser, respectivamente,

a) filtração grosseira, decantação e cloração.
b) decantação, cloração e filtração grosseira.
c) cloração, neutralização e decantação.
d) filtração grosseira, neutralização e decantação.
e) neutralização, cloração e decantação.

40. (UNICAMP – SP) O tratamento da água é fruto do desenvolvimento científico que se traduz em aplicação tecnológica relativamente simples. Um dos processos mais comuns para o tratamento químico da água utiliza cal virgem (óxido de cálcio) e sulfato de alumínio. Os íons alumínio, em presença de íons hidroxila, formam deposição dos sólidos. A água é então separada e encaminhada a uma outra fase de tratamento.

a) Que nome se dá ao processo de separação acima descrito que faz uso da ação da gravidade?
b) Por que se usa cal virgem no processo de tratamento da água? Justifique usando equação(ões) química(s).
c) Em algumas estações de tratamento de água usa-se cloreto de ferro (III) em lugar de sulfato de alumínio. Escreva a fórmula e o nome do composto de ferro formado nesse caso.

41. (UNESP) Um sistema montado com um funil de adição (A), um kitassato (B) e um béquer (C), esse último contendo, inicialmente, apenas água destilada, pode ser utilizado para a produção de uma substância de uso muito comum em laboratórios e em indústrias químicas.

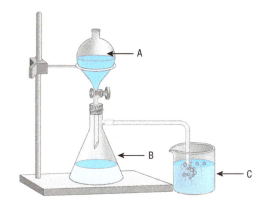

Assinale a alternativa que estabelece a **correta** correspondência entre os equipamentos e as substâncias neles presente durante o processo.

	FUNIL DE ADIÇÃO	KITASSATO	BÉQUER
a)	$H_2SO_4(aq)$	$NaCl(s)$	$HCl(aq)$
b)	$HCl(aq)$	$Na_2SO_4(s)$	$H_2SO_4(aq)$
c)	$NaCl(aq)$	$AgNO_3(s)$	$AgCl(aq)$
d)	$Na_2CO_3(aq)$	$CaCl_2(s)$	$CaCO_3(aq)$
e)	$HCl(aq)$	$FeS(s)$	$FeCl_3(aq)$

42. (PUC – SP) Considere o sistema abaixo:

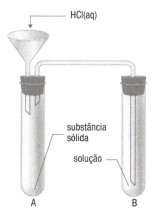

Adicionando-se HCl, observa-se, após a reação ter-se completado em A, o aparecimento de um precipitado branco em B. A substância sólida em A e a solução em B podem ser, respectivamente

a) NaCl e KOH(aq).
b) Na_2CO_3 e $Ba(OH)_2$(aq).
c) KNO_3 e $Ca(OH)_2$(aq).
d) $KMnO_4$ e KOH(aq).
e) K_2CO_3 e NaOH(aq).

43. (PUC – SP) Considere o aparelho abaixo:

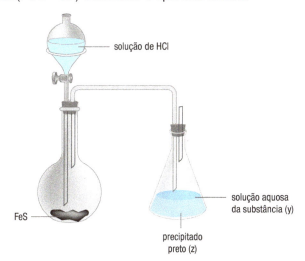

Adicionando-se ácido clorídrico ao balão, há uma reação com desprendimento de um gás (x), que, ao borbulhar na solução contida no erlenmeyer, reage, produzindo um precipitado preto (z).

O gás (x), a substância (y) e o precipitado (z) são, respectivamente:

a) SO_2, $Pb(NO_3)_2$, $PbSO_3$.
b) SO_2, $NaNO_3$, Na_2SO_3.
c) H_2S, $Pb(NO_3)_2$,   PbS.
d) H_2S, $NaNO_3$, Na_2S.
e) H_2S, $Pb(NO_3)_2$, $Pb(OH)_2$.

44. (FUVEST – SP) Para identificar quatro soluções aquosas, A, B, C e D, que podem ser soluções de hidróxido de sódio, sulfato de potássio, ácido sulfúrico e cloreto de bário, não necessariamente nessa ordem, foram efetuados três ensaios, descritos a seguir, com as respectivas observações.

   I. A adição de algumas gotas de fenolftaleína a amostras de cada solução fez com que apenas a amostra de B se tornasse rosada.
   II. A solução rosada, obtida no ensaio I, tornou-se incolor pela adição de amostra de A.
   III. Amostras de A e C produziram precipitados brancos quando misturadas em separado, com amostras de D.

Com base nessas observações e sabendo que sulfatos de metais alcalinoterrosos são pouco solúveis em água, pode-se concluir que A, B, C e D são, respectivamente, soluções aquosas de

a) H_2SO_4, NaOH, $BaCl_2$ e K_2SO_4.
b) $BaCl_2$, NaOH, K_2SO_4 e H_2SO_4.
c) NaOH, H_2SO_4, K_2SO_4 e $BaCl_2$.
d) K_2SO_4, H_2SO_4, $BaCl_2$ e NaOH.
e) H_2SO_4, NaOH, K_2SO_4 e $BaCl_2$.

Resolução:

No experimento I, a solução ficou rosada na amostra B, indicando presença de substância de caráter básico (NaOH).
No experimento II, ocorreu uma neutralização entre as amostras.

Composto A: H_2SO_4
Substância capaz de neutralizar a solução de NaOH.

Composto B: NaOH
Substância que, em solução aquosa, é capaz de tornar rosa a fenolftaleína.

Composto C: K_2SO_4
Substância que, em reação com $BaCl_2$ (substância D), forma precipitado branco e não reage com o composto A.

Composto D: $BaCl_2$
Substância que forma precipitado branco em reação com as substâncias A e C, segundo as equações abaixo:

H_2SO_4(aq) + $BaCl_2$(aq) ⟶ 2 HCl(aq) + $BaSO_4$(s)
composto A   composto D   precipitado branco

K_2SO_4(aq) + $BaCl_2$(aq) ⟶ 2 KCl(aq) + $BaSO_4$(s)
composto C   composto D   precipitado branco

Resposta: alternativa e.

---

45. DADO: os compostos iônicos de metais alcalinos são solúveis em água.

Um técnico de laboratório distraído preparou soluções de carbonato de potássio (K_2CO_3), hidróxido de sódio (NaOH) e de hidróxido de cálcio $Ca(OH)_2$, colocando-as em três frascos não rotulados (frascos X, Y e Z).

Para identificar as soluções, um aluno misturou, em três tubos de ensaio distintos, amostras de cada frasco com solução aquosa de ácido clorídrico. Nada foi observado nas soluções dos frascos X e Z, mas ocorreu uma efervescência no tubo que continha a solução do frasco Y.

Em seguida, o aluno combinou, dois a dois, os conteúdos de cada frasco (frascos X, Y e Z) em tubos de ensaios limpos.

Observou que só houve formação de precipitado quando misturou as soluções dos frascos X e Y.

Assinale a alternativa que identifica corretamente o conteúdo dos frascos X, Y e Z.

	FRASCO X	FRASCO Y	FRASCO Z
a)	$Ca(OH)_2$	NaOH	H_2CO_3
b)	NaOH	$Ca(OH)_2$	K_2CO_3
c)	NaOH	K_2CO_3	$Ca(OH)_2$
d)	$Ca(OH)_2$	K_2CO_3	NaOH
e)	K_2CO_3	$Ca(OH)_2$	NaOH

46. (ENEM) Realizou-se um experimento, utilizando-se o esquema mostrado na figura, para medir a condutibilidade elétrica das soluções.

KIT	SOLUÇÃO 1	SOLUÇÃO 2	SOLUÇÃO 3
1	H_3BO_3	$Mg(OH)_2$	$AgBr$
2	H_3PO_4	$Ca(OH)_2$	KCl
3	H_2SO_4	$NH_3 \cdot H_2O$	$AgBr$
4	$HClO_4$	$NaOH$	$NaCl$
5	HNO_3	$Zn(OH)_2$	$CaSO_4$

Qual dos *kits* analisados provocou o acendimento da lâmpada com um brilho mais intenso nas três soluções?

a) *Kit* 1.
b) *Kit* 2.
d) *Kit* 3.
d) *Kit* 4.
e) *Kit* 5.

Foram montados cinco *kits*, contendo, cada um, três soluções de mesma concentração, sendo uma de ácido, uma de base e outra de sal. Os *kits* analisados pelos alunos foram:

SÉRIE PLATINA

1. (FUVEST – SP) Em uma solução aquosa de ácido sulfúrico, adiciona-se gradativamente uma solução de hidróxido de bário e mede-se a condutibilidade elétrica do sistema, obtendo o seguinte gráfico:

Sabendo que o sal formado é insolúvel, interprete o gráfico e equacione a reação entre o ácido e a base.

2. (FUVEST – SP) Uma jovem estudante quis demonstrar para sua mãe o que é uma reação química. Para tanto, preparou, em cinco copos, as seguintes soluções:

COPO	SOLUÇÃO
1	vinagre
2	sal de cozinha + água
3	fermento químico ($NaHCO_3$) + água
4	açúcar + água
5	suco de limão

Em seguida, começou a fazer misturas aleatórias de amostras das soluções contidas nos copos, juntando duas amostras diferentes a cada vez. Qual é a probabilidade de que ocorra uma reação química ao misturar amostras dos conteúdos de dois dos cinco copos?

a) $\dfrac{1}{10}$ b) $\dfrac{1}{8}$ c) $\dfrac{1}{5}$ d) $\dfrac{1}{3}$ e) $\dfrac{1}{2}$

3. (FUVEST – SP) Cinco cilindros, A, B, C, D e E, contêm gases diferentes. Cada um contém apenas um dos seguintes gases: monóxido de carbono, dióxido de carbono, dióxido de enxofre, amônia e metano, não se sabendo, porém, qual gás está em qual cilindro. Com amostras dos gases, retiradas de cada cilindro, foram feitos os seguintes experimentos, a fim de identificá-los.

 I. Cada gás foi borbulhado em água, contendo algumas gotas de solução incolor de fenolftaleína. Apenas o do cilindro A produziu cor vermelha.
 II. O gás de cada cilindro foi borbulhado em água de cal. Apenas os gases dos cilindros C e D produziram precipitado.
 III. O gás do cilindro C não é combustível.
 IV. Os gases dos cilindros restantes (B e E) mostraram-se combustíveis. O gás do cilindro E é um óxido neutro.

DADOS:

Sais de cálcio pouco solúveis em água
$CaCO_3$ – carbonato de cálcio
$CaSO_3$ – sulfito de cálcio
$CaSO_4$ – sulfato de cálcio
CaC_2O_4 – oxalato de cálcio

a) Identifique os gases contidos nos cilindros A, B, C, D e E, preenchendo a tabela abaixo.

TUBO	GÁS
A	
B	
C	
D	
E	

b) Escreva as equações químicas balanceadas das reações do item I.

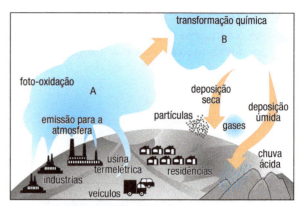

Atlas do Meio Ambiente do Brasil: Embrapa, 1996. Adaptado.

Com base na figura e em seus conhecimentos,

a) identifique, em **A**, um óxido (composto por dois elementos químicos que apresentam o fenômeno da alotropia) que se destaca nesse processo e, em **B**, um ácido que gera a chuva ácida, originado na reação do óxido destacado em **A**. Forneça a fórmula molecular de ambas as substâncias.

A	B

b) Para o ácido presente em **B**, apresente a sua fórmula estrutural.

c) Liste uma medida adotada pelo poder público para minimizar o problema da poluição atmosférica na cidade de São Paulo.

4. (FUVEST – SP – adaptada) Observe a imagem, que apresenta uma situação de intensa poluição do ar que danifica veículos, edifícios, monumentos, vegetação e acarreta transtornos ainda maiores para a população. Trata-se de chuvas com poluentes ácidos ou corrosivos produzidos por reações químicas na atmosfera.

5. (UNICAMP – SP – adaptada) Uma das alternativas para o tratamento de lixo sólido consiste na tecnologia de reciclagem quaternária, em que o lixo sólido não perecível é queimado em usinas específicas. Nessas usinas, os resíduos oriundos da queima são retidos e não são emitidos diretamente para o meio ambiente. Um dos sistemas para retenção da parte gasosa dos resíduos apresenta um filtro que contém uma das seguintes substâncias: Na_2CO_3, NaOH, CaO ou $CaCO_3$.

a) Identifique a qual função inorgânica cada uma das substâncias citadas no enunciado pertence e forneça seus respectivos nomes.

SUBSTÂNCIAS	FUNÇÃO INORGÂNICA	NOMENCLATURA
Na_2CO_3		
NaOH		
CaO		
$CaCO_3$		

Durante a queima que ocorre no tratamento do lixo, podem ser liberados os gases NO_2 e SO_2.

b) Cite um problema ambiental que está associado à liberação desses gases na atmosfera?

c) Escolha um desses gases (NO_2, SO_2 ou CO_2) e indique um filtro adequado para absorvê-lo, dentre as quatro possibilidades apresentadas no enunciado. Justifique sua escolha por meio da equação química balanceada que irá ocorrer e que promoverá a retenção do gás escolhido.

6. Observe a figura, que apresenta tubos de ensaio contendo em seu interior bolinhas feitas com esponja de aço e mergulhadas em diferentes soluções aquosas, todas de mesma concentração e à temperatura ambiente de 25 °C.

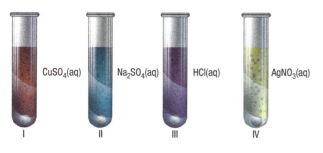

Em quais tubos haverá depósito de material metálico sobre a esponja de aço? Escreva as equações químicas.

7. Substâncias podem ser identificadas com base em propriedades químicas, conforme mostra a tabela abaixo.

Um aluno tem à disposição quatro frascos rotulados (A, B, C e D) e cada um deles contém um dos seguintes sólidos: dióxido de silício (areia), cloreto de amônio, sulfito de potássio e carbonato de cálcio, não necessariamente nessa ordem. Após realizar alguns experimentos e consultar as tabelas, o aluno pode identificar as substâncias.

I.

TABELA DE SOLUBILIDADE EM H_2O		
Compostos	Regra	Exceções
NH_4^+, Li^+, Na^+, K^+, Rb^+, Cs^+	solúveis	—
nitratos (NO_3^-)	solúveis	—
haletos (Cl^-, Br^-, I^-)	solúveis	Ag^+, Hg^+, Pb^{2+}
sulfatos (SO_4^{2-})	solúveis	Ba^{2+}, Sr^{2+}, Ca^{2+}, Ra^{2+}, Pb^{2+}
sulfetos (S^{2-})	insolúveis	Li^+, Na^+, K^+, Rb^+, Cs^+, NH_4^+, Ca^{2+}, Mg^{2+}, Sr^{2+}, Ba^{2+}
hidróxidos, óxidos, carbonatos (CO_3^{2-}) e fosfatos (PO_4^{3-})	insolúveis	Li^+, Na^+, K^+, Rb^+, Cs^+, NH_4^+

II.

Solubilidade em água	Condutividade elétrica da solução	Reação com HCl	Substância
sim	sim	sim	A
sim	sim	não	B
não	*	sim	C
não	*	não	D

Pode-se concluir que nos frascos A, B, C e D encontram-se respectivamente,

a) cloreto de amônio, dióxido de silício, sulfito de potássio e carbonato de cálcio.

b) cloreto de amônio, sulfito de potássio, dióxido de silício e carbonato de cálcio.
c) sulfito de potássio, cloreto de amônio, dióxido de silício e carbonato de cálcio.
d) sulfito de potássio, cloreto de amônio, carbonato de cálcio e dióxido de silício.
e) sulfito de potássio, dióxido de silício, cloreto de amônio e carbonato de cálcio.

Considerando essas representações, foram feitas as seguintes afirmações sobre os ácidos, entre elas, a sua força, que está associada à facilidade de um ácido liberar H^+ (quanto mais forte o ácido, mais facilmente esse ácido, em água, libera H^+).

I. HB é um ácido mais forte do que HA e HC.
II. Uma solução aquosa de HA deve apresentar maior condutibilidade elétrica do que uma solução aquosa de mesma concentração de HC.
III. Uma solução aquosa de HC deve apresentar pH maior do que uma solução aquosa de mesma concentração de HB.

Está **correto** o que se afirma em:

a) I, apenas.
b) I e II, apenas.
c) II e III, apenas.
d) I e III, apenas.
e) I, II e III.

8. (FUVEST – SP) As figuras a seguir representam, de maneira simplificada, as soluções aquosas de três ácidos, HA, HB e HC, de mesmas concentrações. As moléculas de água não estão representadas.

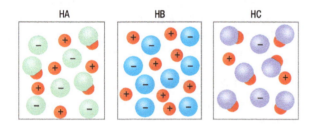

As Bases Experimentais dos Cálculos Químicos

13

No Capítulo 12, estudamos uma série de reações químicas. Entretanto, além de analisar os produtos formados, a Química também tem por objetivo calcular as quantidades de reagentes e produtos envolvidos nas transformações químicas. Esse olhar quantitativo para as reações químicas intensificou-se na virada do século XVIII para o século XIX, com os trabalhos de cientistas como Lavoisier, Proust e Dalton, que basearam suas conclusões em experiências ou comprovações feitas em laboratório.

Historicamente, essas contribuições resultaram em **leis empíricas ou experimentais**, que apareceram antes das ideias de átomos, moléculas, íons, fórmulas e equações químicas. Como veremos no Capítulo 13, essas leis constituem a base para o desenvolvimento da **estequiometria**, parte da Química responsável pelo estudo dos aspectos quantitativos das reações químicas.

Mesmo quem nunca fez uma receita de pão ou de bolo, sabe que existe uma proporção entre os ingredientes, testada e aprovada, para que o resultado seja satisfatório. Por exemplo, a proporção dos ingredientes para um bom pão-de-ló é 1 : 1 : 1 (1 ovo : 1 colher de sopa de farinha de trigo : 1 colher de sopa de açúcar). Na Química, esse cálculo das quantidades das substâncias envolvidas em uma reação é chamado de **estequiometria**, e segue leis bem definidas, como veremos neste capítulo.

13.1 Lei da Conservação da Massa ou Lei de Lavoisier

Aparelhagem utilizada por Lavoisier em suas experiências para obtenção de água a partir da combustão do hidrogênio.

Com a descoberta do gás oxigênio ("ar vital") pelo pastor protestante britânico Joseph **Priestley** (1733-1804), Lavoisier fez inúmeras experiências de queima de substâncias para verificar o papel do gás oxigênio nas combustões.

Lavoisier fez experiências em sistemas fechados, evitando assim o escape de gases.

Com o uso de um sistema desenvolvido por ele, uma de suas experiências foi a combustão do hidrogênio e formação de água. Para isso,

- retira-se o ar do balão de vidro A, ligando-se uma bomba de vácuo ao tubo B;
- pelo tubo C, introduz-se de forma controlada gás oxigênio (8 g);
- pelo tubo D, introduz-se gás hidrogênio (1 g). Pesa-se o balão (m_1);
- por um sistema (E), provoca-se uma faísca elétrica que inicia a combustão;
- determina-se a massa do balão (m_2), agora contendo água líquida, e verifica-se que $m_1 = m_2$, ou seja,

$$\text{hidrogênio} + \text{oxigênio} \longrightarrow \text{água}$$
$$1\text{ g} \quad\quad\quad 8\text{ g} \quad\quad\quad 9\text{ g}$$

Os diversos experimentos desenvolvidos por Lavoisier levaram ao estabelecimento da **lei da conservação da massa**, também conhecida como **Lei de Lavoisier**:

> Em uma reação química, realizada em recipiente fechado, a soma das massas dos reagentes é igual à soma das massas dos produtos.
>
> $$A + B \longrightarrow C + D$$
> $$m_A \quad m_B \quad\quad m_C \quad m_D$$
>
> $m_A + m_B = m_C + m_D$ vale para qualquer reação química.

Observe que a lei da conservação da massa é válida para recipientes *fechados*, pois em um recipiente aberto os gases podem entrar ou sair, o que pode levar à conclusão equivocada que a massa do conjunto aumenta ou diminui. Por exemplo, na combustão de metais, como o magnésio, há incorporação de oxigênio; portanto, a massa de sólido formado é **maior** que massa inicial do metal:

$$\text{magnésio} + \text{oxigênio} \longrightarrow \text{óxido de magnésio}$$
$$m \quad\quad\quad\quad\quad\quad\quad\quad\quad m'$$
$$m' > m$$

Lavoisier. Estátua em pedra, de Jacques-Léonard Maillet, ca. 1853. Museu do Louvre, Paris.

Por outro lado, na combustão de madeira, papel ou carvão, há uma **diminuição** da massa de sólido, pois há liberação de gases:

$$\text{carvão} + \text{oxigênio} \longrightarrow \text{cinza} + \text{gás carbônico} + \text{vapor-d'água}$$
$$m \hspace{6em} m'$$
$$m > m'$$

FIQUE POR DENTRO!

O método científico

Lavoisier, para apresentar a sua lei da conservação da massa, seguiu uma sequência de passos que é chamada de **método científico**. Basicamente, esse método consiste em:

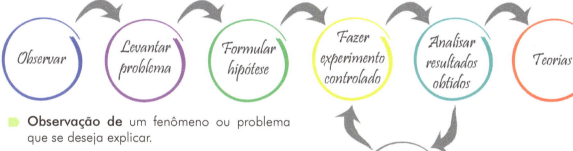

- **Observação de** um fenômeno ou problema que se deseja explicar.
- Formulação de **hipótese** que explique o problema.
- Planejamento e realização de um **experimento controlado**. No caso da combustão de hidrogênio para a formação de água, o experimento controlado seria a reação química em um recipiente fechado.
- **Análise dos resultados** obtidos, que tanto pode ser qualitativa (que não envolve dados numéricos) como quantitativa (que envolve dados numéricos). Em nosso exemplo, qualitativamente pôde-se observar que ao passar uma faísca elétrica na mistura dos gases hidrogênio e oxigênio, ocorreu a formação de água líquida. Quantitativamente, verificou-se que 1 g de hidrogênio reage com 8 g de oxigênio formando 9 g de água.
- **Repetição do experimento** para que sejam validadas as conclusões.
- Formulação de uma **lei** ou **teoria**: generalização apoiada no conhecimento científico, mas que pode ser alterada por novos conhecimentos. Em nosso exemplo, formulação da Lei de Lavoisier: "Em uma reação química, realizada em sistema fechado, a soma das massas dos reagentes é igual à soma das massas dos produtos".

Lavoisier publicou seus resultados em 1789, no livro *Traité Élémentaire de Chimie* (Tratado Elementar de Química), considerado um dos marcos iniciais da Química Moderna. Posteriormente, baseado no modelo atômico de Dalton, estudado no Capítulo 3, foi proposto que uma reação química consiste em um rearranjo de átomos, o que fornece uma explicação coerente para o resultado experimental de Lavoisier de que massa se conserva: o total de átomos no início (nos reagentes) é igual ao total de átomos no final (nos produtos). Analise a reação de formação de água, de acordo com Dalton (que não considerava, por exemplo, que as substâncias hidrogênio e oxigênio eram diatômicas):

hidrogênio + oxigênio ⟶ água

13.2 Lei das Proporções Constantes ou Lei de Proust

Joseph Louis Proust.

Joseph Louis **Proust** (1754-1826), químico francês, continuou os trabalhos de Lavoisier. Para uma mesma reação química fez várias experiências e notou que as massas que participavam eram **diretamente proporcionais** entre si, isto é, quando aumentávamos a massa de um reagente, era necessário aumentar a massa de outro reagente na mesma proporção. As quantidades mudam, mas a proporção em massa se mantém. Observe a proporção dos reagentes na formação de água:

	hidrogênio +	oxigênio ⟶	água
1ª experiência	1 g	8 g	9 g
2ª experiência	2 g	16 g	18 g
proporção das massas	$\dfrac{1}{2} = \dfrac{8}{16} = \dfrac{9}{18}$		

A água é sempre formada de hidrogênio e oxigênio e a massa de oxigênio *sempre* é 8 vezes maior do que a massa de hidrogênio.

Das experiências com substâncias puras, não importa qual processo Proust utilizava, ele pôde estabelecer a lei que leva seu nome (**Lei de Proust**), também conhecida como **lei das proporções definidas**:

> Em determinada reação química, a **proporção** entre as massas dos reagentes e dos produtos é **constante**.

Ou seja, em uma reação química, mesmo que repetida várias vezes, as massas das substâncias participantes são diretamente proporcionais:

$$A + B \longrightarrow C + D$$

1ª experiência m_A m_B m_C m_D
2ª experiência m'_A m'_B m'_C m'_D

$$\frac{m_A}{m'_A} = \frac{m_B}{m'_B} = \frac{m_C}{m'_C} = \frac{m_D}{m'_D} = \text{constante}$$

A Lei de Proust pode também ser representada em um gráfico, que sempre será uma **linha reta**. Por exemplo, vamos traçar o gráfico da reação a seguir:

	magnésio +	oxigênio ⟶	óxido de magnésio
1ª experiência	12 g	16 g	28 g
2ª experiência	24 g	32 g	56 g
3ª experiência	36 g	48 g	84 g

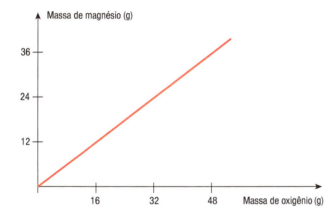

Nem sempre sabemos qual é a proporção exata dos reagentes de uma reação. Se fizermos reagir substâncias cujas massas não obedeçam à proporção em massa da reação, sobrará algum "excesso" delas. Por exemplo, na reação entre magnésio e oxigênio, se colocássemos 40 g de oxigênio na 2ª experiência (em vez de colocarmos 32 g), a proporção entre os elementos indicaria que o oxigênio está em excesso, pois reagiriam apenas 32 g de oxigênio e não 40 g (sobrariam 8 g de oxigênio):

magnésio   oxigênio

$\dfrac{12}{24} = 0{,}5$ $\dfrac{16}{40} = 0{,}4$ em vez de $\dfrac{16}{32} = 0{,}5$

Proust publicou seus resultados em 1799 e, assim como no caso da lei experimental proposta por Lavoisier, no início do século XIX, o modelo atômico proposto por Dalton também foi capaz de explicar, de forma satisfatória, os resultados experimentais de Proust: ao dobrar a quantidade de átomos nos reagentes, dobra-se também a quantidade de átomos nos produtos. Observe o exemplo para síntese de água (ainda considerando as substâncias hidrogênio e oxigênio como propostas por Dalton):

água é sempre ⊙◯

1ª experiência ⊙ + ◯ ⟶ ⊙◯

2ª experiência ⊙⊙ + ◯◯ ⟶ ⊙◯⊙◯

13.3 Lei Volumétrica de Gay-Lussac

Joseph Louis **Gay-Lussac** (1778-1850), químico e físico francês, era praticante do balonismo (bateu o recorde de altura – na época, 6 quilômetros) e se apaixonou pelo estudo dos gases. Gay-Lussac questionava a precisão experimental das medidas de massa utilizadas por Lavoisier e Proust para a reação de síntese de água: ele levantou a possibilidade de que a umidade poderia interferir na determinação precisa das massas de hidrogênio e oxigênio e sugeriu a análise dos volumes (na opinião dele, com medidas mais precisas) para essa reação. Em 1808, realizando cuidadosamente a síntese do vapor-d'água, verificou que dois volumes de hidrogênio se combinam com um volume de oxigênio.

Observe o resultado de duas experiências de síntese de vapor-d'água a partir de hidrogênio e de oxigênio:

	hidrogênio	+ oxigênio	⟶ vapor-d'água
1ª experiência	100 L	50 L	100 L
2ª experiência	37 L	18,5 L	37 L

Joseph Louis Gay-Lussac. Litografia de François Séraphin Delpech, ca. 1800-1850. Biblioteca do Congresso, Washington, EUA.

Na 1ª experiência, dividindo os volumes por 50 L, poderemos determinar as proporções volumétricas:

$$\frac{100}{50} = \frac{50}{50} = \frac{100}{50} \therefore 2:1:2 \text{ (proporção volumétrica)}$$

Na 2ª experiência, dividindo os volumes por 18,5 L, determinaremos as proporções volumétricas:

$$\frac{37}{18,5} = \frac{18,5}{18,5} = \frac{37}{18,5} \quad \therefore \quad 2:1:2 \quad (proporção\ volumétrica)$$

Repetindo a síntese de vapor-d'água, Gay-Lussac verificou que a proporção volumétrica era constante e de números inteiros e pequenos (2 : 1 : 2).

Observe que o volume do vapor-d'água é menor do que a soma dos volumes de hidrogênio e oxigênio, pois essa reação ocorre com contração de volume. Esse fato nem sempre se repetia para outras reações químicas com participação de gases. Veja os exemplos a seguir.

hidrogênio + cloro ⟶ cloreto de hidrogênio
1V + 1V = 2V

amônia ⟶ nitrogênio + hidrogênio
2V ≠ 1V + 3V

> **ATENÇÃO!**
>
> Em um sistema fechado, a **massa se conserva**, mas não necessariamente há **conservação de volume**.

Assim, com base em dados experimentais, pôde-se estabelecer a **lei volumétrica de Gay-Lussac:**

> Em uma reação, os volumes de reagentes e de produtos **gasosos** mantêm entre si sempre uma **proporção constante**, desde que mantidas as mesmas condições de temperatura e pressão.

Diferentemente do caso das leis de Lavoisier e Proust, o modelo atômico proposto por Dalton não explicava a proporção volumétrica da Lei de Gay-Lussac.

hidrogênio + oxigênio ⟶ vapor-d'água

Para Dalton, a proporção entre as partículas seria 1 : 1 : 1 e não a verificada experimentalmente (2 : 1 : 2) por Gay-Lussac.

13.3.1 As contribuições de Avogadro

Para explicar a proporção baseada na lei volumétrica de Gay-Lussac, o físico italiano Amedeo **Avogadro** (1776-1856) propôs, em 1811, que as substâncias simples poderiam ser formadas por agrupamentos de átomos iguais. Essas partículas, formadas por átomos (sejam eles iguais ou diferentes) ligados entre si, foram chamadas de **moléculas**.

ATENÇÃO!

Hipótese é uma teoria não confirmada pela comunidade científica, pois faltam dados experimentais para a sua confirmação. A hipótese de Avogadro auxiliou, por exemplo, na determinação das fórmulas corretas das substâncias, que será estudada no Capítulo 14.

Em seus estudos, Avogadro também levantou a hipótese de que a proporção volumétrica coincidiria com a proporção entre as moléculas; essa hipótese ficou conhecida como a **hipótese de Avogadro**.

hidrogênio + oxigênio ⟶ vapor-d'água
2V   1V   2V
2 moléculas   1 molécula   2 moléculas

No mesmo ano em que surgiu a hipótese de Avogadro, o químico sueco Berzelius pela primeira vez passou a representar os átomos dos elementos por letras de seus nomes. Por exemplo, H para hidrogênio e O para oxigênio.

Considerando as contribuições de Avogadro e a simbologia proposta por Berzelius, a reação de síntese de água passou a ser equacionada como:

$$2\,H_2 + 1\,O_2 \longrightarrow 2\,H_2O$$

Ao considerar o gás hidrogênio como formado por moléculas de H_2 (●●), o gás oxigênio por moléculas de O_2 (○○) e a água por moléculas de H_2O (●○●), a proporção entre as moléculas (2 : 1 : 2) passou a coincidir com a proporção volumétrica determinada anteriormente por Gay-Lussac.

LIGANDO OS PONTOS!

Eu moro em Laniakea. E você?

Com certeza, assim como eu e todos os outros habitantes do planeta Terra, você mora em Laniakea também!

O **trabalho científico**, como vimos neste capítulo, requer observação, hipóteses, experimentação, coleta de dados e confirmação dos resultados. Isso também é válido no campo da Astronomia.

No início dos anos 1980, os cientistas descobriram que as galáxias formam superaglomerados, agrupados pela ação da força da gravidade. E a nossa Via Láctea está no aglomerado de Virgem, na borda de um desses superaglomerados, chamado Laniakea, formado por 100 mil galáxias, com um diâmetro de 520 milhões de anos-luz.

Hoje, temos conhecimento suficiente para medir as distâncias entre as galáxias e a expansão do Universo, cuja velocidade segue leis já estabelecidas pela Ciência!

Conheça um pouco mais sobre nossa "casa", assistindo ao vídeo no endereço eletrônico a seguir (acesso em 11 out. 2019):

<https://www.youtube.com/watch?v=cv2Pl1pBPpo>

TEORIA DO BIG BANG
EXPANSÃO MÉTRICA DO UNIVERSO

A teoria do Big Bang busca explicar de forma científica o que aconteceu desde a formação do nosso Universo.

Via Láctea — ESTAMOS AQUI — SISTEMA SOLAR

Superaglomerado de Laniakea (em havaiano, céu imensurável)

13,7 bilhões de anos atrás
Big Bang. Uma explosão lança matéria e energia em todas as direções do que agora chamamos Universo.

13,6 bilhões de anos atrás
As primeiras estrelas são formadas.

13,2 bilhões de anos atrás
As primeiras galáxias são formadas, provavelmente a partir de densas nuvens de gases, agrupadas sob efeito de sua própria gravidade.

tempo presente
O Universo continua em expansão, tornando-se menos denso.

depois de 10^{11} bilhões de anos
Sob a influência de uma energia muito especial (chamada de energia escura) as galáxias ultrapassarão o horizonte cosmológico.

depois de 10^{14} bilhões de anos
Cessa a formação de estrelas e as restantes entram em fase de declínio. Os chamados buracos negros dominarão o Universo.

depois de 10^{40} bilhões de anos
Os buracos negros restantes serão instáveis e desaparecerão na forma de pósitrons e elétrons.

Fonte da imagem: COURTOIS, H. **Laniakea:** Où sommes nous dans l'univers? Lyon: Institut de Physique Nucléaire de Lyon/Université Lyon 1, p. 3. Disponível em: <https://indico.in2p3.fr/event/11789/attachments/5656/7058/2015_oct_Courtois_LPR.pdf>. Acesso em: 11 out. 2019.

SÉRIE BRONZE

1. (CEFET – SP) Os trabalhos de Antoine Laurent Lavoisier são considerados precursores da Química Moderna. Entre esses trabalhos podem ser citados os que investigaram
a) a natureza elétrica da matéria.
b) a relação entre pressão e volume de gases.
c) as relações de massas nas transformações químicas.
d) os processos de obtenção de materiais poliméricos.
e) a influência da luz nas transformações químicas.

2. (UNICASTELO – SP) Em uma determinação experimental sob condições controladas, 2,4 g de magnésio produziram 4,0 g de um sólido branco, identificado como óxido de magnésio.

A quantidade de oxigênio, em gramas, consumida nessa transformação corresponde a
a) 1,6.   d) 0,8.
b) 2,4.   e) 6,4.
c) 3,2.

3. Dada a tabela:

	A + B ⟶ C		
1º experimento	40 g	x	56 g
2º experimento	y	32 g	z

Determine os valores de x, y e z e cite o nome das leis ponderais que permitiram essa determinação.

Resolução:

Lei de Lavoisier: $40\text{ g} + x = 56\text{ g} \therefore x = 16\text{ g}$

Lei de Proust: $\dfrac{40\text{ g}}{y} = \dfrac{16\text{ g}}{32\text{ g}} \therefore y = 80\text{ g}$

Lei de Lavoisier: $80\text{ g} + 32\text{ g} = z \therefore z = 112\text{ g}$

4. Dada a tabela:

	A + B ⟶ C		
1º experimento	12 g	32 g	x
2º experimento	y	16 g	22 g
3º experimento	60 g	a	b

Determine os valores de x, y, a e b.

5. Dada a tabela:

MASSA DE OXIGÊNIO	MASSA DE CARBONO
4 g	1,5 g
8 g	3 g
16 g	6 g

Coloque os valores das massas no gráfico a seguir.

6. (UERJ) Desde o início, Lavoisier adotou uma abordagem moderna da Química. Essa era sintetizada por sua fé na balança.

STRATHERN, P. **O Sonho de Mendeleiev:** a verdadeira história da química. Rio de Janeiro: Jorge Zahar, 2002.

Do ponto de vista do método científico, essa frase traduz a relevância que Lavoisier atribuía a:

a) teorias.
b) modelos.
c) hipóteses.
d) experimentos.

Dados para as questões **7** e **8**.

A respeito de uma vela queimando, são feitas as afirmações numeradas de I a IV.

I. A vela, ao queimar, emite luz e calor.
II. O pavio é feito de três tiras de barbante retorcidas.
III. A vela queima, produzindo CO_2 e H_2O.
IV. O comprimento da vela diminui 10 cm por hora.

7. Qual(is) da(s) afirmativa(s) pode(m) ser considerada(s) observação(ões) quantitativa(s)?

a) Apenas II.
b) II e IV.
c) Apenas IV.
d) I, II e III.
e) I e IV.

8. Qual(is) da(s) afirmativa(s) pode(m) ser considerada(s) teoria(s) e não observação(ões)?

a) Apenas IV.
b) Apenas III.
c) II e III.
d) I, II e III.
e) I e IV.

9. Complete:

$$N_2 + 3 H_2 \longrightarrow 2 NH_3$$

| 1 V | 3 V | 2 V |
| 10 L | ____ | ____ |

10. Qual é o volume de oxigênio obtido a partir de 10 L de Cl_2O_5, nas mesmas condições de pressão e temperatura?

DADO: $2 Cl_2O_5 \longrightarrow 2 Cl_2 + 5 O_2$.

11. Complete com **átomos** ou **moléculas**.

Volumes iguais de gases diferentes (por exemplo, H_2 e CO_2 ou N_2 e CH_4) nas mesmas condições de pressão e temperatura apresentam o mesmo número de _____.

SÉRIE PRATA

1. Dada a tabela:

	CARVÃO +	HIDRO-GÊNIO	→ METANO	HÁ EXCESSO
1º experimento	12 g	4 g	16 g	não
2º experimento	140 g	40 g	x	sim

a) Qual é o reagente que está em excesso?
b) Determine o valor de x.

2. (FUVEST – SP)

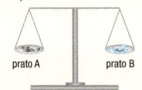

prato A   prato B

Os pratos A e B de uma balança foram equilibrados com um pedaço de papel em cada prato, efetuando-se a combustão apenas do material contido no prato A.

Esse procedimento foi repetido com palha de aço em lugar de papel. Após cada combustão, observou-se:

	COM PAPEL	COM PALHA DE AÇO
a)	A e B no mesmo nível	A e B no mesmo nível
b)	A abaixo de B	A abaixo de B
c)	A acima de B	A acima de B
d)	A acima de B	A abaixo de B
e)	A abaixo de B	A e B no mesmo nível

Resolução:
Na combustão do papel, são produzidos gases e a massa do prato A diminui. Assim, A fica acima de B. Já na combustão da palha de aço, gás oxigênio é incorporado ao produto e a massa aumenta. Assim, A fica abaixo de B.
Resposta: alternativa d.

3. (VUNESP) Quando um objeto de ferro enferruja ao ar, sua massa aumenta. Quando um palito de fósforo é aceso, sua massa diminui. Estas observações violam a lei da conservação das massas? Justifique sua resposta.

4. Quando se coloca um comprimido de sal de frutas em um copo com água, observa-se a formação de bolhas. Com base nesse fato, responda às questões.

a) A massa do sistema aumenta, diminui ou permanece constante? Por quê?
b) Por que o experimento não contraria a Lei de Lavoisier?

5. (UNESP) Foram analisadas três amostras (I, II e III) de óxidos de enxofre, procedentes de fontes distintas, obtendo-se os seguintes resultados:

AMOSTRA	MASSA DE ENXOFRE (g)	MASSA DE OXIGÊNIO (g)	MASSA DE AMOSTRA (g)
I	0,32	0,32	0,64
II	0,08	0,08	0,16
III	0,32	0,48	0,80

Esses resultados mostram que:
a) as amostras I, II e III são do mesmo óxido.
b) apenas as amostras I e II são do mesmo óxido.
c) apenas as amostras II e III são do mesmo óxido.
d) apenas as amostras I e III são do mesmo óxido.
e) as amostras I, II e III são de óxidos diferentes.

(UNIFOR – CE) Instruções: Para responder às questões de números **6** e **7**, considere o enunciado:

"Experimentalmente, verifica-se que na reação completa de 52 g de crômio com 24 g de oxigênio resulta óxido de crômio (III). Numa segunda experiência, 26 g de crômio são totalmente transformados no óxido".

6. Quantos gramas do produto são obtidos na segunda experiência?
a) 34   b) 38   c) 50   d) 52   e) 56

7. Para o cálculo da massa do produto aplicaram-se as leis ponderais de
   a) Lavoisier e Proust.
   b) Lavoisier e Dalton.
   c) Dalton e Proust.
   d) Proust e Richter.
   e) Dalton e Richter.

8. (UNISA – SP) Um estudante estava pesquisando um fenômeno e queria seguir corretamente as etapas do método científico. Em qual das sequências abaixo estão citadas em ordem **correta**, porém não necessariamente consecutiva, quatro etapas que ele teria seguido?
   a) Observação, experimentação, formulação de leis e criação de teoria.
   b) Criação de teoria, formulação de leis, experimentação e observação.
   c) Experimentação, levantamento de hipóteses, criação de teoria e observação.
   d) Levantamento de hipóteses, organização de dados, observação e formulação de leis.
   e) Observação, criação de teoria, formulação de leis e organização de dados.

9. Qual é o volume do ar necessário para oxidar 28 L de SO_2 (medidos nas condições normais), transformando-o em SO_3?
   DADO: o ar contém aproximadamente 20% de O_2 em volume.

10. Para a obtenção de amônia (NH_3) foram usados 100 mL de gás N_2 e 240 mL de gás H_2 nas mesmas condições de pressão e temperatura.
    Determine:
    a) o reagente limitante;
    b) o volume final do reagente em excesso;
    c) o volume de amônia produzido.

11. (Simulado – ENEM) Durante o final do século XVIII e o início do XIX, a Química viveu um período de grande movimentação rumo à sua constituição como disciplina científica, em que dados empíricos são compreendidos a partir de teorias e modelos explicativos racionais. Desse período, são as famosas leis ponderais e a teoria atômica de Dalton.

    Conforme a hipótese de Avogadro, datada de 1811, sob as mesmas condições de T e P, volumes iguais de quaisquer gases contêm o mesmo número de partículas. Utilizando um modelo de bolas, uma reação química em que a combinação de dois volumes do gás **A** com um volume do gás **B** resulta na formação de dois volumes de gás **C** poderia ser representada por

12. (UNESP) Enquanto estudava a natureza e as propriedades dos gases, um estudante anotou em seu caderno as seguintes observações sobre o comportamento de 1 litro de hidrogênio e 1 litro de argônio, armazenados na forma gasosa à mesma temperatura e pressão:
    I. Têm a mesma massa.
    II. Comportam-se como gases ideais.
    III. Têm o mesmo número de átomos.
    IV. Têm o mesmo número de mols.
    É **correto** o que o estudante anotou em
    a) I, II, III e IV.
    b) I e II, apenas.
    c) II e III, apenas.
    d) II e IV, apenas.
    e) III e IV, apenas.

SÉRIE OURO

1. (UFSCar – SP) O bicarbonato de sódio (fermento em pó) decompõe-se, originando carbonato de sódio, água e gás carbônico, sendo este o responsável pelo crescimento de bolos.

A equação que representa essa decomposição é:

bicarbonato de sódio → carbonato de sódio + água + gás carbônico

Utilizando as Leis de Lavoisier e Proust, determine os valores de **x**, **a**, **b**, **c**, **d**, **e**, **f**, **g**, **h** e **i** que completariam corretamente a tabela:

BICARBONATO DE SÓDIO	CARBONATO DE SÓDIO	ÁGUA	GÁS CARBÔNICO
168 g	106 g	18 g	x
a	b	c	22 g
d	e	36 g	f
1.680 g	g	h	i

2. (UNESP) Bicarbonato de sódio sólido aquecido se decompõe, produzindo carbonato de sódio sólido, além de água e dióxido de carbono gasosos. O gráfico mostra os resultados de um experimento em que foram determinadas as massas de carbonato de sódio obtidas pela decomposição de diferentes massas de bicarbonato de sódio.

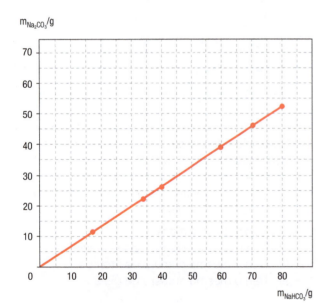

Os dados do gráfico permitem concluir que as massas de carbonato de sódio e bicarbonato de sódio nessa reação estão relacionadas pela equação $mNa_2CO_3 = k \cdot mNaHCO_3$, e que o valor aproximado de k é

a) 0,3.   b) 1,0.   c) 0,2.   d) 0,7.   e) 1,2.

3. (UEA – AM) Um frasco contendo $NaHCO_3(s)$ foi pesado e apresentou o valor de massa inicial indicado pelo bloco contido na figura. O frasco aberto foi aquecido na chama do bico de Bunsen e na decomposição da amostra foram produzidos os compostos $Na_2CO_3(s)$, $H_2O(g)$ e $CO_2(g)$. Após o final da reação, a massa do frasco com a amostra decomposta foi determinada e apresentou um valor de massa final.

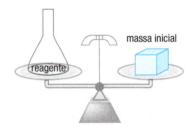

No experimento, o valor da razão massa final/massa inicial e o nome dado à lei da conservação da massa são, respectivamente,

a) > 1 e Proust.
b) > 1 e Lavoisier.
c) < 1 e Proust.
d) 1 e Lavoisier.
e) < 1 e Lavoisier.

4. (PUC – SP) Querendo verificar a lei da conservação das massas (Lei de Lavoisier), um estudante realizou a experiência esquematizada abaixo. Terminada a reação, o estudante verificou que a massa final era menor que a massa inicial. Assinale a alternativa que explica o ocorrido:

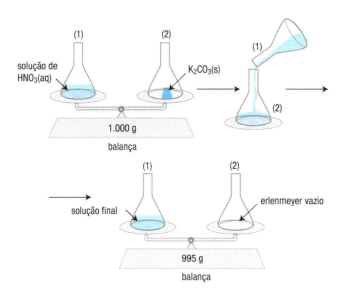

a) A Lei de Lavoisier só é válida nas condições normais de temperatura e pressão.
b) A Lei de Lavoisier não é válida para reações em solução aquosa.
c) De acordo com a Lei de Lavoisier, a massa dos produtos é igual à massa dos reagentes, quando estes se encontram na mesma fase de agregação.
d) Para que se verifique a Lei de Lavoisier, é necessário que o sistema seja fechado, o que não ocorreu na experiência realizada.
e) Houve excesso de um dos reagentes, o que invalida a Lei de Lavoisier.

5. (UFPE) Dois frascos, A e B, contendo diferentes reagentes, estão hermeticamente fechados e são colocados nos pratos de uma balança, que fica equilibrada como mostra o diagrama abaixo.

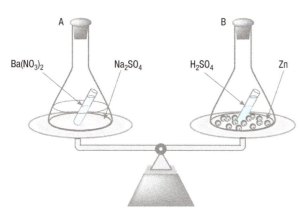

Os frascos são agitados para que os reagentes entrem em contato. As seguintes reações ocorrem:

Frasco A:

$$Na_2SO_2 + Ba(NO_3)_2 \longrightarrow 2\ NaNO_3 + BaSO_4$$
(precipitado branco)

Frasco B:

$$Zn(s) + H_2SO_4 \longrightarrow ZnSO_4 + H_2(g)$$

Indique os itens verdadeiros:

I. Com o andamento das reações, o braço da balança pende para o lado do frasco A.
II. Com o andamento das reações, o braço da balança pende para o lado do frasco B.
III. Os pratos da balança permanecem equilibrados.

6. (UTFPR) A figura a seguir mostra os dois pratos de uma balança indicados por E e D (prato esquerdo e prato direito, respectivamente).

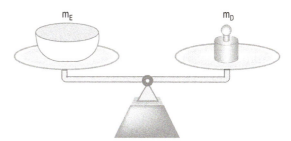

São realizados três experimentos distintos. Inicialmente, coloca-se uma determinada massa de substância no lado esquerdo da balança, sempre mantendo a balança em equilíbrio, como mostra a figura. A seguir, efetua-se a combustão da substância. Considerando que os experimentos foram realizados em um sistema aberto e reagindo-se:

1º experimento: papel;
2º experimento: palha de aço;
3º experimento: álcool;

pode-se afirmar que

a) ao queimar palha de aço, m_E abaixará em relação à posição inicial.
b) ao queimar papel e álcool, m_E abaixará em relação à posição inicial.
c) ao queimar papel e palha de aço, m_E permanecerá na mesma posição.
d) ao queimar papel e álcool, m_E pemanecerá na mesma posição.
e) em todas as reações, m_E subirá em relação à posição inicial.

7. (UERJ) "Na natureza nada se cria, nada se perde, tudo se transforma."

Esse enunciado é conhecido como lei da conservação das massas ou Lei de Lavoisier. Na época em que foi formulado, sua validade foi contestada, já que na queima de diferentes substâncias era possível observar aumento ou diminuição de massa. Para exemplificar esse fenômeno, considere as duas balanças idênticas I e II mostradas na figura a seguir. Nos pratos dessas balanças foram colocadas massas idênticas de carvão e de esponja de aço, assim distribuídas:

— pratos A e C: carvão;
— pratos B e D: esponja de aço.

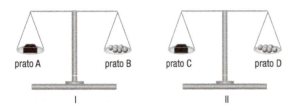

A seguir, nas mesmas condições reacionais, foram queimados os materiais contidos em B e C, o que provocou desequilíbrio nos pratos das balanças.

Para restabelecer o equilíbrio, serão necessários procedimentos de adição e retirada de massas, respectivamente, nos seguintes pratos:

a) A e D.　　b) B e C.　　c) C e A.　　d) D e B.

8. (UNESP) Numa viagem, um carro consome 10 kg de gasolina. Na combustão completa deste combustível, na condição de temperatura do motor, formam-se apenas compostos gasosos. Considerando-se o total de compostos formados, pode-se afirmar que eles

a) não têm massa.
b) pesam exatamente 10 kg.
c) pesam mais que 10 kg.
d) pesam menos que 10 kg.
e) são constituídos por massas iguais de água e gás carbônico.

9. (FUVEST – SP) A combustão do gás metano, CH_4, dá como produtos CO_2 e H_2O, ambos na fase gasosa. Se 1 L de metano for queimado na presença de 10 L de O_2, qual será o volume final da mistura resultante?

10. (UNESP) Considere a reação em fase gasosa:

$$N_2 + 3 H_2 \longrightarrow 2 NH_3$$

Fazendo-se reagir 4 L de N_2 com 9 L de H_2 em condições de pressão e temperatura constantes, pode-se afirmar que:

a) os reagentes estão em quantidades estequiométricas.
b) o N_2 está em excesso.
c) após o término da reação, os reagentes serão totalmente convertidos em amônia.
d) a reação se processa com aumento do volume total.
e) após o término da reação, serão formados 8 L de NH_3.

11. (FUVEST – SP) Em um artigo publicado em 1808, Gay-Lussac relatou que dois volumes de hidrogênio reagem com um volume de oxigênio, produzindo dois volumes de vapor-d'água (volumes medidos nas mesmas condições de pressão e temperatura).

Em outro artigo, publicado em 1811, Avogadro afirmou que volumes iguais, de quaisquer gases, sob as mesmas condições de pressão e temperatura, contêm o mesmo número de moléculas. Entre as representações a seguir, a que está de acordo com o exposto e com as fórmulas moleculares atuais do hidrogênio e do oxigênio é

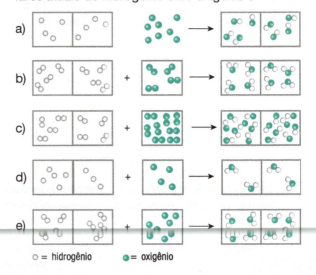

SÉRIE PLATINA

1. (FEI – SP – adaptada) Complete a tabela abaixo, sabendo que o ácido, a base e o sal das duas reações são os mesmos.

	ANTES DA REAÇÃO		DEPOIS DA REAÇÃO			
	Base	Ácido	Sal	Água	Ácido	Base
1ª reação	40 g	100 g	71 g		51 g	0 g
2ª reação			21,3 g		0 g	6 g

Dada a reação: base + ácido → sal + água

2. (UNESP) Aquecendo-se 21 g de ferro com 15 g de enxofre obtêm-se 33 g de sulfeto ferroso, restando 3 g de enxofre. Aquecendo-se 30 g de ferro com 16 g de enxofre obtêm-se 44 g de sulfeto ferroso, restando 2 g de ferro. Demonstre que esses dados obedecem às Leis de Lavoisier (conservação da massa) e de Proust (proporções definidas).

3. (FUVEST – SP – adaptada) Devido à toxicidade do mercúrio, em caso de derramamento desse metal, costuma-se espalhar enxofre no local para removê-lo. Mercúrio e enxofre reagem, gradativamente, formando sulfeto de mercúrio. Para fins de estudo, a reação pode ocorrer mais rapidamente se as duas substâncias forem misturadas num almofariz. Usando esse procedimento, foram feitos dois experimentos. No primeiro, 5,0 g de mercúrio e 1,0 g de enxofre reagiram, formando 5,8 g do produto, sobrando 0,2 g de enxofre. No segundo experimento, 12,0 g de mercúrio e 1,6 g de enxofre forneceram 11,6 g do produto, restando 2,0 g de mercúrio. Mostre que os dois experimentos estão de acordo com a lei da conservação da massa (Lavoisier) e a lei das proporções definidas (Proust).

4. (FUVEST – SP) Amônia e gás carbônico podem reagir formando ureia e água. O gráfico abaixo mostra as massas de ureia e de água que são produzidas em função da massa de amônia, considerando as reações completas.

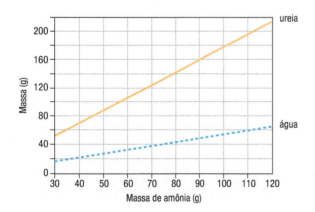

A partir dos dados do gráfico e dispondo-se de 270 g de amônia, a massa aproximada, em gramas, de gás carbônico minimamente necessária para reação completa com essa quantidade de amônia é

a) 120.   b) 270.   c) 350.   d) 630.   e) 700.

5. (FAMERP – SP) Dois recipientes idênticos, um contendo palha de aço e o outro bicarbonato de sódio, foram pesados. Ambos apresentaram o mesmo valor de massa X, conforme mostram as figuras.

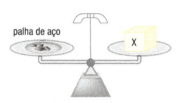

Na sequência, foram realizados dois experimentos.

Experimento 1: a palha de aço foi retirada do recipiente e submetida à combustão na chama do bico de Bunsen; o produto da reação foi retornado ao recipiente de origem que, colocado na balança, apresentou o valor de massa Y. A reação é representada na equação:

$$Fe(s) + \frac{1}{2} O_2(g) \longrightarrow FeO(s)$$

Experimento 2: o recipiente contendo bicarbonato de sódio foi inserido, aberto, em uma estufa aquecida a 140 °C, onde permaneceu por 30 minutos. O recipiente contendo o produto da reação foi colocado na balança, apresentando o valor de massa Z. A reação é representada na equação:

$$2\ NaHCO_3(s) \longrightarrow Na_2CO_3(s) + H_2O(g) + CO_2(g)$$

a) Para o experimento 1, faça um esquema da balança de dois pratos, desenhando no prato esquerdo o recipiente contendo o produto da reação e no prato direito o cubo de massa X, de modo que se possa perceber claramente o desequilíbrio da balança. Faça o esquema também para o experimento 2.

b) Como podemos determinar a massa dos gases no experimento 2? Qual é a lei ponderal que justifica o cálculo proposto?

essa proporção em volume está associada à proporção de moléculas que reagiram e se formaram na reação.

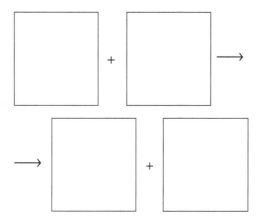

b) Considere que após a reação de combustão completa de determinada quantidade de metano (CH_4) em uma câmara de combustão hermeticamente fechada com gás oxigênio (O_2), é obtido o sistema final representado pela figura a seguir:

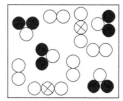

Identifique, a partir da figura acima, o reagente em excesso e o reagente limitante.

6. O metano (CH_4), um dos principais compostos presentes no gás natural, reage com o gás oxigênio (O_2), formando gás carbônico (CO_2) e vapor-d'água (H_2O). Em volume, para cada parte de metano que reage, são necessárias 2 partes de igual volume de oxigênio, formando uma parte de gás carbônico e 2 partes de vapor-d'água.

Considere que ● representa H (hidrogênio), ⊗ representa C (carbono) e ○ representa O (oxigênio).

a) Retrate, utilizando a representação fornecida acima, a reação de queima do metano citada no enunciado, levando em consideração a proporção em volume mencionada e sabendo que

c) Represente, no espaço abaixo, o sistema inicial que, após a reação completa, isto é, após o consumo total do reagente limitante, deu origem ao sistema final representado pela figura do item (b). Na sua representação, considere que apenas metano e gás oxigênio estavam presentes no sistema inicial e leve em consideração a proporção em volume entre os dois reagentes presentes.

Sabendo que Lavoisier utilizou 155 g de fósforo e quantidade suficiente de gás oxigênio, determine a quantidade de P_2O_5 obtida.

DADOS: massas: P = 31 g; O_2 = 32 g; P_2O_5 = 142 g.

b) Em outro experimento, Lavoisier inseriu no recipiente representado acima 62 g de fósforo e 48 g de gás oxigênio. Com base na equação já apresentada, identifique o reagente em excesso e a massa em excesso desse reagente.

7. Lavoisier e a conversação da massa

Da Antiguidade até a época de Lavoisier (1743-1794), vários autores alternadamente afirmaram ou negaram que a massa dos corpos fosse constante. De um modo geral, os partidários do atomismo afirmavam a conservação da massa; os alquimistas, por outro lado, acreditavam em alterações na massa das substâncias, assim como na cor, dureza, densidade ou qualquer outra propriedade.

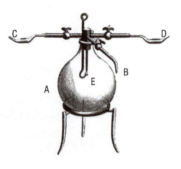

Em 1789, Lavoisier publicou o *Traité Élémentaire de Chimie*, que marcou época ao consolidar um processo conhecido como *revolução química*. Entre os inúmeros trabalhos presentes no livro, destacam-se o estabelecimento do conceito de elemento químico e da lei da conservação das massas, baseados em estudos sobre reações de combustão, utilizando diversos combustíveis, como o hidrogênio, o enxofre e o fósforo.

Fonte: LAVOISIER, A. L. *Traité Élémentaire de Chimie* (1789).

a) Em um dos experimentos envolvendo a combustão de fósforo vermelho (P) com gás oxigênio (O_2), Lavoisier verificou a formação de pentóxido de fósforo (P_2O_5), conforme a equação:

$$4\ P(s) + 5\ O_2(g) \longrightarrow 2\ P_2O_5(s)$$

c) Outra reação estudada por Lavoisier foi a síntese de água a partir dos gases hidrogênio e oxigênio. Em seus experimentos, Lavoisier verificou que 1 g de hidrogênio reagia com 8 g de oxigênio para formar 9 g de água. Para explicar as Leis Ponderais de Lavoisier e de Proust, o professor inglês John Dalton propôs, em 1803, que as substâncias seriam formadas por elementos, constituídos por partículas esféricas indivisíveis chamadas de **átomos**. Para Dalton, o gás oxigênio era representado por ◯, o gás hidrogênio, por ⊙, e a água, por ⊙◯. De acordo com a representação de Dalton, determine a proporção dessas substâncias na reação de síntese de água.

Observação: no item c, você não deve considerar o conceito de molécula.

d) A reação de síntese de água também foi estudada por Gay-Lussac, que focou seu trabalho na medição dos volumes envolvidos. Em 1808, verificou que dois volumes de hidrogênio se combinam com um volume de oxigênio, formando dois volumes de vapor-d'água. Essa proporção indica que, quando se trabalha com a medição de volume, não há conservação. Os resultados de Gay-Lussac contribuíram para o desenvolvimento do conceito de molécula.

Com base nesse novo conceito e utilizando a representação de ◯ para o átomo de oxigênio e ⊙ para o átomo de hidrogênio, represente esquematicamente a reação de síntese de água.

8. As figuras A, B, C e D representam recipientes de volumes dados e contendo substâncias gasosas nas mesmas condições de pressão e temperatura.

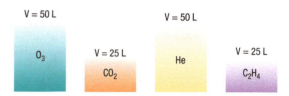

Pela Lei de Avogadro ("volumes iguais de gases quaisquer, nas mesmas condições de pressão e temperatura, encerram o mesmo número de moléculas"), é possível afirmar que o número de total de átomos é igual em:

a) A e C.
b) B e D.
c) C e D.
d) A e D.
e) B e C.

CAPÍTULO 14
Mol e Determinação de Fórmulas Químicas

A massa de um átomo depende principalmente da quantidade de prótons somada à quantidade de nêutrons (número de massa, A), uma vez que os elétrons têm massa desprezível em comparação à massa de prótons ou nêutrons (cerca de 1.800 menor).

Quanto maior o número de massa (A) maior a massa de um átomo. Por exemplo, comparando-se ^{12}C e ^{19}F, temos:

$$\frac{^{19}F}{^{12}C} = \frac{19}{12} = 1{,}583$$

A massa de um átomo de flúor é aproximadamente 1,583 vezes maior que a massa de um átomo de carbono. Com o uso de um *espectrômetro de massa* (aparelho que mede a massa de um átomo em gramas), tem-se:

- massa de um átomo de carbono = $2 \cdot 10^{-23}$ g
- massa de um átomo de flúor = $3{,}166 \cdot 10^{-23}$ g

o que confirma que a massa de um átomo de flúor é 1,583 vez maior que a massa de um átomo de carbono.

14.1 Unidade Unificada de Massa Atômica (u)

Em 1962, representantes da IUPAC (Química) e da IUPAP (Física) transformaram os valores das massas dos átomos, até en-

Quanto é a sua massa? Qual é a sua altura? Com certeza, você irá responder a essas perguntas com a massa em **quilos** e a altura em **metros**, que são as unidades básicas do Sistema Internacional (SI) para essas grandezas. No SI, a unidade básica para a quantidade de matéria é o **mol**, como veremos neste capítulo.

tão em gramas, em uma nova unidade chamada **unidade unificada de massa atômica** (cuja abreviação é **u**).

Na época, escolheram o isótopo C-12 como *átomo padrão* e definiram sua massa como exatamente *12,0000 u*. Portanto, *2×10^{-23} g equivalem a 12 u*.

Utilizando o espectrômetro de massas, é possível medir a massa de um átomo, expressando-a em **u**, o que chamamos de **massa atômica** (**MA**). Com esse equipamento, foi determinado que a massa atômica do flúor é de $3,1664 \cdot 10^{-23}$ g, cujo valor também pode ser expresso em u:

$$2 \cdot 10^{-23} \text{ g} \longrightarrow 12 \text{ u}$$
$$3,1664 \cdot 10^{-23} \text{ g} \longrightarrow MA(F) \quad \therefore \quad MA(F) = 18,9984 \text{ u}$$

Nos exercícios, em geral, trabalhamos com valores arredondados; portanto, no exemplo acima, MA(F) ≅ 19 u. Não há necessidade de decorar os valores das massas atômicas, pois eles são fornecidos nos exercícios, seja na forma de dados, seja na própria Tabela Periódica.

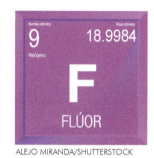

Entre os dois números fornecidos numa quadrícula da Tabela Periódica, o número inteiro e menor é o que representa o número de prótons no núcleo, enquanto o outro número (maior e geralmente com algarismos decimais) indica a massa atômica.

ALEJO MIRANDA/SHUTTERSTOCK

14.1.1 Massa atômica média de um elemento que apresenta isótopos

A maioria dos elementos químicos é composta por uma mistura de isótopos (átomos com o mesmo número atômico, porém com diferente número de massa). Por meio do espectrômetro de massa verifica-se que o elemento cloro, por exemplo, é uma mistura de dois isótopos. Esse equipamento pode fornecer como resultado um gráfico chamado **espectro de massas**, no qual as massas atômicas são indicadas no eixo das abscissas e as porcentagens em átomos de cada isótopo (a abundância isotópica) estão no eixo das ordenadas. Cada pico do gráfico representa um isótopo, como pode ser visto no gráfico ao lado para o exemplo do cloro.

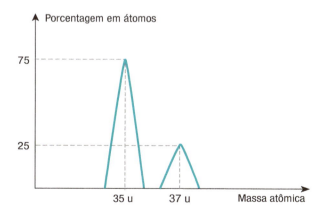

Na Tabela Periódica é indicado o **valor médio** das massas atômicas dos isótopos, o que corresponde à **média ponderada** dessas massas, onde os pesos são justamente a abundância isotópica de cada isótopo:

$$MA(Cl) = \frac{75 \cdot 35 + 25 \cdot 37 \text{ u}}{100}$$

$$MA(Cl) = 35,5 \text{ u}$$

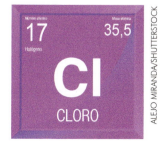

ALEJO MIRANDA/SHUTTERSTOCK

14.1.2 Massa molecular (MM)

A massa de *uma molécula* expressa em u é chamada de **massa molecular**, e é determinada somando-se as massas totais de cada átomo na molécula. Veja os exemplos abaixo:

- água (H_2O):

    H = 1 u, O = 16 u

    $MM(H_2O) = 2 \cdot 1\,u + 1 \cdot 16\,u = 18\,u$ (1 molécula)

- bromometano (CH_3Br):

    H = 1 u, C = 12, Br = 79,9 u

    $MM(CH_3Br) = 3 \cdot 1\,u + 1 \cdot 12\,u + 1 \cdot 79,9\,u = 94,9\,u$ (1 molécula)

FIQUE POR DENTRO!

Espectrometria de massa

A espectrometria de massa é um método que permite identificar os átomos que compõem uma substância e determinar as massas atômicas e moleculares. Um esquema de um espectrômetro de massa é apresentado na figura a seguir.

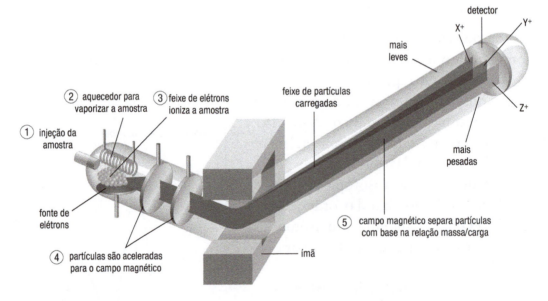

Desenho esquemático do funcionamento de um espectrômetro de massa.

Já vimos o espectro de massa para o cloro. Agora, para entender melhor o funcionamento do espectrômetro de massas, vamos analisar outro exemplo: o do elemento bromo. Inicialmente, a amostra de bromo (Br_2) é inserida no equipamento e aquecida para que seja primeiro vaporizada e, depois, para que seja quebrada a ligação Br-Br, produzindo átomos de bromo. Na sequência, os átomos de bromo são bombardeados com um feixe de elétrons para gerar íons positivos, a maioria com carga +1 (Br^+). Esses íons são acelerados em direção a um campo magnético que provoca o desvio de suas trajetórias. Para íons de mesma carga, o grau de desvio depende da massa – quanto maior a massa do íon, menor o desvio. Dessa forma, os íons são separados de acordo com suas massas, fornecendo informações para a construção de um gráfico (o **espectro de massa**) da intensidade do sinal de cada isótopo em função da sua massa.

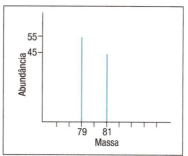

Espectro de massa esquemático do bromo.

A figura acima apresenta o espectro de massa para o elemento bromo (massa atômica: 79,9 u), que revela a presença de dois isótopos: o bromo-79, 55%, e o bromo-81, 45%. A análise de um espectro de massa fornece tanto as massas dos íons que atingem o detector quanto suas abundâncias relativas. Essas abundâncias são obtidas a partir da intensidade de seus sinais.

Espectrômetro de massa utilizado em laboratórios de Química.

Já para compostos mais complexos, como o bromometano (CH_3Br – massa molecular: 94,9 u), o feixe de elétrons, ao incidir sobre a amostra, provoca, além da ionização da amostra, a sua fragmentação. Os espectrômetros de massa medem as massas desses fragmentos, produzindo uma impressão digital química da substância e fornecendo indícios de como os átomos estavam ligados entre si na substância original. É por esse motivo que no espectro de massa do bromometano, reproduzido ao lado, há a presença de diversos picos, que podem ajudar a identificar como os átomos de um composto desconhecido estão ligados entre si.

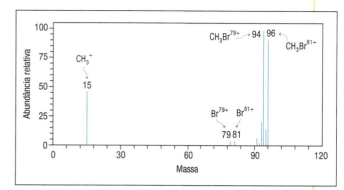

Espectro de massa do bromometano. Os picos com maior abundância são os de massa 94 e 96, que correspondem ao bromometano composto, respectivamente, por bromo-79 e por bromo-81. Os picos de massa 79 e 81 correspondem ao bromo. Já o pico de massa 15 corresponde ao fragmento $-CH_3$.

14.2 Mol e Massa Molar

O espectrômetro de massas permite analisar átomos e moléculas de forma isolada, entretanto, em outras aplicações, seja na indústria química, seja em laboratório, dificilmente trabalharemos com apenas poucos átomos ou moléculas. Em primeiro lugar, porque as reações estudadas demorariam muito tempo para ocorrer. Por exemplo, para a reação entre H_2 e I_2 (que forma HI) ocorrer é necessário que uma molécula de H_2 colida com uma molécula de I_2. Se tivermos apenas poucas moléculas reagindo, o tempo necessário para que a colisão de fato ocorra será demasiadamente longo. Além disso, trabalhar com outras moléculas também traz a dificuldade de identificar se realmente ocorreu a reação, pois será difícil medir a quantidade de produto formado.

Por esse motivo, os químicos trabalham com quantidades de partículas expressas em **mol**. Em 20 de maio de 2019, o Comitê Internacional de Pesos e Medidas implementou uma nova definição para mol:

> Um mol contém exatamente $6{,}02214076 \cdot 10^{23}$ entidades elementares.

O número na atual definição do mol ($6{,}02214076 \cdot 10^{23}$, usualmente aproximado, nos exercícios, para $6{,}022 \cdot 10^{23}$ ou até mesmo $6 \cdot 10^{23}$) corresponde à **constante de Avogadro**, N_A, cujo nome foi dado em homenagem ao químico italiano Amedeo Avogadro. Independentemente da espécie química analisada, um mol dela contém exatamente a mesma quantidade de entidades. Observe os exemplos a seguir:

- 1 mol de carbono contém $6{,}022 \cdot 10^{23}$ átomos de carbono;
- 1 mol de água contém $6{,}022 \cdot 10^{23}$ moléculas de água;
- 1 mol de Na^+ contém $6{,}022 \cdot 10^{23}$ cátions Na^+.

FIQUE POR DENTRO!

Antiga definição para o mol

Antes da atualização ocorrida em 2019, o mol era definido como a quantidade de substância de um sistema que contém tantas entidades elementares quantos são os átomos de carbono-12 no estado fundamental (isto é, não ligados por meio de ligações químicas) contidos em 0,012 quilograma de carbono-12.

A atualização para a definição do mol foi promovida em virtude de outras alterações ocorridas em outras medidas de referências, como quilograma. Na definição válida antes de 2019, a unidade mol estava relacionada a unidade quilograma. Já na definição atual, não há esse tipo de dependência.

LIGANDO OS PONTOS!

O que é maior: o número de grãos de areia na Terra ou o número de estrelas no céu?

Vista panorâmica do céu estrelado sobre uma praia nas ilhas Maldivas, no meio do oceano Índico.

Essa é uma pergunta antiga, que provavelmente você já se fez quando era uma criança andando pela praia. Apesar de não ser possível contar realmente grãos de areia e estrelas, nós podemos estimar seu número!

Pesquisadores na Universidade do Havaí determinaram a quantidade de grãos de areia presentes em uma colher de chá e o seu tamanho médio para depois, considerando todas as praias e desertos na Terra, estimarem (de forma bastante grosseira) que, no nosso planeta, haveria $7,5 \cdot 10^{18}$ grãos de areia – o que equivale a apenas 0,0012% do valor da constante de Avogadro!

Já quando olhamos para o céu, mesmo num local sem poluição, com certeza não vemos tantas estrelas assim: provavelmente veremos algo em torno de algumas milhares de estrelas. Agora, se consideramos o Universo como um todo, esse número aumenta bastante: há aproximadamente 200 bilhões de estrelas na Via Láctea e praticamente esse mesmo número de galáxias no Universo que observamos. Assim, podemos estimar que, no Universo observável, há cerca de $4 \cdot 10^{22}$ estrelas (200 bilhões vezes 200 bilhões) – o que equivale a menos de 7% do valor da constante de Avogadro!

Por outro lado, em uma gota de água há aproximadamente $4,7 \cdot 10^{20}$ moléculas de água – cerca de 0,8% de um mol. Na realidade, nós bebemos mais de 1 mol de água todos os dias. Portanto, na próxima vez que você pegar uma garrafa de água, reflita um pouco: há um número maior de moléculas de água nessa garrafa do que a quantidade de grãos de areia na Terra ou de estrelas que nós podemos ver!

Nos cálculos químicos, as quantidades de átomos, moléculas ou íons são expressas em mol, razão pela qual é frequente o uso da **massa molar** (M), a massa em gramas de um mol de determinada entidade, como massa de referência.

Em virtude da antiga definição do mol (que relacionava a definição do mol ao quilograma), os valores das massas molares são numericamente iguais aos valores das massas atômicas ou moleculares. Isso decorre do fato de que o valor da constante de Avogadro foi determinado a partir da relação entre a unidade unificada de massa atômica e o grama: $1 \text{ g} \cong 6 \cdot 10^{23}$ u. Por esse motivo, as informações de massa contida na Tabela Periódica também indicam os valores das massas molares.

Atualmente, a unidade da massa molar é **g/mol** para lembrar que é a massa de 1 mol. Por exemplo,

- C: M = 12 g/mol
- H_2O: M = 18 g/mol
- Ag: M = 108 g/mol
- $C_6H_{12}O_6$: M = 180 g/mol

Número e tipo de partículas em um mol de algumas substâncias.

NOME	FÓRMULA	MASSA MOLECULAR (u)	MASSA MOLAR (g/mol)	NÚMERO E TIPO DE PARTÍCULAS EM UM MOL
nitrogênio atômico	N	14,0	14,0	$6,022 \cdot 10^{23}$ átomos de N
nitrogênio molecular	N_2	28,0	28,0	$6,022 \cdot 10^{23}$ moléculas de N_2 $2(6,022 \cdot 10^{23})$ átomos de N
prata	Ag	107,9	107,9	$6,022 \cdot 10^{23}$ átomos de Ag
íons prata	Ag^+	107,9	107,9	$6,022 \cdot 10^{23}$ íons de Ag^+
cloreto de bário	$BaCl_2$	208,2	208,2	$6,022 \cdot 10^{23}$ unidades de $BaCl_2$ $6,022 \cdot 10^{23}$ íons Ba^{2+} $2(6,022 \cdot 10^{23})$ íons de Cl^-

LIGANDO OS PONTOS!

Medidas especiais para distâncias tão grandes!

Para estruturas na escala de átomos e moléculas, vimos a necessidade de trabalhar com unidades que levassem em consideração as dimensões do mundo atômico, como a unidade unificada de massa atômica e o mol.

Encontramos a mesma necessidade quando passamos a estudar os extremos do Universo. Em nosso planeta, as maiores distâncias são medidas em quilômetros, um múltiplo do metro. Se essa unidade de medida pode ser utilizada para distância entre corpos celestes do Sistema Solar, como a distância entre a Terra e a Lua (384.400 km), entre a Terra e o Sol (149.600.000 km), entre Saturno e o Sol (1.430.000.000 km), ela não é a mais adequada para medirmos distâncias fora do Sistema Solar.

Algumas das unidades de medida utilizadas em Astronomia são a **unidade astronômica** (ua), o **ano-luz** (al) e o **parsec** (pc).

A unidade astronômica equivale a 150 milhões de km, ou seja, aproximadamente, a distância entre a Terra e o Sol. Ela é utilizada, por exemplo, para medir a distância de órbitas dentro do Sistema Solar.

Para distâncias maiores é utilizado o ano-luz, que é a distância, no vácuo, percorrida pela luz durante um ano terrestre. Para calcular o valor dessa unidade, leva-se em conta a velocidade da luz no vácuo (cerca de 300.000 km/s), o que nos leva ao valor aproximado de

1 al = 9.500.000.000.000.000 m
1 al = $9,5 \times 10^{15}$ m

A uma distância aproximada de 2,5 milhões de anos-luz, Andrômeda – ou M31 – é a galáxia de grandes dimensões mais próxima da Via Láctea (existem outras galáxias menores mais próximas à nossa). Andrômeda é tão extensa, cerca de 260.000 anos-luz, que foi necessário agrupar onze imagens distintas para produzir a foto acima.

Outra unidade é o parsec (pc), utilizado para medir distâncias muito maiores, como as de galáxias distantes. Seu cálculo leva em conta a paralaxe, que é o deslocamento aparente de um corpo celeste quando se modifica o local de observação. Equivale a 206.265 ua, ou seja, a cerca de $3,1 \times 10^{13}$ km.

Apesar das variadas discussões, estima-se que a distância da Terra ao limite do Universo visível seja de 14 bilhões de parsecs (o que equivale a 46 bilhões de anos-luz). Como se nota, o limite está logo ali...

14.3 Determinação de Fórmulas

Ao longo de todos os capítulos que percorremos nesse livro, utilizamos fórmulas e nomes para identificar as inúmeras substâncias químicas estudadas. Por exemplo:

- ácido clorídrico: HCl
- hidróxido de magnésio: $Mg(OH)_2$
- óxido de ferro (III): Fe_2O_3
- sulfato de cobre (II): $CuSO_4$
- etanol: C_2H_6O

Essas são as chamadas **fórmulas moleculares** e representam de fato a estrutura da substância considerada; por esse motivo, são as mais utilizadas nos cálculos químicos.

Contudo, elas não foram as primeiras fórmulas a aparecerem na Química. As fórmulas surgiram na segunda metade do século XIX, como consequência das leis das reações químicas (lei da conservação das massas e lei das proporções definidas), estudadas no Capítulo 13, e da teoria atômico-molecular.

O primeiro tipo de fórmula sugerida foi a **fórmula percentual**, que se refere às porcentagens em massa dos elementos formadores da substância considerada.

A partir da fórmula percentual e do conhecimento das massas atômicas dos elementos, pôde-se determinar a **fórmula mínima**, que indica a proporção em números inteiros dos átomos formadores da substância.

Por fim, somente com o advento de técnicas para determinar a massa molecular das substâncias, como a espectrometria de massa, é que foi possível determinar as **fórmulas moleculares**.

14.3.1 Fórmula percentual ou centesimal

A **fórmula percentual** (ou **centesimal**) representa as **porcentagens em massa** dos elementos existentes na substância. Por exemplo, a fórmula percentual do metano é $C_{75\%}H_{25\%}$. Isso significa que em cada 100 gramas de metano, há 75 gramas de carbono e 25 gramas de hidrogênio. Acompanhe os exemplos a seguir.

- **1º exemplo:** determinação da fórmula percentual a partir de dados experimentais.

Verifica-se experimentalmente que 5 g de um composto contêm 2 g de cálcio, 0,6 g de carbono e 2,4 g de oxigênio. Determine a fórmula percentual em massa desse composto.

Resolução:

composto	cálcio	carbono	oxigênio
5 g	2 g	0,6 g	2,4 g
100%	x	y	z

Ca   5 g ——— 2 g
     100% ——— x   ∴ x = 40%

C   5 g ——— 0,6 g
     100% ——— y   ∴ y = 12%

O   5 g ——— 2,4 g
     100% ——— z   ∴ z = 48%

Portanto, a fórmula percentual do composto é $Ca_{40\%}C_{12\%}O_{48\%}$.

- **2º exemplo:** determinação da fórmula percentual a partir da fórmula molecular ou da fórmula mínima.

Calcule a fórmula percentual da glicose ($C_6H_{12}O_6$).

DADOS: C = 12; H = 1; O = 16.

Resolução:

1º passo – calcular a massa molar.

$\overline{M} = 6 \cdot 12\,u + 12 \cdot 1\,u + 6 \cdot 16\,u = 180\,u$

2º passo – calcular as porcentagens em massa usando regras de três.

C   180 g ——— 6 · 12 g
     100% ——— x   ∴ x = 40%

H   180 g ——— 12 · 1 g
     100% ——— x   ∴ x = 6,7%

O   180 g ——— 6 · 16 g
     100% ——— x   ∴ x = 53,3%

Portanto, a fórmula percentual da glicose é $C_{40\%}H_{6,7\%}O_{53,3\%}$.

14.3.2 Fórmula mínima ou empírica

A **fórmula mínima** (ou **empírica**) indica os **elementos** formadores da substância e a **proporção em número de átomos** desses elementos, sempre expressa em números inteiros e os menores possíveis.

A fórmula molecular da glicose é $C_6H_{12}O_6$. Já a fórmula mínima é CH_2O, uma vez que trata da proporção em números inteiros e os menores possíveis. Vejamos alguns exemplos.

- **1º exemplo:** determinação da fórmula mínima a partir da fórmula molecular. Observe na tabela a seguir que, para obter a fórmula mínima, os índices da fórmula molecular de cada substância foram simplificados para os menores índices inteiros:

SUBSTÂNCIA	FÓRMULA MOLECULAR	FÓRMULA MÍNIMA
glicose	$C_6H_{12}O_6$	CH_2O
água oxigenada	H_2O_2	HO
ozônio	O_3	O
ácido acético	$C_2H_4O_2$	CH_2O
ácido sulfúrico	H_2SO_4	H_2SO_4
água	H_2O	H_2O
sacarose	$C_{12}H_{22}O_{11}$	$C_{12}H_{22}O_{11}$

Lembre-se que a fórmula mínima não corresponde a nenhuma substância, pois sua função é apenas indicar uma proporção mínima de átomos.

- **2º exemplo:** determinação da fórmula mínima a partir de dados experimentais, como valores de massa ou porcentagem em massa.

Calcular a fórmula mínima de um composto que apresenta $C_{40\%}H_{6,7\%}O_{53,3\%}$.

DADOS: $C = 12$; $H = 1$; $O = 16$.

Resolução:

1º passo – determinar a quantidade em mol de cada elemento, por meio das fórmulas:

$$n = \frac{m}{M} \quad \text{ou} \quad n = \frac{\%}{M}, \text{ onde M é a massa molar}$$

$$C_{\frac{40}{12}} H_{\frac{6,7}{1}} O_{\frac{53,3}{16}} \Rightarrow C_{3,33} H_{6,7} O_{3,33}$$

2º passo – dividir os resultados obtidos pelo menor valor encontrado. Somente arredondar para número inteiro quando a primeira casa após a vírgula for igual a 9, 1 ou 0:

$3,9\_ \to 4$
$3,1\_ \to 3$
$3,0\_ \to 3$
$3,7\_ \to 3,7$

$$C_{\frac{3,33}{3,33}} H_{\frac{6,7}{3,33}} O_{\frac{3,33}{3,33}} \Rightarrow C_1 H_{2,01} O_1 \Rightarrow CH_2O$$

3º passo – caso algum dos valores obtidos não possa ser arredondado, multiplicar todos os valores por 2, 3, 4 etc. até que se obtenham números inteiros.

No caso analisado, não há necessidade dessa multiplicação, uma vez que os índices obtidos após o 2º passo são todos inteiros. Portanto, a fórmula mínima do composto dado é CH_2O.

14.3.3 Fórmula molecular

A fórmula molecular indica os elementos formadores da substância e o número de átomos de cada elemento na molécula dessa substância. Vejamos alguns exemplos.

- **1º exemplo:** determinação da fórmula molecular a partir da fórmula mínima e da massa molecular (ou massa molar).

Um componente da gasolina tem fórmula mínima C_4H_9 e massa molecular igual a 114 u. Qual é a fórmula molecular desse componente?

DADOS: C = 12; H = 1.

Resolução:

Já vimos que a fórmula mínima corresponde a uma "simplificação matemática" da fórmula molecular. Assim, a fórmula molecular ou coincide ou é um múltiplo exato da fórmula mínima. Portanto, deve-se determinar quantas vezes a fórmula mínima "cabe" na fórmula molecular:

$$\text{fórmula molecular} = x \cdot \text{fórmula mínima}$$

1º passo – determinar a massa da fórmula mínima:

$$MM_{\text{fórmula mínima}} = 4 \cdot 12 \text{ u} + 9 \cdot 1 \text{ u} = 57 \text{ u}$$

2º passo – calcular x:

$$114 \text{ u} = x \cdot 57 \text{ u} \Rightarrow x = 2$$

3º passo – multiplicar a fórmula mínima por x para obter a fórmula molecular:

$$(C_4H_9)_2 \Rightarrow \text{a fórmula molecular é } C_8H_{18}$$

- **2º exemplo:** determinação da fórmula molecular a partir de dados experimentais (massa ou %) e massa molecular.

Calcular a fórmula molecular de um composto que apresenta $C_{80\%}H_{20\%}$ e massa molecular 30 u.

DADOS: C = 12; H = 1.

Resolução:

1º passo – determinar a fórmula mínima:

$$C_{80\%}H_{20\%} \Rightarrow C_{\frac{80}{12}}H_{\frac{20}{1}} \Rightarrow C_{6,66}H_{20}$$

$$C_{6,66}H_{20} \Rightarrow C_{\frac{6,66}{6,66}}H_{\frac{20}{6,66}} \Rightarrow CH_3$$

2º passo – repetir o 1º, 2º e 3º passos do exemplo anterior:

$MM_{\text{fórmula mínima}} = 1 \cdot 12\,u + 3 \cdot 1\,u = 15\,u$

$30\,u = x \cdot 15\,u \Rightarrow x = 2$

$(CH_3)_2 \Rightarrow$ a fórmula molecular é C_2H_6

LIGANDO OS PONTOS!

As "fórmulas" nas Ciências da Natureza

Entre as várias acepções da palavra "fórmula", neste capítulo ela foi empregada no sentido de apresentar de modo resumido e preciso os elementos de determinada substância. Mas "fórmula" também é um modo de expressar os componentes de certo remédio que precisamos aviar, ou um tipo de competição – como a Fórmula 1 –, ou um conjunto de procedimentos para a execução de uma tarefa ou mesmo um modelo matemático que serve de base para a elaboração de equações utilizadas nas ciências.

No campo da Física, são muitas as equações que nos auxiliam a compreender a expansão do Universo e a formação dos corpos celestes, sendo uma das mais conhecidas a equação da gravidade formulada por Albert Einstein, conhecida como *equação de campo de Einstein*, e que relaciona toda a energia do Universo com a matéria, que gera gravidade e que é afetada por ela. Outra equação desenvolvida por Einstein é a da *relatividade especial*, em que propõe que tempo e espaço são conceitos relativos, que dependem do observador.

Mais complexas e intrigantes são as fórmulas matemáticas que compõem a teoria do modelo-padrão da Física, também chamada *modelo padrão lagrangiano*, em homenagem a Joseph Louis **Lagrange** (1736-1813), matemático francês. Esse modelo descreve as partículas elementares do Universo, inclusive o *bóson de Higgs*, também chamada de *partícula de Deus*, e várias forças da natureza.

O bóson de Higgs, assim chamado por ter sido previsto na década de 1960 pelo físico britânico Peter Ware **Higgs** (1929-), seria uma partícula emitida pelo grande campo magnético em que está imerso o Universo, e teria dado origem à massa de todas as outras partículas, uma teoria que ainda precisa ser comprovada completamente.

Em 2012, físicos trabalhando com um aparelho chamado de grande colisor de hádrons (LHC), situado na Organização Europeia para a Pesquisa Nuclear (CERN), que acelera partículas, fizeram colidir prótons praticamente à velocidade da luz e obtiveram o que consideraram ser o bóson de Higgs.

Representação artística da colisão entre prótons em altíssima velocidade e a obtenção do bóson de Higgs.

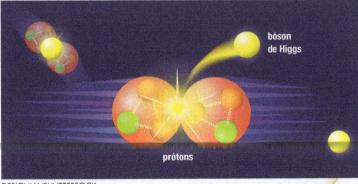

DESIGNUA/SHUTTERSOCK

FIQUE POR DENTRO!

CERN

O CERN é um dos maiores centros de pesquisa do mundo e está localizado na região de Genebra, próximo à fronteira entre Suíça e França. Seu acelerador de partículas (LHC – Large Hadron Collider) tem 27 km de extensão!

Pequena parte do grande colisor de hádrons, localizado no CERN.

Vista aérea da região onde se encontra o CERN. A linha pontilhada branca indica a fronteira entre Suíça e França. O grande círculo amarelo indica a posição e a extensão do LHC.

SÉRIE BRONZE

1. A massa atômica de um elemento X é 80 u. Qual a afirmativa **correta** a partir desse dado?
   a) Um átomo de X pesa 80 g.
   b) Um átomo de X pesa menos que o átomo de carbono.
   c) Um átomo de X pesa 80 u.
   d) A massa da molécula formada por átomos de X é 160 u.

igual a:
a) 50,5 u
b) 51,6 u
c) 52,7 u
d) 53,4 u
e) 54,0 u

2. (FEI – SP) Se um átomo apresentar a massa de 60 u, a relação entre a massa desse átomo e a massa do átomo de carbono-12 valerá:
   a) 1   b) 2   c) 3   d) 4   e) 5

3. Determine a massa atômica do elemento magnésio, sabendo que ele apresenta três isótopos:

MASSA ATÔMICA	ABUNDÂNCIA (%)
24 u	79
25 u	10
26 u	11

4. Um elemento fictício **E** é formado por dois isótopos
$$E \quad E$$
$$50\ u \quad 54\ u$$
Em cem átomos do elemento **E** há sessenta átomos do isótopo de massa atômica 50 u. Nessas condições, a massa atômica do elemento **E** será

5. Calcule a massa molecular das seguintes espécies:
   a) Gás flúor (F_2)   F = 19 u

   b) $CaCO_3$ Ca = 40 u, C = 12 u, O = 16 u

   c) $Fe_2(SO_4)_3$ Fe = 56 u, S = 32 u, O = 16 u

   d) $C_6H_{12}O_6$ C = 12 u, H = 1 u, O = 16 u

   e) $Ca(OH)_2$ Ca = 40 u, O = 16 u, H = 1 u

   f) $CuSO_4 \cdot 5\ H_2O$
   Cu = 63,5 u, S = 32 u, O = 16 u, H = 1 u

g) PO_4^{3-} P = 31 u, O = 16 u

a) A massa em gramas de 3 mol de ferro.

h) $C_{12}H_{22}O_{11}$ C = 12 u, H = 1 u, O = 16 u

b) A quantidade em mol de 7 g de ferro.

6. Calcule a massa molar das seguintes espécies:

a) $Fe_2(SO_4)_3$
   Fe = 56 g/mol
   S = 32 g/mol
   O = 16 g/mol

c) O número de átomos em 7 g de ferro.

b) $Ca(OH)_2$
   Ca = 40 g/mol
   O = 16 g/mol
   H = 1 g/mol

d) A quantidade em mol de $2 \cdot 10^{23}$ átomos de ferro.

e) A massa em gramas de $1,5 \cdot 10^{23}$ átomos de ferro.

c) $CuSO_4 \cdot 5\, H_2O$
   Cu = 64 g/mol
   S = 32 g/mol
   O = 16 g/mol
   H = 1 g/mol

f) A massa de um átomo de ferro em gramas.

7. Calcule:

DADOS: massa molar do Fe = 56 g/mol; constante de Avogadro = 6×10^{23} mol^{-1}.

8. A quantidade em mol existente em $1,5 \cdot 10^{24}$ moléculas de ácido fosfórico é igual a:
a) 0,5
b) 1,0
c) 1,5
d) 2,0
e) 2,5

DADOS: constante de Avogadro = $6 \cdot 10^{23}$/mol.

9. Calcule a massa de cálcio em 500 mg de $CaCO_3$.
DADOS: massas molares em g/mol: Ca = 40; C = 12; O = 16.

10. Calcule a massa de Fe em 30,4 g de $FeSO_4$.
DADOS: massas molares em g/mol de $FeSO_4$ = 152; Fe = 56.

11. Verifica-se experimentalmente que 5 g de um composto contêm 2 g de cálcio, 0,6 g de carbono e 2,4 g de oxigênio. Determine a fórmula percentual em massa desse composto.

12. Determine a fórmula percentual do benzeno (C_6H_6).
DADOS: C = 12; H = 1.

13. Complete.

Fórmula molecular	Fórmula mínima
a) $C_6H_{12}O_6$	_____
b) $C_2H_4O_2$	_____
c) H_2O_2	_____
d) O_3	_____
e) H_2SO_4	_____
f) H_2O	_____

14. Dois óxidos de enxofre foram analisados separadamente, revelando as seguintes porcentagens:

	% em enxofre	% em oxigênio
óxido I	40	60
óxido II	50	50

Determine as fórmulas mínimas dos óxidos.
DADOS: S = 32; O = 16.

15. Um composto orgânico é formado pelos elementos carbono, oxigênio e hidrogênio. Da análise de uma amostra, obtemos as seguintes informações de sua composição:

Elemento	Quantidade
carbono	48 g
hidrogênio	10 mol de átomos
oxigênio	$1,2 \cdot 10^{24}$ átomos

Determine a fórmula mínima.

DADOS: C = 12; constante de Avogadro = $6 \cdot 10^{23}$/mol.

16. A fórmula mínima de um composto orgânico é CH_2 e sua massa molar vale 70 g/mol. Determine a fórmula molecular desse composto.

DADOS: C = 12; H = 1.

17. A análise de uma amostra pura de glicerina revelou a seguinte composição:

7,2 g de carbono
1,6 g de hidrogênio
9,6 g de oxigênio

Com base nessas informações e sabendo que a massa molar da glicerina é igual a 92 g/mol, determine a:

a) fórmula mínima.

b) fórmula molecular.

DADOS: C = 12; H = l; O = 16.

SÉRIE PRATA

1. Um elemento A é formado pelos isótopos ^{40}A e ^{44}A e tem massa atômica média igual a 40,2 u. Calcule a composição isotópica de A, em porcentagem.

2. (VUNESP – SP) Na natureza, de cada cinco átomos de boro, um tem massa atômica igual a 10 u e quatro têm massa atômica igual a 11 u. Com base nesses dados, a massa atômica do boro, expressa em u, é igual a:

a) 10.
b) 10,5.
c) 10,8.
d) 11.
e) 11,5.

3. (UFAC) A massa molecular do composto $Na_2SO_4 \cdot 3\,H_2O$ é:

a) 142 u. d) 44 u.
b) 196 u. e) 668 u.
c) 426 u.

DADOS: H = 1 u; O = 16 u; Na = 23 u e S = 32 u.

DADOS: massas molares em g/mol: H = 1; Cl = 35,5; constante de Avogadro = 6 · 10²³/mol.
HCl M = (1 + 35,5) g/mol = 36,5 g/mol

4. (UFS – SE) Água pesada, utilizada em alguns reatores nucleares, é constituída por moléculas formadas por dois átomos do isótopo $^{2}_{1}H$ e um átomo do isótopo $^{16}_{8}O$. A massa de uma molécula de água pesada é:

a) 10 u. d) 18 u.
b) 12 u. e) 20 u.
c) 16 u.

7. A quantidade em mol e o número de moléculas encontradas em 90 g de ácido acético ($C_2H_4O_2$) são, respectivamente:

a) 1,5 e 9,0 · 10²³. d) 1,0 e 6,0 · 10²³.
b) 1,0 e 9,0 · 10²³. e) 1,5 e 7,5 · 10²³.
c) 1,5 e 6,0 · 10²³.

DADOS: massa molar do $C_2H_4O_2$ = 60 g/mol; constante de Avogadro = 6 · 10²³/mol.

5. (ITA – SP) Pouco após o ano 1800, existiam tabelas de massas atômicas nas quais o oxigênio tinha massa atômica 100 exata. Com base nesse tipo de tabela, a massa molecular do SO_2 seria:

a) 64.   d) 300.
b) 232. e) 400.
c) 250.

DADOS: S = 32 u; O = 16 u.

8. Uma amostra contém 12,8 g de dióxido de enxofre.

a) Calcule a massa molar do SO_2.

M = _____

DADOS: S = 32; O = 16.

6. Em 146 g de ácido clorídrico (HCl) encontramos:

a) 6 · 10²³ moléculas.
b) 12 · 10²³ moléculas.
c) 2,4 · 10²³ moléculas.
d) 2,4 · 10²⁴ moléculas.

b) Calcule a quantidade em mol de SO_2 na amostra.

c) Calcule o número de moléculas de SO_2 na amostra ($N_A = 6 \cdot 10^{23}$).

d) Calcule o número total de átomos na amostra.

9. Calcule a massa em gramas de uma molécula de água.

DADOS: massa molar da água = 18 g/mol; constante de Avogadro = $6 \cdot 10^{23}$/mol.

10. Se a assinatura escrita a lápis tem massa igual a 1 mg, calcule o número de átomos de carbono nessa assinatura.

DADOS: massa molar do C = 12 g/mol; constante de Avogadro = $6 \cdot 10^{23}$/mol.

11. Verifica-se experimentalmente que 9 g de alumínio reagem completamente com 8 g de oxigênio, dando óxido de alumínio. Determine a fórmula porcentual em massa do óxido de alumínio.

12. Calcule a porcentagem em massa de H_2O no composto $CuSO_4 \cdot 5\ H_2O$.

DADOS: Cu = 63,5; S = 32; O = 16; H = 1.

13. Uma amostra contém 1,84 g de sódio, 1,24 g de fósforo e 2,24 g de oxigênio. Determine a fórmula mínima.

DADOS: Na = 23; P = 31; O = 16.

14. Calcule a fórmula mínima, sabendo que $C_{81,8\%}H_{18,2\%}$.

DADOS: C = 12; H = 1.

15. Determine a fórmula mínima, sabendo que $C_{82,76\%}H_{17,24\%}$.

DADOS: C = 12; H = 1.

16. A análise de um composto com 284 u de massa molecular revelou a seguinte composição: $P_{43,7\%}O_{56,3\%}$. Determine a fórmula molecular desse composto.

DADOS: P = 31; O = 16.

SÉRIE OURO

1. (FGV) Na figura, é representado o espectro de massa dos isótopos naturais do elemento gálio.

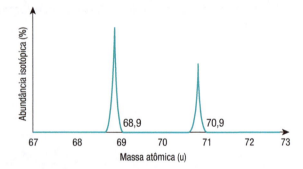

A abundância isotópica, em percentual inteiro, do isótopo do Ga-69 é

a) 50%.
b) 55%.
c) 60%.
d) 65%.
e) 70%.

DADO: massa atômica do elemento gálio = 69,7 u.

2. (UFG – GO) O corpo humano necessita diariamente de 12 mg de ferro. Uma colher de feijão contém cerca de $4,28 \cdot 10^{-5}$ mol de ferro. Quantas colheres de feijão, no mínimo, serão necessárias para que se atinja a dose diária de ferro no organismo?

a) 1   b) 3   c) 5   d) 7   e) 9

DADO: Fe = 56 g/mol.

3. (CEFET – CE) Cada página de um livro de Química Geral de 200 páginas consumiu em média 10 mg de tinta. O número de átomos de carbono, em média, utilizados para a impressão desse livro, supondo que 90% da massa de tinta seja constituída pelo elemento carbono, é:

a) $9,0 \cdot 10^{25}$.   d) $9,0 \cdot 10^{22}$.
b) $1,2 \cdot 10^{24}$.   e) $6,0 \cdot 10^{25}$.
c) $6,0 \cdot 10^{23}$.

DADOS: C = 12 g/mol; constante de Avogadro = $6 \cdot 10^{23}$/mol.

4. As canetas esferográficas utilizam, na ponta da escrita, uma esfera de tungstênio de volume igual a $4 \cdot 10^{-3}$ cm³. A densidade do tungstênio é de 20 g/cm³ e sua massa atômica é de 184 u. O número de átomos de tugstênio numa dessas esferas é, aproximadamente:

a) $6 \cdot 10^{23}$.   d) $184 \cdot 10^{21}$.
b) $2,6 \cdot 10^{20}$.   e) $4 \cdot 10^{20}$.
c) $1,1 \cdot 10^{26}$.

5. (UEMA) Sabendo-se que o número de Avogadro é igual a $6,0 \cdot 10^{23}$ átomos, que o número atômico do cálcio é 20 e a massa molar 40 g/mol, qual é o número de prótons existente em 500 g de cálcio?

a) 1.500 prótons
b) $75 \cdot 10^{23}$ prótons
c) $7,5 \cdot 10^{23}$ prótons
d) $0,48 \cdot 10^{23}$ prótons
e) $1,5 \cdot 10^{26}$ prótons

6. (FGV – SP) No rótulo de uma determinada embalagem de leite integral UHT, processo de tratamento térmico de alta temperatura, consta que um copo de 200 mL desse leite contém 25% da quantidade de cálcio recomendada diariamente ($2,4 \cdot 10^{-2}$ mol).

A massa, em mg, de cálcio (massa molar 40 g/mol) presente em 1 litro desse leite é:

a) 1.200.
b) 600.
c) 300.
d) 240.
e) 120.

7. (ENEM) O brasileiro consome em média 500 miligramas de cálcio por dia, quando a quantidade recomendada é o dobro. Uma alimentação balanceada é a melhor decisão para evitar problemas no futuro, como a osteoporose, uma doença que atinge os ossos. Ela se caracteriza pela diminuição substancial de massa óssea, tornando os ossos frágeis e mais suscetíveis a fraturas.

Disponível em: <http://www.anvisa.gov.br>.
Acesso em: 10 ago. 2012. Adaptado.

Considerando-se o valor de $6 \cdot 10^{23}$ mol^{-1} para a constante de Avogadro e a massa molar do cálcio igual a 40 g/mol, qual é a quantidade mínima diária de átomos de cálcio a ser ingerida para que uma pessoa supra suas necessidades?

a) $7,5 \cdot 10^{21}$
b) $1,5 \cdot 10^{22}$
c) $7,5 \cdot 10^{23}$
d) $1,5 \cdot 10^{25}$
e) $4,8 \cdot 10^{25}$

8. (PUCCAMP – SP) O consumo excessivo de sal pode acarretar o aumento da *pressão das artérias*, também chamada de hipertensão. Para evitar esse problema, o Ministério da Saúde recomenda o consumo diário máximo de 5 g de sal (1,7 g de sódio). Uma pessoa que consome a quantidade de sal máxima recomendada está ingerindo um número de íons sódio igual a

DADOS: massa molar do Na = 23,0 g/mol; constante de Avogadro: $6,0 \times 10^{23}$ mol^{-1}.

a) $1,0 \times 10^{21}$.
b) $2,4 \times 10^{21}$.
c) $3,8 \times 10^{22}$.
d) $4,4 \times 10^{22}$.
e) $6,0 \times 10^{23}$.

9. (FUVEST – SP) O aspartame, um adoçante artificial, pode ser utilizado para substituir o açúcar de cana. Bastam 42 miligramas de aspartame para produzir a mesma sensação de doçura que 6,8 gramas de açúcar de cana. Sendo assim, quantas vezes, aproximadamente, o número de moléculas de açúcar de cana dever ser maior do que o número de moléculas de aspartame para que se tenha o mesmo efeito sobre o paladar?

a) 30 b) 50 c) 100 d) 140 e) 200

DADOS: massas molares aproximadas (g/mol): açúcar de cana = 340; adoçante artificial = 300.

10. (MACKENZIE – SP) O 1-metilciclopenteno (C_6H_{10}) é um produto bloqueador da ação do etileno e tem sido utilizado com sucesso em flores, hortaliças e frutos, retardando o amadurecimento desses vegetais, aumentando, por isso, a sua vida útil.

Considerando que sejam utilizados 8,2 kg de 1-metilciclopenteno para atrasar o amadurecimento de algumas frutas, é **correto** afirmar que se gastou

a) $1{,}0 \cdot 10^{-1}$ mol de C_6H_{10}.
b) $1{,}0$ mol de C_6H_{10}.
c) $1{,}0 \cdot 10^1$ mol de C_6H_{10}.
d) $1{,}0 \cdot 10^2$ mol de C_6H_{10}.
e) $1{,}0 \cdot 10^3$ mol de C_6H_{10}.

DADOS: massas molares (g · mol⁻¹) H = 1 e C = 12.

a) $6 \cdot 10^{19}$.   c) $2 \cdot 10^{23}$.
b) $3 \cdot 10^{21}$.   d) $5 \cdot 10^{25}$.

DADOS: MA C = 12; O = 16; H = 1.

11. (MACKENZIE – SP) Uma pessoa que tomar, de 8 em 8 horas, um comprimido contendo 450 mg de ácido acetilsalicílico ($C_9H_8O_4$) terá ingerido, após 24 horas, um número de moléculas dessa substância igual a:

a) $10{,}8 \cdot 10^{25}$.   d) $1{,}2 \cdot 10^{23}$.
b) $2{,}7 \cdot 10^{26}$.   e) $1{,}5 \cdot 10^{21}$.
c) $4{,}5 \cdot 10^{21}$.

DADOS: massa molar do ácido acetilsalicílico = = 180 g/mol; número de Avogadro = $6{,}0 \cdot 10^{23}$.

13. (UNESP – adaptada) Um paciente infectado com vírus de um tipo de herpes toma, a cada 12 horas, um comprimido de um medicamento que contém 125 mg do componente ativo penciclovir.

penciclovir

DADOS: massas molares, em g/mol: H = 1; C = 12; N = 14; O = 16.

A fórmula molecular do penciclovir e o número de mol desse componente que o paciente ingere por dia é:

a) $C_{10}H_{15}O_3N_5$; $1 \cdot 10^{-3}$ mol.
b) $C_{10}H_{12}O_3N_5$; $5 \cdot 10^{-5}$ mol.
c) $C_9H_{15}O_3N_5$; $5 \cdot 10^{-4}$ mol.
d) $C_{10}H_{12}O_3N_5$; $5 \cdot 10^{-4}$ mol.
e) $C_{10}H_{15}O_3N_5$; $1 \cdot 10^{-3}$ mol.

12. (UERJ) O xilitol é um composto com o mesmo poder adoçante da sacarose, porém com menos 33% de calorias. Sua fórmula estrutural é apresentada a seguir.

$$H_2C - CH - CH - CH - CH_2$$
com grupos OH nos carbonos

Uma quantidade de 15,2 mg de xilitol apresenta um número de moléculas igual a:

14. (FATEC – SP) O pigmento branco mais utilizado em tintas e em esmaltes é o dióxido de titânio, TiO_2. A porcentagem em massa de titânio nesse pigmento é de

a) 20%.   b) 40%.   c) 60%.   d) 80%.   e) 100%.
DADOS: massas molares em g/mol: Ti = 48; O = 16.

15. (UNICID – SP) A piperazina é o princípio ativo de medicamentos anti-helmínticos de usos humano e veterinário. Suas fórmulas estrutural e molecular estão representadas abaixo:

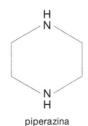

piperazina

Fórmula molecular: $C_4H_{10}N_2$
Massa molar = 86 g/mol

A porcentagem em massa de nitrogênio (14 g/mol) na piperazina é próxima de

a) 11,1.   b) 32,6.   c) 1,5.   d) 6,4.   e) 24,2.

16. (MACKENZIE – SP) Existe uma classe muito comum de fertilizantes minerais mistos denominada NPK. Essa sigla deve-se à presença na composição desses fertilizantes de substâncias contendo nitrogênio, fósforo e potássio. O nitrogênio age nas folhas das plantas, bem como em seu crescimento, o fósforo atua na floração e no amadurecimento de frutos além do crescimento das raízes e, finalmente, o potássio, responsável pelo equilíbrio da água no vegetal como também em seu crescimento. Nas embalagens comerciais desses fertilizantes, após a sigla NPK, é citada uma sequência numérica que expressa os percentuais em massa de nitrogênio, fósforo e potássio, respectivamente. Considerando um fertilizante NPK 04-14-08, é **correto** dizer que, para uma embalagem comercial de 500 g, há:

a) 40 g de nitrogênio, 140 g de fósforo e 80 g de potássio.
b) 20 g de nitrogênio, 70 g de fósforo e 40 g de potássio.
c) 2 g de nitrogênio, 7 g de fósforo e 4 g de potássio.
d) 4 g de nitrogênio, 14 g de fósforo e 8 g de potássio.
e) 0,4 g de nitrogênio, 1,4 g de fósforo e 0,8 g de potássio.

17. (UNIFESP) Estanho e iodo reagem quantitativamente formando um produto cuja fórmula pode ser determinada reagindo-se quantidades conhecidas de iodo (dissolvido em um solvente) com excesso de estanho e determinando-se a massa do metal remanescente após a reação. Os resultados de uma experiência foram:

massa de iodo utilizado: 5,08 g
massa inicial de estanho: 4,18 g
massa final de estanho: 3,00 g

Dadas as massas molares, em g/mol, Sn = 118 e I = 127, pode-se concluir que a fórmula mínima do composto obtido é:

a) SnI.   b) SnI_2.   c) SnI_3.   d) SnI_4.   e) SnI_5.

SÉRIE PLATINA

1. O neônio natural é formado por três isótopos:

$$^{20}_{10}Ne,\ ^{21}_{10}Ne,\ ^{22}_{10}Ne$$

No neônio natural, encontram-se as seguintes relações entre números de átomos:

$$\frac{^{20}Ne}{^{21}Ne} = 350 \qquad \frac{^{22}Ne}{^{21}Ne} = 34$$

Considerando que a massa atômica de cada isótopo seja aproximadamente igual ao seu número de massa, calcula-se que a massa atômica média do neônio natural é:

a) 21,8 u
b) 21,2 u
c) 20,8 u
d) 20,2 u
e) 19,8 u

2. (UNESP) No preparo de um material semicondutor, uma matriz de silício ultrapuro é impurificada com quantidades mínimas de gálio, através de um processo conhecido como dopagem. Numa preparação típica, foi utilizada uma massa de 2,81 g de silício ultrapuro, contendo $6,0 \cdot 10^{22}$ átomos de Si. Nesta matriz, foi introduzido gálio suficiente para que o número de seus átomos fosse igual a 0,01% do número de átomos de silício. Sabendo que a massa molar do gálio vale 70 g/mol e a constante de Avogadro vale $6,0 \cdot 10^{23}$, a massa de gálio empregada na preparação é igual a:

a) 70 g.
b) 0,70 g.
c) 0,0281 g.
d) $7,0 \cdot 10^{-4}$ g.
e) $6,0 \cdot 10^{-23}$ g.

3. (UNIFESP) A nanotecnologia é a tecnologia em escala nanométrica (1 nm = 1^{-9} m). A aplicação da nanotecnologia é bastante vasta: medicamentos programados para atingir um determinado alvo, janelas autolimpantes que dispensam o uso de produtos de limpeza, tecidos com capacidade de suportar condições extremas de temperatura e impacto, são alguns exemplos de projetos de pesquisas que recebem vultuosos investimentos no mundo inteiro. Vidro autolimpante é aquele que recebe uma camada ultrafina de dióxido de titânio. Essa camada é aplicada no vidro na última etapa de sua fabricação.

A espessura de uma camada ultrafina constituída somente por TiO_2 uniformemente distribuído, massa molar 80 g/mol e densidade 4,0 g/cm³, depositada em uma janela com dimensões de 50 · 100 cm, que contém $6 \cdot 10^{20}$ átomos de titânio, é igual a:

a) 4 nm.
b) 10 nm.
c) 40 nm.
d) 80 nm.
e) 100 nm.

DADO: constante de Avogadro = $6 \cdot 10^{23}$ mol⁻¹.

4. (UNIFESP) As lâmpadas fluorescentes estão na lista de resíduos nocivos à saúde e ao meio ambiente, já que essas lâmpadas contêm substâncias, como o mercúrio (massa molar 200 g/mol), que são tóxicas. Ao romper-se, uma lâmpada fluorescente emite vapores de mercúrio da ordem de 20 mg, que são absorvidos pelos seres vivos e, quando lançadas em aterros, contaminam o solo, podendo atingir os cursos de água. A legislação brasileira estabelece como limite de tolerância para o ser humano 0,04 mg de mercúrio por metro cúbico de ar. Num determinado ambiente, ao romper-se uma dessas lâmpadas fluorescentes, o mercúrio se difundiu de forma homogênea no ar, resultando em $3,0 \cdot 10^{17}$ átomos de mercúrio por metro cúbico de ar. Dada a constante de Avogadro $6,0 \cdot 10^{23}$ mol^{-1}, pode-se concluir que, para esse ambiente, o volume de ar e o número de vezes que a concentração de mercúrio excede ao limite de tolerância são, respectivamente,

a) 50 m³ e 10.
b) 100 m³ e 5.
c) 200 m³ e 2,5.
d) 250 m³ e 1,5.
e) 400 m³ e 1,25.

5. (FUVEST – SP – adaptada) A grafita de um lápis corresponde a um cilindro com volume igual a 0,47 cm³. Dentre os valores abaixo, o que mais se aproxima do número de átomos presentes nessa grafite é

DADOS: adote os valores aproximados de 2,2 g/cm³ para a densidade da grafita; 12 g/mol para a massa molar do carbono; $6,0 \times 10^{23}$ mol^{-1} para a constante de Avogadro.

a) 5×10^{23}.
b) 1×10^{23}.
c) 5×10^{22}.
d) 1×10^{22}.
e) 5×10^{21}.

6. (UNESP) A ductilidade é a propriedade de um material deformar-se, comprimir-se ou estirar-se sem se romper.

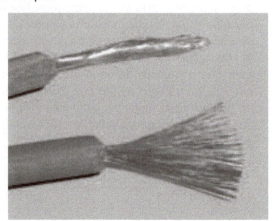

A prata é um metal que apresenta excelente ductilidade e a maior condutividade elétrica dentre todos os elementos químicos. Um fio de prata possui 10 m de comprimento (ℓ) e área de secção transversal (A) de $2,0 \cdot 10^{-7}$ m².

Considerando a densidade da prata igual a 10,5 g/cm³, a massa molar igual a 108 g/mol e a constante de Avogadro igual a 6,0 · 10²³ mol⁻¹, o número aproximado de átomos de prata nesse fio será

a) $1,2 \cdot 10^{22}$. c) $1,2 \cdot 10^{20}$. e) $6,0 \cdot 10^{23}$.
b) $1,2 \cdot 10^{23}$. d) $1,2 \cdot 10^{17}$.

8. O paracetamol é um medicamento bastante utilizado, pois tem propriedades analgésicas. Ele possui uma fórmula mínima igual a $C_8H_9NO_2$. Qual é a porcentagem em massa de carbono, aproximadamente, que o paracetamol possui?

a) 71,35%   d) 12,37%
b) 63,58%   e) 11,35%
c) 43,35%

DADOS: massas molares em g/mol: C = 12; H = 1; N = 14; O = 16.

7. O volume de água presente nos oceanos da Terra é de aproximadamente 1,33 10¹⁸ m³. Sabendo que um copo de água possui aproximadamente 360 mL, imagine que você tem um copo com moléculas de água marcadas radioativamente, e que o lança ao mar. Após isso feito e transcorrido o tempo necessário para que a água se distribua homogeneamente nos oceanos, calcule a quantas moléculas radioativamente marcadas podem ser encontradas em um copo de água, de mesmo volume do inicial, retirado de qualquer parte do oceano.

ADOTE: a água do copo lançado ao mar é a única fonte de moléculas radioativas; considere a densidade da água como 1 g/mL.

DADOS: massa molar do H_2O = 18 g/mol; constante de Avogadro = $6,0 \times 10^{23}$ mol⁻¹.

a) nenhuma   c) 310   e) 4.030
b) 1   d) 3.240

9. O elemento químico nióbio (Nb) tem número atômico 41. É um dos metais que mais resistem à corrosão e é um ótimo condutor. O Brasil detém as maiores reservas conhecidas de nióbio (98,43%). O metal é usado, principalmente, na forma da liga ferro-nióbio (FeNb STD, com 66% de nióbio e 30% de ferro).

O nióbio está presente nas jazidas de São Gabriel da Cachoeira, AM, como elemento constituinte do mineral pirocloro, cuja fórmula porcentual é:

$Na_{9,75\%}$ $Ca_{5,66\%}$
$Nb_{52,51\%}$ $H_{0,21\%}$
$O_{30,52\%}$ $F_{1,34\%}$

a) Indique o subnível mais energético do nióbio.

b) Calcule a massa de pirocloro necessária para obter 1.0 t da liga FeNb STD.

10. (MACKENZIE – SP) O ácido acetilsalicílico é um medicamento muito comum e muito utilizado em todo o mundo possuindo massa molar de 180 g · mol⁻¹. Sabendo que a sua composição centesimal é igual a 60% de carbono, 35,55% oxigênio e 4,45% de hidrogênio, é **correto** afirmar que a sua fórmula molecular é

DADOS: massas molares (g · mol⁻¹): H = 1; C = 12 e O = 16.

a) $C_9H_8O_4$.
b) $C_6H_5O_4$.
c) $C_6H_4O_3$.
d) $C_5H_4O_2$.
e) C_4H_2O.

11. A galactose, massa molar 180 g · mol⁻¹, é um sacarídeo encontrado em produtos naturais. Ela é composta apenas pelos elementos carbono, hidrogênio e oxigênio. Uma análise para caracterização da galactose foi feita empregando-se o instrumento representado no esquema:

Nesse instrumento, uma amostra da substância orgânica é aquecida numa dada temperatura na presença de oxigênio em excesso. Coletam-se e medem-se as quantidades dos gases produzidos na reação com o oxigênio.

Na análise de uma amostra de galactose foram obtidos $2,4 \times 10^{-2}$ mol de CO_2 e $2,4 \times 10^{-2}$ mol de água. Calculou-se que a amostra apresentava $2,4 \times 10^{-2}$ mol de átomos de oxigênio.

a) Qual é o nome da reação empregada na análise da galactose? Classifique os reagentes dessa reação quanto ao tipo de substância química.

b) Determine a fórmula mínima e a fórmula molecular da galactose.

DADOS: massas molares em g/mol: C = 12; H = 1; O = 16.

Estequiometria

15

Estequiometria é a parte da Química que calcula as quantidades de reagentes e produtos de uma reação química, utilizando os coeficientes estequiométricos da equação química.

$$2\,H_2 + O_2 \longrightarrow 2\,H_2O$$

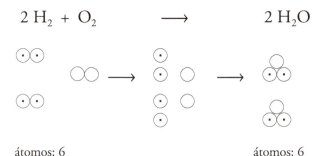

átomos: 6
moléculas: 3

átomos: 6
moléculas: 2

Em uma reação química ocorre um **rearranjo dos átomos** devido às colisões das partículas dos reagentes.

Podemos fazer o balanceamento das equações químicas de várias formas, dependendo das informações que temos, como massas molares, quantidade em mols e volume molar, por exemplo.

Foi-se o tempo em que a indústria não se preocupava com a questão socioambiental. Hoje, mais do que nunca, os agentes ligados à Química buscam otimizar os processos dentro da chamada "green chemistry", ou seja, uma Química em que haja mínima ou nenhuma agressão ao meio ambiente e responsabilidade no uso dos recursos do planeta. As indústrias químicas atualmente empregam o conceito de "economia atômica" na síntese de produtos: buscam aperfeiçoar os processos de modo a obter o máximo dos produtos desejados, empregando um mínimo de reagentes e gerando pouca ou nenhuma impureza ou refugo.

15.1 Relação entre Quantidade em Mols e Massa em uma Equação Química

Sempre que representamos uma reação química por meio de uma equação química, buscamos escrevê-la de forma balanceada, de modo a respeitar a lei de conservação das massas (Lei de Lavoisier). Nessas equações, portanto, os coeficientes estequiométricos da equação representam a **proporção em mol** entre reagentes e produtos. Vamos analisar o caso de síntese da água:

$$2\ H_2 + O_2 \longrightarrow 2\ H_2O$$
$$\text{2 mol} \quad\quad \text{1 mol} \quad\quad\quad \text{2 mol}$$

Se nos basearmos na lei das proporções constantes (Lei de Proust), podemos calcular a quantidade de qualquer reagente ou produto em uma reação química. Por exemplo, vamos determinar quantos mols de água são produzidos a partir de 4 mol de H_2:

$$2\ H_2 + O_2 \longrightarrow 2\ H_2O$$
2 mol ———— 2 mol
4 mol ———— x   ∴ x = 4 mol

Portanto, para resolver um exercício de estequiometria, precisamos nos basear na proporção entre reagentes e produtos no processo estudado, que é indicada na equação química balanceada.

Além da proporção em mol, é muito frequente nos exercícios de estequiometria nos basearmos na **proporção em massa**, que pode ser obtida a partir de dados de massas molares (fornecidos nos enunciados ou retirados da Tabela Periódica). No nosso exemplo da síntese de água, sabendo que as massas molares do H_2, O_2 e H_2O são respectivamente 2 g/mol, 32 g/mol e 18 g/mol, podemos determinar a proporção em massa entre reagentes e produtos:

$$2\ H_2 + O_2 \longrightarrow 2\ H_2O$$
$$2 \cdot 2\ g \quad\quad 1 \cdot 32\ g \quad\quad 2 \cdot 18\ g$$

(observe a conservação da massa: $2 \cdot 2\ g + 1 \cdot 32\ g = 2 \cdot 18\ g$)

Com base na proporção em mol, vamos calcular a massa de O_2 necessária para reagir com 12 g de H_2:

$$2\ H_2 + O_2 \longrightarrow 2\ H_2O$$
$2 \cdot 2$ g ———— $1 \cdot 32$ g
12 g ———— x   ∴ x = 96 g

Com base nos exemplos anteriores, verificamos que uma habilidade importante na resolução de exercícios de estequiometria consiste em *organizar* as informações obtidas da equação química (as proporções em mol e em massa) e as pedidas no enunciado do exercício. Uma sugestão de organização, que será utilizada neste capítulo, é:

- escrever a equação química balanceada do processo analisado;
- na 1ª linha, embaixo da equação química, escrever a proporção (em mol ou em massa, ou em volume, como veremos no item 15.2) baseada na equação;
- na 2ª linha, escrever as informações extraídas do enunciado.

Vamos aplicar essa forma de organização para o exemplo a seguir: calcule a massa de dióxido de carbono produzida na decomposição de 50 g de carbonato de cálcio.

DADOS: massas molares (g/mol): C = 12; O = 16; Ca = 40.

$$CaCO_3 \longrightarrow CaO + CO_2$$
$$100 \text{ g} \longrightarrow 44 \text{ g}$$
$$50 \text{ g} \longrightarrow x \qquad \therefore \quad x = 22 \text{ g}$$

(1) Primeiro precisamos da equação química balanceada.
(2) Nesse exercício, utilizamos a proporção em massa.
(3) Uma vez montada a regra de três, basta resolvê-la para chegar na resposta de "22 g".

15.2 Proporção em Volume

Já vimos que a proporção dos coeficientes de uma equação química pode ser representada pela proporção em massa e pela proporção em mol. No entanto, quando temos participantes **gasosos** podemos também usar a **proporção em volume**.

Enquanto a relação entre massa e quantidade em mol é obtida de dados experimentais presentes na Tabela Periódica, a relação entre volume e quantidade em mol, para gases considerados *ideais*, pode ser obtida a partir da **equação dos gases ideais** ou **equação dos gases perfeitos**:

$$PV = nRT$$

que relaciona a pressão (P), o volume (V), a quantidade em mols (n) e a temperatura (T, em Kelvin) de uma amostra de gás. R é a constante universal dos gases, que assume diferentes valores dependendo das unidades das demais grandezas:

$$R = 0{,}082 \text{ atm} \cdot L \cdot mol^{-1} \cdot K^{-1} =$$
$$= 62{,}4 \text{ mmHg} \cdot L \cdot mol^{-1} \cdot K^{-1} = 8{,}31 \text{ J} \cdot mol^{-1} \cdot K^{-1}$$

FIQUE POR DENTRO!

Estudo dos gases

O estudo sistemático dos gases teve grandes desdobramentos entre os séculos XVII e XIX, quando foram determinadas quantitativamente como a temperatura, a pressão, a quantidade de partículas e o volume de um gás relacionam-se entre si. O engenheiro francês Benoit-Pierre-Émile **Clapeyron** (1799-1864) foi um dos primeiros a combinar todos esses parâmetros em uma equação bastante similar a PV = nRT.

Durante o século XIX, outros cientistas deram continuidade ao trabalho de Clapeyron até chegar à equação dos gases ideais. O termo ideal (ou perfeito) considera que as partículas do gás apresentam tamanho desprezível perto do volume do recipiente que o contém e que não há qualquer tipo de interação entre as partículas que compõem o gás, isto é, não são estabelecidos, por exemplo, quaisquer tipos de interações intermoleculares.

Nesse sentido, um gás ideal é um modelo para o comportamento de um gás real. Entretanto, é importante destacar que, nas condições que mais frequentemente aparecem nos exercícios de estequiometria (pressões próximas de 1 atm e temperaturas próximas de 0 °C = 273 K), o comportamento real é muito próximo do comportamento descrito como ideal.

Entre as condições de temperatura e pressão mais frequentes nos exercícios de estequiometria, destacam-se as CNTP (Condições Normais de Temperatura e Pressão), que correspondem à pressão de 1 atm e à temperatura de 273 K (0 °C). Nas CNTP, o volume molar, isto é, o volume de um mol de gás, é igual a:

$$PV = nRT$$

$$1 \text{ atm} \cdot V = (1 \text{ mol}) \cdot (0{,}082 \text{ L} \cdot \text{atm} \cdot \text{L}^{-1} \cdot \text{K}^{-1}) \cdot (273 \text{ K}) \therefore V \approx 22{,}4 \text{ L}$$

Como as CNTP são condições bastante frequentes nos exercícios, é comum encontrarmos o volume molar de 22,4 L/mol nos dados do enunciado, assim como as massas molares. Assim, para a reação de síntese de amônia a partir dos gases hidrogênio e nitrogênio, a proporção em volume fica:

N_2	+	$3 H_2$	$\longrightarrow$	$2 NH_3$	
2 mol		3 mol		2 mol	proporção em mol
28 g		3 · 2 g		2 · 17 g	proporção em massa
22,4 L		3 · 22,4 L		2 · 22,4 L	proporção em volume (CNTP)
25 L		3 · 25 L		2 · 25 L	proporção em volume (25 °C e 1 atm: V = 25 L/mol)

Já quando as condições são diferentes das CNTP, é necessário utilizar a equação dos gases ideais para realizar os cálculos com volume, como pode ser visto nos exercícios resolvidos a seguir.

Exercícios Resolvidos

1. Calcular o volume, em litros, de hidrogênio a 27 °C e 623 mmHg, obtido pela reação completa do ácido clorídrico com 1,2 g de Mg

$$Mg + 2\,HCl \longrightarrow MgCl_2 + H_2$$

DADOS: $R = 62{,}3 \dfrac{mmHg \cdot L}{mol \cdot K}$; massa molar do Mg = 24 g/mol.

Resolução:

$Mg + 2\,HCl \longrightarrow MgCl_2 + H_2$

24 g ——————— 1 mol
1,2 g ——————— n   ∴ n = 0,05 mol

$PV = nRT \Rightarrow 623 \cdot V = 0{,}05 \cdot 62{,}3 \cdot 300$

$V = 1{,}5\,L$

2. Calcule a massa de NaN_3 necessária para gerar um volume de 50 L de N_2 à temperatura de 27 °C e pressão de 2 atm.

$$2\,NaN_3(s) \longrightarrow 2\,Na(s) + 3\,N_2(g)$$

DADOS: $R = 0{,}0823 \dfrac{atm \cdot L}{mol \cdot K}$; massas molares em g/mol: Na = 23; N = 14.

Resolução:

$PV = nRT \Rightarrow 2 \cdot 50 = n \cdot 0{,}082 \cdot 300$

$n = 4\,mol$

$2\,NaN_3$ $3\,N_2$
2,65 g ——————— 3 mol
m ——————— 4 mol   ∴ m = 173 g

15.3 Pureza de uma Amostra

Quando determinada indústria adquire calcário para produzir cal (CaO), por exemplo, a amostra total contém outras substâncias, além do $CaCO_3$, que são chamadas de **impurezas**. Portanto, é importante saber a real quantidade de $CaCO_3$ na amostra.

A indústria que vende o calcário fornece ao comprador a quantidade do $CaCO_3$ na amostra. Essa quantidade, usualmente expressa em porcentagem em massa, é chamada de **pureza**; por exemplo, a *pureza do calcário é 80%*:

$CaCO_3$ ——— 80%
Impurezas ——— 20%

Como as impurezas não participam da reação analisada, a pureza de uma amostra é importante, pois ela indica a **porcentagem (em massa)** da substância que efetivamente vai ser usada na estequiometria.

Vamos calcular, como exemplo, a massa, em gramas, de CaO produzido a partir de 200 g de uma amostra de calcário cuja pureza é 80%. As massas molares são: CaO = 56 g/mol, $CaCO_3$ = = 100 g/mol.

100% de pureza —— 200 g
 80% de pureza —— x   ∴ x = 160 g (de $CaCO_3$ puro)

Proporção $CaCO_3 \longrightarrow CaO + CO_2$
Equação   100 g —— 56 g
Exercício   160 g —— y   ∴ y = 89,6 g

15.4 Rendimento de uma Reação

Rendimento de uma reação é a quantidade do produto, expressa em porcentagem, obtida experimentalmente. O rendimento das reações não é 100% como se poderia esperar, e o principal motivo para isso é que as reações são **reversíveis**, isto é, reagentes originam produtos e produtos originam reagentes – portanto, produto também é consumido.

Vamos voltar ao exemplo da seção anterior, da obtenção da cal (CaO) por meio da pirólise do $CaCO_3$ e calcular a massa de CaO (56 g/mol) formada a partir de 50 t de $CaCO_3$ puro (100 g/mol):

Proporção $CaCO_3 \xrightarrow{\Delta} CaO + CO_2$
Equação   100 g —— 56 g
Exercício   50 t —— y   ∴ y = 28 t

O valor de 28 t corresponde a uma situação *ideal*, isto é, com uma eficiência ou rendimento de 100%. Na prática, a massa de CaO obtida é menor: o valor encontrado experimentalmente é de 25,2 t de CaO.

Para calcular o rendimento dessa reação é só lembrar que o valor obtido pela proporção da equação é 100%:

28 t —— 100%
25,2 t —— R   ∴ R = 90%

Sempre que um exercício fornecer ou pedir o rendimento, devemos calcular a quantidade do produto em relação ao rendimento de 100% utilizando a proporção da equação química balanceada e, posteriormente, fazer outra proporção usando o rendimento fornecido ou que será calculado. Observe os exercícios resolvidos a seguir.

Exercícios Resolvidos

1. Determine o rendimento da reação da síntese da água sabendo que 2 g de H_2 (2 g/mol) produzem 14,4 g de H_2O (18 g/mol).

Resolução:

proporção $2 H_2 + O_2 \longrightarrow 2 H_2O$

equação $2 \cdot 2$ g ———— $2 \cdot 18$ g

exercício   2 g ———— massa (x)   R = 100%

$x = 18$ g

18 g ———— 100%

14,4 g ———— R $\therefore$ R = 80%

2. Queimando-se 3 kg de carvão, com rendimento de 90%, quantos quilogramas de CO_2 são formados?

DADOS: C = 12 g/mol; O = 16 g/mol.

Resolução:

proporção $C + O_2 \longrightarrow CO_2$

equação   12 g ———— 44 g

exercício   3 kg ———— massa (x)   R = 100%

$x = 11$ kg

100% ———— 11 kg

90% ———— y $\therefore$ y = 9,9 kg

15.5 Excesso de Reagente em uma Reação

Não é incomum que reagentes utilizados na síntese de produtos não estejam nas proporções estequiométricas, isto é, a proporção indicada pela equação química balanceada. No caso de excesso de reagentes, aquele que não está em excesso é consumido totalmente – e por esse motivo determina o fim da reação! –, sendo chamado de **reagente limitante.**

FIQUE POR DENTRO!

Síntese de amônia

A amônia é de importância fundamental para a humanidade, pois a partir dela são produzidos os fertilizantes, que permitem que se aumente a produção de alimentos.

Trator aplicando amônia (contida nos tanques) para fertilizar o solo.

Considere a síntese da amônia:

Proporção $\quad N_2 \; + \; 3\,H_2 \longrightarrow 2\,NH_3$
Equação $\qquad$ 28 g $\quad\;\;$ 3 · 2 g $\quad\;\;$ 2 · 17 g

Por meio da equação, podemos afirmar que 28 t de N_2 reagem com 6 t de H_2. Entretanto, como o H_2 é um reagente caro e o N_2 é um reagente barato, a indústria coloca N_2 em excesso – isto é, uma massa maior do que 28 t – para garantir o consumo total de 6 t de H_2. O N_2 em excesso também aumenta a velocidade da reação, isto é, o NH_3 forma-se em um tempo menor.

Nesse caso, o H_2 (6 t) é o reagente limitante, ou seja, aquele que não está em excesso e que é consumido totalmente, motivo que determina o fim da reação.

15.5.1 Regra prática para descobrir o reagente em excesso

Sempre que um exercício fornecer a quantidade dos *dois reagentes*, devemos verificar se há ou não excesso de um deles. A identificação da presença ou não de excesso pode ser feita multiplicando-se, em cruz, as informações presentes na linha da proporção baseada na equação e a linha das informações extraídas do enunciado.

Observe os exemplos a seguir:

- **1º caso:** 28 t de N_2 reagem com 6 t de H_2

$$N_2 \;+\; 3\,H_2 \longrightarrow NH_3$$

equação   28 g   3 · 2 g
exercício   28 t   6 t
6 · 28 = 168   28 · 6 = 168

Como o produto das diagonais é igual, os reagentes estão em proporção estequiométrica e ambos serão consumidos na totalidade (caso o rendimento da reação seja de 100%).

- **2º caso:** 30 t de N_2 reagem com 6 t de H_2

$$N_2 \;+\; 3\,H_2 \longrightarrow NH_3$$

equação   28 g   3 · 2 g
exercício   30 t   6 t
6 · 30 = 180   28 · 6 = 168

Como o produto da diagonal do lado esquerdo é maior (180 > 168), o reagente do lado esquerdo (nesse caso, o N_2) é o reagente em excesso; já o H_2 é o reagente limitante.

Analise agora o exercício resolvido a seguir.

Exercício Resolvido

Dada a equação química:

$$N_2 + 3\,H_2 \longrightarrow 2\,NH_3$$

Ao empregar 16 g de N_2 (28 g/mol) e 3 g de H_2 (2 g/mol):

a) haverá reagente em excesso? Se houver, calcule esse excesso;
b) calcule a massa de NH_3 (17 g/mol) formada.

Resolução:

a) N_2 H_2
     28 g *maior* 6 g
     16 g   3 g
     excesso   limitante

proporção N_2 + $3\,H_2$ ⟶ $2\,NH_3$
equação   28 g   6 g   34 g
exercício   massa (x)   3 g

        x = 14 g   16 g − 14 g = 2 g

b) proporção $N_2 + 3\,H_2$ ⟶ $2\,NH_3$
   equação   6 g ——— 34 g
   exercício   3 g ——— massa (x)

         x = 17 g

15.6 Reações Consecutivas

Na produção industrial, há casos em que os produtos são obtidos a partir de uma sequência de reações, que ocorrem consecutivamente, isto é, os produtos de uma reação são, na sequência, utilizados como reagentes em outra, e assim sucessivamente. Nesses casos, é comum desejarmos relacionar a quantidade da matéria-prima inicial com a do produto final, o que pode ser obtido a partir da equação global, como veremos na seção 15.6.3.

Antes de discutirmos a estequiometria de reações consecutivas, vamos analisar as etapas de formação de dois ácidos muito importantes para diferentes indústrias: o ácido sulfúrico e o ácido nítrico.

15.6.1 Produção de ácido sulfúrico

O ácido sulfúrico, H_2SO_4 (98 g/mol), é o produto químico inorgânico de maior produção mundial. O relativo baixo custo desse ácido tornou comum seu uso na indústria, particularmente na produção de fertilizantes, tintas e detergentes. Aproximadamente dois terços de sua produção são usados na fabricação dos fertilizantes (fosfato de amônio e sulfato de amônio).

O ácido sulfúrico é um líquido oleoso, incolor e corrosivo, que ferve (e se decompõe) em 300 °C, aproximadamente. Apresenta três importantes propriedades químicas: é um ácido forte, um agente desidratante e um agente oxidante.

Atualmente, a produção de H_2SO_4 é feita por meio de três **reações consecutivas**, descritas a seguir.

1) Queima de enxofre elementar (proveniente da purificação de gás natural e do refino do petróleo):

$$S(s) + O_2(g) \xrightarrow{1.000\,°C} SO_2(g)$$

ATENÇÃO!

Outra fonte de SO_2

A ustulação (queima de sulfeto) da pirita: FeS_2.

$$2\,FeS_2 + \frac{11}{2}\,O_2 \longrightarrow Fe_2O_3 + 4\,SO_2$$

2) Reação catalítica entre SO_2 e O_2 para formar $SO_3(g)$.

$$SO_2(g) + \frac{1}{2}\,O_2(g) \xrightarrow{Pt\ ou\ V_2O_5,\ 430-530\,°C} SO_3(g)$$

Na segunda etapa, é necessário que o SO_2 entre em contato com o O_2, razão pela qual o processo descrito aqui para produção de H_2SO_4 é conhecido industrialmente como **processo de contato**.

3) Reação do produto $SO_3(g)$ com $H_2O(l)$:

$$SO_3(g) + H_2O(l) \xrightarrow{80\text{-}110\,°C} H_2SO_4(l)$$

Nessas etapas, o SO_2 e o SO_3 são classificados como **substâncias intermediárias**.

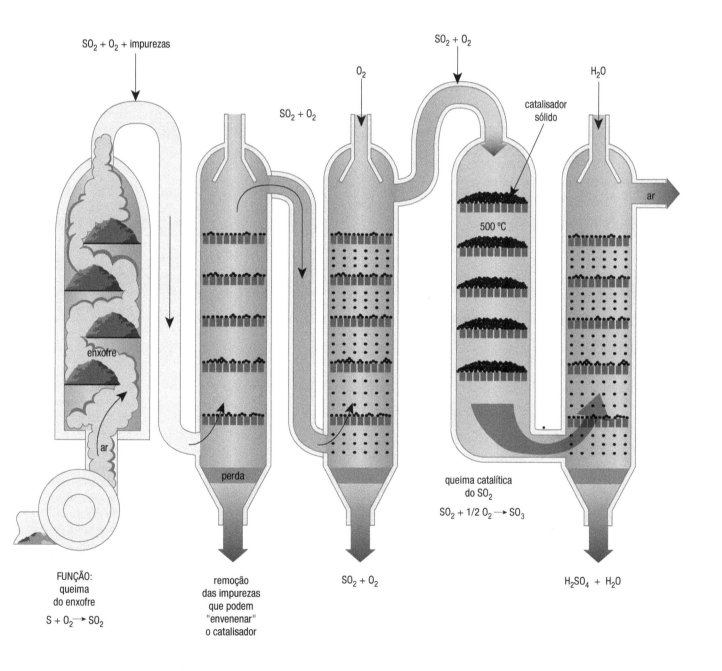

Esquema do processo de contato para a fabricação de ácido sulfúrico.

LIGANDO OS PONTOS!

O enxofre e a atmosfera terrestre

A presença de enxofre, assim como de ferro, na crosta terrestre primordial foi um dos fatores que impedia a formação de nossa atmosfera rica em oxigênio. É que esses elementos atraíam fortemente o oxigênio e com ele formavam compostos, não permitindo que esse gás se desprendesse.

Foram necessários cerca de 2 bilhões de anos para saturar o enxofre e o ferro, possibilitando que o oxigênio se concentrasse na atmosfera inicial.

Atualmente, a maioria do enxofre da Terra está presa no centro do planeta, o que inviabiliza a sua utilização. Contudo, em regiões vulcânicas, a atividade sísmica pode trazê-lo para a superfície, permitindo a sua extração.

FOTOS: R.M. NUNES/SHUTTERSTOCK

Apesar de haver a retirada do enxofre por processos industriais, ainda existe em muitas localidades a extração manual desse produto de dentro da cratera de vulcões. Observe na foto ao lado a retirada do enxofre de dentro da cratera de Kawah Ihen, vulcão em Java Oriental, Indonésia. Acima, carregadores levam em cestos o enxofre extraído para fora da cratera.

15.6.2 Produção de ácido nítrico

O ácido nítrico, HNO_3 (63 g/mol), é bastante utilizado na produção de fertilizantes e explosivos. Trata-se de um líquido incolor, oxidante, volátil à temperatura ambiente e ponto de ebulição de 83 °C. Ele é tanto um ácido forte quanto um forte agente oxidante, sendo miscível com a água em todas as proporções.

Atualmente, o ácido nítrico é fabricado em três etapas pelo **processo de Ostwald**, patenteado em 1902 pelo químico alemão Friedrich Wilhelm **Ostwald** (1853-1932). Acompanhe, a seguir, as reações consecutivas envolvidas nesse processo.

1) Oxidação da amônia:

$$2\ NH_3(g) + \frac{5}{2}\ O_2(g) \xrightarrow{850\ °C,\ 5\ atm,\ Pt/Rh} 2\ NO(g) + 3\ H_2O(g)$$

2) Oxidação do óxido de nitrogênio (NO):

$$2\ NO(g) + O_2(g) \longrightarrow 2\ NO_2(g)$$

3) Hidratação do NO_2:

$$3\ NO_2(g) + H_2O(l) \xrightarrow{\Delta} 2\ HNO_3(aq) + NO(g)$$

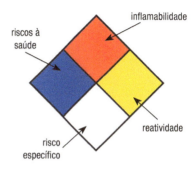

É importante você saber que a carga e o transporte de produtos que possam causar algum risco são identificados por meio de um código, chamado diagrama de Hommel ou diamante de Hommel, que por meio de cores, números e letras indica os tipos e níveis de risco.

Diagrama de Hommel para o ácido nítrico: inflamabilidade = 0, isto é, "substância que não queima"; reatividade = 0, ou seja, "normalmente estável"; riscos à saúde = 4, portanto, "exposição muita curta pode causar morte ou sérios danos residuais"; riscos específcos = OX, o que significa que é "oxidante".

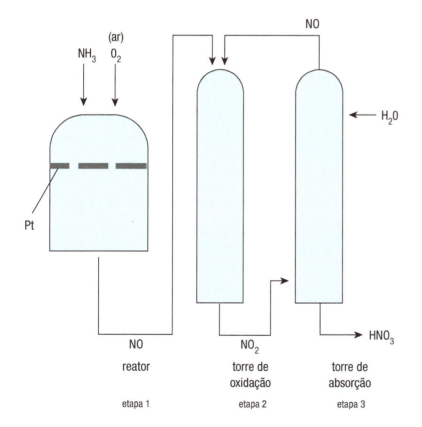

Fluxograma do processo de Ostwald para fabricação de ácido nítrico. Note que o NO obtido na etapa 3 é reciclado para a etapa 2.

15.6.3 Estequiometria de reações consecutivas

Nos dois processos anteriores, os produtos finais (ácidos sulfúrico e nítrico) são obtidos a partir de reações em sequência ou consecutivas. Nesses casos, é interessante, por exemplo, calcular qual é a quantidade de matéria-prima (enxofre e amônia) necessária para produção de determinada quantidade de ácido.

Para evitar cálculos desnecessários, pode-se somar algebricamente as equações químicas de tal forma a eliminar as substâncias intermediárias. No caso do processo de obtenção de ácido sulfúrico, basta somar as equações das etapas apresentadas para se obter a **equação global** do processo:

$$S(s) + O_2(g) \longrightarrow \cancel{SO_2(g)}$$

$$\cancel{SO_2(g)} + \frac{1}{2} O_2(g) \longrightarrow \cancel{SO_3(g)}$$

$$\cancel{SO_3(g)} + H_2O(l) \longrightarrow H_2SO_4(aq)$$

$$\overline{S(s) + \frac{3}{2} O_2(g) + H_2O(l) \longrightarrow H_2SO_4(aq)}$$

Já no caso do processo de Ostwald de obtenção do ácido nítrico, para eliminar as substâncias intermediárias, deve-se multiplicar a 1ª etapa e a 2ª etapa por 3 e a 3ª etapa por 2. Depois, basta somar as equações para obter a equação global:

Escultura em homenagem ao cientista Friedrich Wilhelm Ostwald, ganhador do Prêmio Nobel de Química de 1909, na cidade de Riva, capital da Letônia.

$$6 NH_3(g) + \frac{15}{2} O_2(g) \longrightarrow \cancel{6 NO(g)} + 9 H_2O(g)$$

$$\cancel{6 NO(g)} + 3 O_2(g) \longrightarrow \cancel{6 NO_2(g)}$$

$$\cancel{6 NO_2(g)} + 2 H_2O(l) \longrightarrow 4 HNO_3(aq) + 2 NO(g)$$

$$\overline{6 NH_3(g) + \frac{21}{2} O_2(g) \longrightarrow 4 HNO_3(aq) + 2 NO(g) + 7 H_2O(g)}$$

É importante destacar que a equação global não ocorre efetivamente no processo, mas pode auxiliar na resolução de exercícios de estequiometria, relacionando as quantidades envolvidas de reagentes e produtos no processo como um todo.

SÉRIE BRONZE

1. Calcular a quantidade em mols de amônia produzida na reação de 5 mol de gás nitrogênio.

$$N_2 + 3\,H_2 \longrightarrow 2\,NH_3$$

2. Dada a equação química:

$$2\,NaHCO_3 \longrightarrow Na_2CO_3 + CO_2 + H_2O$$

Determine quantos mols de bicarbonato de sódio devem ser decompostos para produzir 20 mol de CO_2.

3. Calcular a massa de amônia produzida na reação de 5 mol de N_2.

DADO: massa molar do $NH_3 = 17$ g/mol.

$$N_2 + 3\,H_2 \longrightarrow 2\,NH_3$$

4. Calcular a massa de amônia na reação de 140 g de N_2.

DADOS: massas molares: $NH_3 = 17$; $N_2 = 28$.

$$N_2 + 3\,H_2 \longrightarrow 2\,NH_3$$

5. A reação de sódio com água pode ser representada pela equação:

$$2\,Na + 2\,H_2O \longrightarrow 2\,NaOH + H_2$$

Calcule a massa de NaOH obtida se reagirmos 11,5 g de Na.

DADOS: massas molares em g/mol: Na = 23; NaOH = 40.

6. O dióxido de nitrogênio é um dos principais poluentes atmosféricos, sendo ele um gás de cor castanha, que é formado pela reação entre os gases nitrogênio e oxigênio.

$$N_2(g) + 2\,O_2(g) \longrightarrow 2\,NO_2(g)$$

Determine o volume de NO_2 obtido a 25 °C e 1 atm quando reagirmos 4,0 mol de N_2.

DADO: volume molar de gás a 25 °C e 1 atm = 25 L/mol.

7. Durante um churrasco, foram queimados 2,4 kg de carbono grafite, C(graf), constituinte principal do carvão. Essa queima ocorre de acordo com a seguinte equação química:

$$C(graf) + O_2(g) \longrightarrow CO_2(g)$$

Juntamente com o carbono, gás oxigênio é consumido e gás carbônico é produzido. Considere que os volumes desses gases fossem medidos a 25 °C e 1 atm, situação em que o volume molar dos gases é 24,5 L.

a) Determine o volume do oxigênio consumido.
b) Determine o volume de gás carbônico produzido.

DADO: massa molar do C = 12 g/mol.

a) 0,5.   d) 2,0.
b) 1,0.   e) 2,5.
c) 1,5.

DADOS: R = 62,3 mmHg · L · mol^{-1} · K^{-1}; massa molar do magnésio = 24 g · mol^{-1}.

8. (UFPI) Pilotos levam tabletes de LiH para, no caso de acidente no mar, encher barcos ou coletes salva-vidas com gás hidrogênio obtido da reação desse composto com água:

$$LiH + H_2O \longrightarrow LiOH + H_2$$

Considerando R = 0,082 $\frac{atm \cdot L}{mol \cdot K}$, indique quantos gramas de LiH são necessários para inflar um barco salva-vidas, de volume igual a 8,20 L, pressão de 3,00 atm e temperatura de 27,0 °C.

a) 8,0 g   d) 44,4 g
b) 11,1 g   e) 87,7 g
c) 37,8 g

DADOS: massa molar do LiH = 8 g/mol.

10. Uma amostra de 120 g de magnésio com 80% de pureza reage com oxigênio, produzindo óxido de magnésio. Determine a massa de óxido de magnésio produzida.

DADOS: Mg = 24 g/mol; MgO = 40 g/mol.

9. (UFTM – MG) Hidrogênio gasoso (H_2) pode ser obtido em laboratório pela reação de magnésio com ácido clorídrico. Admitindo comportamento ideal, calcula-se que o volume, em litros, de hidrogênio a 27 °C e 623 mmHg, obtido pela reação completa de 1,2 g de magnésio é, aproximadamente,

Considere as informações a seguir e responda às questões **11** a **13**.

Massa total da amostra de $CaCO_3$ = 200 g

Pureza = 80%

DADOS: massas molares: CaO = 56 g/mol; $CaCO_3$ = = 100 g/mol.

11. Determine a massa de $CaCO_3$ na amostra.

12. Escreva a equação química da decomposição térmica do $CaCO_3$.

13. Determine a massa, em gramas, de CaO produzido.
$$CaCO_3 \longrightarrow CaO + CO_2$$

14. Determine a massa de uma amostra de $CaCO_3$ com 80% de pureza, que na decomposição térmica produziu 84 g de CaO, segundo a equação:
$$CaCO_3 \longrightarrow CaO + CO_2$$
DADOS: massas molares: $CaCO_3$ = 100 g/mol; CaO = 56 g/mol.

15. (PUC – RJ) Queimando-se um saco de carvão de 3 kg numa churrasqueira, com rendimento de 90%, quantos quilogramas de CO_2 são formados?
a) 2,7
b) 3,0
c) 4,4
d) 9,9
e) 11

DADOS: C = 12; O = 16.

16. (VUNESP) O inseticida DDT (massa molar = = 354,5 g/mol) é fabricado a partir de clorobenzeno (massa molar = 112,5 g/mol) e cloral, de acordo com a equação:

$$2\ C_6H_5Cl\ +\ C_2HCl_3O\ \longrightarrow\ C_{14}H_9Cl_5 + H_2O$$
clorobenzeno   cloral   DDT

Partindo-se de 1 t de clorobenzeno e admitindo-se rendimento do 80%, a massa de DDT produzida é igual a:

a) 1,575 t
b) 1,260 t
c) 800,0 kg
d) 354,5 kg

b) Há algum reagente em excesso?

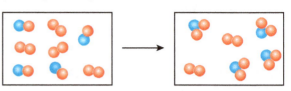

17. Por decomposição térmica de 50 g de CaCO₃ obtêm-se 25,2 g de CaO. Calcule o rendimento da reação.

DADOS: massas molares em g/mol: CaCO₃ = 100; CaO = 56.

20. Numa das etapas da fabricação de ácido nítrico, a amônia reage com oxigênio de acordo com a seguinte equação:

$$4\ NH_3(g) + 5\ O_2(g) \longrightarrow 4\ NO(g) + 6\ H_2O(g)$$

Ao empregar 10 mol de amônia e 15 mol de gás oxigênio:

a) Haverá reagente em excesso? Explique.
b) Qual é a quantidade em mol de NO que se poderá obter?

18. (UFMG) 65 kg de zinco em pó foram atacados por ácido clorídrico, produzindo um sal e liberando gás hidrogênio.

$$Zn(s) + 2\ HCl(aq) \longrightarrow ZnCl_2(aq) + H_2(g)$$

Determine o rendimento desta reação, sabendo que a massa de hidrogênio obtida foi de 1,5 kg.

DADOS: massas atômicas: Zn = 65 u; H = 1 u.

21. Foram misturados 40 g de H₂ com 40 g de O₂, com a finalidade de produzir água. Determine:

a) o reagente limitante;
b) a massa do reagente em excesso;
c) a massa do produto formado.

DADOS: massas molares: H₂ = 2 g/mol; O₂ = 32 g/mol; H₂O = 18 g/mol.

19. As esferas vermelhas representam átomos de oxigênio e as azuis, átomos de nitrogênio.

a) Equacione a reação envolvida.

22. (FEI – SP) Um químico fez reagir 40 g de água oxigenada com 50 g de ácido nitroso, segundo a equação

$$H_2O_2 + HNO_2 \longrightarrow HNO_3 + H_2O$$

Assinale a alternativa que indica a massa de HNO_3 produzida, em gramas, e o reagente que está em excesso.

a) 37 e H_2O_2
b) 67 e HNO_2
c) 74 e HNO_2
d) 74 e H_2O_2
e) 67 e H_2O_2

DADOS: massas atômicas: H = 1 u; N = 14 u; O = 16 u.

23. O gás natural sintético pode ser obtido pelo processo:

1ª etapa: $CO + 2\ H_2 \longrightarrow CH_3OH$
2ª etapa: $4\ CH_3OH \longrightarrow 3\ CH_4 + CO_2 + 2\ H_2O$

A quantidade em mols de H_2 consumido na obtenção de 600 g de CH_4 é:

a) 25.   b) 50.   c) 75.   d) 100.   e) 125.

DADOS: C = 12; H = 1.

24. (FUVEST – SP) Uma instalação petrolífera produz 12,8 kg de SO_2 por hora. A liberação desse gás poluente pode ser evitada usando-se calcário, o qual por decomposição fornece cal, que reage com o SO_2 formando $CaSO_3$, de acordo com as equações:

$$CaCO_3 \longrightarrow CaO + CO_2$$
$$CaO + SO_2 \longrightarrow CaSO_3$$

Qual é a massa mínima de calcário (em kg), por dia, necessária para eliminar todo o SO_2 formado?

a) 128
b) 240
c) 480
d) 720
e) 1.200

DADOS: massas molares em g/mol: $CaCO_3$ = 100; SO_2 = 64.

25. (UFPA) Dadas as equações químicas:

$$S + O_2 \longrightarrow SO_2$$
$$2\ SO_2 + O_2 \longrightarrow 2\ SO_3$$
$$SO_3 + H_2O \longrightarrow H_2SO_4$$

Considerando-se que em 100 L de gasolina encontram-se 3,2 mg de enxofre, a quantidade (em gramas) de ácido sulfúrico formada pela queima desse volume de combustível será de:

a) 98
b) $98 \cdot 10^{-1}$
c) $98 \cdot 10^{-2}$
d) $98 \cdot 10^{-3}$
e) $98 \cdot 10^{-4}$

DADOS: H = 1; S = 32; O = 16.

SÉRIE PRATA

1. (UNESP) A reação entre os gases hidrogênio e oxigênio libera energia que pode ser utilizada, por exemplo, em automóveis. A massa de água produzida por um automóvel movido a hidrogênio, após consumir 2.000 g deste gás, é

a) 2.000 g.   d) 32.000 g.
b) 16.000 g.   e) 36.000 g.
c) 18.000 g.

DADOS: massas molares em g/mol: $H_2 = 2$; $H_2O = 18$.

Uma das maneiras de impedir que o SO_2, um dos responsáveis pela "chuva ácida", seja liberado para a atmosfera é tratá-lo previamente com óxido de magnésio, em presença de ar, como equacionado a seguir:

$$MgO(s) + SO_2(g) + \frac{1}{2} O_2(g) \longrightarrow MgSO_4(s)$$

Quantas toneladas de óxido de magnésio são consumidas no tratamento de $9,6 \cdot 10^3$ t de SO_2?

a) $1,5 \cdot 10^2$ d) $6,0 \cdot 10^3$
b) $3,0 \cdot 10^2$ e) $2,5 \cdot 10^4$
c) $1,0 \cdot 10^3$

2. (FATEC – SP) Considere a reação química entre soluções aquosas de carbonato de sódio (Na_2CO_3) e cloreto de cálcio ($CaCl_2$), produzindo carbonato de cálcio sólido ($CaCO_3$) e cloreto de sódio (NaCl) em solução aquosa.

Supondo rendimento de 100%, a massa, em gramas, de cloreto de cálcio que deve reagir para produzir 10 g de carbonato de cálcio é, aproximadamente,

a) 5.   b) 7.   c) 11.   d) 14.   e) 22.

DADOS: massas molares (g/mol): $C = 12,0$; $O = 16,0$; $Na = 23,0$; $Cl = 35,5$ e $Ca = 40,0$.

4. (UFSCar – SP) Em uma aula de laboratório de Química, um aluno montou a seguinte aparelhagem:

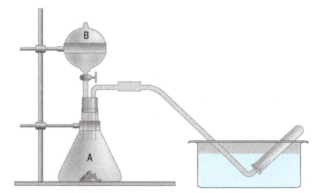

No frasco de Kitassato (A), foram colocados 32,5 g de zinco metálico e no funil de separação (B) foi adicionado solução de ácido clorídrico concentrado. Ao abrir cuidadosamente a válvula do funil, o ácido reagiu com o zinco, produzindo um gás, que foi coletado em um tubo de ensaio inicialmente cheio de água destilada, dentro da cuba cheia de água.

a) Considere que o zinco reage completamente com o ácido clorídrico em excesso e que não há perda na coleta do gás. Escreva a equação balanceada da reação química e calcule o volume, em litros, de gás a 300 K e 0,82 atm de pressão.

3. (FUVEST – SP)

MASSAS MOLARES	
SO_2	64 g/mol
MgO	40 g/mol

b) O gás produzido é praticamente insolúvel em água. Justifique essa propriedade.

DADOS: Zn = 65 g/mol; equação dos gases ideais: PV = nRT; R = 0,082 atm · L · mol^{-1} · K^{-1}.

A queima do enxofre e a reação do dióxido de enxofre com o hidróxido de cálcio, bem como as massas de algumas das substâncias envolvidas nessas reações, podem ser assim representadas:

enxofre (32 g) + oxigênio (32 g) ⟶

⟶ dióxido de enxofre (64 g)

dióxido de enxofre (64 g) + hidróxido de cálcio (74 g)
⟶ produto não poluidor

Dessa forma, para absorver todo o dióxido de enxofre produzido pela queima de uma tonelada de carvão (contendo 1% de enxofre), é suficiente a utilização de uma massa de hidróxido de cálcio de, aproximadamente,

a) 23 kg. b) 43 kg. c) 64 kg. d) 74 kg. e) 138 kg.

5. (ITA – SP) 1,31 g de uma mistura de limalhas de cobre e zinco reagiram com excesso de solução de ácido clorídrico, numa aparelhagem adequada, produzindo gás hidrogênio. Esse gás, depois de seco, ocupou um volume de 269 mL sob pressão de 0,90 atm e 300 K. Calcule a massa de cobre presente na mistura.

DADOS: R = 0,082 $\frac{atm \cdot L}{mol \cdot K}$; massa molar do Zn = 65 g/mol.

7. (FAMECA – SP) Para neutralizar completamente 7,3 g de ácido clorídrico (HCl), foi usado um total de 10 g de soda cáustica (NaOH impuro). Com base nessa afirmação, conclui-se que o grau de pureza dessa amostra de soda cáustica era de:

a) 40%.
b) 50%.
c) 60%.
d) 70%.
e) 80%.

DADOS: massas atômicas H = 1 u; O = 16 u; Na = 23 u; Cl = 35,5 u.

6. (ENEM) Atualmente, sistemas de purificação de emissões poluidoras estão sendo exigidos por lei em um número cada vez maior de países. O controle das emissões de dióxido de enxofre gasoso, provenientes da queima de carvão que contém enxofre, pode ser feito pela reação desse gás com uma suspensão de hidróxido de cálcio em água, sendo formado um produto não poluidor do ar.

8. (MACKENZIE – SP) Na queima de 10 kg de carvão de 80% de pureza, a quantidade de moléculas de gás carbônico produzida é:

a) $17,6 \cdot 10^{28}$
b) $6,25 \cdot 10^{27}$
c) $57,6 \cdot 10^{19}$
d) $4,8 \cdot 10^{26}$
e) $4,0 \cdot 10^{26}$

DADOS: massas molares (g/mol): C = 12; O = 16; N = $6 \cdot 10^{23}$.

9. (UFJF – MG) O cromo é um metal empregado na produção do aço inox e no revestimento (cromação) de algumas peças metálicas. Esse metal é produzido por meio da reação abaixo:

$$Cr_2O_3(s) + 2\ Al(s) \longrightarrow 2\ Cr(s) + Al_2O_3(s)$$

Partindo-se de 15,2 gramas de Cr_2O_3 e admitindo-se que este processo tem um rendimento de 75%, a massa produzida de cromo é igual a:

a) 1,8 g.
b) 10,4 g.
c) 13,8 g.
d) 15,2 g.
e) 7,8 g.

DADOS: Cr = 52 e O = 16.

10. (UFU – MG) Encontrou-se uma amostra de mármore ($CaCO_3$), cuja pureza era de 60%. Decompondo-se 50 gramas dessa amostra, obteve-se cal virgem (CaO) e gás carbônico (CO_2). Admitindo-se um rendimento de 70% para essa reação, quantos mols de gás carbônico foram conseguidos?

DADOS: massas molares (g/mol): C = 12; O = 16; Ca = 40.

11. (UFG – GO – adaptada) A combustão da gasolina e do óleo diesel libera quantidades elevadas de poluentes para a atmosfera. Para minimizar esse problema, tem-se incentivado a utilização de biocombustíveis como o biodiesel e o etanol. O etanol pode ser obtido a partir da fermentação da sacarose, conforme a equação balanceada apresentada a seguir.

$$C_{12}H_{22}O_{11}(s) + H_2O(l) \longrightarrow 4\ C_2H_6O(l) + 4\ CO_2(g)$$

Considerando-se o exposto e o fato de que uma indústria alcooleira utilize 100 mols de sacarose e que o processo tenha rendimento de 85%, conclui-se que a quantidade máxima obtida do álcool será de:

a) 27,60 kg.
b) 23,46 kg.
c) 18,40 kg.
d) 15,64 kg.
e) 9,20 kg.

DADOS: C = 12; H = 1; O = 16.

12. (UFG – GO) As pérolas contêm, majoritariamente, entre diversas outras substâncias, carbonato de cálcio ($CaCO_3$). Para obtenção de uma pérola artificial composta exclusivamente de $CaCO_3$, um analista, inicialmente, misturou 22 g de CO_2 e 40 g de CaO. Nesse sentido, conclui-se que o reagente limitante e a massa em excesso presente nessa reação são, respectivamente,

a) CO_2 e 22 g.
b) CaO e 10 g.
c) CO_2 e 12 g.
d) CaO e 20 g.
e) CO_2 e 8 g.

DADOS: Ca = 40; C = 12; O = 16.

13. (UFF – RJ) O cloreto de alumínio é um reagente muito utilizado em processos industriais que pode ser obtido por meio da reação entre alumínio metálico e cloro gasoso. Se 2,70 g de alumínio são misturados a 4,0 g de cloro, a massa produzida, em gramas, de cloreto de alumínio é:

a) 5,01.
b) 5,52.
c) 9,80.
d) 13,35.
e) 15,04.

DADOS: Al = 27; Cl = 35,5.

14. (UEL – PR) O ácido acetilsalicílico (AAS), comumente chamado de aspirina, é obtido a partir da reação do ácido salicílico com anidrido acético. Essa reação é esquematizada do seguinte modo:

ácido salicílico + anidrido acético → ácido acetilsalicílico + ácido acético
$C_7H_6O_3$(s) $C_4H_6O_3$ $C_9H_8O_4$ CH_3COOH

a) Qual é o reagente limitante da reação, partindo-se de 6,90 g de ácido salicílico e 10,20 g de anidrido acético? Justifique sua resposta apresentando os cálculos.
b) Foram obtidos 5,00 g de AAS. Calcule o rendimento da reação.

DADOS: C = 12; H = 1; O = 16.

15. (FATEC – SP) Amônia é matéria-prima fundamental na fabricação de produtos importantes, como fertilizantes, explosivos, antibióticos e muitos outros. Na indústria, em condições apropriadas, a síntese da amônia se realiza a partir de nitrogênio e hidrogênio gasosos, como mostra a equação:

$$N_2(g) + 3\,H_2(g) \longrightarrow 2\,NH_3(g)$$

Considerando que nitrogênio e hidrogênio foram colocados para reagir em quantidades tais como na figura a seguir, onde 1 representa H_2 e 2 representa N_2

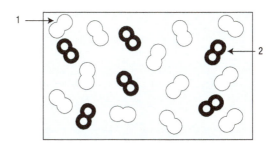

e supondo rendimento de 100%, pode-se afirmar que

a) nitrogênio e hidrogênio estão em proporções estequiométricas.
b) hidrogênio foi colocado em excesso.
c) nitrogênio é o reagente limitante.
d) hidrogênio é o reagente limitante.
e) ambos os reagentes estão em excesso.

16. (UnB – DF) Na sequência de reações:

$$Na_2O + H_2O \longrightarrow 2\ NaOH$$
$$H_3PO_4 + 3\ NaOH \longrightarrow Na_3PO_4 + 3\ H_2O$$

se partirmos de 10 mol de Na_2O, obteremos:

a) 10 mol de H_2O.

b) 20 mol de H_2O.

c) $\dfrac{40}{2}$ mol de Na_3PO_4.

d) 15 mol de Na_3PO_4.

e) 20 mol de Na_3PO_4.

17. Determine a massa, em toneladas, de ácido sulfúrico obtida a partir de 48 t de pirita (FeS_2). A primeira etapa deste processo consiste na reação de FeS_2 com O_2 para produção de Fe_2O_3 e SO_2.

DADOS: massas molares em g/mol – $FeS_2 = 120$; $H_2SO_4 = 98$.

SÉRIE OURO

1. (UNICAMP – SP) A obtenção de etanol a partir de sacarose (açúcar), por fermentação, pode ser representada pela seguinte equação:

$$\underset{\text{sacarose}}{C_{12}H_{22}O_{11}} + H_2O \longrightarrow 4\ \underset{\text{etanol}}{C_2H_5OH} + 4\ CO_2$$

Admitindo-se que o processo tenha rendimento de 100% e que o etanol seja anidro (puro), calcule a massa (em kg) de açúcar necessária para produzir um volume de 50 litros de etanol, suficiente para encher um tanque de um automóvel.

DADOS: densidade do etanol = 0,8 g/cm³; massa molar da sacarose = 342 g/mol; massa molar do etanol = 46 g/mol.

$d = \dfrac{m}{V}$

2. (UFRJ) A acidez estomacal é causada pelo excesso de ácido clorídrico. Os medicamentos à base de hidróxido de alumínio vêm sendo cada vez mais utilizados com o objetivo de diminuir essa acidez. A posologia recomendada para um adulto é de 10 a 14 colheres de 5 mL, ao dia, contendo cada uma delas 0,3 g de hidróxido de alumínio.

a) Qual é a fórmula e o nome do sal formado no estômago pela ação do medicamento que contém o hidróxido de alumínio?

b) Quantos mol de ácido são neutralizados quando se tem um consumo diário de 13 colheres, de 5 mL, do medicamento?

DADOS: massas molares em g/mol: Al = 27; O = 16; H = 1.

3. (ENEM) Os exageros do final de semana podem levar o indivíduo a um quadro de azia. A azia pode ser descrita como uma sensação de queimação no esôfago, provocada pelo desbalanceamento do pH estomacal (excesso de ácido clorídrico). Um dos antiácidos comumente empregados no combate à azia é o leite de magnésia.

O leite de magnésia possui 64,8 g de hidróxido de magnésio $Mg(OH)_2$ por litro da solução. Qual é a quantidade de ácido neutralizado ao se ingerir 9 mL de leite de magnésia?

a) 20 mol
b) 0,58 mol
c) 0,2 mol
d) 0,02 mol
e) 0,01 mol

DADOS: massas molares (em g mol^{-1}): Mg = 24,3; Cl = 35,4; O = 16; H = 1.

4. (ENEM) No Japão, um movimento nacional para a promoção da luta contra o aquecimento global leva o *slogan*: **1 pessoa, 1 dia, 1 kg de CO_2 a menos!** A ideia é cada pessoa reduzir em 1 kg a quantidade de CO_2 emitida todo dia, por meio de pequenos gestos ecológicos, como diminuir a queima de gás de cozinha.

Um Hamburguer Ecológico? É pra já!
Disponível em: http://lqes.iqm.unicamp.br.
Acesso em: 24 fev. 2012. Adaptado.

Considerando um processo de combustão completa de um gás de cozinha composto exclusivamente por butano (C_4H_{10}), a mínima quantidade desse gás que um japonês deve deixar de queimar para atender à meta diária, apenas com esse gesto, é de

a) 0,25 kg.
b) 0,33 kg.
c) 1,0 kg.
d) 1,3 kg.
e) 3,0 kg.

DADOS: CO_2 (44 g/mol); C_4H_{10} (58 g/mol).

5. (MACKENZIE – SP – adaptada) As reações de combustão são responsáveis pela produção de energia, como, por exemplo, em transporte (carros, aviões, trens, navios etc.), usinas termoelétricas, processos industriais, geradores e outros. O processo de combustão completa, além de produzir energia, libera uma certa quantidade de dióxido de carbono e de vapor-d'água na atmosfera.

Assim, a relação entre os volumes de gás oxigênio, nas CNTP, necessária para consumir, em um processo de combustão completa, um mol de metanol, um mol de butano, e um mol de octano, é, respectivamente,

a) 2 : 4 : 6.
b) 1 : 8 : 16.
c) 3 : 13 : 25.
d) 1 : 2 : 4.
e) 4 : 13 : 25.

DADOS: volume de um mol de gás nas CNTP = 22,4 L; metanol: CH_3OH; butano: C_4H_{10}; octano: C_8H_{18}.

6. (UNIFESP – adaptada) O bicarbonato de sódio em solução injetável, indicado para tratamento de acidose metabólica ou de cetoacidose diabética, é comercializado em ampolas de 10 mL, cuja formulação indica que cada 100 mL de solução aquosa contém 8,4 g de $NaHCO_3$.

Uma análise mostrou que o conteúdo das ampolas era apenas água e bicarbonato de sódio; quando o conteúdo de uma ampola desse medicamento reagiu com excesso de HCl, verificou-se que foi produzido $8,0 \cdot 10^{-3}$ mol de gás carbônico, uma quantidade menor do que a esperada.

a) Utilizando $R = 0,08$ atm · L · K^{-1} · mol^{-1}, calcule a pressão exercida pelo gás liberado na análise do medicamento, quando confinado em um recipiente de 96 mL a 300 K.

b) Considerando a equação para reação entre o bicarbonato de sódio e o ácido clorídrico,

$NaHCO_3(aq) + HCl(aq) \longrightarrow NaCl(aq) + CO_2(g) + H_2O(l)$

determine a porcentagem em massa de bicarbonato de sódio presente na ampola analisada, em relação ao teor indicado em sua formulação. Apresente os cálculos efetuados.

DADOS: Na = 23; H = 1; C = 12; O = 16.

DADOS: massas molares em g/mol: $CaCO_3$ = 100; CaO = 56.

$$CaCO_3 \longrightarrow CaO + CO_2$$

8. (FUVEST – SP) Uma moeda antiga de cobre estava recoberta com uma camada de óxido de cobre (II). Para restaurar seu brilho original, a moeda foi aquecida ao mesmo tempo em que se passou sobre ela gás hidrogênio. Nesse processo, formou-se vapor-d'água e ocorreu a redução completa do cátion metálico.

As massas da moeda, antes e depois do processo descrito, eram, respectivamente, 0,795 g e 0,779 g.

Assim sendo, a porcentagem em massa do óxido de cobre (II) presente na moeda, antes do processo de restauração, era:

a) 2%.   b) 4%.   c) 8%.   d) 10%.   e) 16%.

DADOS: massas molares (g/mol): H = 1,00; O = 16,0; Cu = 63,5.

7. (FUVEST – SP) O $CaCO_3$ é um dos constituintes do calcário, importante matéria-prima utilizada na fabricação do cimento. Uma amostra de 7,50 g de carbonato de cálcio impuro foi colocada em um cadinho de porcelana de massa 38,40 g e calcinada a 900 °C, obtendo-se como resíduo sólido somente o óxido de cálcio.

$$CaCO_3(g) \longrightarrow CaO(s) + CO_2(g)$$

Sabendo-se que a massa do cadinho com o resíduo foi de 41,97 g, a amostra analisada apresenta um teor percentual de $CaCO_3$, igual a:

a) 70%.   d) 85%.
b) 75%.   e) 90%.
c) 80%.

9. (MACKENZIE – SP) A calcita é um mineral encontrado na forma de cristais e em uma grande variedade de formas, como também nas estalactites e estalagmites. É o principal constituinte dos calcários e mármores, ocorrendo também em conchas e rochas sedimentares. Pelo fato de ser composta por $CaCO_3$, a calcita reage facilmente com HCl, formando cloreto de cálcio, gás carbônico e água.

Considerando que uma amostra de 10 g de calcita, extraída de uma caverna, ao reagir com quantidade suficiente de HCl, produziu 1,792 L de gás carbônico, medido nas CNTP, é **correto** afirmar que essa amostra apresentava um teor de $CaCO_3$ da ordem de

a) 75%.
b) 80%.
c) 85%.
d) 90%.
e) 95%.

DADO: massa molar (g/mol) $CaCO_3 = 100$.

(ENEM) Texto para as questões **10** e **11**.

Na investigação forense, utiliza-se luminol, uma substância que reage com o ferro presente na hemoglobina do sangue produzindo luz, que permite visualizar locais contaminados com pequenas quantidades de sangue, mesmo em superfícies lavadas.

É proposto que, na reação do luminol (I) em meio alcalino, na presença de peróxido de hidrogênio (II) e de um metal de transição (M^{n+}), forma-se o composto 3-aminoftalato (III), que sofre uma relaxação, dando origem ao produto final da reação (IV), com liberação de energia (hv) e de gás nitrogênio (N_2).

Química Nova, 25, n. 6, pp. 1003-10. Adaptado.

DADOS: massas molares em g/mol: luminol = 177; 3-aminoftalato = 179.

10. Na reação do luminol, está ocorrendo o fenômeno de

a) fluorescência, quando espécies excitadas por absorção de uma radiação eletromagnética relaxam liberando luz.
b) incandescência, um processo físico de emissão de luz que transforma energia elétrica em energia luminosa.
c) quimioluminescência, uma reação química que ocorre com liberação de energia eletromagnética na forma de luz.
d) fosforescência, em que átomos excitados pela radiação visível sofrem decaimento, emitindo fótons.
e) fusão nuclear a frio, por reação química de hidrólise com liberação de energia.

11. Na análise de uma amostra biológica para análise forense, utilizou-se de 54 g de luminol e peróxido de hidrogênio em excesso, obtendo-se um rendimento final de 70%. Sendo assim, a quantidade do produto final (IV) formada na reação foi de

a) 123,9 g.
b) 114,8 g.
c) 86,0 g.
d) 38,2 g.
e) 16,2 g.

12. (PUC – PR) A pirita é uma liga de ferro e enxofre e possui características muito parecidas com as do ouro: cor e mesmo brilho, por isso foi apelidada de "ouro dos tolos". Mas facilmente é possível perceber as diferenças existentes entre o ouro e a pirita, testes simples como da condutividade elétrica já mostram as propriedades distintas dessas substâncias. A composição da pirita é principalmente ferro, mas existem pequenas quantidades de níquel, cobalto, ouro e cobre. Na reação com o gás oxigênio, produz dióxido de enxofre e óxido de ferro III, segundo a equação:

$$FeS_2 + O_2 \longrightarrow SO_2 + Fe_2O_3$$
(equação não balanceada)

Considerando um grau de pureza da pirita de 92% e uma reação com rendimento de 80%, qual massa aproximada de Fe_2O_3 se forma quando reagem 8,8 toneladas de pirita?

a) 5,39 t
b) 8,09 t
c) 4,70 t
d) 4,32 t
e) 6,42 t

14. (UFSCar – SP) O estanho é usado na composição de ligas metálicas, como bronze (Sn-Cu) e solda metálica (Sn-Pb). O estanho metálico pode ser obtido pela reação do minério cassiterita (SnO_2) com carbono, produzindo também monóxido de carbono. Supondo que o minério seja puro e o rendimento da reação seja 100%, a massa, em quilogramas, de estanho produzida a partir de 453 kg de cassiterita com 96 kg de carbono é

a) 549.
b) 476.
c) 357.
d) 265.
e) 119.

DADOS: C = 12 u; O = 16 u; Sn = 119 u.

13. (PUC – SP) Ao adicionar uma solução aquosa de nitrato de prata ($AgNO_3$) a uma solução aquosa de fosfato de sódio (Na_3PO_4), forma-se um sal branco e insolúvel, o fosfato de prata (Ag_3PO_4). Essa reação foi realizada utilizando-se quantidades variadas dos reagentes, segundo a tabela abaixo:

TUBO NÚMERO	1	2	3	4	5
$AgNO_3$ quantidade de matéria adicionada (10^{-3} mol)	4	6	8	12	14
Na_3PO_4 quantidade de matéria adicionada (10^{-3} mol)	12	10	8	4	2

Com base nessa tabela, é possível prever que o tubo em que se formará a maior quantidade de Ag_3PO_4 é o:

a) tubo 1.
b) tubo 2.
c) tubo 3
d) tubo 4.
e) tubo 5.

15. (FUVEST – SP) Para estudar a variação de temperatura associada à reação entre Zn(s) e Cu^{2+}(aq), foram realizados alguns experimentos independentes, nos quais diferentes quantidades de Zn(s) foram adicionadas a 100 mL de diferentes soluções aquosas de $CuSO_4$. A temperatura máxima (T_f) de cada mistura, obtida após a reação entre as substâncias, foi registrada conforme a tabela:

EXPERI-MENTO	QUANTI-DADE DE MATÉRIA DE Zn(s) (mol)	QUANTI-DADE DE MATÉRIA DE Cu^{2+}(aq) (mol)	QUANTI-DADE DE MATÉRIA TOTAL* (mol)	T_f (°C)
1	0	1,0	1,0	25,0
2	0,2	0,8	1,0	26,9
3	0,7	0,3	1,0	27,9
4	X	Y	1,0	T_4

*Quantidade de matéria total = soma das quantidades de matéria inicial de Zn(s) e Cu^{2+}(aq).

a) Escreva a equação química balanceada que representa a transformação investigada.
b) Qual é o reagente limitante no experimento 3? Explique.

c) No experimento 4, quais deveriam ser os valores de X e Y para que a temperatura T_4 seja a maior possível? Justifique sua resposta.

16. (UNIFESP) O gráfico apresenta a curva da decomposição térmica do oxalato de magnésio, MgC_2O_4. Nessa reação, os produtos da decomposição são CO, CO_2 e MgO (massa molar 40 g/mol). Neste gráfico, são apresentados os valores da massa da amostra em função da temperatura.

DADOS: massas molares (g/mol): Mg = 24; C = 12; O = 16.

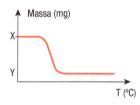

Se a diferença entre as massas X e Y no gráfico for 576 mg, o valor de Y e a porcentagem de perda da massa da reação de decomposição térmica do oxalato de magnésio são, respectivamente,

a) 320 e 35,7%.   d) 576 e 35,7%.
b) 320 e 64,3%.   e) 576 e 64,3%.
c) 352 e 39,2%.

17. (FGV – SP) A dolomita, $CaMg(CO_3)$, é um minério utilizado como fonte de magnésio e para fabricação de materiais refratários. A figura apresenta a curva da decomposição térmica de uma mistura de carbonatos de cálcio e magnésio e é o resultado de medidas de variação da massa da amostra em função do aumento da temperatura. A decomposição desses carbonatos resulta na liberação de CO_2 e na formação do respectivo óxido. Cada carbonato decompõe-se totalmente em diferentes temperaturas, sendo que o carbonato de cálcio apresenta maior estabilidade térmica.

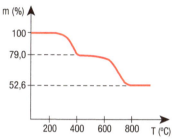

Pode-se concluir que a mistura de carbonatos analisada contém a composição em massa de carbonato de cálcio igual a

a) 40%.   d) 55%.
b) 45%.   e) 60%.
c) 50%.

DADOS: massas molares em g/mol: CO_2 = 44; $MgCO_3$ = 84; $CaCO_3$ = 100.

18. (MACKENZIE – SP) A produção industrial do ácido sulfúrico é realizada a partir do enxofre, extraído de jazidas localizadas normalmente em zonas vulcânicas. O enxofre extraído é queimado ao ar atmosférico produzindo o anidrido sulfuroso (etapa I). Após essa reação, o anidrido sulfuroso é oxidado a anidrido sulfúrico, em alta temperatura e presença de um catalisador adequado (etapa II). Em seguida, o anidrido sulfúrico é borbulhado em água, formando o ácido sulfúrico (etapa III). As reações referentes a cada uma das etapas do processo encontram-se abaixo equacionadas:

Etapa I. $S(s) + O_2(g) \longrightarrow SO_2(g)$

Etapa II. $2\ SO_2(g) + O_2(g) \longrightarrow 2\ SO_3(g)$

Etapa III. $SO_3(g) + H_2O(l) \longrightarrow H_2SO_4(l)$

Desse modo, ao serem extraídos 200,0 kg de enxofre com 80% de pureza de uma jazida, considerando-se que o rendimento global do processo seja de 90%, a massa máxima de ácido sulfúrico que pode ser produzida será de

a) 612,5 kg.
b) 551,2 kg.
c) 490,0 kg.
d) 441,0 kg.
e) 200,0 kg.

DADOS: massas molares (g/mol): H = 1; O = 16 e S = 32.

19. (UNESP – SP) A hidrazina, substância com fórmula molecular N_2H_4, é um líquido bastante reativo na forma pura.

Na forma de seu monoidrato, $N_2H_4 \cdot H_2O$, a hidrazina é bem menos reativa que na forma pura e, por isso, de manipulação mais fácil. Devido às suas propriedades físicas e químicas, além de sua utilização em vários processos industriais, a hidrazina também é utilizada como combustível de foguetes e naves espaciais, e em células de combustível.

A atuação da hidrazina como propelente de foguetes envolve a seguinte sequência de reações, iniciada com o emprego de um catalisador adequado, que rapidamente eleva a temperatura do sistema acima de 800 °C:

$$3\ N_2H_4(l) \longrightarrow 4\ NH_3(g) + N_2(g)$$
$$N_2H_4(l) + 4\ NH_3(g) \longrightarrow 3\ N_2(g) + 8\ H_2(g)$$

Calcule a massa de H_2 e o volume total dos gases formados, medido nas CNTP, gerados pela decomposição estequiométrica de 1,0 g de $N_2H_4(l)$.

DADOS: massas molares, em g · mol⁻¹: N = 14,0; H = 1,0; volume molar, medido nas Condições Normais de Temperatura e Pressão (CNTP) = 22,4 L.

SÉRIE PLATINA

1. (FUVEST – SP) Volumes iguais de uma solução de I_2 (em solvente orgânico apropriado) foram colocados em cinco diferentes frascos. Em seguida, a cada um dos frascos foi adicionada uma massa diferente de estanho (Sn), variando entre 0,2 e 1,0 g. Em cada frasco, formou-se uma certa quantidade de SnI_4, que foi, então, purificado e pesado. No gráfico abaixo, são apresentados os resultados desse experimento.

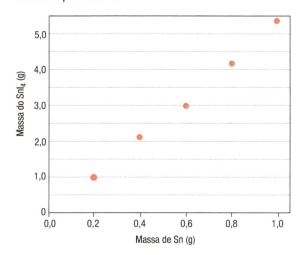

Com base nesses resultados experimentais, é possível afirmar que o valor da relação

$$\frac{\text{massa molar de } I_2}{\text{massa molar do Sn}}$$

é, aproximadamente,
a) 1 : 8.
b) 1 : 4.
c) 1 : 2.
d) 2 : 1.
e) 4 : 1.

2. (UNESP) A imagem mostra o primeiro avião do mundo movido a etanol (C_2H_5OH), o avião agrícola Ipanema, de fabricação brasileira.

Disponível em: <defesanet.com.br/Embraer>.

Considere que a velocidade de cruzeiro dessa aeronave seja 220 km/h, que o consumo de combustível nessa velocidade seja 100 L/h, que cada litro de combustível contenha 0,8 kg de C_2H_5OH e que a combustão seja completa.

Em um percurso de 110 km, à velocidade de cruzeiro constante, a massa de dióxido de carbono lançada ao ar devido à combustão, em kg, é próxima de

a) 55.   b) 22.   c) 77.   d) 33.   e) 88.

DADOS: massas molares em g/mol: C = 12; O = 16; H = 1.

3. (SANTA CASA – SP) Em um experimento de laboratório, um grupo de alunos recebeu uma amostra de certo metal M para determinar o valor de sua massa, sem o uso de balança, a partir de dados fornecidos pelo professor e de um dado obtido pelo próprio grupo, no laboratório.

- DADO 1 – 13,95 g de outra amostra do mesmo metal M reagem com excesso de solução de ácido forte, produzindo 0,25 mol de gás hidrogênio, de acordo com a seguinte reação:

$$M(s) + 2\,H^+(aq) \longrightarrow M^{2+}(aq) + H_2(g)$$

- DADO 2 – O metal M corresponde a um dos cinco metais a seguir (com suas respectivas densidades): alumínio (2,7 g/cm³); chumbo (11,3 g/cm³); cobre (8,9 g/cm³); ferro (7,9 g/cm³); e zinco (7,1 g/cm³).

▶ DADO 3 – Determinação do volume da amostra recebida pelo grupo por meio da inserção da amostra em uma proveta com água, conforme representam as figuras.

A amostra recebida pelo grupo tinha massa igual a
a) 54 g.
b) 142 g.
c) 178 g.
d) 158 g.
e) 226 g.

DADOS: massas molares em g/mol: Fe = 56; Al = 27; Cu = 63,5; Pb = 207; Zn = 66,5.

4. (UNIFESP – adaptada) O nióbio é um metal utilizado na fabricação de ligas metálicas especiais e em aplicações de alta tecnologia. O processo básico de obtenção do nióbio metálico envolve a reação do óxido de nióbio (Nb_2O_5) com alumínio metálico (Al), conforme a equação química representada abaixo:

$$3\ Nb_2O_5 + 10\ Al \longrightarrow 6\ Nb + 5\ Al_2O_3$$

a) Determinada amostra de óxido de nióbio apresenta 27 g. Determine a quantidade aproximada, em gramas, de alumínio necessário para reagir com essa quantidade de Nb_2O_5. Mostre os cálculos.

DADOS: massas (g/mol): O = 16; Al = 27; Nb = 93.

b) Ao final do experimento, obteve-se um sólido com coloração cinza brilhante, característica do nióbio metálico. Para verificar se o sólido obtido era realmente nióbio metálico, o material foi colocado numa proveta com água sobre uma balança, alterando o nível da água e a indicação da proveta, como mostra a figura abaixo.

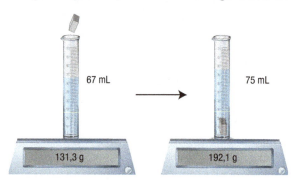

Determine a densidade do material obtido, em g/mL, de acordo com o experimento realizado. Apresente os cálculos efetuados.

c) Sabe-se que a densidade do nióbio puro é de aproximadamente 8,6 g/mL. O que se pode afirmar sobre a pureza do material obtido (em relação ao teor de nióbio), cuja densidade foi determinada no item (b)? Foi obtido nióbio puro ou não? Justifique.

5. (MACKENZIE – SP) O GLP (gás liquefeito do petróleo), popularmente conhecido por gás de cozinha e largamente empregado nas cozinhas residenciais, apresenta composição variável, por tratar-se de uma mistura de diversos compostos. A partir de uma amostra de 1 kg de GLP, cuja composição percentual em massa é de 21%, 22%, 28% e 29%, respectivamente, para cada um dos hidrocarbonetos, propeno, propano, buteno e butano, é **correto** afirmar que o volume obtido de gás carbônico

nas CNTP, considerando-se somente a combustão completa desses compostos e um rendimento global de 90% para os processos, é de

DADOS: massas molares em g . mol^{-1}: $C_3H_6 = 42$; $C_3H_8 = 44$; $C_4H_8 = 56$; $C_4H_{10} = 58$.

a) 1.176,0 L.
b) 1.254,4 L.
c) 1.411,2 L.
d) 1.489,6 L.
e) 1.568,0 L.

6. (PUC – SP) **DADOS:** volume de 1 mol de gás nas CNTP é 22,4 L/mol; massa molar em g/mol do $H_2O_2 = 34$.

A água oxigenada é o nome dado à solução comercial de peróxido de hidrogênio (H_2O_2) em água. Em lojas de produtos químicos é possível adquirir frascos contendo água oxigenada 200 volumes. Essa concentração indica que a decomposição total do peróxido de hidrogênio contido em 1,0 L de solução produz 200 L de gás oxigênio medidos nas CNTP.

A reação de decomposição da água oxigenada é representada pela equação química a seguir:

$$2\ H_2O_2(aq) \longrightarrow 2\ H_2O(l) + O_2(g)$$

Desse modo, 50 mL dessa solução contêm, aproximadamente,

a) 10 g de H_2O_2.
b) 20 g de H_2O_2.
c) 30 g de H_2O_2.
d) 40 g de H_2O_2.

7. (FUVEST – SP – adaptada) Em uma aula experimental, dois grupos de alunos (G_1 e G_2) utilizaram dois procedimentos diferentes para estudar a velocidade da reação de carbonato de cálcio com excesso de ácido clorídrico. As condições de temperatura e pressão eram as mesmas nos dois procedimentos e, em cada um deles, os estudantes empregaram a mesma massa inicial de carbonato de cálcio e o mesmo volume de solução de ácido clorídrico de mesma concentração.

O grupo G_1 acompanhou a transformação ao longo do tempo, realizada em um sistema aberto, determinando a variação de massa desse sistema (Figura 1 e Tabela).

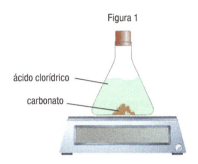

Figura 1

Tabela: dados obtidos pelo grupo G_1.

TEMPO DECORRIDO (segundos)	0	60	180	240
MASSA DO SISTEMA (g)	110,00	109,38	109,12	108,90

O grupo G_2 acompanhou essa reação ao longo do tempo, porém determinando o volume de gás recolhido (Figura 2).

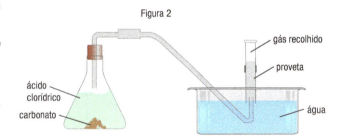

Figura 2

a) Escreva a equação química balanceada que representa a reação estudada pelos grupos de alunos, evidenciando a formação de gás.

b) A partir da análise dos dados obtidos pelo G_1, calcule a massa de gás produzido, em gramas, decorridos 240 segundos do experimento.

c) Comparando os dois experimentos, calcule o volume aproximado de CO_2, em litros, recolhido pelo grupo 2 após 240 segundos. Mostre os cálculos.

b) Calcule a pressão total no interior do recipiente, em atm, antes da ocorrência de qualquer reação.
DADO: constante universal dos gases:
$R = 0,08 \ L \cdot atm \cdot mol^{-1} \cdot K^{-1}$

DADOS:
- massas molares (g/mol): H = 1; C = 12; O = 16; Cl = 35,5; Ca = 40;
- volume molar nas condições do experimento: 24 L/mol;
- desconsidere a solubilidade do CO_2 em água.

c) Utilizando uma fagulha elétrica, Lavoisier dava início à reação de combustão entre os gases inseridos no recipiente. Escreva a equação química balanceada que representa a reação ocorrida no recipiente.

8. Dentre as diversas reações de combustão estudadas por Lavoisier, destaca-se a reação entre hidrogênio e oxigênio, na qual há obtenção de vapor-d'água. Para estudar essa reação, Lavoisier utilizava o recipiente abaixo. Após retirar o ar presente no interior do recipiente com uma bomba a vácuo, Lavoisier adicionava gás oxigênio (O_2) pela direita e gás hidrogênio (H_2) pela esquerda.

Num determinado experimento, Lavoisier adicionou 0,4 g de gás hidrogênio e 3,2 g de gás oxigênio num recipiente de 4 L, inicialmente a 27 °C.

d) Considerando que a reação de combustão foi completa, determine o número de mols de vapor-d'água formado.

e) Calcule a pressão total no interior do recipiente, em atm, após o término da reação, sabendo que a temperatura se estabiliza em 127 °C.
DADO: constante universal dos gases:
$R = 0,08 \ L \cdot atm \cdot mol^{-1} \cdot K^{-1}$

a) Calcule o número de mols dos gases adicionados ao recipiente, antes da reação.
DADOS: massas molares (g/mol): H = 1; O = 16.

9. (FUVEST – SP) A um recipiente, contendo solução aquosa de ácido sulfúrico, foi adicionada uma massa *m* de carbonato de sódio. Imediatamente após a adição desse sal, foi adaptado, à boca do recipiente, um cilindro de raio *r*, no interior do qual um êmbolo, de massa desprezível, pode se deslocar sem atrito. Após algum tempo, o carbonato de sódio foi totalmente consumido, e o gás liberado moveu o êmbolo para cima.

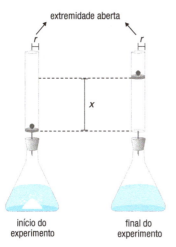

início do experimento / final do experimento

Nessa transformação, o ácido sulfúrico era o reagente em excesso.

a) Escreva a equação química balanceada que representa a transformação que ocorreu dentro do recipiente.
b) O experimento descrito foi repetido utilizando-se carbonato de potássio em lugar de carbonato de sódio. A massa de carbonato de potássio utilizada nesse segundo experimento também foi m. A altura atingida pelo êmbolo foi a mesma nos dois experimentos? Explique. (Considere desprezível a variação de temperatura no sistema.)
c) Escreva a expressão matemática que relaciona a altura x, atingida pelo êmbolo, com a massa m de carbonato de sódio.
   Para isso, considere que
   – a solubilidade do gás, na solução, é desprezível, e não há perda de gás para a atmosfera;
   – nas condições do experimento, o gás formado se comporta como um gás ideal, cujo volume é dado por $V = nRT/P$, em que:
   P = pressão do gás
   n = quantidade de matéria do gás (em mol)
   R = constante universal dos gases
   T = temperatura do gás (em K)

Observação: Use a abreviatura MM para representar a massa molar do carbonato de sódio.

10. (MACKENZIE – SP) 11,2 g de sucata, contendo ferro, reagiram com quantidade suficiente de ácido clorídrico em solução produzindo solução de cloreto de ferro II e gás hidrogênio. O gás formado foi aprisionado em um balão com 1 L de volume, exercendo uma pressão de 2,46 atm, sob temperatura de 27 °C. Considerando-se que somente o ferro que reagiu seja capaz de produzir o gás hidrogênio, é possível afirmar que o teor de ferro, na sucata, é de

DADOS: constante universal dos gases ideais: R = =0,082 atm.L.mol^{-1}.K^{-1}; massa molar (g.mol^{-1}) Fe=56.
a) 90%.   d) 60%.
b) 80%.   e) 50%.
c) 70%.

11. (A. EINSTEIN – SP) Um resíduo industrial é constituído por uma mistura de carbonato de cálcio ($CaCO_3$) e sulfato de cálcio ($CaSO_4$).

O carbonato de cálcio sofre decomposição térmica se aquecido entre 825 e 900 °C, já o sulfato de cálcio é termicamente estável. A termólise de $CaCO_3$ resulta em óxido de cálcio e gás carbônico.

$$CaCO_3(s) \longrightarrow CaO(s) + CO_2(g)$$

Uma amostra de 10,00 g desse resíduo foi aquecida a 900 °C até não se observar mais alteração em sua massa. Após o resfriamento da amostra, o sólido resultante apresentava 6,70 g.

O teor de carbonato de cálcio na amostra é de, aproximadamente,

a) 33%.   b) 50%.   c) 67%.   d) 75%.

DADOS: massas molares em g/mol: C = 12; O = 16; Ca = 40.

12. (UNICAMP – SP – adaptada) Na manhã de 11 de setembro de 2013, a Receita Federal apreendeu mais de 350 toneladas de vidro contaminado por chumbo no Porto de Navegantes (Santa Catarina). O importador informou que os contêineres estavam carregados com cacos, fragmentos e resíduos de vidro, o que é permitido pela legislação. Nos contêineres, o exportador declarou a carga corretamente – tubos de raios catódicos. O laudo técnico confirmou que a porcentagem em massa de chumbo era de 11,5%. A importação de material (sucata) que contém chumbo é proibida no Brasil.

a) O chumbo presente na carga apreendida estava na forma de óxido de chumbo II. Esse chumbo é recuperado como metal a partir do aquecimento do vidro a aproximadamente 800 °C na presença de monóxido de carbono, com produção também de dióxido de carbono.
Considerando as informações fornecidas, escreva a equação química do processo de obtenção do chumbo metálico. Identifique o agente oxidante e o redutor no processo, indicando os Noxs que se alteraram.

b) Considerando que o destino do chumbo presente no vidro poderia ser o meio ambiente aqui no Brasil, qual seria, em mols, a quantidade de chumbo a ser recuperada para que isso não ocorresse?

13. (FUVEST – SP) A hortênsia (*Hydrangea macrophylla*) produz flores azuis quando cultivada em solo de pH < 5. Quando o pH do solo é maior do que 5, as flores tornam-se rosadas.

Um jardineiro recebeu uma encomenda de hortênsias rosadas. Ele dispõe de um jardim plano, com as formas e dimensões descritas na figura abaixo, e cujo solo apresenta pH = 4. Para obter um solo adequado à produção de flores rosadas, o jardineiro deverá adicionar uniformemente 300 g de calcário dolomítico por m² de terreno.

a) Calcule a massa, em quilogramas, de calcário dolomítico necessária para a correção do pH do solo do jardim.

O calcário dolomítico é uma mistura de carbonato de cálcio e carbonato de magnésio. Ao adquirir um pacote desse produto, o jardineiro observou que, no rótulo, sua composição estava expressa na forma das porcentagens, em massa, dos óxidos de cálcio e de magnésio que poderiam ser obtidos a partir dos correspondentes carbonatos contidos no calcário dolomítico.

b) Calcule a porcentagem, em massa, de carbonato de magnésio presente no calcário dolomítico adquirido pelo jardineiro.

14. (ENEM) O ácido acetilsalicílico, AAS (massa molar igual a 180 g/mol), é sintetizado a partir da reação do ácido salicílico (massa molar igual a 138 g/mol) com anidrido acético, usando-se ácido sulfúrico como catalisador conforme a equação química:

ácido salicílico + anidrido acético $\xrightarrow{H_2SO_4}$ ácido acetilsalicílico + ácido acético

Após a síntese, o AAS é purificado e o rendimento final é de aproximadamente 50%. Devido às suas propriedades farmacológicas (antitérmico, analgésico, anti-inflamatório, antitrombótico), o AAS é utilizado como medicamento na forma de comprimidos, nos quais se emprega tipicamente uma massa de 500 mg dessa substância.

Uma indústria farmacêutica pretende fabricar um lote de 900 mil comprimidos, de acordo com as especificações do texto. Qual é a massa de ácido salicílico, em kg, que deve ser empregada para esse fim?

a) 293 b) 345 c) 414 d) 690 e) 828

15. (FUVEST – SP) O cinamaldeído é um dos principais compostos que dão o sabor e o aroma da canela. Quando exposto ao ar, oxida-se conforme a equação balanceada:

cinamaldeído + $\frac{1}{2}O_2 \longrightarrow$ ácido cinâmico

Uma amostra de 19,80 g desse composto puro foi exposta ao ar por 74 dias e depois pesada novamente, sendo que a massa final aumentou em 1,20 g. A porcentagem desse composto que foi oxidada no período foi de

a) 10%. b) 25%. c) 50%. d) 75%. e) 90%.

DADOS: massas molares (g/mol): cinamaldeído = 132; O_2 = 32; considere que não houve perda de cinamaldeído ou do produto de oxidação por evaporação.

16. (ENEM) A composição média de uma bateria automotiva esgotada é de aproximadamente 32% Pb, 3% PbO, 17% PbO_2 e 36% $PbSO_4$. A média de massa da pasta residual de uma bateria usada é de 6 kg, sendo que 19% é PbO_2, 60% $PbSO_4$ e 21% Pb. Entre todos os compostos de chumbo presentes na pasta, o que mais preocupa é o sulfato de chumbo (II), pois nos processos pirometalúrgicos, em que os compostos de chumbo (placas das baterias) são fundidos, há a conversão de sulfato em dióxido de enxofre, gás muito poluente.

Para reduzir o problema das emissões de $SO_2(g)$, a indústria pode utilizar uma planta mista, ou seja, utilizar o processo hidrometalúrgico, para a dessulfuração antes da fusão do composto de chumbo. Nesse caso, a redução de sulfato presente no $PbSO_4$ é feita via lixiviação com solução de carbonato de sódio (Na_2CO_3) 1 mol/L a 45 °C, em que se obtém o carbonato de chumbo (II) com rendimento de 91%. Após esse processo, o material segue para a fundição para obter o chumbo metálico.

$$PbSO_4 + Na_2CO_3 \longrightarrow PbCO_3 + Na_2SO_4$$

ARAÚJO, R. V. V.; TINDADE, R. B. E.; SOARES, P. S. M.
Reciclagem de Chumbo de Bateria Automotiva: estudo de caso.
Disponível em: <http://www.iqsc.usp.br>. Adaptado.

DADOS: massas molares em g/mol: Pb = 207; S = 32; Na = 23; O = 16; C = 12.

Segundo as condições do processo apresentado para a obtenção de carbonato de chumbo (II) por meio da lixiviação por carbonato de sódio e considerando uma massa de pasta residual de uma bateria de 6 kg, qual quantidade aproximada, em quilogramas, de $PbCO_3$ é obtida?

a) 1,7 kg   b) 1,9 kg   c) 2,9 kg   d) 3,3 kg   e) 3,6 kg

Considere que a conversão do minério em zinco metálico pode ser representada pela equação química balanceada:

$$2\ ZnS + 3\ O_2 + 2\ CO \longrightarrow 2\ Zn + 2\ SO_2 + 2\ CO_2$$

Considere as massas molares (g/mol): ZnS = 97; O_2 = 32; ZnO = 81; SO_2 = 64; CO = 28; CO_2 = 44 e Zn = 65.

a) Determine a massa, em quilogramas, de ZnS presente em 100 kg de esfalerita.

b) Determine a massa, em quilogramas, de zinco metálico que será produzido a partir dos 100 kg de esfalerita, considerando que o processo apresenta rendimento de 100%.

c) Na conversão do minério em zinco metálico, o processo apresenta, na realidade, rendimento de 80%. Determine, para esse caso, a massa, em quilogramas, de zinco metálico que será produzida a partir dos 100 kg de esfalerita.

17. (ENEM – adaptada) Para proteger estruturas de aço da corrosão, a indústria utiliza uma técnica chamada galvanização. Um metal bastante utilizado nesse processo é o zinco, que pode ser obtido a partir de um minério denominado esfalerita (ZnS), de pureza 75%.

18. (UNICAMP – SP) A calda bordalesa é uma das formulações mais antigas e mais eficazes que se conhece. Ela foi descoberta na França no final do século XIX, quase por acaso, por um agricultor que aplicava água de cal nos cachos de uva para evitar que fossem roubados; a cal promovia uma mudança na aparência e no sabor das uvas. O agricultor logo percebeu que as plantas assim tratadas estavam livres de antracnose.

Estudando-se o caso, descobriu-se que o efeito estava associado ao fato de a água de cal ter sido preparada em tachos de cobre. Atualmente, para preparar a calda bordalesa, coloca-se o sulfato de cobre em um pano de algodão que é mergulhado em um vasilhame plástico com água morna.

Paralelamente, coloca-se cal em um balde e adiciona-se água aos poucos. Após quatro horas, adiciona-se aos poucos, e mexendo sempre, a solução de sulfato de cobre à água de cal.

Adaptado de: PAULUS, G.; MULLER, A.; BARCELLOS, L. **Agroecologia Aplicada:** práticas e métodos para uma agricultura de base ecológica. Porto Alegre: EMATER-RS, 2000. p. 86.

Na preparação da calda bordalesa, são usados 100 g de sulfato de cobre(II) pentaidratado e 100 g de hidróxido de cálcio (cal extinta). Para uma reação estequiométrica entre os íons cobre e hidroxila, há um excesso de aproximadamente

a) 1,9 mol de hidroxila.
b) 2,3 mol de hidroxila.
c) 2,5 mol de cobre.
d) 3,4 mol de cobre.

DADOS: massas molares em g . mol^{-1}: sulfato de cobre (II) pentaidratado = 250; hidróxido de cálcio = 74.

19. Em uma etapa no tratamento da água, a floculação ocorre devido à adição de cal (CaO) e sulfato de alumínio [Al$_2$(SO$_4$)$_3$] à água, com formação de uma substância gelatinosa, o hidróxido de alumínio [Al(OH)$_3$]. Dessa forma, as partículas de sujeira sofrem uma aglutinação e "grudam" no hidróxido de alumínio, formando flocos sólidos de tamanho maior.

Esse processo da floculação pode ser representado pelas equações:

$$CaO + H_2O \longrightarrow Ca(OH)_2$$
$$3\,Ca(OH)_2 + Al_2(SO_4)_3 \longrightarrow 2\,Al(OH)_3 + 3\,CaSO_4$$

Suponha que, para o tratamento de certa quantidade de água, foram adicionadas 14 t de cal (massa molar 56 g/mol). A massa, em toneladas, do composto gelatinoso (massa molar 78 g/mol) que será formada é:

a) 13.   b) 26.   c) 39.   d) 52   e) 65.

20. (FUVEST – SP – adaptada) O sólido MgCl$_2$.6 NH$_3$ pode decompor-se, reversivelmente, em cloreto de magnésio e amônia. A equação química que representa esse processo é:

$$MgCl_2 \cdot 6\,NH_3(s) \xrightleftharpoons{\text{aquecimento}} MgCl_2(s) + 6\,NH_3(g)$$

Ao ser submetido a um aquecimento lento, e sob uma corrente de nitrogênio gasoso, o sólido MgCl$_2$.6 NH$_3$ perde massa, gradativamente, como representado no gráfico:

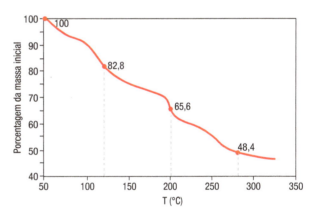

As linhas verticais, mostradas no gráfico, delimitam as três etapas em que o processo de decomposição pode ser dividido.

a) Calcule a perda de massa, por mol de MgCl$_2$.6 NH$_3$, em cada uma das três etapas.

b) Com base nos resultados do item anterior, escreva uma equação *química para cada etapa de aquecimento*. Cada uma dessas equações deverá representar a transformação que ocorre na etapa escolhida.

ETAPA 1	
ETAPA 2	
ETAPA 3	

DADOS: massas molares (g/mol): $MgCl_2 \cdot 6\,NH_3$ = 197; NH_3 = 17,0.

21. (FUVEST – SP) O Brasil produziu, em 2014, 14 milhões de toneladas de minério de níquel. Apenas uma parte desse minério é processada para a obtenção de níquel puro.

Uma das etapas do processo de obtenção do níquel puro consiste no aquecimento, em presença de ar, do sulfeto de níquel (Ni_2S_3), contido no minério, formando óxido de níquel (NiO) e dióxido de enxofre (SO_2). O óxido de níquel é, então, aquecido com carvão, em um forno, obtendo-se o níquel metálico. Nessa última etapa, forma-se, também, dióxido de carbono (CO_2).

DADOS: massas molares (g/mol): Ni = 58,8; C = 12,0; O = 16,0.

a) Considere que apenas 30% de todo o minério produzido em 2014 foi destinado ao processo de obtenção de níquel puro e que, nesse processo, a massa de níquel puro obtida correspondeu a 1,4% da massa de minério utilizada. Calcule a massa mínima de carvão, em quilogramas, que foi necessária para a obtenção dessa quantidade de níquel puro.

b) Cada um dos gases produzidos nessas etapas de obtenção do níquel puro causa um tipo de dano ambiental. Explique esse fato para cada um desses gases.